月の錯視

なぜ大きく見えるのか

The Mystery of the Moon Illusion:
Exploring Size Perception

ヘレン・ロス
Helen Ross
コーネリス・プラグ〔著〕
Cornelis Plug
東山篤規〔訳〕
Higashiyama Atsuki

勁草書房

序文

この学術書は、数千年のあいだ哲学者や科学者によって議論がなされてきた、視空間の有名な錯覚を探究しています。なぜ月は、空高くあるときよりも、低い地平にあるときに大きく見えるのでしょうか。これは、物理学、生理学あるいは心理学、それとも何なのでしょうか。おそらく、たくさんの説明がなされてきましたが、今でも確かなことはわかりません。それには、物質よりも精神が、おおく関与しているとは思いますが。

これは、専門家の注釈がついた長旅の記録です。知覚の専門家なら、むかしの資料の中に、少なくとも萌芽的形態で自分のお気に入りの考えを見出すでしょう。哲学者は、見え姿と現実との不一致に悩まされるでしょう。天文学者なら、その不一致が、結局は宇宙の一部であることに気づくでしょう。この本を魅力的にしているのはその細部です。私たちは、地上のものに対して訓練された目を用いて天のことを誤解するのですが、筆者たちは、その姿を詳細に説明しています。

リチャード・L・グレゴリー

著作権者・提供者

図の著作権者・提供者は、各図の表題の中に示す。
抜粋された文章の著作権者・提供者をつぎに示す。

一九二頁　E・P・アリオッティ（一九七三b）によるカステリ（一六三九）の翻訳は、*Annals of Science*（http://www.tandf.co.uk）の許可のもとに再録されている。

二六七頁　ケイト・アトキンソンの『ヒューマン・クロケット』（ブラック・スワン社）からの抜粋。これは、ランダム・ハウス・グループの一部門であるトランスワールド・パブリッシャーの許可をえて使われている。

二七一頁　ヘレン・ベビングトンの「学者の月」は、彼女の財団（著作権ヘレン・ベビングトン、一九四六）とホートン・ミフリン社（ボストン）の許可のもと再録されている。この詩は、もともと『ニューヨーカー』に公表され、ホートン・ミフリン社から、Bevington, H. S. (1950). *Nineteen million elephants, and other poems* として再出版された。

はじめに

この本を書き上げるのに何年もかかった。筆がゆっくりとしか進まなかったのは、おもに、私たちが、月の錯視の歴史を、すこし詳しく研究しておきたいと思ったからである。歴史研究というのは、ふつうは時間がかかるものである。現在の研究者は、過去二四〇〇年の観察と理論を無視する傾向があるので、たくさんの誤解が生まれ、しばしばおなじ（たいていは不十分な）説明が焼き直されてきた。私たちは、この錯視に関する初期の研究の真価をじゅうぶん認めて、それを適切な文脈に位置づけることに本書が役だつことを望む。

本書の完成が遅れたことによる恩恵のひとつは、重要な新しい資料のいくつかに目を通すことができたことである。これには、プトレミーの『光学』（Smith, 1996）とイブン・アル＝ハイサムの『光学』（Sabra, 1989）の英語版をはじめ、月の錯視の可能な説明の基礎にある知覚理論の最近の発展が含まれる。

私たちは、月の錯視のおもな説明のすべてを、歴史的な方法で概括することを目的にしながら、しかも特定の解を想定せずに、この本を書き始めた。その説明の中には、すでに初期の研究者によって反証されたものもあったし、最近の知見をもとに、じゅうぶん確実に否定できるものもある。月の錯視には、複数の要因がいろいろな程度で貢献することが明らかになった。よって、最良の解は、さまざまな成分――そのうちもっとも重要なものが月と観察者のあいだに介在する地勢の視覚――の相対的貢献を定量化することであると決めた。

月の錯視の歴史は、大部分は、大きさの知覚の理論史を反映する。本書を書くにあたってむずかしかったことのひとつは、厳密には月の錯視に関するものではない、大きさの知覚に関する関連資料を、どのくらいまで含めるのかを決めることだった。私たちは、そのような関連資料のいくつかを本書に含めたが、そんなふうにしてもっと道草を食っていたら、この本の分量は二倍になり、おもしろく読めるところは半分になったことだろう。私たちは文献をじゅうぶんに示しているので、興味のある読者は、この副文献をたどっていってほしい。本文ががちゃがちゃするのを避けるために、二次的文献と難解な資料は、巻末の注に追いやったが、すべての文献は巻末に省略せずに載せている。

　私たちは、日本語と中国語の資料の翻訳に携わった近藤倫明、古典と哲学的文献に関わったレック・シェーンベックとジョージ・マクドナルド・ロス、空の錯視のトーマス・ヤングの図を発掘したニコラス・ウェイド、図画の作成を支援したピーター・ハンコック、ピーター・ハッカー、ロイド・カウフマン、個々の章にコメントを与えたビル・バーネス＝ガッターリッジ、アラン・ベンソン、ロバート・オーシャに感謝したい。また、本書の多くの部分にコメントを与え、たくさんの改善点を示唆したロイド・カウフマンには、とくに礼を述べたい。ヘレン・ロスは、天体の問題に彼女が関心をもつように導いたリチャード・グレゴリー、サバティカル（長期有給休暇）を与えたスターリング大学、コーネリス・プラグと共同研究のための旅の基金を提供したリーバーヒューム財団にも、それぞれ礼を述べたい。

ヘレン・E・ロス
スターリング大学心理学部
スターリング、スコットランド
h.e.ross@stir.ac.uk

コーネリス・プラグ
南アフリカ大学心理学部
プレトリア、南アフリカ
plugc@mweb.co.za

目次

月の錯視

なぜ大きく見えるのか

女神アストロノミーに付き添われて，天体を観測するアレキサンドリアのプトレミー（グレゴール・ライシュ Gregor Reisch 著，*Margarita Philosophica*, Basel, 1508. Nr 45, Sektion C: Humanisten und Neulateiner, Katalog VIII, Tafel 6 より引用．ロンドン大学ウォーバーグ研究所の厚意により）．

第一章　天体錯視

満月が地平線のうえに上ってきたとき、ふつうは、それが天高くにあるときに比べて、ずっと大きく見える。おなじ現象は三日月にも生じるが、三日月は、満月ほどには注目されてこなかった。月の大きさの違いは、空に上った月が縮むというよりは、地平の月が大きく見えるというのが正常な体験である。月の大きさが、高度に伴ってはっきりと変化しないことは、腕をいっぱいに伸ばしてその小指の視角と月の視角を比較すれば、たやすく確かめられる。このようなちょっとした実験をするだけで、たいていの人は、水平方向の月が実際に拡大しているのではなく、見かけ上拡大していることを確信するが、そのように確信したからといって、この錯視が見えなくなるわけではない。

水平方向の月が大きく見えることは、ふつうは**月の錯視**とよばれる。これは二〇世紀に一般化された呼称である(1)。それは、ときには**地平線錯視**(2)とよばれてきたが、これは、明らかに適切でない。よく似た錯視が太陽についても観察され、それは順当に**太陽の錯視**(3)とよばれる。この錯視は、月の錯視ほどには、たいていの人のよく知るところではない。これは、たぶん太陽が、ふつうは明るすぎて裸眼による観察ができないからだろう。二つの異なる天体が関与しているが、この二錯視は基本的に違わない。それゆえに、これらは、一般に、おなじ現象の二事例と考えられる。第三の例は、地平線の近くにある星座および星のあいだの距離が拡大して見えることである。天文学者ポール・ストルーバント（一八八四、七一九頁）によれば、「おなじ現象が星座にも存在する。よって地平線の近くにある大熊座やオリオン座は巨大に見える」。ほとんどの人は、本気になって夜空に注意を向けたりしないので、このかたちの錯視は、たぶん三事例のなかでもっとも観察されていないだろう。天体錯視ということばは、この三事例をまとめるために提案されている。[4]

　ほとんどの人は、個人的な体験を通して天体錯視のどれかのかたちに気づいている。エンライト（一九七五、八七頁）は、月の錯視は、「自然環境の中で生じ、かつ現実世界が強制的に大規模にゆがめられるゆえに、光学的錯視の中でもっともよく知られ、もっとも頻繁に議論される」と述べている。子どもたちも、大人とおなじように、この錯視を体験し[5]、その現象はおおくの文化において書き留められてきた。月の錯視は、一九世紀末のケンブリッジ文化人類学探検隊[6]によれば、トレス海峡にある島民のなかに体験したものがいたし、さまざまな時代や場所において報告されてきた。この体験はきわめて普遍的なので、画家は、その画布の中に水平方向の月をしばしば大きく描く。この話題については第四章でもっと詳しく議論する。

　空には、天体錯視に関係する別の錯視があるとする報告がある。そのひとつは、天空が、平らなドームに見えるというものである（第八章）。もうひとつの効果は、太陽あるいは月の周りに生じる暈《ハロー》の形に関連する。そのような暈は、ふつうは円形であり、その中心に太陽あるいは月が位置するが、ときには卵形になることもあり、その長軸は地平に直交してその鈍い方の先端を下に向けている。加えて、太陽は、暈の中心よりも上にあるように見えるかもしれない。この見え姿は、円形の暈の下部が上部に比べて拡大していたとすれば期待されるだろう。そして、じっさいに暈全体は、地平線から上方へと上るにしたがって、縮んで見えると報告されてきた[7]。しかし、暈の非円形的な見え姿のすべてを錯視と解釈することには注意を要する。少なくともある暈は、ある程度まで楕円とみなせる[8]。よく似たゆがみは、ときには虹の中にも観察される。虹は、上方にあるときよりも地平に近いほど平らに見えるだろう[9]。

（1）歴史的展望

　本書では、そうとう古い時代に行われた観察について述べることがあるが、それにはいくつか理由がある。まず第一に、錯視の科学的研究は、長い時間にわたって進行しているので、おおくの初期の観察が役だつのである。研究の中には、注意ぶかく詳細なものがあるので、その結果は、いまも有益である。観察の中には偶発的なものがあるが、それらは、さまざまな背景をもった人びとによって、さまざまな状況のもとで体験された錯視の大きさの変動を評価するのに役だつ。第二に、錯視の最新の理論は古代に起源をもつので、古い文献が、それに関連している。さいごに、天体錯視の思索と研究の歴史は、それ自体が興味ぶかく、視知覚史のおおくの重要な側面を反映している[10]。

錯視が一般に知られるようになったのは、そうとう前にまでさかのぼる。一七六二年に、スイスの数学者レオナルド・オイラーが科学に関する一通の手紙の中でつぎのように書き始めている。「月は、上るときと沈むときには、地平線のかなり上にあるときよりも、ずっと大きく見えることにお気づきになっているに相違ありません。だれもがこの現象について証言するに違いありません」[11]。おなじ年にロンドン王立協会の前で行われた演説のなかでサミュエル・ダンは、これに似た考えを表明している。「多数の人の裸眼には、太陽と月が、地平線あるいはその近くにあるときには、それらが天頂あるいはやや上方にあるときの見かけの大きさに比べてたいへん大きいので、識者はこの現象の原因を探求せざるを得ないくらいである」[12]。

じっさい天体錯視は、少なくとも二三〇〇年前からよく知られていたと思う。この錯視に関して周知のごとく初めて科学的に述べたのは、ギリシャの哲学者アリストテレス（前三八四－三二二）である。かれは天体錯視の自著の中で、天体が水平方向において拡大するのは、大気の効果であると短く記述している（第五章参照）。その後のギリシャ時代では、この錯視は、二世紀の天文学者プトレミー（プトレマイオス）を含めて、さまざまな著者によって考察された。

この錯視の科学的研究はアリストテレスから始まったといわれるが、もっと早い時期に、この錯視に言及したものがある。それは、ニネベとバビロンの王立図書館から出土した一枚の粘土板に書かれたくさび型文字の中にある。この図書館は、アッシリア王アッシュアバニパル（前六六八－六二六）にゆかりがある。この粘土板は、天文学の記録であり、天体と気候の観察を含む。粘土板三〇にはつぎの記述がある。「月が現れて、その右の角が長く、その左の角が短いとき、王の手は、これとは別の土地を征服するだろう。月が現れて、それがたいへん大きいとき、月食が起こるだろう。月が現れて、それがたいへん明るいとき、土地の作物が豊作になるだろう」[13]。これは、錯視に言及したものとして今日知られているもっとも初期の文献のようである[14]。

この文の中の「月が現れて」とは、月の出あるいは新月の後に初めて見えた姿を指したものだろう。三日月を記述している最初の文は、後者の月を指している。二番目の文は、おそらく月の錯視が原因でいつもおなじ大きさに見えない上ってきた満月を指しているのだろう。月の大きさが変動するという観察は、明らかにほんとうの現象として受け入れられた。そして、三日月の明るさや方向が変化するのとおなじように、月の観察された大きさは、未来を予想する物理的なサインとみなされた。当時の知的伝統では、われわれが今日用いている意味において見かけの現象と真の現象とが分けられていない。水平方向の月が大きいのは、観察された事実として受け入れられ、それが何世紀にもわたって続いた。

月の錯視に関連する直接的な証拠は、これよりもっと古い時代にはないようであるが、水平方向にある太陽や月の拡大は、有史前の時代でも観察されていたことはありうる。先史時代の英国とアイルランドの天文学に関する近著の中でラッグルズはつぎのように述べる。

> 月は、地平線の近くにあるときに大きく見えることを述べた。その結果として、月は近づいて知覚される。そこで距離が、他の文化や文脈の中でどのように知覚されるのかを探索し、月が近づいたときに、月に特殊な意義が付与されてきたのかどうかを探求すべきであろう。これは、青銅時代の西スコットランドや南西アイルランドにおいて、最大停止の近くにあって南の地平線の上高く上がることがない南天の月に向けられていた、明らかな関心を説明するかもしれない[15]。

月の**最大停止**は、一八〜一九年ごとに起こる。このとき、月の出と月の入りの位置の揺れのパターンが最大になり、それは数カ月にわたって繰り返される。南端では、月の出と月の入りの位置が互いにもっとも接近する。前一世紀のギリシャの歴史家であるシシリー島のディオドラスが、ケルト人の土地の向こうにある、シシリー島よりも小さくない、肥沃な北方の島を記述したときに、アウター・ヘブリディーズ諸島のカラニシュの環状列石に言及したようである[16]。そこには、

おおくの供物で飾られた、円形のすばらしい教会がある……この島から見た月は、地上からほんの少しの距離にしか見えない……一九年ごとに神がこの島を訪れ、この期間に、天空の星がおなじ場所に還ってくる、……これが現れたとき、……神は、夜どおしキタラ（訳注　弦楽器の一種）を奏し、春分からスバル星が上がってくるまで踊り続ける[17]。

図1-1　1987年の月の最大停止のときに，カラニシュにある有史前の環状列石を通して観察された南天の月を望遠レンズによって撮影した写真（版権はマーガレット・カーティス．許可を得て再録）．

カラニシュの環状列石を通して見える低い南天の月の写真を図1－1に示す。当時の礼拝者たちが、列石の近くに現れた月の大きさに感銘を受けたかどうかはわからないが、今日のわれわれは確実に感動する。ロバート・ミックニール（二〇〇一）は、最近、この地点で月が上ってくるのを見て、つぎのように書いている。「とつぜん地平に細長い赤い光線が見えた。巨大な深紅の月が、その腰まわりに雲の帯を巻き、屹立する石のあいだを驚くほど速く上っていった。それは私の半生において出会ったもっともすばらしいもののひとつだった」。

(2) 文献学的伝統

天体錯視に関するおもな典拠は、前四世紀のギリシャ人の著述か

ら始まった。その当時のアテネは、西側世界の主要な学問的、文化的中心であった。アレキサンダー大王が前三二一年に死去したとき、（プトレミーとよばれていた）彼の将軍の一人が、エジプトのアレキサンドリアを首都とした。このプトレミーとその後継者は、この地に壮麗な図書館をつくり、五〇万巻の羊皮紙に書かれた文書とおおくの国ぐにの文献を集めた。地球の大きさを正確に計算した最初の人エラトステネスが、前二三五－一九五年のあいだ図書館長を務めた。この図書館は、ジュリアス・シーザーがアレキサンドリアを占拠したときに、その一部が焼かれた。三八九年には、主教であるテオフィロスのもとにいたキリスト教徒によって、ふたたびその一部が焼かれ、残された部分も、六四〇年にアラブ人によって焼かれた。おおくの初期の科学的著作は、跡形もなく失われた。天体錯視について述べた天文学と光学のおおくの教科書があったに違いないが、その著者の名前は残されていない。この点では、焼失を免れたテキストもあまり役だたない。なぜなら、過去の典拠のすべてを引用することが、習慣になっていなかったからである。

アラブ人とキリスト教徒は、かつては他人のもっている文献に狼藉をはたらいたにもかかわらず、今日のわれわれがもっているテキストを保護したのは彼らである。アラブ人は、アリストテレス、プトレミー（二世紀の科学者、上述した将軍ではない）、その他のギリシャの著者の作品を一〇世紀よりも前にアラビア語に翻訳したので、アラブ人は、天体錯視のギリシャ的説明になじんでいた。このアラブの科学者の一人であるイブン・アル＝ハイサム（あるいはアルハッサン。九六五－一〇三九）は、天体錯視と空の平らな見え姿との関係について、まったく独創的な見解――それ以来、今日に至るまで活発に議論されてきた見解――を進展させていた。光学に関する彼の書物は、月の錯視についての自身の理論を含んでおり、中世ヨーロッパの科学的伝統に重要な役割をはたした(18)。その影響は、ハイサムの著作にもとづいて書かれた三冊の光学の著作に大きく依っている。この三冊は、ほぼ同時に、イングランド・フランシスコ会修道士ロジャー・ベーコン（一二六三）、英国教会のカンタベリー大主教ジョン・ペッカム（一二七四）、ポーランドの物理学者ウィテロ（一二七〇）によってラテン語で書かれている。（初期の古典のテキストを含む）おおくのアラビア語の著作のラテン語訳が、一一世紀から一三世紀のヨーロッパの学者に読まれるようになっていた。この訳書の複写が、学習機関として活動していたキリスト教の修道院やカレッジに収蔵された。このカレッジから近代の独立した大学が発展した。

ギリシャやアラブの著者たちが、天体錯視に関する後世の説明に影響を与えたことは、じつに明白である。プトレミーの説明（地球の大気の光学的反射による説明）は、中世以降の著作の中に繰り返し現れる。アリストテレスの短い説明も、イブン・アル＝ハイサムの影響が認められるものの、じつに何度も記事として書かれている。ルネッサンス期には、この問題は、イタリアの芸術家・発明家レオナルド・ダ・ビンチ（一四五二－一五一九）によって書きとめられ考察されている。この問題に関する関心は、他のおおくの問題のように一七世紀に頂点に達した。当時この問題は、惑星運動の法則で有名なドイツの天文学者であるヨハネス・ケプラー（一五七一－一六三〇）、フランスの哲学者・数学者のルネ・デカルト（一五九六－一六五〇）、オランダの物理学者・天文学者のクリストファー・ホイエンス（一六二九－一六九五）のような科学史上の著名人の注目を引いた。

一七世紀の科学的ルネッサンスの後になると、天体錯視を取り扱った出版物の点数は減少する。それから一九世紀のほぼ中ごろから出版物の点数は上昇し、一九〇〇～一九一〇年ころにいっそう顕著な頂点を迎えた。この研究は、おもにドイツ人と、やや少ないがフランス人によるものだった。このころのおもな研究法は、研究室と野外の両方において、自然の中で行われる観察から、実験を行うものへと変わっていった。天体錯視の研究は、それから衰退するが、そののち一九六〇年代から一九七〇年代にかけて、おもにアメリカ人の研究を代表とする第三の頂点を迎える。

(3) 変わりゆく学問分野

天体錯視の歴史は、また、この問題への注意が、ゆっくりと学問分野を変えていったようすを示す。初期のころの科学者や哲学者は、広範囲の関心をもっており、さまざまな学問分野に明瞭に分けられていなかった。一七世紀ごろまでに、学問分野の区分けがはっきりとし、天体錯視への新たな関心が、おもに天文学からもたらされた。この関心は持続したが、結局は、天体錯視の現象が天文学的なものでないことが納得できるくらいになるまで明らかにされた。

関心の第二波は、ほぼ一八六〇年から一九二〇年ころまでの時期に、おもに生理光学と気象光学からもたらされた。第三期は、いまなお続いているが、それはおもに心理学者からもたらされた。これは最後の段階だろう、というのは、天体錯視は、明らかに視知覚の領域にあるからである。しかし、視知覚の説明は神経科学に引き継がれつつあり、この問題の所有権は、二一世紀には神経科学に渡るかもしれない。

天体錯視研究の歴史的変遷は、知覚に関する知識の発展にともなっている。この知識は三段階に分けられる。第一段階は、直接知覚を信じている段階、第二段階は感覚的刺激がどのように知覚をつくり、どのように錯視が生じるのかを探求する段階、第三段階は、知覚が曖昧な感覚情報あるいは不十分な感覚情報からどのように構成されるのかをさらに探求する段階である。(19)

もっとも初期の見解は、古代に維持され中世の学者にも信じる者がおり、知覚的知識は刺激対象によって感官の上に直接的に印象づけられるとする。知覚の研究は、刺激対象が、どのようにして感覚的刺激をつくりだすのかという問題におもにかかわっていた。網膜像のことはわかっていなかった。実在が、目によって直接かつ正確に知覚されると仮定された。この見解は、すべての錯覚は、物理的現象であることを意味する。この段階における天文学者は、天体錯視は、天文学的現象か光学的現象であることを示すことに関心があった。

第二段階は、仮現と実在の区別と、知覚的錯視の原因への関心に始まった。知覚された大きさと視角の区別は、たぶん前一世紀には一般に認められており、プトレミー（二世紀）とクレオメデス（三世紀初め）によって記されている。視覚と知覚的錯覚の性質に関するさらに詳細な議論は、プトレミーとイブン・アル＝ハイサムの著作に見出されうる。したがって第二段階の最初のころは第一段階と重なっている。この段階では、大気による説明と並行して、しばしば天体錯視の生理学的および心理学的説明が提供されはじめていた。

第三段階では、知覚的知識は不十分な刺激情報から得られた仮説的な構成物とみなされた。この段階の代表者は、ドイツの生理学者ヘルマン・フォン・ヘルムホルツ（一八二一－一八九四）だった。彼は知覚を「無意識的推論」とみなした。月の錯視に関する心理学者の関心は、この知覚的見解に大いに関連していた。この思考の学派から出てきた心理学者は、天体錯視は、誤った距離の知覚にもとづいて推論されると説明しがちだった。

上述した諸段階は、部分的に重なりあい、対抗しあう理論が並走していたし、いまもそのような重なり合った状態が続いている。今日では、J・J・ギブソン（一九〇四－一九七九）によってつくられた「直接」知覚への関心が復活している。古代理論の現代版では、適合的な知覚を得るには、刺激情報だけでじゅうぶんであるとみなす。この理論の追随者は、月の錯視については、ほとんど何も語っていない。

月の錯視の広範な文献は、何世紀にもわたって、いくつもの言語にわたって散在している。これは歴史的に興味ぶかい特異な例である。[20] たとえば、月の錯視に関してほとんど同一の説明――月が現れる地平線までの距離に関する説明――が、カステリによって一七世紀にも、最近になっても提案されている。[21] また、もっともよく知られた説明――平らなドーム説――は、しばしばプトレミーの発案とされているが、じっさいには中世に起源をもつ。[22] このような歴史的に不正確なものが、この本によって正されることをわれわれは願っている。

(4) 拡大の大きさ

天体錯視についてもっとも基本的な疑問のひとつは、その大きさである。地平線にある太陽、月、星座は、それが天高くあるときよりも、どれくらい大きく見えるのだろうか。この疑問には、おおくの異なる回答が寄せられてきており、それを手みじかに論評してみよう。さしあたり自然条件における錯視の推定について考察するが、比較円盤を用いて錯視を測定しようとした試みは第四章において考察する。

おおくの観察者が与えてきたものは、質的な観察にすぎなかった。たとえば、ドイツの博物学者アレキサンダー・フォン・フンボルトは、この話題を論じて、「北にある星座の中には、たとえば、大熊座や小熊座のように、赤道地方から観察したときには低い位置にあるために、とくに著しく、ほとんど怖いくらいに、大きく見えるものがある」（一八五〇、三四九頁）と述べている。おなじように、ウォーカー（一八〇六、二四一頁）によれば、水平方向にある月は「ときには極端に大きく」見えた。この種の記述は、錯視の理解にはほとんど役だたないので、もっと正確な推定に議論を専心させてみよう。

初期のころに行われた量的な推定は、モリヌーク（一六八七）によるものであり、彼は、月は水平方向では三倍あるいは四倍に拡大されるとほのめかし、そのあとで「ふつうのときよりも一〇倍も広がった月を、しばしば目にしたことがある」とつけ加えている。よって、彼にとっては、この錯視は、じつに変わりやすいものであり、きわめて顕著に現れるときもあった。この記述は、ローガン（一七三六、四〇四頁）によって支持された。彼は、極端な拡大を報告し、「一～二マイル離れたところにあって、その上に背の高い木々のある高台の上に、太陽が上ったり沈んだりするのを観察した」ときには、一〇倍以上と推定している。ヘネル（一九〇九、一六四頁）もまた「水平方向にある月の拡大は、天頂における大きさの二倍、三倍、そう一〇倍にも達する」と論じた。ロバート・スミス（一七三八、六四頁）は、この月の拡大は、約三・三倍であるとしているが、ソールカーとオーバッハ（一九六九、八八頁）は、「三対一を超える比率が報告されても、それは、とんでもない体験ではないと信じている」。

ホイエンス(23)は、もっと穏当に「太陽の円盤は、水平方向にあっては、天空にあるときよりも、ほとんど二倍に見える」と論じた。月の拡大は二倍とする推定は、たびたび文献の中で遭遇する。これは、マールブランシュ(24)が太陽について与え、ストルーバント（一八八四）が月について見出した。「二～三倍」の拡大は、ハットン（一七九六、二巻、七三頁）によっても報告され、デムバーとウイベ（一九二〇、三五三頁）は、「二倍以上」と述べている。これらの数値は、ほんのわずかな数の観察者の印象を表しており、昨今の心理学クラスの学生たちによって与えられた平均推定値一・五～二・〇よりもずっと大きい。別の測定法については第四章で考察するが、それも、この月の拡大にもっと穏当な値を与えている。

たぶん、約一・五の拡大値をもつ「正常」な錯視と、もっと大きな拡大値をもつ「特大」錯視を区別しておいた方がよいのだろう。本書の著者たちは、ほとんど特大錯視を体験したことがない。著者のひとりのプラグは、何年も離れて二度、靄《もや》の中に薄暗く赤味を帯びた太陽が、ごちゃごちゃとした物に覆われた遠くの地平線に沈んでいくときに、特大錯視を見たことがある。どちらの場合も、錯視は、強制的であり、過度に大きく、そこに居合わせた数人の人によってじかに知覚された。もう一人の著者ロスは、ある夕方、この本を書いているときに特大錯視を体験した。彼女は、このことをある友人に話したところ、彼は、赤い太陽が、大きな冷却塔の後ろに沈んでいくのを見たことがあると語ってくれた。それは、大空にある巨大な灼熱のボールのように見え、彼は、しばらく、それが何であるのかわからなかった。彼は、そのとき車を運転していたので、この未確認飛行物体（ＵＦＯ）に関するニュース速報があるのではないかと思い、ラジオのスイッチを入れたという。別の同僚は、つぎのように書き送ってくれた。「早朝つまり夜明け前に、職場に向かって車を走らせていたとき、地平線の上に月を見ました。私は、それが何なのかを認めるまでにしばらく時間がかかりました。私は、最初それは照明された熱気球かと思いました」。このような勘違いは、もちろん新しいものではない。たとえば、エンジェル（一九二四）は、彼女が「かつて四分の一マイル離れたところにある、そびえ立った一群のポプラの木の先端の向こうに見える月の円盤を、木々のあいだに置かれた風車の円盤と見まちがえました。その円盤は、直径一〇フィートに見えました」と書いている。明らかに、特大錯視は稀なことであるが、強制的であり、しばしば認知的過誤をともなう。

まとめれば、地平線上にある太陽や月の見かけの拡大は、約二倍、ときにはそれ以上に推定されることがおおい。水平方向にある星座すなわち星のあいだの距離の拡大は、ブルドン（一八九九）によって気づかれたように、ふつうは、これよりも小さく推定される。[25]ホイエンスは、「大熊座の星が地平線に近づいてくると、ひんぱんに星のあいだの距離が二倍に見える」と述べたが、ストルーバント（一八八四）は、異なる仰角にある数対の星のあいだで推定された距離を比較して、その拡大は二五％にすぎないと推定した。しかし、ロバート・スミス（一七三八、六八頁）は、もっと前にこの方法を用いて、水平方向の拡大が三・三倍になることを確認した。バックハウス（一八九一）は、おなじ技法を用いて、彼自身に対して得られた水平方向の拡大は、天球上の小さい距離ではせいぜい一〇％、もっと大きな距離では、もっと小さくなることに気づいた。じっさいには二六度離れた、いくつかの星の対を用いたところ、水平方向の拡大は、まったく観察されなかったのに対して、星間距離がもっと大きくなると、錯視が逆転した。たほうフィレーネ（一八九四）は、おなじ比較技法を用いて約二倍の拡大を見出した。印東（一九六八）は、何人かの観察者を用いて、さまざまな仰角にある、等しい明るさの星のあいだの距離の推定をさせたところ、水平方向の拡大はまったく見出せなかった。リードとクルピンスキー（一九九二）は、おおぜいの観察者を用いて、さまざまな仰角にあるおなじ天体的視標に対して、角度的大きさの照合と直線的大きさの推定を行わせたところ、星の対には錯視が見出せず、星の三つ組には月よりも小さな錯視を見出した。

太陽と月が二倍以上に推定されるのに対して、星のあいだの距離の推定が、それよりも小さいのはなぜだろうか。第四章でその方法論的理由を考えるが、いま一点だけ指摘する。太陽あるいは月の拡大を推定するとき、観察時のその大きさは、ずっと前、ふつうは数時間とか数日前から残されている、その想起された大きさと比べられなければならない。他方、さまざまな仰角にある二対の星のあいだでは、距離は同時か素早く連続的に観察される。この二つの判断法には、異なる認知的機構が含まれる。天球上の同時に見える二距離の比較は、かなり単純な知覚的課題であるが、水平方向にある太陽や月の拡大の推定は、記憶をともなうので、もっと複雑である。推定方法が錯視の大きさに影響するかもしれない。ホイエンスやフォン・フンボルトによって報告された著しい拡大は、星の対のあいだの距離というよりもむしろ、星座全体にあてはまり、よって記憶された大きさとの比較にもとづいていたと思う。

(5) 錯視の変動

前述の推定から、水平方向の拡大は、いつもおなじでないことがわかる。[26]複数の要因がこの変動に寄与していると思う。明らかに、観察時の天体の仰角は、そのような要因のひとつに違いない。錯覚の大きさは、太陽あるいは月が、地平線から上るのにしたがって急速に減少し、一度あるいは二度（Dunn, 1762）あるいはもう少し大きい仰角（Müller, 1906, 1907）のあたりでほとんど消失すると報告する人がいる。また、仰角にしたがって、もっと緩やかに減少するという人もいるし（Eginitis, 1898）、結果が変わりやすいという者もいる（Dember & Uibe, 1918）。よって、水平方向の観察から得られた推定は、月が地平線にぴったり接しているかどうか、地平線の上に部分的に見えているだけかどうか、地平線から離れているかどうかに依存して変わることだろう。おなじように、月の拡大が、天頂だけで消失するのならば、太陽や月が頭の真上にくることがない高緯度地域では、錯視の全範囲の体験ができなくなる。人によって天体錯視に対する感受性は異なり、人びとの知覚は、時間や経験とともに変わるだろう。自然科学の訓練を受けている人たちは、この錯視をあざ笑い、自分たちが錯視の影響を受けることを否定しがちになる。彼らは、自分たちが体験した水平方向の拡大を「真実」として、それは六分儀のような機器を用いて測定することができると論じる。しかし、科学者のあいだでも、この錯視を否定することは、普通ではなく例外的である。「天文学者は、もっとも無知な道化師のように、……ごまかされる」と一七六二年にオイラーは述べているが、この見解はゼノ（一八六二）によって支持された。自身が天文学者であるストルーバント（一八八四、一九二八）は、この錯視を強く体験した。水平方向の拡大を学んだほとんどの観察者は、この拡大は錯覚であるという事実に気づいている。だから、この錯視について知識あるいは疑惑をもつことが、ふつうは錯視の消失に繋がらない。しかし、たとえばルイス（一八九八、三九二頁）のように、ときには、これに真逆の主張がなされる。[27]

この問題を注意ぶかく研究してから、私には、太陽と月の両方の事例では、ほとんど完全に錯視が起こらなくなっていましたが、地平線の近くにあるときの星座の見かけの大きさ、すなわち恒星間の距離の場合には、それが最高の高度にあるときの見え姿と比較して、この錯視を取り除くことができたことは一度もなかったと付け加えます。

この錯視の変動に寄与すると思われるさまざまな要因については、この錯視の説明の中で重要な役割をはたすので、後の章で考えることにする。それまでのあいだ、この錯視についていっそう深く考察する前に、太陽と月について天文学的事実を確認しておこう。

(6) まとめ

太陽、月、星座のような天体は、空高くあるときよりも地平線の近くで大きく見える。この錯視は広く気づかれ、前七世紀にすでに記述されている。おもな初期の文献的資料は、ギリシャ語、ラテン語、アラビア語からもたらされている。この錯視の関心は、何世紀にもわたって、さまざまな学問分野、すなわち、一般的な科学と哲学、それから天文学、そして生理光学と気象光学、最後に視覚心理学へと変遷してきた。視知覚の理解もまた発展してきた。もともとは、錯視は物理的現象と仮定されていたが、後に知覚と実在が区別されるようになり、近代の心理学者は、大脳がどのように網膜の刺激作用から知覚を構成するのかを探求するようになった。天体錯視の大きさは、おおくの要因によって変化する。太陽と月の錯視は、水平方向と上空との見え姿のあいだでは約二倍、ときにはそれ以上の違いがあるとしてしばしば記述されてきた。星座錯視は、二倍よりもずっと少ないと報告される。

第二章　月と太陽の実際の大きさ

天体が地平線の近くで拡大するということをもっとも単純に説明しようとすれば、それが実際のできごとと考えることである。いいかえれば、月、太陽、星座は、他のときよりも上るときや沈むときに、目に見えて大きくなることである。月や太陽は、もちろん、ほとんど変化しない物理的な対象であると考えられる。だから、天体の直線的な大きさは同じままなのに、その角度的大きさが、どういうわけか拡大されるという議論にならざるを得なくなるだろう。この説明では、天体が拡大しうるのは、それが上るときや沈むときに観察者に近づき、それゆえに、大きな角度を張るからとされる。よって、われわれから天体までの距離の変化を記述する必要があり、また、そのことによって、水平方向の知覚された拡大とその変動が、部分的に説明されうるのかどうかを論じなければならない。われわれは、まず、天体の測定に用いられる二、三の物理的な用語を定義する必要がある。

（1）大きさと高度の物理的測定

実際の大きさあるいは物理的な大きさは、当該の対象や測定の目的に依存して、さまざまなものを意味する。対象が一次元的な大きさをもつとき、それは直線的大きさのことであり、ふつうメートルで表される。よって月の直径は、実際の直線的大きさが約三五〇〇キロメートルとなる。二次元以上の場合、その大きさは、面積や体積のことであり、ふつうは平方メートルあるいは立方メートルで表される。**角度的大きさ**という語は、対象の一次元的な角度の広がり

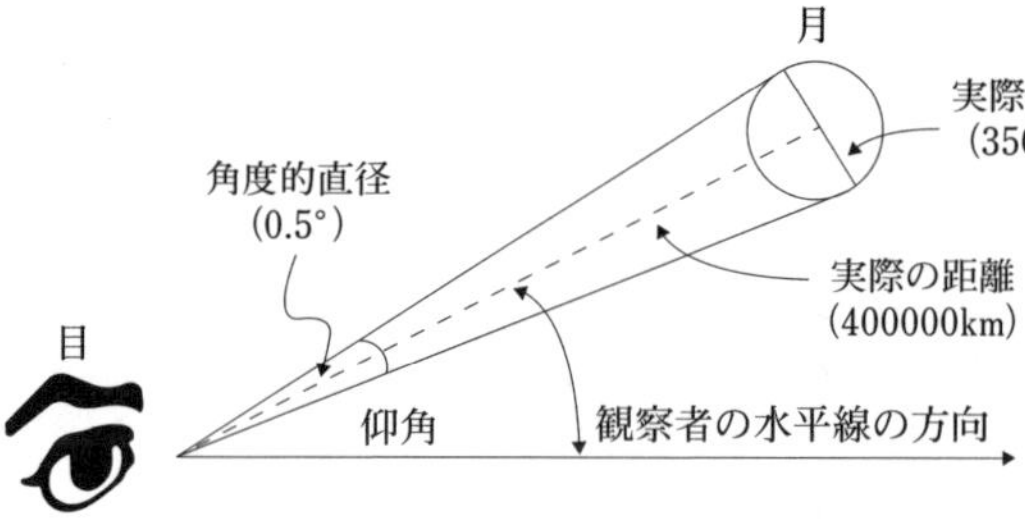

図 2-1　月の実際の大きさ，距離，位置を記述する語．数値は近似．

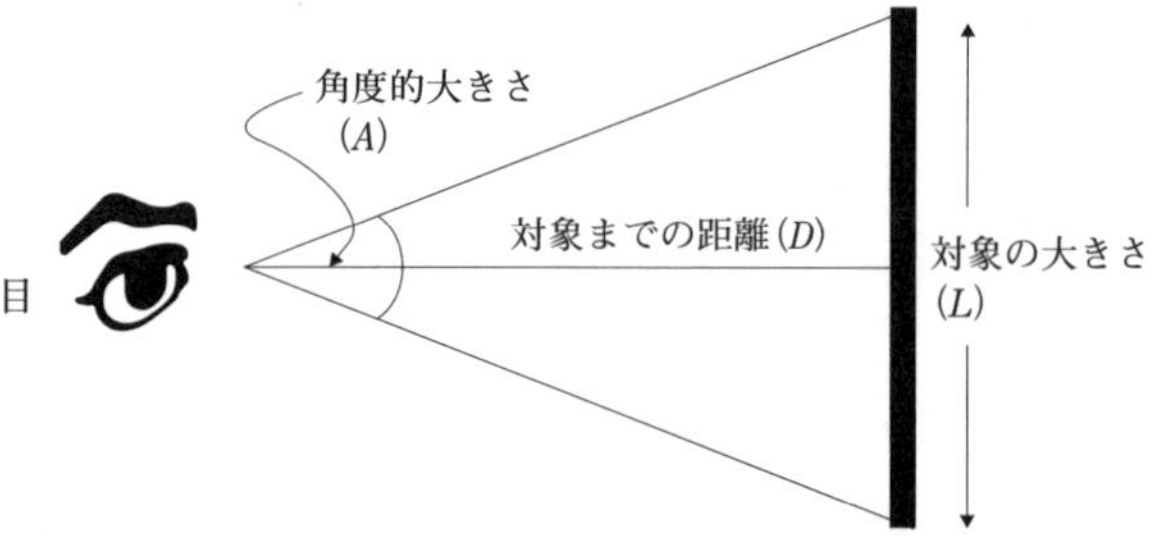

図 2-2　対象の角度的大きさ（A）は，式 $\tan(A/2)=L/2D$ によって，その直線的大きさ（視線に直交して測定された L）とその距離（D）に関係づけられる．しかし小さい角度では，その角度をラジアンで表現したときには，角度のタンジェントは角度そのものに近似する．よって，小さい角度的大きさをもつ対象には，式 $A=L/D$ が近似する．

を表すために用いられ、しばしば弧度や弧分で表される。月の角度的直径は約〇・五度、つまり月の直径は観察者の目のところで約〇・五度の弧度を張ることを意味する。天文学者たちは長いあいだ、われわれが**実際の角度的大きさ**とよんできたものに対して**見かけの大きさ**という語を用いてきたが、この語を使うことは、天体錯視を扱うさいには、はっきりと避けられなければならない。

太陽や月のような角度的大きさの小さい対象に対しては、角度的大きさ A と直線的大きさ L、距離 D の関係は、近似的に $A=L/D$ となる。ただし A はラジアンで表される。A、L、D のうち二つがわかれば、三つ目の計算は可能である。

空の月の高さを記述するさい、天文学者たちは**高度**という語を用いる。これは、観察者の目を通る水平面の上に垂線を立てたとき、水平面から月の円盤の中心までの角度的距離を意味する。しかし、この語は天文学のほかでは異なる意味をもち、それゆえ、われわれは、月の仰角という語を好んで用いる。天頂という語は、観察者の真上の天球上の点を意味するが、月の錯視の著作では、地平線から離れた任意の位置、あるいは特定の日に最大の仰角をとる太陽や月の位置を示すために用いられるなど、きわめていいかげんに用いられてきた。太陽と月は、高緯度の地域では頭の真上に見えることはないため、天頂という語は、たいていは天体錯視の記述に適さない。

（2） 太陽と月の角度的大きさ

月は、太陽によってじかに照らされているときに、肉眼で見ることのできる、ほぼ球状の固体である。それはわずかに不規則な楕円軌道で地球のまわりを回る。月は、地球とともに、一年周期で太陽のまわりを回り、地球と太陽の平均距離は、地球と月の平均距離の約四〇〇倍である。地球から太陽の直線を基準方向として用いると、月は約二九・五日間で地球のまわりの軌道を一周する。これが結果的に、ある満月から次の満月までの期間となる（図2-3）。月は、太陽の反対側にあるときに満月に見え、よって、少なくとも低緯度の地域では、満月は太陽が沈むころに上り、深夜近くになって最大の仰角に達する。ゆえに月がほぼ満月といえる数日間を考えると、満月の前では月は昼間に、満月のときには黄昏時に、満月の後では夜に上るのが観察される。

月の角度的直径は平均約三一・一分であるが、[1] 地球の中心からの距離は一定ではない。地球を回る月の軌道は、ほぼ楕円であり、その方向は、恒星を基準にすると、ゆっくりと変化する。それゆえ、月は一年の過程において、軌道のさまざまな地点で、さまざまな距離に満月として見える。その結果として、その角度的直径は、ある満月から次の満月のあいだでわずかに変化する。それは、時には二九・四分にまで小さくなり、ある時には三二・八分にまで大きくなる。この三・四分の差は、角度的大きさが平均して一一％（あるいは平均の上下に五・五％）ほど変動することを表す。同時提示された線の長さの検出閾が約一％[2]あるいは二％[3]と小さいことが知られているので、約五％の差はたやすく検出される。円の面積は半径の自乗に比例して増加するので、円の直径の差は、おそらく、もっと検出しやすいであろう。しかし異なる時刻に見られる孤立した対象の緩やかな大きさの変動は、それほど明瞭でない。概して、月

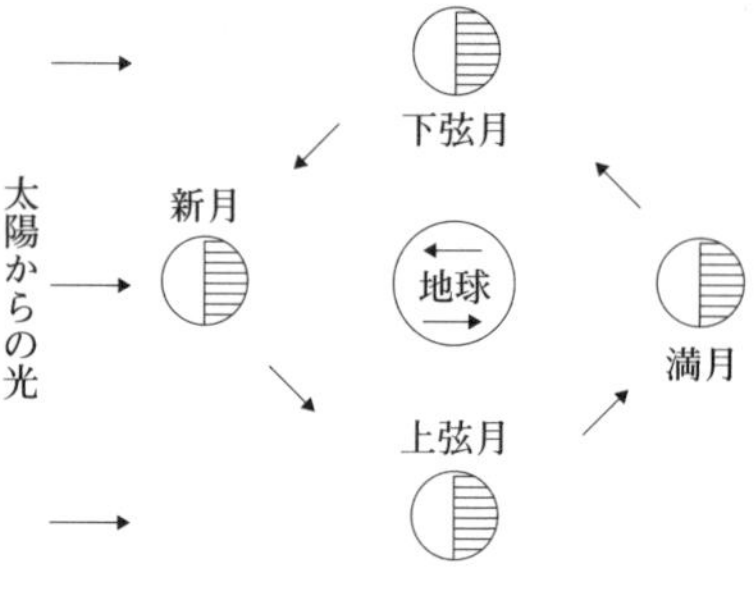

図 2-3　月の位相

図 2-4　月が地球にもっとも近づいたときと（左），もっとも遠ざかったとき（右）の写真．直径差は約 12%．ウォーカー（1997）より．

の角度的大きさがもっとも極端に変動したときでさえ、普通の観察では、それはなかなか知覚できないだろう。

　そのような角度的大きさの変動が、錯視の変化に寄与している可能性がある。一八世紀のデザグリエ[4]は、「ペリジオ（月が地球にもっとも近づく点）とアポジオ（月がもっとも遠ざかる点）という月までの距離の違いにより、異なる時期における地平線の月の大きさの違いが説明できる」と論じた。近年、この説は、苧阪（一九六二、二八頁）によってふたたび主張された。彼は、その前年の月と地球の距離の詳細を提示し、二つの月の像を並べて観察することができるのならば、月の角度的直径の最大と最小の差は、肉眼によって検出できるだろうと記した。これは、図２－４に示される、遠くの月と近くの月の並置された写真を見れば明らかなようにほんとうである。ゆえに苧阪は、「月の錯視の測定に携わろうとしている実験心理学者は、月と地球のあいだの天文学的な距離が、月ごとに変わることを忘れてはならない」と忠告した。しかし、前に述べた錯視の大きな変動性という観点からみれば、角度的大きさの変動はきわめて小さい。

　特定の時期の満月は、特別な名前でよばれることがある。もっともよく知られているものは収穫月（中秋の名月）であり、それは北半球では、秋分（九月二三日）の時期にもっとも近い満月のことである。天球上の月の経路は、この時期における英国の緯度では、満月が、数日のあいだ、毎日没からわずかに遅れて上ってくるようになっている。収穫月という名前は、その数日間の夕暮れの月明かりが、どれだけ農業の目的に役だっていたのかを示している。この現象は、もっと短いあいだではあるが、つぎの十月の満月にふたたび起こり、それは狩猟月とよばれることがある。

収穫月が上ってきたときに、とくに大きく見えるという通俗的信念は、天文学的背景にもとづいて正当化されない。満月が地球にもっとも接近する日は、約一八年周期で毎年変化するので、それゆえもっとも大きい月ともっとも小さい月は、特定の季節に関連していない。月の見かけの拡大は、収穫月が他の時期の満月よりもおおくの注意が向けられているという事実を反映しているだけかもしれない。別の可能性として、秋の霧が、空気遠近（第六章）の寄与を助長するのかもしれない。

地表の観察者と月のあいだの距離に影響する第二の要因は、地軸を中心とした地球の自転である。この自転により、月が空高く上ったとき観察者は月に近づき、それが沈むときにふたたび月から遠ざかる（図2－5）。距離の変化は、観察者が赤道にいるときにもっとも大きくなる。この位置では、観察者は、地球の地軸からもっとも遠く、頭上の月は、地球の半径の分だけ、上りはじめる月よりも近づく（六三七八キロメートル）。月までの平均距離は、地球の半径の約六〇倍なので、月が地平線から天頂に上るときに対応する角度的大きさの増分（これは、天文学では**増大**として知られている）は、わずか平均〇・五分である。これは一年を通して起こる三・四分の変動よりもずっと小さく、おそらく弁別閾未満だろう。観察者が地軸に近い高緯度地域ほど、この効果は減少する。よって、おもに興味のあるところは、月の角度的大きさは、月が地平線に近いときに、高い仰角に位置するときよりも、わずかに小さくなるという事実である。これは、知覚された水平方向の拡大に反する。

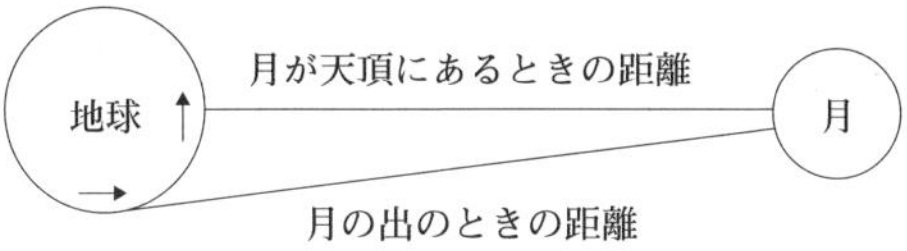

図2-5　月の出や月の入りよりも月が天高くにあるときに月は近づく．そのときの平均的距離は地球の半径の約六〇倍である．

太陽の角度的直径は、月のそれよりもあまり変化しない。それは太陽からの地上の観察者までの距離は比較的一定だからである。太陽を回る地球の軌道は、真円ではなく、ひとつの焦点に太陽が位置する楕円である。太陽にもっとも接近する地点（近日点）は一月のはじめに達し、そのときの太陽は、最大の角度的直径三二・五分をもつ。七月のはじめには、太陽はもっとも離れ（遠日点の位置）、そのときの太陽は、最小の角度的直径三一・五分をもつ。[5] この年変動はあまりに小さく、太陽の錯視の変化に著しい役割をはたさない。

太陽と地球の平均距離は、地球の半径の約二万四〇〇〇倍である。したがって、地球の自転による太陽の角度的大きさの変化は、月のそれよりもはるかに小さく、われわれの目的にとってまったく取るに足らない。

(3) 日食と月食

日食は、月がちょうど地球上の観察者と太陽のあいだにあるときに起こり、太陽を視界から隠す(図2-6)。これは新月のときにのみ起こりうる。地球を回る月の軌道は、太陽を回る地球の軌道の平面に対してわずかに傾いており、その結果、日食は新月ごとに起こるのではなく、三つの天体が直線状に並んだときにのみ起こる。さらに、ほとんどの日食は、月が太陽という円盤の一部を隠すという意味において、全体的(皆既日食)というより部分的(部分日食)である。もし月の角度的大きさが、太陽のそれよりも大きければ、皆既日食は、かなり一般的であろう。他方、もし月の角度的大きさが太陽のそれよりも小さければ、月があまりにも小さくて、太陽の全表面を隠すことができないので、皆既日食は不可能だろう。偶然の一致により、前節で説明したように、月と太陽の角度的大きさは、ほぼおなじである。その結果として、皆既日食は、起こるけれども珍しいことであり、それぞれの皆既日食は、地表の限られた部分から見えるにすぎない。皆既日食は壮観な出来事であり、比較的少数の者が、その目撃者としての恩恵に与かる。

月食は、地球が太陽と月のあいだにちょうどはいって、月が地球の影にすっぽりと入ったときに起こる(図2-7)。これは満月のときにのみ起こる。月面にいる(仮定的な)観察者にとって、地球の角度的大きさは、太陽のそれよりもずっと大きい。よって、皆既月食は皆既日食よりも頻繁に起こる。月食では、月に到達する光が、大気によって屈折するため、月の影となった部分は赤みを帯びて見え、とても美しくなることがある(第五章)。影はまた月に深みを与え、そのため月は平らな円盤ではなく厚みのある球に見える。

日食と月食の両方が、何世紀にもわたって観察され記録されてきた。プトレミー(前二世紀)は、後期バビロニアの天文学者の食の観察を用いて、自らの観察と結びつけて、月の軌道要素(訳注　軌道を記述するために必要とされる

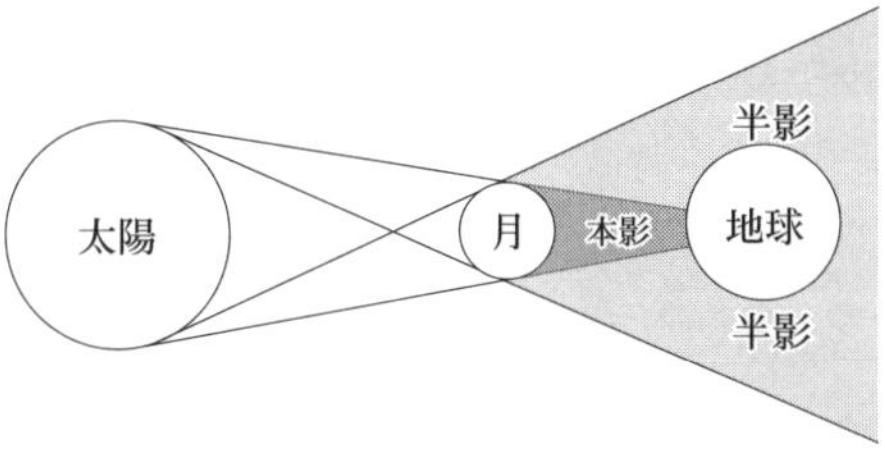

図2-6　日食のときの太陽，月，地球の位置の図式的表現（正確な縮尺ではない）．月の本影の中にはいる地上の限られた部分において皆既日食が見られる．月の部分的な陰の中にいる観察者は，部分日食を見るだろう．

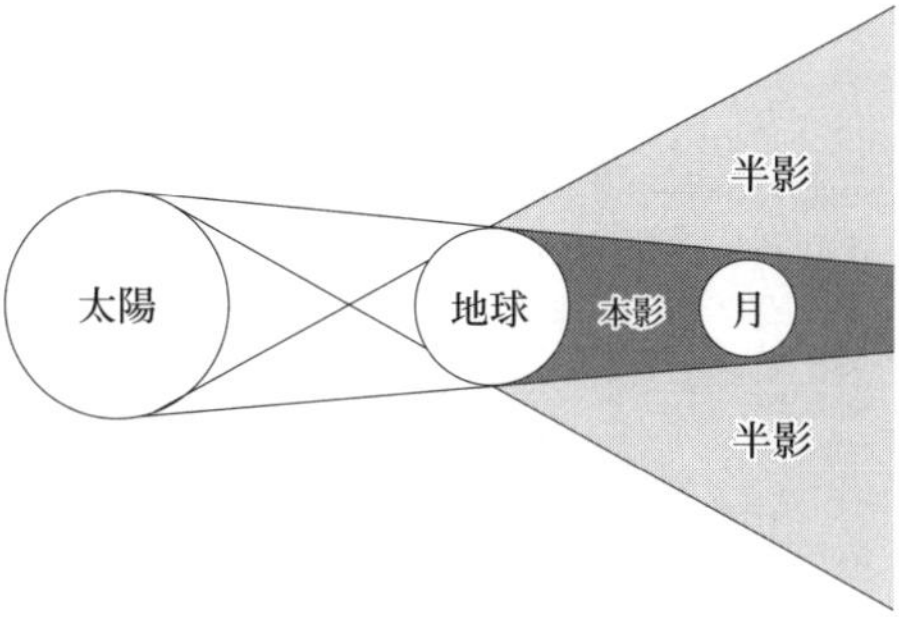

図2-7　月食のときの太陽，月，地球の位置の図式的表現（正確な縮尺ではない）．もし，この図に示したように，月が地球の本影の中にすっぽりと入れば皆既月食がおこる．

パラメター）を計算した。これらのバビロニア人の観察のうちもっとも古いものが、前七二一年のバビロンにおける皆既月食の観察だった[6]。日食と月食の原因は、プトレミーの時代の前でさえ天文学者によってはっきりと理解されていた。

（4）角度的大きさと月の錯視

天体の実際の角度的大きさの変化が、天体錯視にとって重要でないことは、古代より、科学者たちによって受け入れられてきた。ギリシャの天文学者ヒッパルカス（前二世紀）や後のプトレミーは、太陽の角度的直径は一定であり、完全な円の六五〇分の一の大きさ、すなわち約三三分に等しいとみなした[7]。プトレミーは、月までの平均距離を地球の半径の五九倍としたが、それはじつに正確である。彼の月の軌道の理論は、月と地球の距離の変動を過大に推定したが、にもかかわらず、彼はこの変動を取るに足らないほど小さいものとみなし、月の角度的直径にわずかの変動しかもたらさないとした[8]。じっさい彼は、天体が地平線上でいっそう大きく見えるのは、それらがわれわれに近づいてくるからではないとじつに明瞭に述べた[9]。クレオメデス（三世紀初期のころ）は、おなじように、「この種の効果のすべてを、われわれが見ている対象の特徴としてではなく、われわれの視覚に影響する現象として考える必要がある[10]」と結論づけている。

天文学者たちは、食を適切に予想するためには月や太陽の角度的直径が必要とされるので、いつも月や太陽の角度的直径をとくに重要なものとしてきた。したがって、古代から天体の直径がよく測定されてきたことは驚くことではない[11]。そのような測定の正確さの向上は、一四世紀前半に、レビ・ベン・ゲルション（一二八八－一三四四）が、カメラ・オブスキュラを改良し普及させたことによる。これは小さな暗箱からできており、その一方に小さな穴があり、そこから入ってくる太陽や月の像が、箱の穴の反対側の面に結ばれるというものであった。この装置は、三世紀も前にイブン・アル＝ハイサムにより改良されており、これは、レビによって、太陽や月の角度的直径の小さな変動を研究するために用いられた[12]。一七世紀にマイクロメーターを装備した望遠鏡が用いられるようになると、いっそうの精度の改善が可能となった。よって、地球の自転が原因で月の大きさにわずかな変動があるということと、この変化が知覚された水平方向の拡大に反していることが、かなりの期間をかけて知られるようなっていった。レオナルド・ダ・ビンチ[13]は一六世紀のはじめにこの事実に気づき、フランスの哲学者ニコラス・マールブランシュ[14]は一六七五年にそのことに言及し、このような知識が、天文学者たちに限定されたものでなかったことがわかる。このことはモリヌーク（一六八七）やバークリ（一七〇九）によっても述べられており、いっぽうオイラーは、一七六二年の彼のひとつの手紙[15]の中でそのことを注意ぶかく説明している。

古代でさえ科学者たちは、太陽や月が水平方向で拡大するのは、それらが天高くにあるときよりも観察者に近づいているから生じるとまじめに考えたことは一度もなかった。しかし、この考えを含んでいる非科学的文献があり、それは、その古さと視点の独自性のゆえに興味ぶかい。この文献は、列子によるとされる中国の伝説や民話の説話集であり、前四世紀から前一世紀のあいだの任意の時期にまでさかのぼる。これには、太陽の距離について議論する二人の少年に出会った哲学者孔子（前五五一－四七九ころ）について、真偽の怪しげな物語が含まれている（Giles 1923, pp. 68-69）。この一節の訳[16]は、つぎのとおりである。

孔子が東方を旅していたとき、口げんかをしている二人の男の子に出くわし、彼らにそのわけを尋ねた。一人は「私は、（地平線から）上ってくる太陽は私たちに近づいているが、昼間の太陽は遠く離れていると信じます」と言い、もう一人は「それとは反対に、私は、上ったり沈んだりしている太陽は私たちから遠くあり、正午の太陽がもっとも近いと思います」と言った。はじめの子は「上ってくる太陽は戦車の屋根ほど大きいのに、昼間の太陽は皿ほどの大きさもありません。大きいものが私たちの近くにあり、小さいものが遠くにあるに違いありません」と返した。しかし二人目の子は、「夜明けの太陽は冷たいけど、昼間の太陽は燃えています。熱い太陽ほど私たちの近くにあるに違いありません」と言った。孔子は、彼らの問題を解決することができなかった。それで男の子たちは孔子のことをあざ笑い、「どうして皆は、あなたのことを賢人などといって取りつくろうのでしょうか」と言ってさげすんだ。

この物語から、これが書かれた時代の中国では、太陽の錯視がよく知られていたと思われる。また、地平線上で拡大すると考えられたのは、太陽の実際の角度的大きさであり、これによって、つぎに、そのとき太陽が近づいているに違いないとみなされていたことに気づかされる。

そのころの中国においてよく広まっていた意見では、すでに、天体錯視の天文学的説明ではなく地勢による説明が好まれていた。たとえば漢（前二〇六年から）の張衡は、錯視を光学的現象として記述した。数世紀ののち三世紀の終わりか四世紀に、束晳も、太陽の実際の角度的大きさが変わるのではなく、その見かけの大きさの変化は、われわれの感官が欺かれた結果であると述べた[17]。

距離にもとづいた理論は、天文学者たちによってまじめに考えられなかったが、プトレミーの『アルマゲスト』

（七－八頁）の中には、そのような説明が、その当時こじつけと考えられていなかったことを示唆する短い一節が存在する。プトレミーは、天体が沈むとき、天体は無限の距離にまで一直線に移動し、日ごとに新しく生まれるという考えを批判する必要性に迫られていた。この考えの起源は、ギリシャの哲学者クセノパネス（前五七〇－四七〇ころ）にあるが、彼はそのことを曖昧なことばで表現している[18]。この考えに反論して、プトレミーは「天体の大きさがだんだんと減少しているのに、天体は消えない。それどころか、天体は、まるで地表によって削られるかのように、少しずつ覆われていきながら消えようとするときに、それが大きく見えるとはどういうことなのだろうか」と問うている。この議論は、明らかに、プトレミーが（天体の）拡大を実際の角度的大きさに当てはめて考えていたことを示唆するが、先に述べたように、彼はこれを天体が近づいてきたことによって生じたとは考えていない。

上の一節は、昔から中国の天文学者に知られていたようなので、とりわけ興味ぶかい。太宗皇帝の監修の下に七世紀に著された、晋（二六五－四二〇）の正史の中の天文学の章には、太陽は、地球から遠く離れていくため、夜には見えないという説について、葛洪という学者の考察がある。葛洪は、そこで「もし太陽が、われわれから遠く離れたところに行ってしまったために見えないと言うのなら、太陽が沈むときは、それは北に向かう道程にあり、だんだんと小さくなっていかなければならない。しかし、それとは反対に、日没時の太陽は大きくなる。これは、太陽が沈むときには、遠くに行ってしまうという証拠にはならない[19]」と論じた。この論は一～二世紀前のプトレミーの議論によく似ている。

この類似性は、一世紀に中国が中央アジアを征服することによって、イランと交わるようになり、ローマ帝国との定期的な陸路交易がひらかれたために生じたのだろう[20]。この陸路を経て、ギリシャの科学は、インドを通り中国へと伝わった。じじつ一六四年に中東から中国へ旅をした、天文学に通じた人びとに言及した中国語の文献が存在する。プトレミーの天文学の著書は、一四二年に書かれており、このようにして中国にたどり着いたと考えられる。

（5）星の角度的大きさ

恒星は、われわれから遠く離れた距離にあるので、その角度的大きさは極端に小さい。地上に置かれたもっとも大きな天体望遠鏡を通してさえも、星は測定できないような角度的大きさをもつ光点としてしか見えない。しかし、肉眼では、明るい星や惑星は、たんなる点より大きく見える。その拡大は、おもに球面収差によって、目のレンズが不完全に焦点を合わせた結果である。レンズの外側部を通り抜ける光は、レンズの中央部を通る光よりわずかに焦点距離がみじかい。その結果、星のような点光源は、夜に瞳孔が広がっていると、鮮明に焦点を合わすことができない。明るい星が薄暗い星よりも大きく見えるのは、網膜上において焦点化されてない大部分の像がじゅうぶんに明るく網膜受容器を刺激するからである。(21) この現象は古代の天文学者たちに、もっとも明るい惑星である金星が三分の角度的直径、すなわち太陽の約一〇分の一の角度的直径をもつと確信させた。(22) しかし、その角度的直径は、ほんとうはいつも一分以下である。小さい人工瞳孔を通して星を見ると、その知覚された大きさが減少する。これは、レオナルド・ダ・ビンチをいたく感動させた現象である。(23) すなわち「(とても細い針の先端で開け、ほとんど目に触れるくらいに近づけて置かれた小孔を通して見ることによって実現されるように) もし光を弱めて星を見たならば、それ以上小さいものがないかのように、その星が微小に見えるだろう」。また黄昏時に、星はかなり小さく見える。というのは、そのときはまだかなりの光があり、それゆえに瞳孔がかなり小さいからである。この現象は、ガリレオによって、星の知覚された大きさが錯覚であり、その真の角度的大きさは、小さすぎて測定できないことを証明するために用いられた。(24)

われわれは、科学者が天体錯視は個々の恒星にも影響するだろうという信念を表明した事例をひとつだけ知っている。一二一八年から一二三八年までのエジプトのサルタンであったアル＝マリク・アル＝カーミルの治世のとき、シチリア王フレデリック二世は、イスラムの学者たちの知識を試すために、彼の元へ数おおくの難題を送った。フレデリックは、たんに科学的研究の支援者だけでなく、みずからが著名な文化人であり、鷹狩りに関する傑出した論文の著者でもあった。(25) 彼がサルタンに与えた問いのうち三つが残されている。1．なぜ一部分が水に覆われた対象は曲がって見えるのか、2．目前の斑点の錯視（訳注　プラグからの私信によれば、これは、たぶん暗やみの中に見える光の斑点や目を閉じたときにも見える光の斑点をさすが、その正確な意味は不明である。この現象は、今日では錯視と考えられてい

ない）の原因は何か、3.（われわれがおもに関心をいだいていることであるが）なぜ恒星カノープスは、地平線の近くでいっそう大きく見えるのか（ただし南の砂漠には湿気がないので、湿気による説明はできないものとする）[26]。これらの問いはすべて感官が誤りやすいことを示した例であり、この問題は、昔のおおくの哲学者や科学者たちによって論ぜられてきた問題である[27]。水中において曲がっている棒はありふれた問題であるが、カノープスの問題はめずらしい。

カノープスは、南天球の深部に位置する二番目に明るい恒星である。それはシチリア南部からは、冬には南の地平線上のとても低い位置に、束の間、見えたことだろう。しかし、フレデリックが「南の砂漠」に言及しているということは、彼が低緯度から観察することを想定していたことを示しているし、彼が個人的にシリアを訪れていたことが知られている[28]。彼が、空気中の湿気が水平方向の拡大の原因であることを認めなかったことについては、第五章において錯視の大気説に関する考察によって明らかにされるだろう。

(6) まとめ

太陽と月はともに、地球から見ると約〇・五度の角度的大きさをもつ。一年のあいだに地球から月までの距離は変化し、月の角度的大きさは一一%まで変動する。この変動は、水平方向の拡大の原因でないが、いろいろな時期に得られた大きさの推定値に変動を添えることがある。地球がまいにち回転することによって、月が地平線上にあるときよりも頭の真上にあるときに、月はわれわれにいっそう近づき、いっそう大きな角度を張る。しかし、その差は検出できないほどに小さく、その差は、知覚された水平方向の拡大とは逆である。太陽の角度的大きさの変動は、月のそれよりもずっと小さい。星の知覚された大きさは、その角度的大きさよりもずっと大きいが、その角度的大きさは、小さすぎて測定できない。

第三章　知覚された大きさ

これまでいくぶんいいかげんに、**見かけの大きさ**という語を用いてきた。あいにく、そのようないいかげんさは、月の錯視の研究ではありふれたことであり、それによって、月の錯視の原因に関する見解の相違が生みだされたところがある。ごく最近の一九八九年にハーシェンションが編集した錯視の本では、寄稿者たちは、おなじ概念におおくの異なった表現を用い、また異なった概念におなじ表現を用いている。もし月の錯視が、将来、理解されるとすれば、まず月の物理的大きさと、見かけの大きさを明らかにし、合意の得られた専門語を用いる必要がある。まず、客観的な物理的測定によって基礎づけられた大きさと、ヒトの観察者による大きさの主観的な印象を明確に区別する必要がある。混同をきたす可能性がある場合は、つねに前者の大きさを真の大きさとよぶことにする。実際の大きさ、真の大きさ、あるいは物理的大きさは、同義語とみなすことができる。前章では、すでにいくつかの物理的用語を定義したが、それらは直線的大きさと角度的大きさに関していた。われわれは、いっそう議論の余地のある主観的大きさの問題に移る。

(1) 主観的大きさの測定

観察者が対象の大きさに注意を向けたときに生じる、長さの主観的印象に対する専門語が必要である。**知覚された大きさ**という語が適切だと思うが、**現象的大きさ**、あるいは**見かけの大きさ**という語もしばしば同義語として用いられている。見かけの大きさという語は、心理学者がもっともよく用いてきた語である[1]。しかし、見かけの大きさという語は一般的な科学文献では避けられてきた。なぜなら、天文学者と物理学者が、この語を真の角度的大きさを意味するために用いるからである。対象の知覚された大きさは、観察者にとって個人的なものである。しかし、知覚された大きさを研究するためには、なんらかの数字を使った表現が必要である。そのような数字は、いくつかの方法で手に入れることができ、そして得られた数字を表現するために明瞭な語を使うことが賢明である。

第一に、観察者は、数による大きさの推定値すなわち**推定された大きさ**を報告するように求められる。この推定値は、直線的大きさではメートル、角度的大きさでは度数というように、慣習的な測定単位を用いて表現される。他にマグニチュード推定法として知られる方法では、任意の単位が用いられる[2]。第二に、観察者は当該対象の知覚された大きさと、他の比較対象の知覚された大きさとのあいだで照合するように求められることもある。この方法では、数値は実験者によって得られ、実験者が照合された比較対象を測定する。この第二のタイプの判断を**照合された大きさ**とよぶ。地上の対象の測定には、数量的推定値と大きさの照合値のどちらも用いられるのに対して、天体錯視の測定では、照合法がいっそうよく用いられる。

数による推定が、対象の実際の大きさと関係するのか、知覚された大きさと関係するのかは、つねに明らかというわけではない。「この木は約五メートルの高さである」というような推定は、もしこの木の高さを測定したならば、五メートルくらいの高さになろうということを観察者が信じていることを意味する。したがって、これは、実際の木の直線的大きさの推定である。いっぽう、「月は気球とおなじくらいの大きさのようだ」というような言い方は、まったく異なるものであり、月の知覚された大きさを反映する。大きさの推定値は、教示に依存して、物理的な大きさあるいは知覚された大きさを反映させることができる[3]。月の場合は、この特別な曖昧さは起こりそうにない。すなわち、月は不確定な距離にあり、その実際の大きさを推定することができない。

他にも考慮しなければならない曖昧さをもたらす別の要因が二つある。まず、月の推定された大きさは月の直径に関係しているのか、それとも月の円盤の面積に関係しているのだろうか。観察者が「上る月が普通よりも二倍も大きく見える」と報告したとき、観察者は月の直径それとも面積、あるいはこの両者の未知の組み合わせを二倍と判断したことを意味するのだろうか。図３－１を一瞥したとき、大円は小円の何倍の大きさに見えるだろうか。知覚された大きさは、直線的な大きさに密接に関係するのか、それとも面積なのだろうか。そのような知覚課題において、人びとが「大きさ」ということばにもつ意味に個人差があるのはもっともだろう。天体錯視の大きさを推定する話に戻ると（第一章）、モリヌーク、ローガン、その他の人びとによる天体錯視の推定は、月や太陽の知覚された直径に明確に関連することがわかる。たほうフランスの哲学者マールブランシェは、黒いガラスを通して見たとき、「距離が約二分の一になり、大きさが約四分の一になる」[4]と述べているが、これは明らかに円盤の面積をさす。ホイエンスが「太陽の円盤」が地平線の近くでは二倍のようだと推定したとき、彼はおそらく、太陽の直径が二倍であるか（そしてその面積は二倍より大きい）、その面積が二倍の大きさに見えたことを表しているのだろう。どちらを受け入れても、もう一方の測度の拡大は、計算によって単純に求まらない。推定された面積と直径のあいだの関係は、実際の面積と直径のあいだの幾何学的な関係よりも、ずっと複雑かつ変動しやすい[5]。われわれは、大部分の推定値が、知覚された直径に関するものと仮定する。

　つぎに来るもっと手ごわい問題は、月の知覚された大きさが、直線的大きさと角度的大きさのどちらに似ているのかということである。おおくの人は、月の知覚された大きさを長さで記述しているが、これは、彼らが、直線的拡大を知覚していることを示唆する。しかし、おおくの人は、また、水平方向の拡大は真実である（よって写真にも現れる）と信じている。これは、人びとが角度的拡大を知覚することを示唆する。このジレンマは、実験方法と理論の両方に影響する。すなわち、知覚された大きさの性質に関する研究者の仮説によって、測定技術の選択と、結果として生じる測定値を説明する理論の選択とがともに決定される。

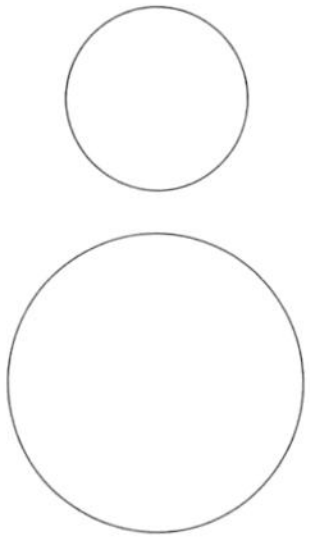

図 3-1　小円を大円にするには何倍の大きさにしなければならないか．直線的拡大では 1.8 倍，面積的拡大では 3.3 倍となる．

　対象の知覚された大きさを、対象の実際の角度的大きさに似ていると仮定す

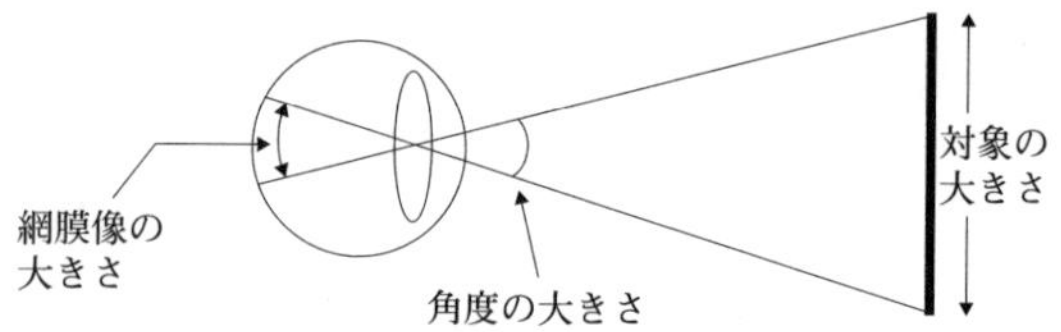

図 3–2　水晶体が適切に調節しているならば，対象の網膜像の大きさは，対象の角度的大きさとともに規則的に変化する．もし水晶体がうまく焦点を合わせられなければ，網膜像はぼやけて少し大きくなる．

る研究者がおおい。また知覚された大きさは、網膜像の直線的大きさに対応すると仮定する者もいる。すなわち、彼らのいう大きさは、目の光学によって生じる小さいゆがみを除いて、角度的大きさにじかに関係する（図３－２）。その語を用いれば、太陽と月は約〇・五度の角度的大きさをもつ。これは標準的な目が、無限遠に焦点を合わせたときに、網膜像の直線的大きさが、約〇・一五ミリメートルになることに対応する。さらに別の著者は、知覚された大きさは、網膜像の意識的な覚知であるとする。すなわち、この知覚された大きさは、実際の網膜像の大きさと関係するが、脳内の神経過程により変換されている。これらの見解はすべて、知覚された大きさは角度的大きさと似ており、度数によって推定されるか、または既知の角度的大きさの対象と比較されることを意味する。これらの見解は、また、月の錯視は、地平線の近くにある月の実際の角度的大きさあるいは知覚された角度的大きさの増加として記述されるべきであることを意味する。

他の研究者は、知覚された大きさを、角度ではなく長さによって定義してきた。この考えによると、知覚は、三次元的な思考過程によってわれわれの視感覚から構成される。対象の知覚された大きさは、多かれ少なかれ「外界の」対象の大きさに一致する。すなわち、その実際の直線的大きさに一致し、それゆえメートルを用いてもっともよく表わすことができる。この考えでは、月の錯視は、地平線近くの月の知覚された直線的大きさの増加として記述されるべきだろう。知覚された大きさの性質に関する二仮説は根本的にまったく異なる。しかし、この二仮説はしばしば無差別におなじ研究に適用され、たいへん混乱した結果を生み出してきた。[6] 知覚された大きさの性質についての確信のなさは、月や太陽の知覚された直線的大きさに関する叙述と推定に現れている。これらのいくつかを以下に示す。

（2）太陽と月はどれくらい大きく見えるのだろうか

おおくの研究者は、「月はどれくらい大きく見えるか」という一見して単純な質問をして、「皿とおなじくらいの大きさ」もしくは「直径約一フィート」のような回答を得てきた。一部の人たち、たとえば天球上の直線的距離ではなく角度的距離で考える習慣のある天文学者などは、この質問を意味のないもの、答えられないもの、または将来にわたって答えがないものと考えた[7]。しかし大半の人びとは、太陽や月、星座にまで大きさの印象をもつ。

アリストテレス(前三八四－三二二)は、「太陽はそれ自体で直径が一フィートほどの大きさしか示さない[8]」と述べた。これは、このような推定が大昔まで遡ることを示す。実際エフィソシスの哲学者ヘラクレイトス(前五四〇－四八〇ころ)は、おなじような叙述をなしたといわれる。すなわち「太陽の幅は人間の足ぐらい」と述べた[9]。

古代の天文学者は、しばしば天体の大きさと天球上の距離を長さの単位を用いて推定し[10]、その後のおおくの観察者もおなじことをしてきた。よって中国において前二八年に記録された、もっとも昔のものとして知られている太陽の黒点の観察では「黒点を硬貨とおなじ大きさ」と記している[11]。中世初期には、セビリヤのイシドールスは、太陽をローマ人の腕尺(中指の先端からひじまでの長さ四四四ミリメートル)くらいに見えると考え[12]、レオナルド・ダ・ビンチは、太陽の大きさを約一フィートと推定した[13]。ウィルキンズ(一六三八、一九－二〇頁)は、普通の人は、月は荷馬車の車輪の大きさであると信じていると述べた。すなわち「(私たちが)月は荷馬車の車輪よりも大きいと言うように、あなたは、おそらく、月はグリーンチーズからできているといって田舎の小作人をすぐに説き伏せようとするかもしれない。なぜなら、どちらも、小作人にはおなじくらい自身の視覚と矛盾して見え、それに彼はじぶんの感覚しか信じるものがないのだから」(訳注　小作人は、月は車輪の大きさであると固く信じているので、それ以上の大きさがあると説いても信念を変えようとしないという意味)。ほぼおなじころデカルト(一六三七a)は、通常なら太陽と月は一～二フィートの直径があるようだと述べた。いっぽうポーターフィールド(一七五九、二巻、三七三頁)は「もし私たちが、自分たちの目の証言を信じるのならば、月と太陽は、直径約一フィートの円形の皿でしかない」とした。ホッブス(一六五八、一巻、七五頁)もまた、太陽の大きさを直径一フィートと推定した。いっぽうモリヌーク(一六八七)は、この太陽の大きさは、仰角が高いときの月のだいたいの大きさであり、地平線に近いときには大きくなって三～四フ

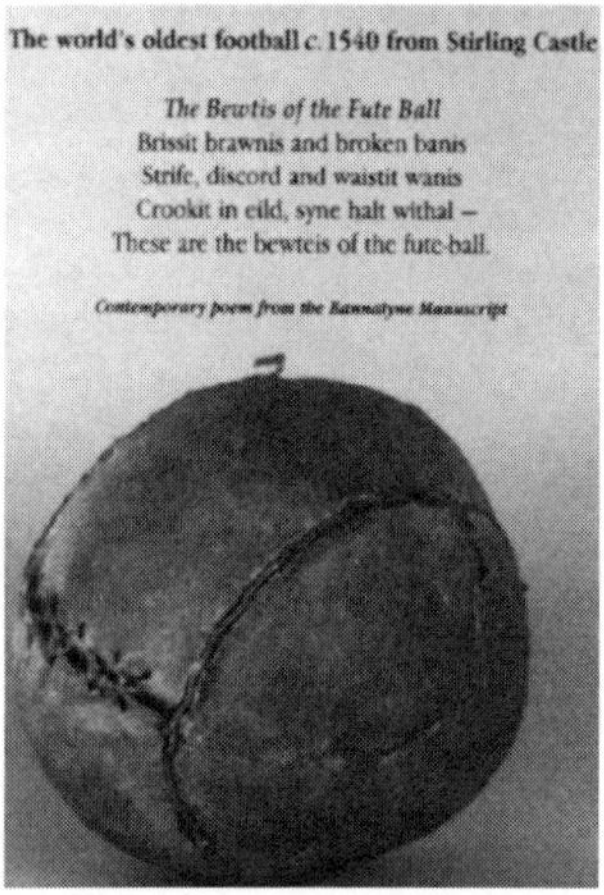

図3-3　古いフットボール．スターリング・スミス美術館博物館の厚意．フットボールは，当時のスコットランド人の詩にも見られるように，たいへん乱暴なゲームであった．その翻訳はつぎのとおり．

傷ついた肉と折れた骨
いさかいと仲たがい，人けのない家
老いて湾曲し，歩けなくなることも
――これがフットボールの美しさだ

イートになると考えた。ローガン（一七三六、四〇四頁）は「太陽と月は、それぞれ〇・五度の視角を張り、高い位置では八～一〇インチほどに見え、そして地平線の位置では二～三フィートの横幅に見える」と述べた。ル・コント（一八八一、一五九頁）は、推定値はつぎのように異なると述べている。「距離を判定する手段がないとき、大きさを推定することはできず、人によって推定は異なるだろう。したがって、太陽や月の大きさは、ある人にとっては小皿のようであり、またある人にとっては大皿のようであり、また別の人にとっては樽の頭のようである」。ブルドン（一八九七、一八九八）が調べたところ、大半の人は、高みに上った月の直径を「ためらいもなく」二〇〇～三〇〇ミリメートルであると推定した。おなじようにマイヤー（一九〇四、四一一頁）は、おおくの人が月と皿の大きさをおなじくらいとみなすと述べている。これは、「普通の」条件のもとで「平均的な」人に適用したときに、ウィッテ（一九一八）によって支持された推定値である。大きな皿あるいは小さなテーブル台というのもまた、南ナイジェリアにおける月と太陽の普通の推定である。[14] フットボールは、それくらいの大きさをもった、もうひとつの伝統的な対象である（図3－3）。

ウィッテ（一九一八）は、三つの方法を用いて、もっと系統だった測定を行った。最初に、彼は観察者に「月はどれくらい大きく見えるか」と尋ね、そして皿や人の頭のような日用品を使って回答を求めた。第二に、ウィッテは、観察者たちに、直径一〇～五〇〇ミリメートルの一連の円盤から、月とおなじ大きさに知覚された紙の円盤を選ぶように求めた。第三に、ウィッテは観察者に、大きな紙の上に、見かけの月とおなじ大きさの月を描くように求めた。彼は、何百人もの観察者を用いて、三つの方法のすべての平均値が約二〇〇ミリメートルであることをつきとめた。

フィレーネ（一九一七）も、また、自分の観察者に、除々に上っていく満月と紙の円盤を比較するように求め、観察者がおおむね二〇〇ミリメートルの円盤を選択したことを報告した（これは、観察者がこの方法に反対したときでさえもそうだった）。もっとも高い仰角のときに照合された大きさは一〇〇～一二〇ミリメートルくらいだった。

このようなある程度の一貫した平均的な結果にもかかわらず、かなりの個人差が見られる。ヘニング（一九一九）が尋ねた観察者は、五ミリメートルから一メートルの大きさを報告した。エンジェル（一九三二）は、数年間にわたり、おおくの心理学専攻生に、上っている月や太陽の大きさを推定するように求め、米国二五セント硬貨（二四ミリメートル）から荷馬車の車輪の大きさまでの異なる値をえた。

幾何学的にみれば、これらの推定は、ほとんど意味をなさず、したがって科学的精神の持ち主には、じつに受け入れがたい。彼らは、月（その大きさは直径約三五〇〇キロメートル）や太陽（その直径は約一三〇万キロメートル）の実際の直線的大きさを推定することはしないだろう。太陽と月の角度的直径は約〇・五度である。すなわち、直径二〇〇ミリメートルに見えるためには、月や太陽は二四メートルの距離になければならない。その距離は、おなじ観察者が天体を普通に推定するときよりもずっと近い距離である。おそらく観察者は、その大きさの推定値を、選ばれた対象あるいは推定された直線的大きさが、月あるいは太陽とおなじ角度的大きさを張っているように見える、何らかの近距離に関連させているのだろう[15]。

推定された大きさを月に帰する傾向は、月の錯視と関係があるのだろうか。あるという研究者もいる。すなわち、彼らは、月は特別な大きさをもつに違いない、そうでなければ、月は地平線においても大きく見えることはないだろうと論じてきた[16]。これを心にとめておいて、古代の大きさの知覚の考えを考察する。

(3) 大きさ知覚の初期の考え

古代の哲学者と科学者は、どのようにして像が目に入ってくるのかに興味をいだいた。そして（それほどではないにせよ）どのように網膜像の大きさが尺度化されて、知覚された大きさを与えるのかということに興味をいだいた。

これらの問いは相互に関係するところがある。というのもいくつかの理論では、像は、目に入る前あるいは目に入ったときに尺度化されるからである。ギリシャの視覚理論は、目と視覚対象のある側面のあいだに物理的な接触があるに違いないということでは一致していた。これらの理論は、**内向伝達理論家**、**外向伝達理論家**、あるいは**混合理論家**に分けられる。内向伝達理論家（たとえばエピクロス派など）は、対象からの放射された光あるいは流れが目に入り、感覚がつくりだされると考えた。外向伝達理論家（たとえばプラトンなど）は、目から光や流れが出て対象に触れ、そして光それ自体に感受性があると考えた。おおくの哲学者（たとえばストア派）は、混合理論を唱え、光や流れは目から生じ、さまざまなやりかたで対象の外見に接触した後に、おなじ経路をたどって目に戻ると考えた。内向伝達理論あるいは外向伝達理論を信じることと、大きさの知覚に関する信念とのあいだに必然性はなかった。ある研究者たちは、大きさは、ふつうは正しく知覚されると考えた。またある研究者は、大きさは距離が増加すると小さく見えると考えた。さらにある研究者は、大きさは複数の要因で変わると考えた。

初期に影響があったのは原子論者の考え方であった。彼らは、知覚は内向伝達によって感官の上にじかに印象づけられると信じた。この原子論者には、デモクリトス（前四二〇ころ）、エピクロス（前三四一－二七〇ころ）、さらに後にはローマの詩人ルクレティウス（前九五－五五ころ）がいる。ルクレティウスによると、エピクロス派は、像が対象から放たれ、それは、対象の形、大きさ、色、その他の属性を正確に再現すると信じた。これらの像は、じつにきめの細かい窪んだ膜であり、これがさまざまな感官を通して「魂」（脳）に行きつく。もし像が正しい大きさを維持しているのであれば、対象の大きさは正しく知覚されるはずである。[17] しかし、エピクロス派の物理学によれば、対象が近くにある場合よりも遠くにあるほうが小さく現れる。これは、像が他の原子体によって弱められるからである。こうして、エピクロス派は、遠くにある物体の知覚された大きさと真の大きさのあいだの違いを認めた。エピクロス派は太陽の事例を例外とし、太陽は約一フィートの大きさであるとみなした。エピクロス派は、この理由をつぎのように述べている。

つぎは、太陽という炎をあげている円盤の大きさについてである。実際のところ、太陽は、私たちの感官に現れてくるものよりもずっと大きいものでもなく、ずっと小さいものでもない。その炎が、光を送り届け、私たちの体に暖かい息を吹きかけるのにじゅうぶんに近いかぎり、火炎の大きさは、距離があっても失われない。すなわち、太陽の炎は、目に見えて小さくならない。ゆえに、太陽の熱とそれが放つ光は、遠くからはるばる私たちの感官にまでたどり着き、それらが触るものすべてを照らすので、太陽の形と大きさも、実際にあるがままであり、実質的に小さくなったり大きくなったりする余地はない。(18)

ルクレティウスが言おうとしていたと思えることは、観察者が炎を観察したとき、太陽の光と熱が感じられる場所はどこでも太陽はおなじ大きさに見えるということである。太陽は炎に似ている、なぜなら、われわれは、光と熱の両方を感じるからである。つまり、もし太陽がある大きさで見えたとき、それは多かれ少なかれ実際の大きさに違いない。ルクレティウスは、同じような主張を月にもあてはめた。すなわち、対象がはっきりと見えるすべての距離では、大きさは一定に見えると論じた。月は、くっきりした輪郭とはっきり知覚された形をもつので、月もまた、多かれ少なかれ、見かけの大きさとおなじ大きさであるに違いない。

のちの大半の哲学者は、これらの考え方に同調しなかった。そしてエピクロスとルクレティウスが行ったように、みずからの感官の証拠に過度の信頼をおくことをしなかった。エピクロス派の立場は、おおぜいの学者、とくに外向伝達理論や混合理論を支持していたおおくのストア派に批判された。クレオメデスはそのひとりだった。彼は前三世紀始めごろのギリシャの天文学者であり、(19)天体錯視は、われわれがいつも真の大きさの太陽を見ているわけでないことを意味する現象であると述べた。別の批評家としてプロティノス（二〇五－二七〇ころ）が挙げられる。彼は、光が（目に）入ってくることは信じていたが、魂は対象の印象を受け取らないと論じた。すなわち、もし対象の印象を受け取るのであれば、魂は距離を知覚することができないだろう。なぜなら印象とは距離のあるものでないからである。魂は大きさも知覚できないだろう。なぜなら、空のような対象は、魂の中に収めるには大きすぎるからである。

よって魂は印象の変換を受け取っているに違いない[20]。

おおくの哲学者は、知覚された大きさは距離とともに変わることに気づいており、大きさの知覚の過誤が生じうることに気づいていた。さらに彼らは大きさの尺度化の行われ方にも思いをめぐらせた。距離による変化にかかわらず対象が正しく尺度化されるという考えは、**大きさの恒常性**[21]として知られるようになった。おもに二つの考え方が発展した。ひとつは**相対的大きさ**に関するものであり、もうひとつは**距離を斟酌する**ものである。

相対的大きさの考え方は、プロティノスによって述べられた。彼は、大きさの尺度化は対象内の細部によって与えられると論じた。そして大きさの恒常性が遠距離で失われるのは、対象の角度的大きさが小さくなるからではなく、遠距離において細部が失われるからであるとした。彼は、つぎのように記す（『第二エネアデス』Ⅷ）。

しかし［大きさの尺度化の］現象は、さまざまな事物の例によって、もっとたやすく説明される。家や木その他の地標が点在する山をとりあげよう。各細部を観察することによって、個々の対象に留意し、全範囲の広がりを計算する手段が私たちに与えられる。しかし、そのような形の細部が私たちに届かないところでは、細部を扱う私たちの視覚は、はっきりと見分けられる大きさを測ることによって全体の知識に向かうという手段がもてなくなる。細部があるから、近くの対象の大きさの感覚は見誤ることがない。遠くに対象がある場合、目は、その対象の形を知ろうとして介在する空間の広がりを順々に見通そうとしないので、目は、その空間の大きさを報告することができない。視覚の角度がいっそう小さくなるからという説明は、他のところでは退けられてきた[22]。

他のおもな大きさの恒常性の説明は、**大きさ－距離の不変仮説**として明確に述べられる[23]。この仮説は、対象の知覚された距離に対する対象の知覚された直線的大きさの比率は、対象の実際の距離に対する対象の実際の直線的大きさの比率によって決まるとする。よって、この比率は、対象の角度的大きさのみに依存する。つぎに、大きさの恒常性の有力な説明となった、この仮説の展開について考察する。

(4) 大きさ－距離の不変性の展開

初期の数学者（ユークリッド、プトレミー、クレオメデスなど）は、目から放出され対象に触れる視光線や視錘に関して自らの考えを述べた。感覚は、光自体が感受性をもつからこそ、あるいは光がおなじ経路をもどって像を感知力のある目に運んでくるからこそ得られるとされた。光が目から放出されるという理論は、感覚の理解に困難をもたらしたが、知覚に幾何学的推理を適用することには影響がなかった。数世紀後に、アラブの数学者・物理学者であるイブン・アル＝ハイサム（一〇四〇ころ）は、光線は対象から目の方向に入ってくることを明確に述べた。

前三〇〇年ごろユークリッドは、視角と知覚された大きさを同一視した。ユークリッドは自著『光学』（定理五）の中でつぎのように書いている。すなわち「等しくない距離に置かれた等しい大きさの対象は、等しくない大きさに見え、目に近い対象は、いつも大きく見える」[24]。この一節では、彼は**見え姿**という語を用いた。別の一節（定理二一―「所与の長さがどの程度かを知ること」）では、直線的大きさは、角度的大きさと距離から幾何学的方法によって計算ができるとした。しかし、この一節では、彼は「見え姿」ではなく**計算**という語を用いた[25]。

直線的大きさは、計算されるのではなく**知覚される**という別の考えがある。この考えのもっとも初期の記述は、二世紀のプトレミーの『光学』の中にある[26]。プトレミーの著作は、部分的にユークリッドの『光学』と、たぶん今では失われてしまった著書にもとづいている。プトレミーは、大きさの恒常性と形の恒常性の両方について長ながしい議論を『光学』の中で行った[27]。典型的な一節（『光学』Ⅱ、五六）は、つぎの通りである。

ABとGDという二つの長さについて考えよう。これら二つは、おなじ傾角をもち、おなじ角Eに対している。ABまでの距離がGDまでの距離に等しくなく短いとき、（ABとGDの長さが）その真の距離によって決定されるならば、ABがGDよりも長く見えることは絶対にないだろう。その代わりに、二線分までの距離の差が区別できるときは、ABは短く見えるだろう。あるいは二線分の距離の差が区別できないときは、ABとGDは等しく見え

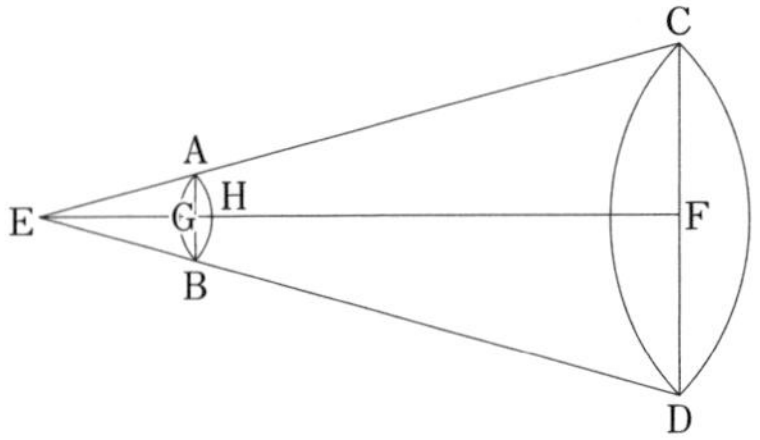

図3-5　クレオメデスによる大きさ－距離の不変性を描いたバルフォー（1605）の図解.

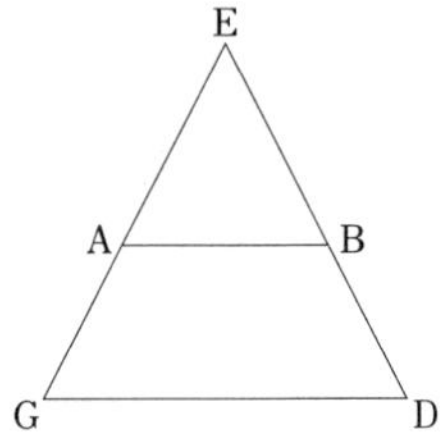

図3-4　プトレミーによる大きさ－距離の不変性の図解（『光学』II, 56）

るだろう（記号は図3－4を参照）[28]。

クレオメデスの著作には、角度的大きさがおなじであるとき、異なる知覚された直線的大きさが、異なる知覚された距離に生じるというかなり明瞭な叙述がある[29]。彼は、自著『天体の円運動において』（著作II、第一章、四節）において、つぎのように記す。

太陽はときには大きく見え、ときには小さく見え、それに対応して、距離も大きくなったり小さくなったりする。私たちの目が放つ光により円錐がつくられる。そしてもし円錐が太陽に届いたときには、円錐はじつに大きくなるに違いない。太陽の大きさと距離の見え姿が、じつに小さくなることもありうるので、二つの円錐を考えることができる。ひとつは実際に太陽に届いた円錐であり、もうひとつは見た目の太陽に届いた円錐である。これらの円錐の頂点はおなじであり、その点は目の瞳孔にある。しかし、一方の底面は現実に対応し、もう一方の底面は見た目に対応する。したがって実際の距離と見かけの距離のあいだの関係は、実際の大きさと見かけの大きさのあいだの関係に等しい[30]。

外に出て行く視錐の記述を例証した図3－5は、ロバート・バルフォー（一六〇五）によるクレオメデスに関するラテン語の注釈の中にみられる[31]。

幾何学的な考え方と、外に光が出て行くという信念とが組み合わさると、ある問題が生じる。すなわち、光はどのようにして自らの長さを知るのだろうか。プトレミーは、光あるいは流れには感受性があるが、どのように距離が知覚されるのかについては明らかではないと述べた。この問題は一一世紀に、光は目に入って来ると信じたイブン・アル＝ハイサムにより明らかにされた。彼は自著『光学』(一〇四〇ころ)をプトレミーの著書『光学』に部分的に重ね合わせ、上記の一節を逐語的に引用した。[32] この話題について彼は自分の意見を付け加えて、つぎのように書いている。「人の視覚が、目に見える対象の大きさを知覚するとき、目に見える対象が視覚の中心に投影する視対象の角度の大きさ、介在する空間の程度、それからこの角度と介在する空間を比較することによって大きさを知覚する」(筆者たちの訳)[33]。この一節においてイブン・アル＝ハイサムは、明確に光は外からやって来ると記述している。すなわち、角度的大きさは視錐によって与えられ、距離は介在する空間についての別の情報によって与えられ、そして直線的大きさが幾何学的な方法によって導出されるのである。

デカルト(一六三七b、第六講、一九六五、一〇七頁)は、おなじ考えをさらに明確に述べた。

大きさは、私たちが距離に関してもっている知識や見識と、目の奥に刻み込まれた像の大きさとを比較することによって推定される。けっして像の大きさだけによるものではないことは、つぎのことから、じゅうぶんに明らかである。すなわち、たとえば、対象が一〇倍くらい遠くにあるときよりも、もっと私たちに近づいてきて像が一〇〇倍になっても、私たちは、その対象が、(面積において)この一〇〇倍になったように見えない。少なくとも距離が私たちを欺くことがなければ、ほとんどおなじ大きさに見えるだろう。

このとき以来、大きさ－距離の不変性は、大きさの恒常性のおもな説明として広く受け入れられてきた。たとえばデザグリエ(一七三六a、一七三六b)は、ロンドン王立協会の前で実験的に大きさの恒常性を示した。さらに彼は、大きさの恒常性が、利用可能な距離の手がかりと、距離についての観察者の仮説にともなって変化することを示した。彼の大きさ－距離の不変性を示したものを図3－6に示す。

熟知した対象に対する大きさの恒常性の強制的な性質は、オイラー(一七六二、二巻、四八四頁)により解説された。

対象の大きさに関する私たちの判断が、私たちが見ている視角と常に一致するわけではないことは驚くことではない。これについては、日々の経験がじゅうぶんな証拠を与える。たとえば猫がとても近くにいるとき、一〇〇歩離れたところにいる牛よりも大きな角度で見えるだろう。しかしそのとき、猫が牛よりも大きく知覚されないだろう。

大きさの恒常性がある程度存在することは頻繁に確認されてきた[34]。しかし、大きさの恒常性は、知覚された距離の変化以外の要因によって生じることもあるので、大きさの恒常性が存在するからといって、大きさ－距離の不変仮説を確定するに足るじゅうぶんな証拠にならない。

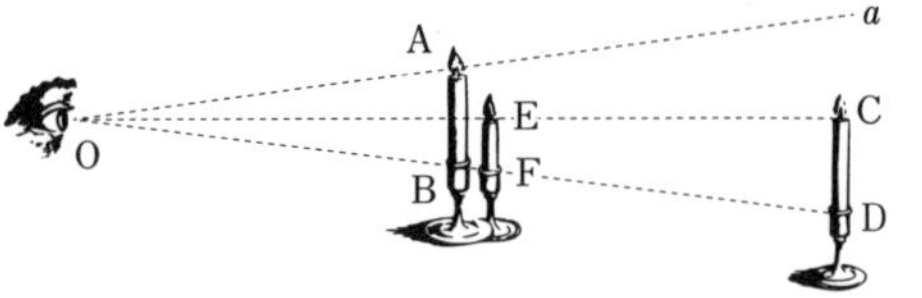

図 3-6　デザグリエによる大きさ－距離の不変性の図（1736，図 5）．ろうそく CD は，ろうそく AB の 2 倍の距離にあり，観察者の目のところの角度が半分になる．しかし CD は AB とおなじ直線的大きさに見える．小さいろうそく EF は，観察者が EF までの距離と CD までの距離がおなじであると思うのならば，AB（あるいは CD）とおなじ直線的大きさに見える．

（5） 知覚的な大きさ－距離の不変性

これまで、大半の心理学の教科書に見られる伝統的な大きさの恒常性と大きさ－距離の不変性を記述してきた。しかし、**知覚された角度的大きさ**が真の角度的大きさに代えられるべきであると主張してきた著者もいる。ミックレディ（一九六五、一九八五、一九八六）は、この考えを詳細に述べ、古典的なこの仮説は、角度的大きさという物理的な測度と、距離と直線的大きさという知覚された測度とが混じり合っていると指摘した。彼は、すべての項について、知覚された測度を用いることが論理的に好ましいと主張した。そうすると知覚的な大きさ－距離の不変性は、すべての状況において成り立つといえるかもしれない。われわれは、ときには角度的大きさを、ときには直線的大きさを知覚するのではなく、距離に加えて角度的大きさと直線的大きさの両方を同時に知覚する。知覚された直線的大きさの変化は、知覚された距離のみの変化によるかもしれないし（これは図3－5に示された古典的な見方）、知覚された角度的大きさのみの変化によるかもしれないし（図3－7）、両者の組み合せによる変化のほうが普通かもしれない（図3

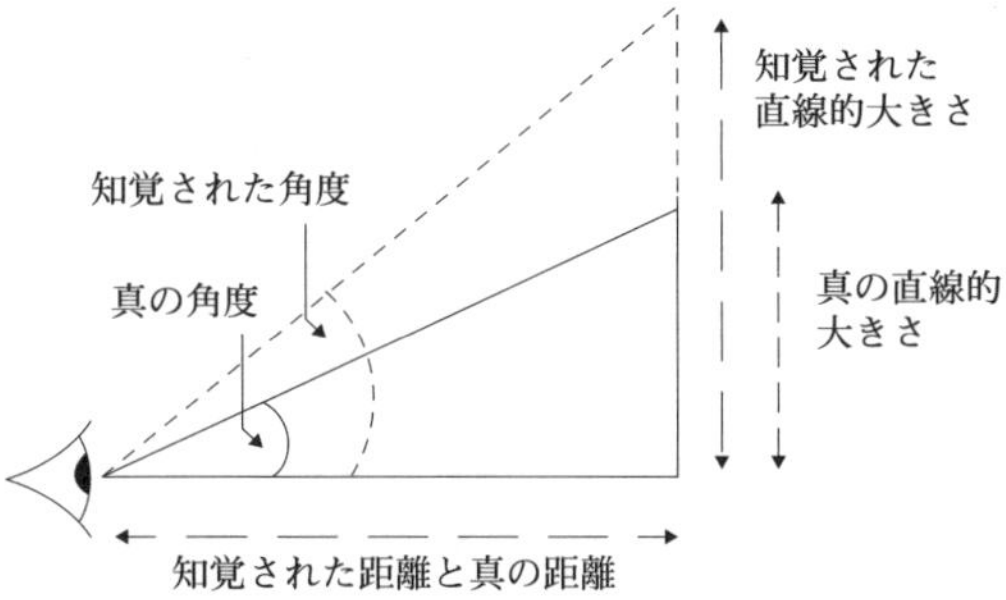

図 3-7　知覚的な大きさ－距離の不変性．距離は正しく知覚されているが，知覚された角度的大きさが大きいために，知覚された直線的大きさが大きくなることもあるだろう．

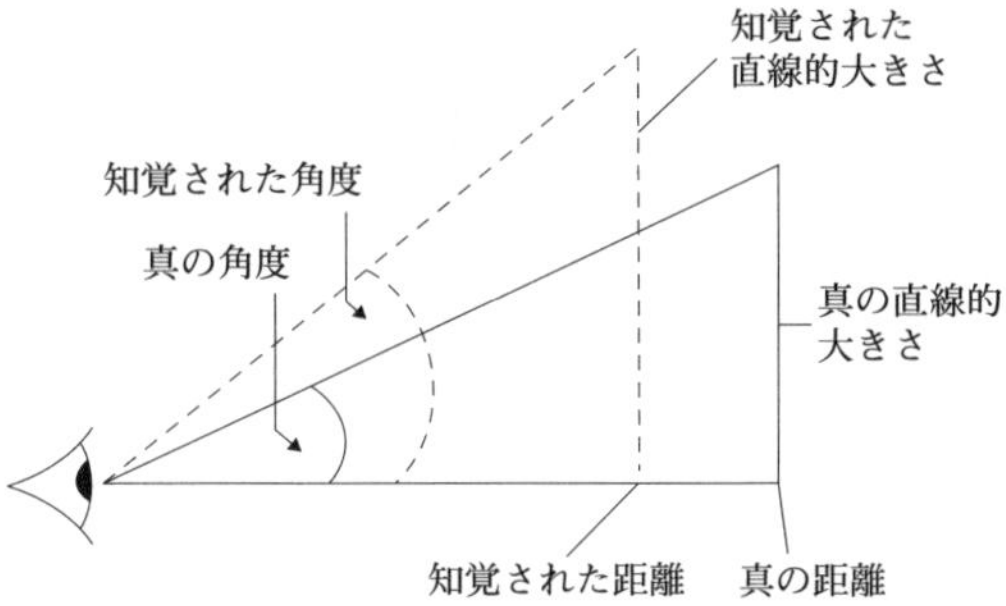

図 3-8　知覚的な大きさ－距離の不変性．距離が近づき過ぎても，知覚された角度的大きさが拡大すれば，知覚された直線的大きさが大きくなるかもしれない．

－8）。これは、古典的な大きさ－距離の不変性の考え方とは対照的である。古典的な考え方では、角度的大きさがおなじならば、知覚された直線的大きさの変化は、知覚された距離の変化によらざるをえない。

もし知覚された角度的大きさが、真の角度的大きさと異なれば、それがどのように測定されるのかという問題が生じる。ほとんどの著者は、図3－2に示されているように、網膜像の大きさと角度的大きさを相互に交換可能なものと考えてきた。しかし、一方は直線的大きさで、他方は角度的大きさであることに留意すべきである。おおぜいの実験者が、角度的大きさ教示を用いて、直線的大きさの照合技法を使い、それから幾何学的に角度的大きさを計算してきた。もし概念が重要な点で異なっているのならば、これは妥当な手続きではない。もう少し正確な角度の定義がある。そのような定義のひとつでは、知覚された角度的大きさを、**視野の中で対象が満たしていると思われる割合**とする。[35]この場合、観察者はこの割合を数量的に推定するように求められるか、視野と対象の両方を含むスケッチを描くように求められるだろう。[36]もっと単純な定義は、知覚された角度的大きさは、**目のところで対象によって張られた知覚された角度**に関連するとして、度数で推定されるか、分度器で提示された角度と照合されるべきである。[37]他の著者、とくにミックレディは、知覚された角度的大きさは方向の性質をもつと主張してきた。すなわち、知覚された角度的大きさは、**対象の知覚された位置あるいは対象の外縁の角度的方向**に関連づけられる。大きい角度に対しては、方向は指をさすなどの方法によって測定される。月によって張られる〇・五度のような小さい角度は、この方法では測定できない。中程度の角度や小さい角度では、方向によらない方法によって測定されなければならないだろう。

(6)　大きさ－距離の不変性の検証

大きさ－距離の不変性の評価はむずかしい。この理由は、ほとんどの研究者が、知覚された大きさというひとつの測度しかとらず、しかも、それが角度的大きさと直線的大きさのどちらなのかを明確にしてこなかったからである。直線的大きさと角度的大きさの両方の判断が得られたとき、この仮説の伝統的な形式は、厳格な幾何学的な方法では成り立たない。[38]月の錯視と関連する疑問は、知覚された距離が曖昧なとき（この場合、たいへん遠い距離ということになる）、知覚された大きさがどうなるのかということである。一般に、大きさの恒常性は維持されず、遠くの対象はすべて等距離に、そして実際よりも近くに見える。このような判断は角度的大きさを反映したものとして記述されることがある。しかし、このことは、検証方法が角度的大きさの判断を含む場合も、直線的大きさの判断を含む場合もあるが、知覚された距離が一定であることを意味する。知覚された大きさは、角度的大きさと直線的大きさのあいだの折衷を表わすと言われることもある。[39]この場合、距離が明確に定義されているときには直線的大きさが優位になり、距離が曖昧なときには角度的大きさが優位になるとされる。しかし、二つのまったく異なった知覚的大きさのあいだの折衷を語ることは意味をなさない[40]。代わりに、直線的大きさの判断は、知覚された距離にともなって増加し、距離が曖昧なときには増加しないというべきだろう。またあるいは、観察者に与えられる教示の種類が変わると判断の型が変わるように、距離の情報がじゅうぶんでないとき、判断の型が変わるといえるだろう。もし距離を斟酌する必要がなく、知覚された角度的大きさが、変換されていない網膜像にもとづいているのならば、観察者が角度的大きさを判断しようとすることはいつでも可能だろう[41]。しかし、直線的大きさの判断は、距離の情報に依存しており、距離の情報がなければ、観察者が角度的大きさの判断に戻ったとしても驚かないだろう。

大きさ－距離の不変性の知覚的定式化は、じゅうぶんに検証されてこなかった。これを行うためには、おなじ観察者から、知覚された角度的大きさ、知覚された直線的大きさ、知覚された距離という三変数の判断を得ることが必要となる。しかし研究者の中には、異なる距離における知覚された角度的大きさの測定を試みてきた者がいる。ほとんどの研究では、古典的な大きさの恒常性の実験のように、「角度的大きさ」や「網膜的大きさ」または「見かけの大きさ」という教示を与えながら、直線的大きさを照合するというおなじ技法が用いられてきた。もし他の手がかりが完全に除去されるのならば、大きさの判断は真の角度的大きさに一致する[42]。しかし、もしいくつかの空間的な手がかりが有効なときには、正しい角度の照合が得られるのは、二対象が前後に重なって並んでいるか隣り合っていて、それらの対象が網膜上の隣接した部分に同時に落ちる場合である。もしこれらの条件が満たされないとき、照合された角度的大きさは、観察距離とともに増加する。

距離にともなって大きくなる例は、ホールウェイとボーリング（一九四一）の古典的な大きさの恒常性の実験にみられる。彼らの実験条件では、小孔を通して、うす暗い廊下を単眼によって観察することによって空間的手がかりが除かれた[43]。この実験の観察者は二人だけだった。この観察者が受けた教示は、いくぶん不明瞭に「知覚された大きさ」の照合をすることだった[44]。角度的照合のための教示は、ギリンスキー[45]（一九五五）やリーボウィッツとハーベイ[46]（一九六七、一九六九）の戸外実験ではじつに明瞭に与えられ、そのすべての研究では、おおぜいの観察者が用いられ、彼らは長い距離をじゅうぶん自然に観察した。この著者たちは皆、近くに置かれた調整可能な視標を用いて、遠くの

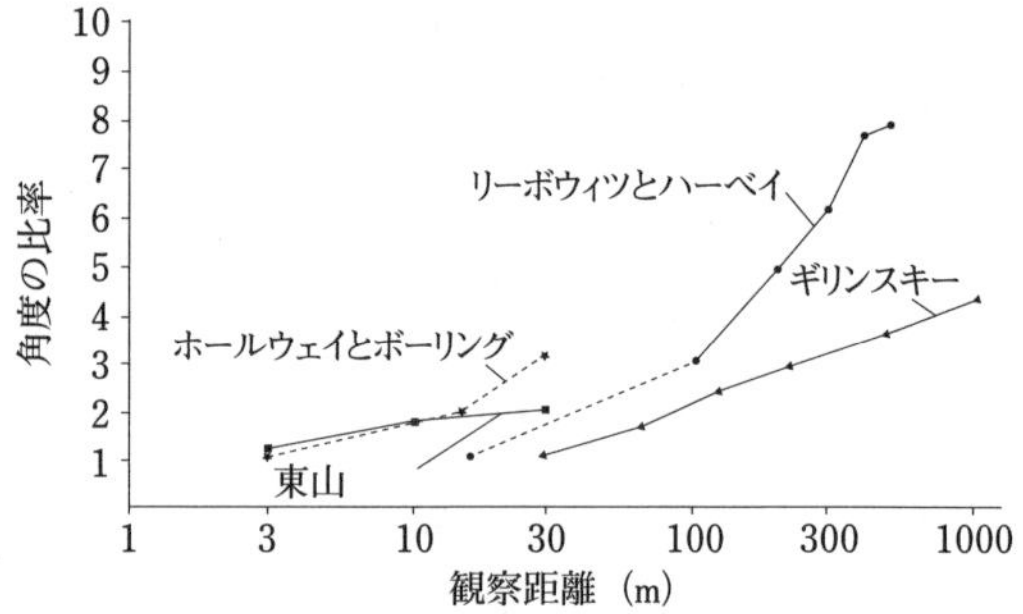

図 3-9　距離の関数として示された対象の判断された角度的大きさ．ホールウェイとボーリング，リーボウィッツとハーベイ，ギリンスキーの実験では，近対象に対して遠対象が相対的に拡大するという結果が示された．対象がおなじ距離にあるとき，比率は 1.0 となる．東山の実験では，10° の視標に対して，真の角度的大きさに対するその数的推定の比が示されている．

視標の知覚された角度的大きさを照合させた。その結果、調整可能な視標は、あまりにも大きく[47]、その過誤は、遠視標までの距離とともに増加した。図３－９に示す三実験の結果は、過大推定が、遠距離では四〜八倍に達することを示唆する。過大推定は、調整可能な視標が近いほど、とうぜん大きくなる。すなわち、標準視標に対する照合された視標の角度の比率は、もっとも近い観察距離では一・〇ではじまり、観察距離が一〇倍に増加したときには三〜四倍に達する。しかし、リーボウィッツとハーベイによって見出された過大推定は、遠距離では、ギリンスキーのものよりも急激に増加する。この違いは、リーボウィッツとハーベイが実験を行った屋外の光景（大学構内の遊歩道）が、ギリンスキーが実験を行った野原よりも、おおくの大きさや距離の手がかりを与えたからと理由をつけることはできる。

東山（一九九二）は、別の真に角度的方法を用いた。彼の観察者は、三〜三〇メートルの距離にある建物の壁にある視標の長さを見て、角度を数量的に推定するか、分度器によって角度を照合した。その結果、真の角度的大きさが一定のとき、距離の増加にともなって判断された角度的大きさが増加した[48]。彼の一〇度の視標のデータを図３－９に示す。これらのデータは、調整可能な視標の距離の問題によって影響を受けることはない。すなわち、そのデータは、一〇〇〇メートルの距離において三倍になるように外挿された曲線上にある。三〜四倍という比率は、実生活の遠くの光景が写真と比較して拡大して見える程度を人びとが数を用いて推定した結果とも一致する[49]。

知覚された角度的大きさが距離とともに増加するという事実は、大きさ－距離の不変性の古典的形式に反する[50]。しかし、この事実は、そのままで、知覚的形式を立証もしくは反証するためにはじゅうぶんな証拠とはいえない[51]。この知覚的形式は、過誤のおおくの原因を許容するという意味では好ましいが、それを理解することは、じつに困難である。

大きさの知覚について代わりの考え方がいくつかある。たとえば一七〇九年のバークリ主教は、大きさ－距離の不変性に明確に挑戦し、「幾何学によって人にものを見させるという滑稽さ」に反対した。彼は『視覚新論』（五三節）において、われわれは、ある**手がかり**と距離とを結びつけることや、また手がかりと知覚された大きさの増大を結びつけることを学習すると述べたが、大きさと距離の知覚が因果的に結びつくことは否定した。非幾何学的な理論は、大きさ－距離の不変性とおなじほど明確でも検証可能でもなく、月の錯視に関しておおくの実験的研究を生みだしたわけでもない[52]。明確さを求めて、われわれは、可能なかぎり、知覚的な大きさ－距離の不変性の枠組みを用い、われわれの錯視の議論を案内する。これは、幾何学的な研究を否定している著者の考え方や実験を記述するときに困難をもたらすことがある。すなわち、彼らは、知覚された直線的大きさと知覚された角度的大きさのどちらを測定しているか、それともどちらでもないのだろうかという問題である。さいごの章でこの枠組みの適合性を再検討する。

（7）天体錯視の理論

「あらゆる自然現象のうちでもっとも驚くべき、かつ複雑な現象」（Gilinsky, 1971, p. 71）に対して受容できる説明を提供しようとした数かぎりない試みがある。じじつ、その理論は、戸惑うほどに数多くある[53]。ヨハンセン（一九七一、一三四頁）は、黎明期の錯視史に関する論文において「すべての知覚的錯覚の中で、月の錯視は、他のどんなものよりも、おおくの記述と理論的分析と感情的騒動を生み出してきた」と述べている。

月の錯視のあらゆる理論は、月の錯視は病的な現象ではなく、正常な現象であるという考えにもとづいている。すなわち、月の錯視は、異常な観察者あるいは異常な知覚過程によっては説明ができない。視覚的錯覚は、視知覚の正常な過程が不適切になったときに生じるか、予期されない知覚的過誤を引き起こす要因によって影響されたときに生じる。(54) 月の錯視のさまざまな理論は、これらの過誤をつくりだす要因を見つけようとしている。

月の錯視の理論を分類した真剣な試みは数少ないが、コーレン（一九八九）は、月の錯視の理論を、構造的機構と方略的機構とに分ける。われわれは、代わりに、その理論を三群に分ける。

a　原因が観察者の身体の外にある。これらの物理的理論は、たとえば大気の屈折によって、月の真の角度的大きさが拡大すると仮定する。これは第五章で論じる。

b　原因が目の中あるいは他の身体組織にある。これらの生理的あるいは構造的理論は、第六、七、一一、一二章で論じる。

c　原因が知覚と結びついた大脳過程にある。これらの心理学的あるいは神経生理学的理論は、第六章と第八〜一二章で論じる。

この分類は厳密に適用されるべきではない。すなわち、理論には、ある型から別の型へ移り代わるものがあるし、複数の分類にまたがるものもある。しかし、この分類は有用な枠組みを表わし、この枠組みの中に数おおくの企図された説明を提示することができる。

知覚された大きさに関する二つの幾何学的な仮説を、この枠組みに関係づけることは興味ぶかい。最初の仮説（知覚された大きさは、角度的大きさに対応する）は、物理的理論と生理的理論のすべてを含むだけでなく、水平方向にある月の知覚された拡大は、角度的大きさの対比あるいは視野のきめによると論じる知覚的理論（第一〇章）も含む。これらの理論では、月の実際の角度的大きさあるいはその知覚された角度的大きさが、月が拡大するという判断のおもな基礎データと考える。そのとき知覚された距離は、ふつうは何の役割もはたさない。すなわち、知覚された距離は、せいぜい錯視の原因ではなく結果であると考える。水平方向の月は、角度的に拡大したとして観察され、近づいて見えると予想される。

第二の仮定（知覚された大きさは、直線的大きさに対応する）では、ふつうは、月の真の角度的大きさや月の知覚された角度的大きさは錯視に関与しないとみなされる。月の知覚された大きさは、月の角度的大きさによってじかに決定されるのではなく、観察者が、知覚された距離に関連づけて角度的大きさを解釈することによって決定される。この種のさまざま理論では、月までの知覚された距離の変動を、空気遠近法（第六章）、空の扁平な見え姿（第八章）、あるいは地平線までの知覚された距離（第九章）のような要因に求める。これらのすべての理論は、水平方向の月は、その直線的大きさが拡大されたものとして知覚され、いっそう遠くに見えなければならないと考える。角度的大きさと距離の両方が知覚的錯覚に関与するとする、大きさ－距離の不変性の知覚的形式を用いれば、もちろん、このような明快な予想はたてられない。

知覚された大きさに関する古典的な二仮説は、生得論者と経験論者のあいだの論争とよばれてきたものにほぼ相当する。つまり、生得論者は角度的大きさの仮説をとり、経験論者は直線的大きさの仮説をとる。現代的なことばでは、生得論者の説明は、**データ駆動**あるいは**ボトムアップ**の要因を強調する。彼らは、経験ではなく感覚入力によっておもに決定されるものとして知覚を描いた。経験論者の説明は、**概念駆動**あるいは**トップダウン**の要因を強調する。彼らは、感覚的情報は、過去の経験にもとづいた知識や経験によって解釈されると主張する。しかし、角度的大きさあるいは直線的大きさに関する仮説が、この分割に対応すると考える論理的な理由はない。すなわち、経験的要因が、角度的大きさの知覚に影響する可能性もあるし、知覚された距離による知覚された直線的大きさの尺度化が、生得的である可能性もある。[55] ボトムアップとトップダウンのどちらもが、もっとも心的な活動に寄与し、おそらく月の知覚にも貢献しているらしい。本書を通じてこれらの要因のいくつかを紐解くことを試みる。

（8）まとめ

大きさの主観的な測度が定義された。すなわち、対象の知覚された大きさは、数量を用いた推定によって、あるいは知覚された大きさを既知の大きさをもつ他の対象と照合させることによって測定される。知覚された大きさは、直線的大きさあるいは角度的大きさに似ているかもしれないし、またはどちらでもないかもしれない。太陽や月の知覚された大きさは、直径が約一フィートとよく記述される。しかし、この意味は不明瞭である。エピクロス派は、太陽は見えたままの大きさであると信じたが、この考えは、おおくの点で批判された。知覚された大きさは相対的大きさによって決定されると論ずる者もいれば、幾何学的な取り組みに賛成する者もいる。大きさ－距離の不変性の伝統的形式は、知覚された直線的な大きさは、真の角度的大きさと知覚された距離によって決定されるとする。この理論では、太陽の知覚された大きさは、知覚された距離により変わるはずである。大きさ－距離の不変性は、プトレミー（一七〇ころ）やクレオメデス（三世紀ころ）の著書にはじめて現れ、そののちイブン・アル＝ハイサム（一〇四〇ころ）によって発展した。大きさ－距離の不変性の知覚的形式は、ミックレディ（一九六九）により発展し、真の角度的大きさを、知覚された角度的大きさに置きかえている。どちらの公式も実験では支持されず、測定では、知覚された角度的大きさは、ふつうは観察距離とともに大きくなることが示された。知覚の幾何学的モデルは、バークリ（一七〇九）によって否定された。彼は大きさと距離の知覚は独立して学習されると主張した。月の錯視の理論は、物理学的・生理学的・知覚的なものに分類することができる。物理的理論と生理的理論は、水平方向の月の真の角度が、拡大することを意味する。知覚的理論では、知覚された角度的大きさの拡大、知覚された距離の拡大、あるいはこれらの組み合わせがあるとする。

第四章　月の錯視の測定

前章では、大きさのさまざまな意味を定義し、それらが、どのように、大きさ知覚の諸理論に関連づけられるのかを述べた。それらの理論的な違いは重要である。なぜなら、それは、実験者が月の錯視を測定し説明する方法に影響し、しかも方法と理論が複雑に繋がっているからである。初期の自然観察ですら、知覚の何らかの理論に結びついているが、体系的な実験の発展にともなって、その繋がりがいっそう緊密になった。われわれは、はじめに実験的観察の初期の試みを述べ、それから太陽と月の描画から導き出されたものについて考察する。

(1) 初期の実験

天体錯視の大きさを算出するために、さまざまな仰角にある太陽や月の知覚された大きさを測定する試みが、何度も行われた。そのはじめての試みは、オイゲン・ライマン（一九〇二b）によって自身とひとりの同僚を観察者として行われたものと思える。実験は、太陽が空高くにあるときと、海の向こうに沈むときの両方が観察できる海岸において行われた。ライマンは、正午と日没時に太陽の知覚された大きさの触知できる表現が得られるならば、それは、太陽の錯視を直接的に測定するために用いられうると考えた。彼は、直径三四〇ミリメートルの白い紙製の円盤を棒に取りつけ、それが目の高さで観察されるようにした。観察者は、目を保護するため黒いガラスごしに太陽を見て、その大きさの印象を形成した。それから、通常は太陽とは反対方向に置かれた紙の円盤に注視を移し、太陽とおなじ大きさに見えるまでその円盤に歩いて近づいたり遠ざかったりした。円盤から彼までの距離が測定された。その結果が出発位置によって影響されないことを確実にするために、判断の半分は、円盤のごく近くからはじめてそこから遠ざかり、残りの半分は、かなり遠いところからはじめてそこに近づいていった。測定は、数日かけて、太陽がその最高の仰角五五度にある正午と、日没の直前に行われた。

太陽の錯視の大きさ、すなわち日没と正午の太陽の照合された大きさの比率は、正午と日没に測定された距離の比率を計算することによって得られた。その結果、ライマン自身が三・一倍、他の観察者は三・六倍であった。正午の太陽とおなじと判断した円盤の角度的大きさは平均三〇・七分であり、それは比較円盤までの正午の距離から算出された。これは正午のときの太陽の真の角度的大きさである三一・七分にきわめて近い数値である。よって高い仰角にある太陽の知覚された大きさは、実際の角度的大きさに対応することが見出されたのに対し、日没時は三倍以上も大きく推定されたことになる。

しかし、ライマンが何をうまく測定したのかは、すぐにはわからない。まず、比較円盤が、固定された実際の直線的大きさ（三四〇ミリメートル）であったことに注意をしておこう。観察者は、もし彼らが望むのならば、あらゆる距離において、この円盤の直線的大きさを、じつに正確に推定できたはずである。なぜなら、われわれの知覚過程は、ここで用いられた一〇～四〇メートルの範囲では、距離が変動しても効果的に補償するからである。しかし、ライマンが測定した太陽の知覚された大きさは、直線的大きさのように振舞っていない。なぜなら、知覚された大きさは、正午と日没でたいそう異なっていたが、それらは（異なった距離にある）おなじ円盤に等しいと判断されたからである。実際、その方法と結果は、太陽の判断された直線的な大きさが、正午と日没でおなじ（すなわち三四〇ミリメートル）であったか、あるいは直線的な大きさには注意が向けられていなかったことを示す。その代わりに、ライマンが自身の測定法によって定義した知覚された大きさは、明らかに角度的大きさと似ていた。

このように述べると、この結論は明白かつ些細に見えるかもしれないが、実際はどちらでもない。角度的大きさと似ていたにもかかわらず、ライマンとその後の研究者たちは、このような結果を、太陽の知覚された直線的大きさの拡大を証明するものとして説明した。この混同は後の章で振り返る。

二つ目の価値のある留意点は、比較過程の性質に関するライマンの覚書であり、彼の述べるところでは、太陽の実際の角度的大きさと、おなじ時刻におなじ方向に観察される円盤の実際の角度的大きさとを比較することが明白に意図されていなかったことである。ゆえに観察者が太陽に対面したとき、円盤は、観察者の後ろあるいは横に置かれ、二つの感覚的印象のあいだで比較が行われると想定された。すなわち「私たちは、できるだけ（太陽の）感覚的印象をゆがませないように注意をしながら、円盤が太陽とおなじ大きさに見えるまで円盤から遠ざかった」(Reimann, p. 162)。

ライマンの結果は、つぎのように要約することができる。すなわち、太陽に照合された角度的大きさは、高い仰角では、その実際の角度的大きさと近似するが、地平線の近くでは三倍以上に拡大される。これに似た測定が、他の研究者によって試みられた。ポズデナ（一九〇九）は、月の色と明るさに一致するように注意して作られた光の円板と満月とを比較した。用いられた円板の系列は、距離を四メートルに固定して大きさを一〇〜一〇〇ミリメートルに変えて提示された。観察者は月の知覚された大きさに合致する円板のひとつを選択した。ふたたび実験の手続きの記述を読んでみると、知覚された角度的大きさを照合させる意図があったことは明らかである。月の仰角がもっとも高い約三〇度のときに三人の観察者によって選ばれた照合円盤は、平均して約三五分であり、月の実際の角度的大きさよりもわずかに大きかった。水平方向の月の拡大は、三人の観察者に対して二・四、二・五、二・六倍であった。

ライマンの結果とおなじ解釈の問題が生じる[1]。ポズデナは、自分の手続きにおいて比較円盤と月との距離のあいだの巨大な違いを無視し、それによって、知覚された大きさを判断された角度的大きさとして定義した。にもかかわらず、彼は水平方向の月の拡大は、月までの知覚された距離の変化によって生じたものとみなしたが、この知覚された距離の変化は、測定するときに彼が無視した実際の距離の変化よりも確かにずっと小さい。

錯覚の大きさに一貫性があまり見られないという結果は、おなじ基本的な技法を用いた他の研究者によっても見出されてきた。デムバーとウイベ（一九一八）は、夏のテネリフェ島[2]でこの方法を採用した。そのとき太陽の最大の仰角は約八四度であった。彼らは、錯視が日ごとに変動することを発見した。ストルーバント（一九二八）は、大きさの調節ができる円盤を観察者から三八メートルの距離に置いて満月と比較した。観察者は、日々の仕事の過程で天球上の角度的大きさや距離の測定を常としなければならない天文学者だった。彼らは、低い仰角と高い仰角の月のどちらにも、ほぼおなじ角度的大きさの円盤を照合させ、知覚された大きさではなく、実際の角度的大きさの推定値を提供した。

対照的に、ホールウェイとボーリング（一九四〇ａ）は、高低両方の仰角において、満月の角度的大きさが過大に推定され、仰角が低い場合には、いっそう大きく過大に推定されることを見出した。彼らは月の知覚された大きさを、観察者から三・五メートルのスクリーン上に投影された調整可能な光円に照合させた。著者たちを含む三人の観察者は、二日にわたって、仰角五度未満の月と最大仰角五〇〜六〇度の月とを照合させた。比較円の角度的大きさの結果は、もっとも低い仰角で四〜六度、もっとも高い仰角で二〜五度のあいだで変化し、低い月の相対的な平均拡大は一・七倍だった（個人が示した月の拡大は一・二〜二・〇倍の範囲）。

この種の測定の最後の例とそれに関連する問題として、われわれはソールカーとオーバッハ（一九六九）による最近の実験に注目する。彼らは、観察者に、月の知覚された大きさに調節可能な円盤を照合させることを求めた。

比較円盤は、ときには地平線の月の横に、ときには天頂の月の横に、観察者から一〇〜三〇〇フィートの距離に提示された。私たちの観察者は、視角にもとづいた判断をしていたことがすぐに明らかになった。そして、私たちの方法は、月の錯視の大きさの測定にはうまくいかないと結論しなければならなかった。空にある月の位置とは無関係に、比較円盤の視角は三〇分に近似した。しかし、さらに質問すると、私たちの各被験者は、天頂の月より地平方向の月が数倍も大きく見えることに同意した（八八−八九頁）。

まさにストルーバントとおなじように、明らかに、ソールカーとオーバッハは、実際の角度的大きさに正確に照合した結果を得ている。ストルーバントの場合の理由のひとつは、角度的大きさを推定するという深く染みこんだ習慣が、観察者にあったからだと思われる。いっぽう後者の実験では、比較円盤と月が近づきすぎているので、観察者が、実際の角度的大きさ以外のものに注意を向けることができなかった。これは、ライマンや他の初期の研究者が注意して避けようとした過誤である。

(2) これらの技法の批判

天体錯視を測定する試みから何が学べるだろうか。まず、この測定方法では、月と比較円盤のあいだの観察距離が、きわめて大きく異なっていたことである。もしこの違いを無視することを選択したときには、研究者は、太陽あるいは月の知覚された大きさが、じゅうぶんにその判断された角度的大きさによって表現され、(この大きな範囲の)知覚された距離は、知覚された大きさを決定するにあたって、まったく何の役をもたないと仮定したことになる。しかし、前章において気づいたように、おおぜいの人が、太陽と月の知覚された大きさを長さの測度によって表現する。それゆえに、前述の実験は、天体錯視の角度的側面に集中して、直線的側面を排除していると批判される可能性がある。

二番目は、この種の測定を用いたとき、知覚された角度的大きさは、月の実際の角度的大きさと一致するか、あるいは拡大されるだろうということである。比較円盤が月の右隣に見えるとき、実際の角度的大きさが照合されて錯視は示されない。比較円盤と月が同時に見えないとき、錯視が見られ、その拡大は最大三倍あるいはそれ以上に達する。それゆえ、この錯視の大きさは、照合円盤への月の近さによって影響され、観察者が別の機会にえた記憶に依存しなければならないかどうかによって影響される。これは、異なった高度にあって対になっている星の間隔を比較するときに、一般に錯視が小さくなることを説明することに役だつ。すなわち、天空の二つの弧が、すばやく継時的に、あるいはもっと言えば同時に観察されうるので、この比較は、ふつうは、かなり直接的である(第一章)。

ここで述べた実験や他のおおくの実験に影響する、もうひとつの測定上の難問がある。それは、**標準刺激の過誤**として知られており、われわれが第三章で大きさの恒常性の測定について考察したときに述べた(注47)。もしある視標が標準刺激（大きさが固定）であり、別の変化する視標がそれに照合されるとき、標準刺激を過大に推定する傾向があり、よって変化刺激が過大に照合される。われわれが先に述べた実験では、月や太陽はいつも標準刺激であり、いくつかの他の視標がそれに照合される。この問題は、実際の月や太陽が実験に使用される場合には避けられない。しかし、人工月を用いれば、両方の刺激の大きさが変わるように検証手続きのバランスをとって相殺することができるはずである。

(3) 月の生成機

一九五〇年代後半にロイド・カウフマンとアービン・ロックは、先に述べた理由によって、「無限に」遠くにある月の大きさと照合させようとして近くにある円盤の大きさを調整することが問題を生じさせるとの結論をえた。彼らは、[3]観察者に、空のある場所にある人工月と照合させるように、空の別の場所にあるもうひとつの人工月を調整させることによって距離の問題をみごとに解決する方法を開発した。人工月は、大きさが変化しうる輝く円盤をレンズの焦点に置くことによってつくられた。レンズは円盤からの光を屈折させるため、レンズを通して見たとき、光が無限の距離にある円盤からやってきたように見える。レンズをじかに見なくてもいいように、薄いガラス板をレンズの光軸に四五度の角度で取りつけた。これによって、観察者はガラスを通して円盤の反射された像を見ることができた。この「虚月」は、地平線上の対象の距離のところに存在して知覚され、おなじように月が空に上ったときには、実際の月とおなじ距離に存在して知覚される。じじつ虚月を明瞭に見るためには、ひじょうに遠くにある対象に対してしなければならないように、観察者の目は、無限に焦点を合わせなければならなかった。図4－1は、カウフマンとロックによって用いられた最初の装置の略図である。それは二つの光学系を示しており、ひとつは被験者が地平線上の月を見ることを許し、もう一方は高い仰角にある月を見ることを許す。

カウフマンとロックは、彼らの研究が進展するにつれて、目に見える水平線に至るまでに存在するさまざまな地勢やさまざまな距離のような要因の影響が探究できるように、彼らの月をさまざまな位置に置いた。彼らは、いっそう

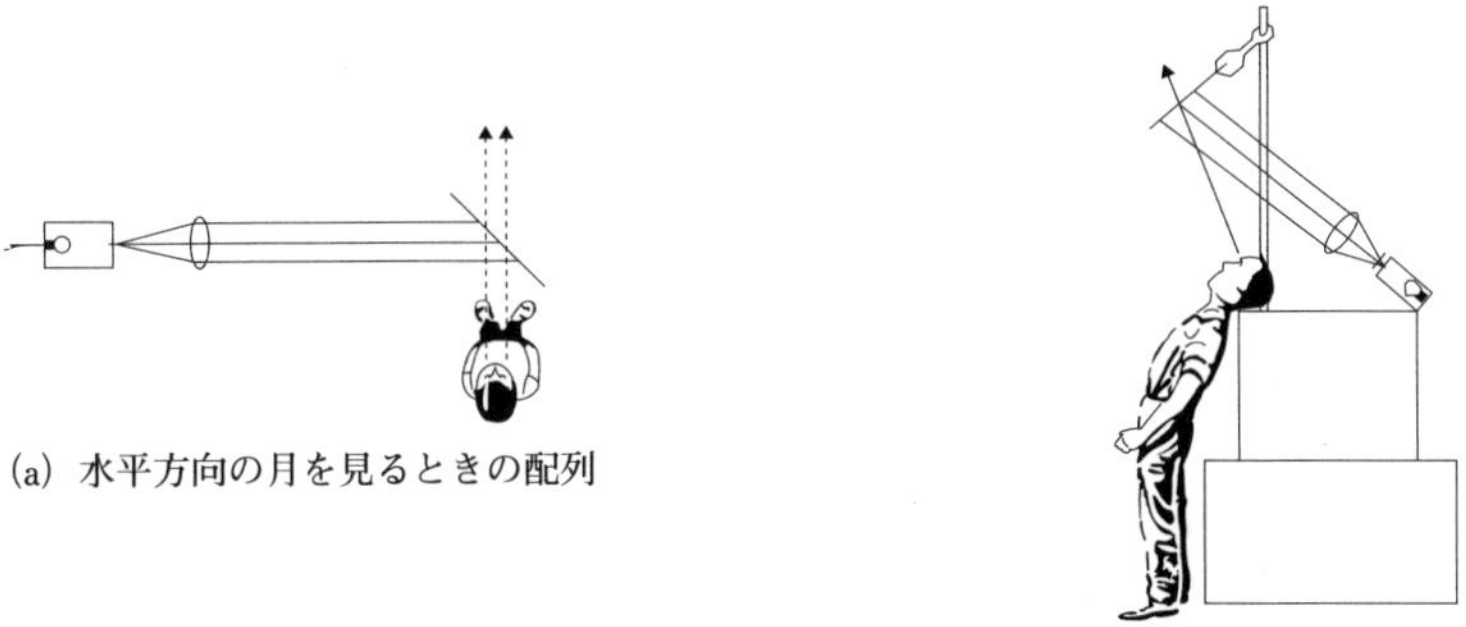

(a) 水平方向の月を見るときの配列

(b) 天頂方向の月を見るときの配列

図 4-1　カウフマンとロックによって最初に考案された人工月を空に投影する装置.

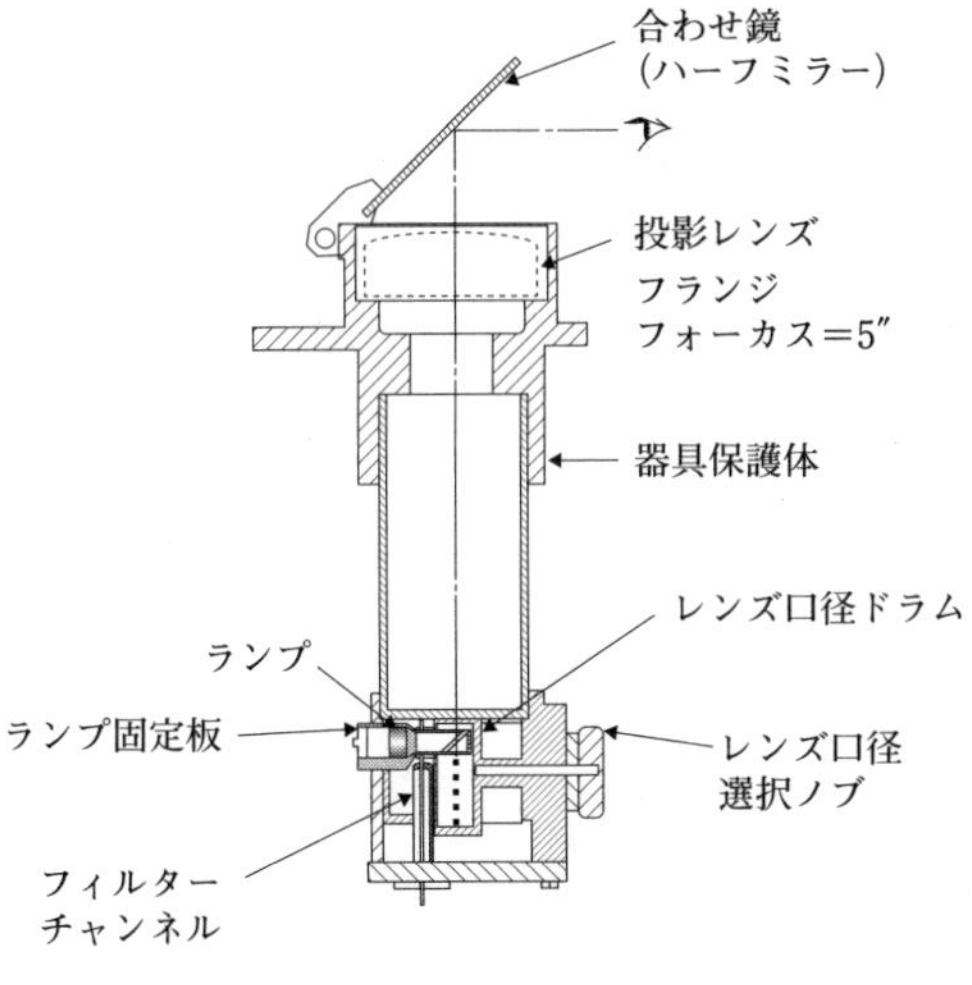

図 4-2　カウフマンとロックによって考案された持ち運びのできる装置.

持ち運びに便利な装置を開発する必要性に気づいた。持ち運びができる初期の装置の図を図4－2に再録する。初期の装置のレンズは、じゅうぶん大きかったので、両眼によって結合ガラスの中に虚月の反射像を見ることができたが、この装置では、レンズは小さく、単眼でしか月を見ることができなかった。しかし、観察者は、両眼を開けると両眼で地勢や空が見え、月が単眼の中だけで結像していることに気づかなかった。比較可能な条件のもとでは、この二つの型の月の生成機は、本質的におなじ結果を与えた。

カウフマンとロックは、彼らの研究の過程において、どちらの月を標準刺激として用い、どちらの月を変化刺激として用いるのかという位置効果の相殺が重要であることに気づいた。すなわち、彼らは、変化刺激は、標準刺激よりも約一一％も大きく調整されると算出した。この値は、月の錯視に貢献すると思われるいくつかの効果と比べるとじつに大きい。

この技法を用いると、月と比較円盤までの知覚された距離が異なるという問題が除去される。二つの人工月は、無限の距離にあるため、錯視の大きさは、観察者が知覚された大きさに対してとる態度——角度的態度あるいは直線的態度——によって影響されることはないだろう。しかし、いくつかの測定の問題がまだ残っている。そのひとつは、二つの人工月が同時に見えた場合、その錯視は、実際の月を単体で見て他の機会において得た月の記憶と比較するときよりも小さくなりうるという問題である。これは研究されるべきだろう。また、先の節で述べたように、もし比較円盤が水平方向の円盤の上にあまり離れていないのならば、観察者が二刺激の実際の角度的大きさを照合させるので、錯視が生じないことになるだろう。また、さまざまな調整法を用いて円盤の大きさを調整するときに生じる、さまざまなバイアスに関する別の問題も生じる。(4)

いくつかの型の月の生成機が、さまざまな視覚的光景において、さまざまな研究者によって用いられてきた。そのため、どの程度まで彼らの生成機が原因で実験の結果が異なったのかを述べることはむずかしい。水平方向の月の拡大は、カウフマンとロック（一九六二a）によって、一〇人の観察者に対して一倍（無拡大）から二・〇三倍まで変化し、その平均は約一・五倍であることが見出された。そしてその平均的拡大は、さまざまな距離と雲の状態のもとでは一・二八～一・五八倍の範囲に収まった（Rock & Kaufman, 1962）。ハミルトン（一九六五、一九六六）は類似した機器を用いて、平均の錯視率を手に入れたが、その最大値はわずか一・三六倍だった。しかし彼の観察者は高いところから観察しており、それが錯視を減少させていると考えられる（第一二章）。別の研究者（Iavecchia, Iavecchia & Roscoe, 1983）は、異なる技法を用いて（第七章）、その最大値がわずか一・二六倍であることを見出した。これらの値は、初期の研究者によって自然な月の錯視に対する数量的推定として与えられた二倍あるいはそれ以上の値よりもはるかに少ない（第一章）。しかし、われわれは、その数量的推定が、実際に知覚されたものを、どれくらい表しているのかを確かめることができない。なぜなら、そのような推定値も、さまざまなバイアスを被っているからである。カウフマンとロックによって発見された約一・五倍の値は、これから述べるいくつかの実験の結果に似ている。

別の技法、すなわち自然な風景や他の測定可能な文脈の中において月や太陽を表した絵を使えば、自然な月の錯視の大きな推定値が再生されるだろうといわれてきた。われわれは、これから芸術における天体の考察に向かう。

（4）芸術にみる太陽と月

太陽と月は、とくに低い地平線上にあるときには、しばしば並外れて大きく描かれる。しかし、絵画における大きさの意味について何らかの仮説を立てることなく、知覚された大きさの表現としてそのまま描かれていると解釈することはできない[5]。われわれは、1．芸術家は、知覚された大きさを表現しようとしており、2．芸術家は、直線的あるいは角度的大きさを特定化する、何らかの投影の規則にしたがって、そのように表現していると仮定しなければならないだろう。

最初の仮説は正しくないことがおおい。大きさは、絵の主題の社会的な重要性を示している。たとえば、宗教画の寄贈者は、キリストに比べて小さく表され、また甲冑の騎士たちの肖像には、小さな妻たちと小型の犬がつきものである。大きさは、また、感情的な意義あるいは関心を示しているのかもしれない。たとえば、子どもは、サンタクロースやクリスマスツリーを、クリスマスの後よりもその前に大きく描くという実験的研究がある[6]。このように並外れ

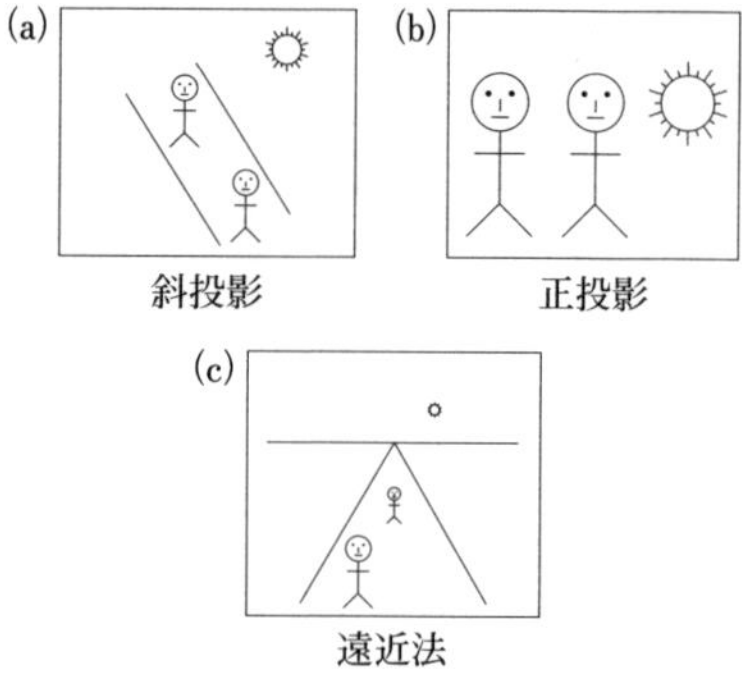

図 4-3　三つの投影システムでの月：斜投影（a），正投影（b），遠近法（c）

て大きい太陽や月は、その実際の大きさや知覚された大きさではなく、感情的あるいは宗教的な重要性を表しているのかもしれない。そのような絵は、月の錯視を測定するのには有効でない。

　二番目の仮説はさらに明確化する必要がある。最初に、芸術家は、何らかの種類の知覚された大きさを表現しようとしたのではなく、真の直線的な大きさあるいは真の角度的大きさを表現しようと試みてきたのだろう。つぎに、彼はいくつかの投影システムの内のひとつを用いるか、おそらく、それらを組み合わせた投影システムを使用しただろう。西洋の芸術家の技法は遠近法の強い影響を受けているが、他のいくつかの投影システムも使用されている。ウィラッツ（一九九七）は、このことを、工学とコンピュータの用語を用いて明らかにした。彼は、三つの投影システム、すなわち**斜投影**（絵的なもの）、**正投影**（直交的なもの）、**遠近法**を区別した。斜投影では、直交線は平行に斜角をとって伸び、大きさは距離とともに変化しない。このシステムは東洋の芸術では一般的である。正投影では、直交線はなく、大きさは距離にともなって変化しない。絵画平面に直交する縁は点で表され、絵画平面に直交する面は線で表される。このシステムは設計図に使用され、ギリシャの壷絵やフリーズ（装飾のある横壁）などの芸術に現れる。遠近法では、直交線は消失点に収束し、大きさは対象の距離に比例して小さくなる。このシステムは、ルネッサンス芸術によくみられる（訳注　地面に水平に置かれた長方形（たとえば机の上面）や地面に垂直に置かれた長方形（たとえばビルの壁面）の奥行き方向に伸びた辺が直交線とよばれている）。問題を複雑にしているのは、これらのシステムのさまざまな変形と組み合わせがあることである。**逆遠近法**あるいは**反転**遠近法のようなめずらしい遠近法もあり、この遠近法では、直交的な線が距離とともに広がり、大きさは大きくなる。これは、いくつかの立体派の絵画、ビザンツ様式の絵画、ロシアの聖画の中に使われている。

図４－３は、三つの主要システムが、太陽と月の表現された大きさについてもつ意味合いを示す。斜投影（ａ）と

正投影（b）では、大きさは、距離にともなって変化しない。したがって、月は知覚された直線的な大きさをもつものとして表現され、それは人の頭の大きさくらいである。遠近法（c）では、月はその真の角度的大きさに比例して表現され、それゆえに、手前の人の頭よりも小さい。このシステムで描かれた絵は、明らかに月の錯視の測定にもっとも役だつ。

(5) 遠近法の発展

おおくの本では、遠近法の規則は、古典時代に外枠ができ、ヨーロッパ人が初期の文献を再発見したルネッサンス時代に洗練されたというように書かれてきている。[7] 線遠近法は、ユークリッド[8]が著書『光学』（第六公理）において、平行線は遠方では近づくと述べていることによって示唆されている。すなわち「平行線は、遠くから眺められたとき、互いに等距離に見えない[9]」のである。われわれは、古典時代の建築家が線遠近法に気づいていたことを知っている。なぜならウィトルウィウス（前一世紀）は、円柱の上部の傾斜は、遠近効果を和らげるために変えられなければならないと述べているからである。遠近法は、大まかな方法で中世の画家によっても使用された。しかし、洗練された数学的な技法は、ルネッサンス時代になってはじめて考案された。レオン・バティスタ・アルベルティによって一四三六年に書かれた本には、『絵画論』という題がつけられており、それにはどのように線遠近法が構成されるのかが記述されている。彼は、景色は窓枠を通して見られるべきであり、対象の外形は窓ガラスに描かれるべきであると示唆した。これは「アルベルティの窓」として知られるようになった。一六世紀から一九世紀のカラバッジオ、ベラスケス、イングレスのような画家は、レンズや鏡を使用して精密な肖像画を描いた。フェルメールのような一七世紀の画家は、描きたいと望んだ景色の真の遠近像を得るためにカメラ・オブスキュラを使用した。[10] このような技法は、一九世紀の写真の時代が到来すると不必要になった。

図 4-4　ピレネーにあるラ・バッシュより，骨に描かれた氷河期のスケッチ．ヒトの形と太陽あるいは月が示されている．マーシャック（1975）より再録．

（6）初期の絵画

人類の最初の芸術は、フランスの洞窟壁画に見出され、それは氷河期にさかのぼる。その構成は、一般に斜投影か正投影が使われており、距離はしばしば対象を重ねることによって示された。たとえば、紀元前約二万三〇〇〇年のペッシュ・メルル洞窟では、動物は重ねて描かれ、本物のヒトの手に絵の具を吹き付けて描かれた手形によって、絵に尺度が与えられている。

われわれの心に浮かぶもっとも初期の太陽の表現は、フランスのラ・バッシュ洞窟で発見された氷河期の骨に刻まれた銘である。それは、人の形と動物の線画から成り立ち、円は太陽や月を表したものだろう（Marsack,1975）。この円は人の頭ほどの大きさであり（図４－４）、太陽は足の大きさであるとする古代の観察と一致する。その描画には、線遠近法がなく、われわれは、それを知覚された直線的な大きさの表現として受け取らなければならないだろう。

太陽あるいは月の知覚された直線的大きさの表現は、おおくの種類の芸術に見られるが、第三章で議論した理由により、それらを知覚の用語によって解釈することはむずかしい。それらは月の錯視の測定にあまり役だたない。それゆえ、もっと見込みのある遠近法の分野に話をもどす。

（7）月の遠近画の分析

太陽と月の遠近法的表現は、その描写された大きさが実際の遠近法的大きさよりも大きいときに、天体錯視の大きさの測定に使われるだろう。注意ぶかい測定が、そのような絵では必要になる。なぜなら、絵画的な距離の手がかり――収束線のようなもの――は、描かれた大きさが拡大されていないときでさえ、小さい知覚的拡大を生み出すからである。[11] トランスキー（一九六四、一〇一－一一八頁）は、この絵を描いた芸術家の視点から前景にある既知の大きさの対象までの距離を推定することができる絵を選んだ。このようにすると、これらの対象の角度的大きさが計算され、絵の角度的尺度が決定され、描かれた月の角度的大きさが測定される。家の家具や通りの向こう側の建物の絵は、通常この点において有用である。風景画はあまり情報を含まないが、もし月と前景が含まれていれば、その尺度が、光景全体にとって意味をなすのかどうかの計算をすることができる。遠い風景の一部のみが、望遠レンズでとった写真のように、大きく描かれていれば、太陽は、家のような大きい対象とおなじ大きさとして表現されるだろう。これは、家の像の大きさが、その距離のところで月とおなじ〇・五度の視角を張ったときに生じうる。すなわち、前景がないときは、家と月の相対的な大きさを知ることは不可能に見え、家が近くにあるとみなされる（第五章）。直立している石に関連づけられた月の望遠写真（図1－1）は、この拡大効果を例証する。

トランスキーは、一九世紀の有名な芸術家のいくつかの絵を分析した。彼は、フランスの風刺画家であるオノレ・ドーミエによる「青いストッキング *The Bluestocking*」という絵を検討した。この絵には、女が窓の前に座っていて、窓を通して大きな月がいくつかの建物の上に見えるようすが描かれている。月の直径は、芸術家の視点からの推定遠近法と比べて四倍の拡大があった。トランスキーは、また、サミュエル・パーマーという英国画家の「夕暮れどきの教会から現れて *Coming from Evening Church*」という絵も検討した。これは、前景に人びとが列を成す教会の絵であり、巨大な月が背景の丘のちょうど上に見られる。月の直径が五倍に誇張されているとすれば、絵の相対的部分を尺度化することができる。「種まく人 *The sower*」という絵は、ドイツのファン・ゴッホによって描かれ、異常に大きい太陽（あるいは、ことによると上っている月）が平らな地平に沈んでいることを示している。そこでは、種まく人が前景にあり、遠くに農家がある。太陽あるいは月は、一〇倍以上も大きく描かれている。トランスキーは、これらの芸術家は、月が印象的に見えるように誇張して描いており、月が実際にそう見えたからでないと示唆する。彼は、フランスの画家H・ルソーの「カーニバルの夕べ *Carnival Evening*」も検討した。これはカーニバルの男女が大きな家と高い木の前にいる絵であり、その上部には高く上った満月がある。トランスキーは、ルソーは写実主義が自慢だったから、月の大きさは写実的であると主張した。じっさい月は、トランスキーによって計算された尺度では〇・六二五度となり、一・二五倍の拡大を示す。これは、たぶん、もっとも高い木の上に見られる、かなり高い月の知覚された大きさの忠実な表現だろう。この月の真の仰角を計算することは、まったくもって不可能である。なぜならエル・グレコをほうふつさせるように、絵の縦方向の尺度が引き伸ばされたようだからである。

上述した絵は、月の拡大の程度がいろいろと変わることを示す。それは、芸術家の気質の変化を反映しているともいえるし、月の仰角にともなって天体錯視が減少するようすを反映しているともいえる。トランスキーは、芸術的特権の要因（訳注　芸術家が事実や現実を自分の作品に都合よく変更すること）が重要だと考えた。しかし、もし月の錯視を測定するために、絵を使いたいのならば、われわれは、写実的に描こうとしている芸術家を選択し、その月の仰角を知る必要がある。

トランスキー（一九六四、一一六頁）は、月の誇張された大きさを別にすれば、それらの絵のすべての遠近法的尺度は正しいと主張した。彼はつぎのように書いている。

全体的状況に関する不思議な特徴は、誇張が月に、しかも月にのみ向けられていることである。絵の他の部分は一貫している。すべての地上の対象は、たがいに正しい関係にある。太陽、月、星座は、地球にない唯一の対象であり、それらが地平線に近づくとき、独自の角度を張る唯一の対象であるために（正しい関係から）逸脱する。

われわれは、写実主義の芸術家が、通常、正しい遠近法で地上の光景を描くということは真実でないと疑っていた。それゆえに、識別ができ訪れることができる地において、二〇世紀の芸術家によって描かれたスケッチの分析を行ってみた。われわれは、エディンバラの南二〇キロメートル（北緯五六度）に位置する、テンプルの村のスケッチを選んだ。それは、スコットランドの芸術家ウィリアム・ギリーズが一九六七年ころに描いたものである。画家の視点は、大通りにある画家の家のちょうど外側にあり、南南東（方位角一六〇度）を見ている。季節は、冬か初春（絵の中の木

(a)　(b)

図4-5　(a) ウィリアム・ギリーズ（1967ころ）による，テンプルにあるビレッジ通りでの太陽の描写．これは，冬の光景であり，南を見ながら，おそらく2月の朝に描かれたものだろう（エディンバラの王立スコットランド・アカデミーの許可を得て掲載）．(b) 2000年のおなじ光景の写真．デジタル・カメラの5.4 mmレンズで撮影（伝統的な35 mmカメラにおける35 mmレンズに同等）．月はおなじようにして撮影され，絵画とおなじ位置，おなじ大きさで重ねられた（写真はヘレン・ロスが撮影し，コンピュータ合成はペーター・ハンコックが行った）．

に葉がないため）、太陽が道の向こう側の家の上に描かれており（図4－5a）、われわれはそれを高度一八度と測定した。われわれは、太陽がマイナス一四・一度の傾斜をもつと計算し（すなわち天の赤道の南一四・一度）、そのスケッチは、ゆえに二月一一日の午前一〇時四二分ごろのものだと算出する。その光景は、三〇年たってもほとんど変わっていなかった。比較のために、おなじ点から撮影した最近の写真（図4－5b）を示す。その写真は、デジタル・カメラによって可能なかぎり広角で撮られ、それは三五ミリカメラの三五ミリレンズと同等であった（倍率＝一）。ギリーズの遠近法は再現できなかった。それは、前景は大きい広角レンズによる遠近法であり、背景は望遠レンズによる遠近法だった。ギリーズはまた道の右手側の家の相対的な大きさを縮ませていた。われわれは、写真の中の左側の大きい家が、スケッチの中のその家とおなじ大きさになるように写真をつくった。われわれは、また、おなじ倍率で撮影された満月を、ギリーズの絵の太陽とおなじ位置に差し込んだ。絵の中の太陽は、写真と比べて二倍に拡大されている。道の左奥にある木も二倍の高さに拡大されている。ギリーズの絵の中にある道の右側の糸杉の木は、写真と比べて拡大されていないが、この種の木は、最近になって大きく育ったのだろう。

　ギリーズは、おそらく近似的な遠近法的描写を試みたことだろう。なぜなら彼は目盛りのついたスケッチの線を書きこんでいるからである。彼は太陽を絵の遠い部分の対象とおなじくらいにまで拡大させて描いている。すなわち、太陽は、中景と比較して二倍に、目前の前景に比べて三倍にまで拡大された。光学的あるいは数学的な方策を用いることがなかったならば、芸術家は、ほとんど正確な遠近法で風景を描かないだろう。なぜなら彼らはおそらく知覚的な大きさの恒常性に影響されるからである。[12] われわれは、それゆえに、一九世紀の芸術家は、通常、遠近法で地上の光景を描いたが、天体については異なった遠近法を使用したとするトランスキーの見解を割り引いて聞いた方がよいだろう。

近代の芸術家は、しばしば、さまざまな形の遠近法を用いた実験を行っている。そのひとつは、大気遠近法——距離にともなう対比と色の変化——であり、これは第六章においてさらに詳しく論ずる。大気遠近は、線遠近を高めたり矛盾させたりするのに有効である。ウィラッツ（一九九七、二三五頁）は、（大気遠近と線遠近が）矛盾すると絵が平らに見えるだろうと論じた。彼は、ポール・ナッシュの「柱と月 *Pillar and Moon*」（一九三二ころ）という絵について、遠くに退いていく木々の列の遠近効果は、遠くの雲の暖かみのあるピンク色や月の明るい白色によって和らげられていると説明している。ポール・ナッシュによるおなじような絵である「春分の日の光景 *Landscape of the Vernal Equinox*」には、上った青白い月と、それとおなじ大きさをもつ低位置の赤い太陽が描かれているが、その低い太陽は、木々の列の収束によって生じた前景の奥行き効果にかかわらず、いっそう大きく近づいて見える。

（8）コーニッシュの絵画

おおくの芸術家たちは、月の錯視を測定するためにデータを提供する気はない。この例外はコーニッシュであり、彼は景色の知覚にたいそう興味をもっていた。彼は自分の時間のおおくを景色のスケッチに充てており、彼は、いわゆる「注意の場」の大きさが、どのように変化するのかを見るために、そのスケッチを測定した。彼（一九三五）は、この変化が、おおくの外界の現象を説明することができるだろうと考え、のちに（一九三七）この考えを太陽の錯視にも拡張した。彼は、注意の場の制約が、その中の対象の見かけの拡大を生じさせると主張した。この考えは、望遠レンズの効果と似ている。平らな地平線とか遠い地平線では、スケッチの中に含まれている弧の大きさはとても小さいが（図4－6a）、近くの山地の地平線では、その弧は大きい（図4－6b）。コーニッシュは、これは、山があると目は垂直方向に大きく動き、「ゆえに、目が垂直に動けば動くほど、目はいっそう水平に動き、その結果、どちらの次元も人目を引かなくなる」からとした。しかし、低い丘陵の長い連なりに対しては、彼は「この場合、受け入れられる横方向の印象は大きくなるが、全景的スケッチにおいて構成される地平線の弧はずっと小さくなり、すなわち、おもに一次元のみを取り扱わなければならないとき、目はすぐに飽和する」と考えた。彼はスケッチの測定から、地平線上の太陽の知覚された拡大は、スケッチに含まれる地勢の真の角度的大きさの減少に比例すると結論づけた。彼が測定した二つのスケッチの太陽の直径の比は一・七であり、実際の地平線の弧の比は一・六である。これらの比は、たいへん似ている。

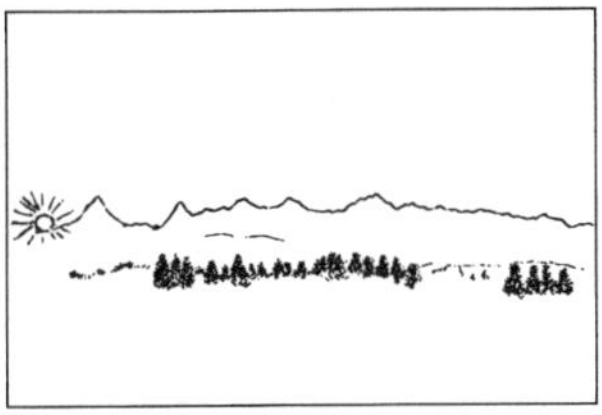

ベルンから見た日の出

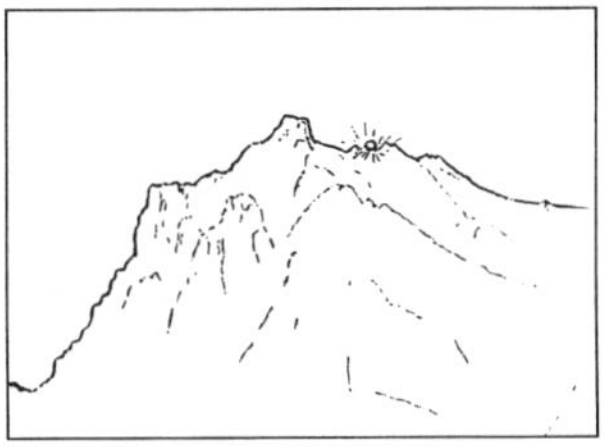

グリンデルバルトから眺めた日の出

図4-6　(左) 40マイル離れたベルニーズ・アルプスの上の日の出を，ベルンから描いたコーニッシュのスケッチ．地平線の弧は21°に対応し，7インチ幅の画面に，太陽は0.16インチで描かれている．(右) 4マイル離れたベッターホルンの上の日の出を，グリンデルバルトから描いたコーニッシュのスケッチ．地平線の弧は34°に一致し，7インチ幅の画面に，太陽が0.09インチで描かれている．

　われわれは、この「注意の場」の考えをさらに詳しく第一〇章において考察する。それと同時に、留意に値するのは、コーニッシュが自分の絵から計算した天体の拡大が、ギリーズの絵に見られる二倍以上の拡大よりも小さいことである。その計算方法は、もちろんまったく異なっていた。コーニッシュは二つの異なった水平方向の景色の描写された広がりを比較し、ギリーズの絵では、われわれは、前景と背景の角度的大きさを比較した。ギリーズの絵では低い太陽と高い太陽の存在を欠いている。したがって、それは大きさの恒常性の測度を与えているが天体錯視の測度を提供しない。もっと直接的な天体錯視の測度は、キングとヘイズ（一九六六）によって得られた。彼らは、三四七人の学生によって描かれた地平線上の太陽と最高点の太陽を測定した。多様な結果が得られたが、水平方向の太陽の拡大は、平均して約一・五倍だった。この値は、カウフマンとロックが月の生成機を用いて見出した値にじつに似ている。

われわれは、この章において、実際の月の知覚された大きさを、近くにある視標の知覚された（角度的）大きさと照合させることによって測定する方法は、解釈が困難であると論じてきた。この方法によって少人数の観察者から得られたデータは、低い月は、上った月と比較すると無錯視（一・〇倍）から三・六倍まで変化して天体が拡大することを示している。もっと一貫した結果は、月を描いた絵を比較したり、空の高低にある人工月を比較したりすることによって得られる。そのときの天体錯視の大きさは、平均して約一・五倍である。われわれは、つぎの章において、この効果のもっとも古い説のひとつ、すなわち実際の角度的大きさが、大気の屈折によって拡大されるという説に立ち返る。

(9) まとめ

月の錯視の初期の測定は、しばしば知覚された直線的大きさが測定されると研究者が主張したにもかかわらず、月の知覚された角度的大きさを、観察者の近くにある視標の角度的大きさに照合させることからなっていた。この測定では、たいてい、上った月には小さな角度的拡大しか得られないが、水平方向の月の相対的な角度的拡大は三倍以上になる。月の生成機によって、高い仰角と低い仰角の空に人工月の像を投影して互いに照合させると、水平方向の月の拡大は、平均して約一・三〜一・五倍を示す。もし芸術家が知覚された大きさを表現しようとするなら、その月の絵は、錯視の測度を提供しうる。初期の芸術家は、距離によって大きさの変化が生じない斜投影法や正投影法を使用した。彼らはしばしば太陽や月を人の頭とおなじくらいに描いており、それは知覚された直線的大きさを表現している。後世の芸術家は、線遠近法を使用し、そこでは大きさは角度的大きさに比例している。非写実主義の芸術家には、地平線近くの天体を一〇倍以上まで拡大する者もいる。知覚された遠近を描こうとした芸術家は、たいてい、前景と比較して背景となる風景の相対的な大きさを二倍以上まで増加させ、おなじ割合で低い月を拡大させる。スケッチもまた、地平線上の太陽は、上った太陽と比較して一・五倍くらい大きい。錯視の大きさは、ゆえに、測定方法とともに変化するが、典型的な測定値は、自然な月の錯視を二倍以上とした初期の数量的推定ではなく一・五倍に近い。

第五章　大気の屈折

第二章では、天体の水平方向の拡大が、天体までの物理的距離の変動によっては説明できないことを確認した。天文学者たちは、このことについて少なくとも前二世紀のヒッパルカスの時代から知っていたので、彼らは、けっしてまじめに、そのように説明してみようとはしなかった。それにもかかわらず、おおぜいの科学者たちは、この拡大を実在的なものと考えて、唯一の物理的説明といえるものを提供してきた。それは、地球の大気による拡大効果によるものである。この考え方の基本は、前四世紀のあいだに始まり、約五〇〇年後にはっきりとした理論へと発展し、そののち数世紀を経るうちに、かなり初期の形へと徐々に退化していった。だが、天体錯視は、きわめて強制的なので、近代になっても、おおぜいの人びとは、この拡大を物理的に存在するものとみなし、その拡大を一種の大気の効果のせいにした[1]。ごく最近になってウォーカー（一九七八a）は、技術雑誌『光学スペクトル』の読者によって表明された意見を検討したのちに、ふたたび、おなじことを指摘した。それゆえに、この理論の歴史と最終的な結果に関して論評する価値がある。

(1) 大気の蒸気

アリストテレスは、前四世紀のあいだに書かれた天体現象の著書の中で最初の知られた大気理論の説明を行った。そこでは、彼は「星」について述べ、この語が、月、惑星、そしてたぶん星座を含んでいたことは留意に値する。著者たちが、地平線上の星々が拡大すると主張するとき、それは、ほとんどかならず月、太陽、星座のことを意味しており、個々の恒星を意味しているのではない。拡大に関するアリストテレスの議論は、じつに簡潔である。

遠くにある濃密な大気は、東風があるときに海上の岬が隆起して見えたり、すべてのものが異常に大きく見えたりするように、通常は鏡のようにはたらく。このことは、霧や黄昏の中で見られる対象にもあてはまる。たとえば、上ったり沈んだりする太陽や星は、それが最頂点にあるときのそれよりも大きく見える。(2)

アリストテレスが心に抱いていたすべてのことが、まったく明らかというわけではないが、この一節の前後における他の現象に関する彼の説明は、とりわけ何かしらの助けにはなる。この特別な著作において、アリストテレスは、視覚は、視光線が、瞳孔を経て目を離れ、対象に触れた後に目に戻ることよって生じ、そうすることによって網膜像を観察者にもたらすという理論に同意している。この考えは、いくつかの古代の視覚理論の重要な一部であり、その主要な支持者として、数学者のユークリッド（前三世紀ごろ）とプトレミー（二世紀）の二人がいた。(3)しかし、この考えは、ふつうはアリストテレスと結びつけられない。じっさいアリストテレスは、彼の他の著書では、この考えに反対して、これを「完全にばかげた」ものと呼んでいる。

この理論を背景にもって、アリストテレスは、目から出た視光線の一部が、太陽に届く前に、霧によって反射され、それゆえに間接的な経路を経て太陽に至ると論ずることによって、霧のたちこめた天候において太陽の周りにできる暈《ハロー》の存在を説明している。間接的な経路を経て太陽に至る視光線が、おなじ経路に沿って戻ってくるために、われわれは、じかに知覚された太陽の周囲全体に太陽の第二の像を見ることになる（図5-1）。彼は、太陽の錯視を説明するために、これとおなじ機構を想定したようである。この場合、二つの像のうち拡大した像のみが見えることになるが、霧によって反射された像が、じかに観察された太陽を完全に遮蔽するとみなされなければならない。だが、理論のこの部分の解釈は定まっていない。

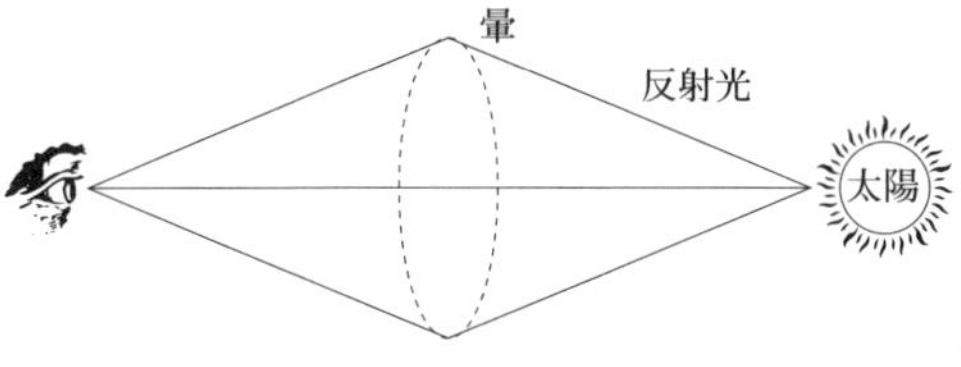

図 5-1　アリストテレスによる，太陽の周囲に生じる暈の説明．視光線の一部が太陽を往復する際に大気中の霧によって屈折し，もともとの像の周りに，暈の形をした太陽の第二の像が形成される．

アリストテレスの理論は、沈みゆく太陽の角度的拡大は物理的に真実であり、今日のわれわれが、拡大鏡における反射とよんでいるものにおそらく類似した過程、あるいは光学密度の異なる二媒質を光が通過するときに生じる屈折に類似した過程によって引き起こされることを示唆する。ほとんどの後世の著者は、アリストテレスの記述を屈折によって解釈してきた。

天体の拡大は、当時の影響力のあるギリシャの哲学者、歴史家、科学者ポセイドニオス（前一三五年～後五〇年）によって言及されているが、彼の研究は断片的にしか残されていない。[4] ギリシャの地理学者、歴史家ストラボ（前六三年ころ～後二五年）によると、ポセイドニオスは、天体の拡大は、空中の蒸気によって生じ、その蒸気によって視光線が折れ曲がり、太陽が拡大されると述べた。ストラボは、つぎのように述べた。

> ポセイドニオスは、太陽の大きさの見え姿が、それが大洋から上るときと沈むときに増加するのは、水から上ってくる多量の蒸気のせいであると述べている。視光線がこれらの蒸気を通過すると、まるで拡大レンズを通過するときのように、太陽の見え姿が拡大する。上ったり沈んだりする月や太陽を乾いた薄い雲を通して見るときもおなじであり、天体がわずかに赤く見えるときもおなじである。[5]

鏡による反射や水中での屈折との類似性は、ローマの政治家、哲学者ルキウス・アナエウス・セネカ（前三年ころ～後六五年）によっても繰り返し述べられた。

> 反射したときにあらゆる対象を増大させる鏡があることをすでに述べた。あらゆるものは、水を通して見たときに、いっそう大きくなることを書き加えよう。文字は、……水を張ったガラス鉢を通して見ると、いっそう大きく見える。星々が、雲を通し

て見たときに大きく見えるのは、われわれの視覚が、湿気の中ではぼんやりするからであり、視覚が見ようとしているものを正確に理解することができなくなるからである。……霧を通して見られるあらゆるものは、実際よりもはるかに大きく見える。太陽の像が、湿った雲の中で見られたときに、いっそう大きく反射されることが目立つのは、とくに、これが二つの原因によってもたらされるからではなかろうか。つまり雲の中には、光を伝えることができるガラスのようなものがあり、また水のようなものもある。(6)

(2) 大気の屈折

蒸気の効果に関する説明は、漠然とした鏡との類推から、もっと理解のできる屈折による説明へと徐々に変わっていった。この種の天体錯視に関する説明は、一四二年ころにプトレミーによって書かれた影響力のある天文学書の中で述べられている。この書はアラブの科学者らによって『アルマゲスト』という名で知られるようになり、結果としてヨーロッパにも知られるようになった。ただ、書名のもともとの意味は「数学の構図」だった。プトレミーは、つぎのように理論を説明する。

天体が地平線において大きく見えるのは事実である。しかし、それは、天体までの距離が短くなるからではなく、地球を取り巻く湿った大気のためである。そして、この大気は、天体と私たちの視覚とのあいだに介在する。これは、水中で対象が拡大して見えることと似ており、この拡大は水深が増すにつれて増大する。(7)

クレオメデス（三世紀初めのころ）の屈折による説明は、もっと具体的である。彼は、天文学の人気のある教科書の著者として知られており、ポセイドニオスの考え方に大きくもとづいていたといわれる。天体錯視について、彼はつぎのように記述した。

太陽は、日の出と日の入りのときに大きく見え、頭上にあるときは小さく見える。これは、水平線の近くでは、われわれが、分厚くて湿り気のある（大地に隣接した空気はこの特徴をもつ）空気を通して太陽を見るからである。しかし、太陽が頭上を通過するときには、もっと純粋な空気を通して太陽を見る。それゆえ、後者の場合、太陽に向かって目によって放出された視光線は屈折しない。他方、日の出と日の入りのときに地平線の方向に向けられた視光線は、厚くて湿った空気に触れるので屈折せざるをえない。こうして太陽は大きく見えるのであり、これは、水中に沈められた対象が、実際とは異なって見えることとおなじである。なぜなら、われわれは直接的な視覚によって水中の対象を見ているのではなく、（屈折した光線によって）その対象を見ているからである。(8)

この節は、屈折が太陽の角度的拡大をもたらすことを意味する。しかし、そのとうじ屈折は明確に理解されていなかった。そこで、このつぎに続く節において、クレオメデスは、現在のわれわれが空気遠近とよんでいるものによって、大きさ－距離の不変性と組み合わせて、太陽の錯視を説明しようとした。われわれは、この代わりの説明を第六章で与える。

プトレミーやクレオメデスに由来するこれらの節は、水平方向の拡大が、水中で観察された対象の角度的拡大に似ていると述べる。文脈から切り離してとらえれば、これらの節は、彼らが、知覚された大きさが角度的大きさに対応すると考えていたことを示唆する。しかし、別の節の中では、知覚された大きさは、大きさ－距離の不変性の原理を介して得られた直線的大きさに対応することを明らかにしている。じっさい『光学』として知られる彼の後期の著書では、プトレミーは、水中の直線的拡大は、空中とおなじように、距離と角度的拡大とが組み合わされることによって生じると説明する。「つまり、このため水中に沈められた対象は、その対象がおなじ距離におなじ配置にあって、じかに視覚を使って観察されたときよりも、いつも大きく見えるに違いない」(9)。

プトレミーは、この状況における虚像の位置と形を完全に理解していたわけではなかったし、対象の拡大が水に浸された対象の深さにしたがって増加するという彼の叙述は曖昧である。(10) この章の後半では、いくつかの可能な解釈について考察する。

屈折による説明のおもな難点は、観察者がいる場所よりも、光学的に濃密な媒質の中に対象があるときのみに、対象の拡大が生じることである。観察者が濃密な媒質の中にいるとき、対象は、通常のときよりも小さい角度を張る。月を見るとき、目のまわりの媒質（空気）が、月のまわりの媒質（真空）よりもわずかに濃いので、屈折によって、月は大きくなるのではなく、むしろ小さく見えるはずである。空気の屈折率は、海上では一・〇〇〇三にすぎず、真空の屈折率は、その定義によって正確に一となる。つまり、まっすぐ上を見上げたときの屈折の効果は、実際にはかなり小さいといえる。プトレミーが『アルマゲスト』を著わしたときには、この問題に気づいていなかったのかもしれないが、『光学』では、異なる媒質の密度が果たす役割に、はっきり気づいていた。[11] この二冊の著作のあいだに、彼の知識は改善されたのだろう。もうひとつ考えられることは、『アルマゲスト』では、プトレミーは、水中の屈折との類推を文字どおりに受け入れる気持ちがないままに、科学的文献の中にある標準的な説明を単純に繰り返していただけかもしれない。クレオメデスとおなじように、彼は、空気遠近にもっと近い類推を意図していたのかもしれない。いずれにせよ、彼は屈折による説明に、完全に満足することができなかった。なぜなら、彼は『光学』において、この錯視に関して、また別の説明を展開させているからである（第一一章に記述）。

アラブの物理学者イブン・アル＝ハイサム（一一世紀）は『アルマゲスト注釈』を著わした。この中で、彼は、プトレミーが、星の見かけの大きさに及ぼす大気の中の蒸気の効果と、水中に沈む対象の見え姿に及ぼす「屈折」（どちらの著者もこの文脈でこの語を使用していなかったが）の効果とが、完全に類似したものとして描かれていると解釈した。[12] この書の中で、イブン・アル＝ハイサムは、上記の類似性を妥当なものとして扱い、水中に深く浸すほど対象が大きく見えるという、怪しげな「証明」を与えた。イブン・アル＝ハイサムは、のちに著した書『星の見え姿について』の中で、この説明は、プトレミーの『光学』の中の屈折の説明と矛盾すると指摘した。すなわちは、彼は、それに代わって、大気中の蒸気が観察者の目と天体とのあいだに湾曲したレンズを形成し、それが天体の拡大をもたらすと提案した。[13] 不思議にも、イブン・アル＝ハイサムは、プトレミーの説明を退けることをしないで、プトレミーは、

『アルマゲスト』の中では、ただ（蒸気の効果と屈折の効果の）たとえ話をしただけだったが、『光学』では屈折の正確な説明を与えたと論じた。イブン・アル＝ハイサムはつぎのように述べた。

さらに、プトレミーは、自著『光学』の中で自分が示したものであるゆえに、水平方向の星の拡大を、水中に落とされた対象になぞらえなかったのではなく、むしろ、問題がそういうものであることに気づいたから、彼は、星を水の中に落とされた対象になぞらえた。水中に沈んで目に見える対象なら何でも、それが空中にあるときよりも大きく観察されるが、その対象がいっそう深く水中に没すると、いっそう大きな形になっていく……。プトレミーは、事実によって証明されたものから議論し、拡大した星が地平線上の湿った蒸気の背後においてのみ見られることから、この叙述に関してはまったく疑問が生じるはずがない。(14)

イブン・アル＝ハイサムは、目が低密度の媒質の中にあり、対象が高密度の媒質の中にあると述べることによって、大気による拡大を説明するために正しい屈折の方向を用いようとした。すなわち、「さて、もしも目視できる対象が霧かほこりの中にあり、目が薄い空気の中にあるのなら、視覚はその対象の大きさを物理的大きさよりも大きく知覚することだろう。これは、視覚が、水中において対象を知覚するのとおなじ方法である」(15)。彼は、知覚された距離の変化に加えて、大気による拡大が、天体錯視の要因になるという信念をもっていた（第八章と第九章）。

屈折による拡大の形式一般に向けられた論理的反論は、一六八七年にウォリスによって提起された。彼は、この理論では、角度的拡大はすべての水平方向に存在することになると論じた。じじつプトレミーは、この考え方を他の文脈の中で支持している（『アルマゲスト』著作九、第二章）。すなわち、プトレミーは、星の相対的位置を決定することがむずかしいと論じ、その理由のひとつとして「おなじ角度的距離が、地平線付近では大きく見え、天頂近くでは小さく見えるためである」と述べている。しかし、ウォリスは、地平の角度的距離は三六〇度で固定されており、同時に三六〇度全体を拡大させることはできず、したがって、角度的拡大は物理的に存在しえないと論じた。この議論は奇妙である。この議論では、水中で顔マスクを付けた潜水者は、物理的な拡大をまったく見ることができないと言っているようなものである。この議論の欠陥は、観察者が、実際には継時的な観察によって三六〇度全体の小さい部分しか抽出していないときに、どうじにその全体が拡大されるのを見ると考えているところにある。このたとえは、双眼鏡で水平線を走査することに、もっと似ているかもしれない。

(3) 屈折理論の運命

屈折理論は、水平方向の拡大が測定可能であることを示唆する。しかし、もちろんのことであるが、数世紀におよぶ精密な測定によってもそのような拡大は見出せなかった。この理論は、疑うべくもなく誤っている。しかし、プトレミーやアリストテレスの権威のもとに、後世のおおくの著者は、水平方向の拡大の部分的な原因として屈折理論を支持した。一六～一七世紀のあいだに、天体の屈折に関する正確な知識が有効になったときでさえ、この理論は支持され続けた。実際のところ、この理論は、大気の蒸気を水平方向の拡大の原因とする、もっと原初的な考え方に立ち戻ってしまった感がある。この傾向を例証するために、数世紀にわたって屈折理論の事例のいくつかを手みじかに見ておこう。

ローマの著述家マクロビウス（一五世紀初頭）は、自分の息子のために、実用的知識を編集したものを書き残しているが、彼による屈折理論の説明は、きわめて明晰というわけではなかった。小料理屋で出されたごちそうを、水で満たされたガラス瓶ごしに見ると、拡大することを述べた後、「朝方に太陽の球体が、ふだんより大きく見えることは確かである。この理由は、私たちと太陽のあいだにある空気が、夜から続く露にぬれ、これによって太陽の像が拡大する。これは、まるで太陽が水中で屈折して観察されたかのようである」[16]。この理論に関するこの種の不正確な叙述が、科学者でない人びとのあいだに存続し続けた。

われわれは、すでに、イブン・アル＝ハイサムの功績と、大気の屈折が天体錯視に貢献するかもしれないという彼の結論について述べた。この屈折理論は、アラブの九世紀の天文学者アル＝ファルガーニと一二世紀のジャビール・

イブン・アフラ[17]、それに一三世紀初頭の英国の学者アレキサンダー・ネッカム[18]によって、無批判に受け入れられた。似たような説明が、サクロボスコのジョン（一二五〇年ごろ死去。ヨハネス・ド・サクロボスコともいわれる）によって天文学者に向けて書かれた天に関する書物の中にある。すなわち、「冬場や雨季には、私たちと、太陽あるいは他の星とのあいだに蒸気が生じる。そして、この蒸気は透明であり、私たちの視光線を散らす。そのため、実際の対象の大きさを捕捉することができない。それはちょうど、透明な水底ふかく落とした硬貨のようなものである。硬貨は実際よりも大きく見えるが、これは、光線が拡散されるためである[19]」。この視光線の拡大の考え方は、アリストテレスの考え方にかなり似ていると思われるが、水中での拡大に言及しているところは、プトレミー、クレオメデス、イブン・アル＝ハイサムの伝統にしたがっている。

天体錯視を議論するときに、後世のおおくの著者たちは、拡散した光線か水中での拡大かのどちらかを簡潔に述べている[20]。大気理論の運命は、一七世紀のあいだに最終的に定まった。利用可能な天文学的証拠があるにもかかわらず、屈折理論の支持者らは、水平方向の拡大が物理的に存在し、測定可能だと考え続けた。たとえば、ジョン・グリーブズは、一六三八年にエジプトを訪れたおり、アレキサンドリアの近くの日没の太陽が、英国でふつうに見られる太陽よりも大きく見えることに気づいた[21]。彼は、注意ぶかくその太陽を測定したが、何日、何回測定してもその直径はまったくおなじだった。おなじころ、すなわち一六三九年に、イタリアの科学者でガリレオの弟子でもあったベネデット・カステリは、『視覚論』を著わし、その中で、なぜ大熊座は、地平線の上にあるときに、天頂にあるときよりも大きく見えるのか、その考えられる理由について考察した。すなわち、「その奇妙さに動かされて、私は、上述の星座が、どれくらいの視角を張るのか、いろいろな姿勢をとって、測定器を用いて確認したかった。私は、いつも星座が、おなじ間隔を張っていることに気づいた。そこで、私はこの現象を……やむをえず判断や評価の誤謬に違いないと感じた[22]」。

おなじように一六六四年に王立協会に宛てた手紙の中で、R・フリント氏は、アイスランドに言及して「太陽や月の本体は、ここよりもそちらの方が大きく思える。だが、まだ、その直径を測っていない」と記した[23]。王立協会の有

識者のあいだにおいてさえ、この問題は一六八四年になってもまだ決着をみていなかった。同年四月六日には、

太陽や月が地平線の近くにあるとき通常よりも大きく思えるという、太陽と月の見かけの大きさに関するウィリアム・モリヌーク氏の大論文が読まれた。その中で、彼は、この奇妙な現象を説明するとした試みの中に不合理なものがあることを示そうとし、これに関して協会の意見を求めた。日の出のときの太陽の直径の角度が、太陽がかなり高くにあるときよりも大きくならないことが、実際に真実なのかどうかを試みるように命じられた[24]。

科学界が、徐々に、屈折理論が誤っていることを確信していくにつれて、アリストテレスの「大気の蒸気」への回帰の兆しが見られる。この問題は、一六七九年八月七日、王立協会の会議で議論された。そのとき、「トーマス・ヘンショウ氏は、空気の屈折が太陽を大きく見せる原因であり、蒸気も太陽を拡大させるかもしれないという意見を吐いた。ウィリアム・クローン博士も、屈折よりもむしろ蒸気が太陽を拡大させるのだろうという意見を述べ、空気は、エーテルとはひじょうに異なる部分より構成されているためであるとした[25]」。これらの意見は、屈折理論と蒸気理論が異なることを示している。一七世紀後期のあいだに、蒸気理論が、哲学者ホッブズによって、つぎのように詳しく説かれた。

視覚は、円錐を構成する光線によってつくられるので。私たちが月を見ているときには、この円錐の底は月の顔となり、円錐の頂は目のところにある。それゆえに、月から出るおおくの光線は、視錐から外れた小さい物の上に落下して、その物に反射されて目に入らざるをえない。しかし、これらの反射光はすべて、視錐に斜めに交わる線上にあり、円錐の角度よりも大きい角度を目のところでつくる。だから、月は、天空にかかったときよりも水平方向においていっそう大きく見える[26]。

これは、アリストテレスの視光線が光線によって置き換えられたことを除けば、アリストテレスの説明と本質的におなじである。ここには、この時代にはかなりよく理解がなされていた屈折への明確な言及がもはやまったくないことに注意してほしい。

つぎの世紀にアリストテレスの理論は、サミュエル・ダン（一七六二）によって、ふたたび支持されるようになった。この理論は、一九世紀に至るまで、初心者のための問答形式の科学書であるブリュワー（一八六三）師の著書『熟知した物に関する科学的知識入門』の中に生き残った。彼は、太陽や月が、錯視として水平方向において拡大することを説明しているが（三九五頁）、湿気のある日に、なぜ丘が大きく見えるのかという問いに対して、まさにアリストテレス風に回答している。すなわち、「空気が湿気で満ちていると、光線はいっそう拡散される。その結果、この光線は、目にいっそう大きな対象の像をつくる（一五五頁）」。つまり、この説明は、二二世紀のあいだほとんど変わることなく維持された。

水平方向の拡大の錯覚的性質を、天文学者でない者に確信させることがどんなにむずかしいかは、天体にきわだった大きさの変化がないとする、おおくの文献的叙述をみればわかる。たとえば、モリヌーク（一六八七）は、望遠鏡を用いてきわめて精密な測定によって、水平方向の拡大が錯視であることを証明した。またウォリス（一六八七）は、モリヌークの論文にコメントして、その事実を天文学者たちは確証すると述べた。だが、水平方向の拡大が錯視であることを、当時の人びとにもっと確信させる必要があった。なぜなら一六五一年に、イタリアの天文学者ジョバンニ・リッチョーリが、太陽と月が、地平線においてきわだって拡大したと報告したからである。リッチョーリは、父グリマルディの助力を得て、六分儀を用いて太陽の直径を測定し、地平線近くの太陽では一度、月では四〇分まで変化すると主張した（Molyneux, 1687）。この主張は大まじめに取り上げられなかったが、それでもなお、この主張には反撃を加えなければならなかった。

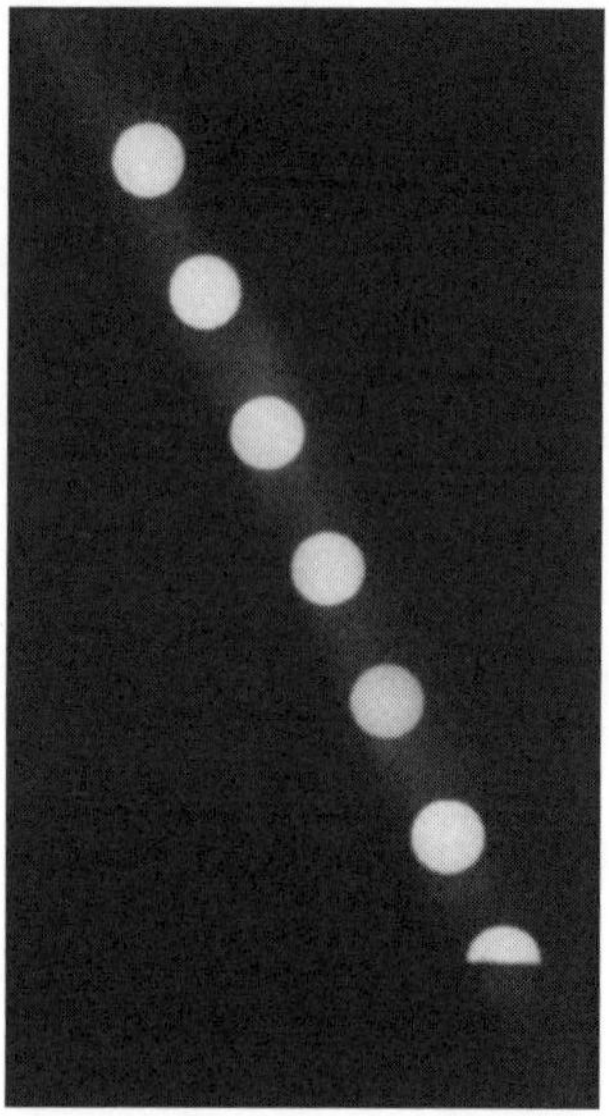

図 5-2　カメラの位置から 500 m の距離にあって，少し高みにある草むらに覆われた地平線から，ひじょうに透明な大気の中を上る太陽．この写真は，200 mm の望遠レンズを用い，焦点比 22 にカメラを絞り，透過率約 4000 分の 1 の緑色ガラスフィルターを通して得られた．おなじフレームを用いて約 4.25 分の時間間隔で 7 回撮影し，撮影の合間に太陽はその直径の 2 倍より少し大きくなるところまで上っていった．地平線も海面からの高さ（海抜約 1450 m）も高いために，もっとも低いところにあって完全に目に見える月の像は，ほんのごくわずかに扁平になっているにすぎない．これは写真を 90° 回転するとたやすく気づく（写真はコーネリス・プラグによる）．

図 5-3　人為的に拡大させた月を配した街の風景．ロジャー・ライアルによって撮られたスターリングの家々の写真，コーネリス・プラグによって撮られた望遠レンズによる月の写真，ピーター・ハッカーによって作成されたコンピュータによる合成写真．

(4) 写真からの立証

水平方向の月の拡大は強制的なので、その錯視的性質は、繰り返し指摘せざるを得ない。太陽と月の網膜像の大きさが一定であることは、引用してきた天文学的測定に加えて、写真によって証明できる。これに関連して、一九〇九年にヘネルは写真に言及した。このような例示的工夫をすれば、もっとも正確な測定よりも、いっそうの確信をもたらすことがある。たとえば、ラッキーシュ（一九二一）にしたがってハミルトン（一九六四、四九〇頁）は、「カメラの発明以来、月は地平線では大きくならないことが証明されてきた」と宣言した。この種の証拠は、後にソールカーとオーバッハ（一九六九）やウォーカー（一九七八a）によって公表された。その証拠は、単一のネガ・フィルムから構成され、上る月や太陽をおなじ位置からカメラを固定して繰り返し撮影し、月や太陽の一連の（おなじ大きさ！）の画像を一定の時間のあいだ記録したものである（図5－2）。

残念ながら、カメラもまた嘘をつくことがある。絵はがきのおおくは、太陽や月のひどく拡大された写真を載せている。これらの写真は、望遠レンズを用いて撮られ、空を背景とした建物とおなじ角度的大きさを張る月（〇・五度）を配した遠くの地平線を示している。この種の写真が誤解を招く理由は、その写真が、前景を示さず、近くの建物を大写しに撮ったかのように見え、月が近くの建物とおなじ角度的大きさを張るからである。月と石柱の望遠写真は、この効果を示す（図1－1）。この代わりに、標準レンズを用いて大きさの尺度を与えるように前景を示しておいて、拡大させた月の別の像を、この水平方向の風景の上に重ね合わせることもできる（図5－3）。そのような写真が存在するので、依然として、騙されやすい人びとが、水平方向の拡大が実存すると信じるのかもしれない。

(5) 光学的拡張の知覚効果

おおくの初期の著者は、大気の屈折は拡張をもたらすが、それは、空気中から水中をのぞいたときに見られる拡張に似ていると示唆した。この議論は誤っているが、水中における拡張の知覚的効果を考えることは興味ぶかい。ふつ

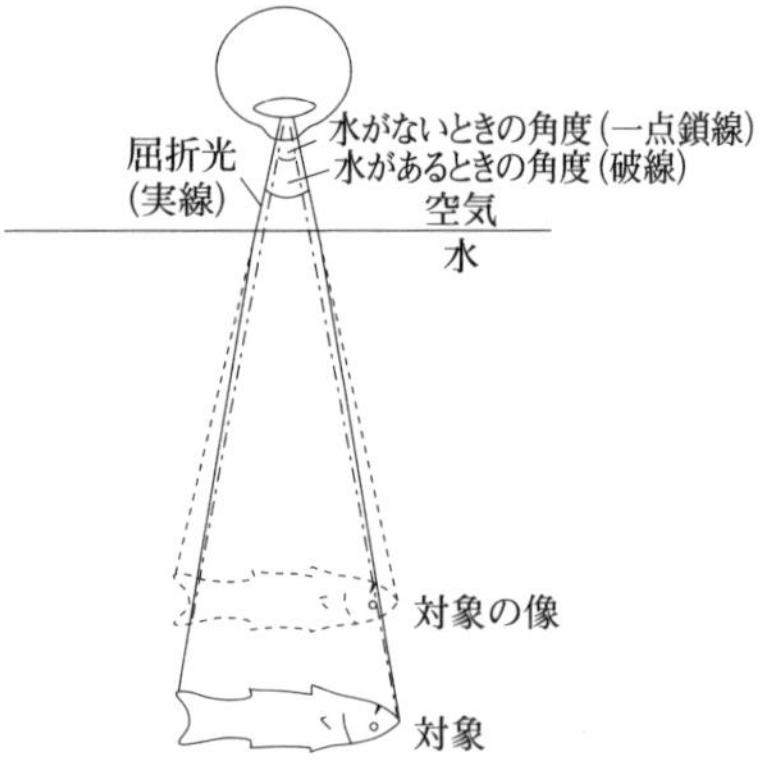

図 5-4　水に覆われることによって生じる対象の角度的拡大の図式的表現．小さい対象では，その拡大は約三分の四となる．これは，視覚的経路の水中部分が，空中におけるその長さの約四分の三に縮むからである（訳注　原図は不適切だったので，ここでは著者から訳者に送られてきた訂正図を載せている）．

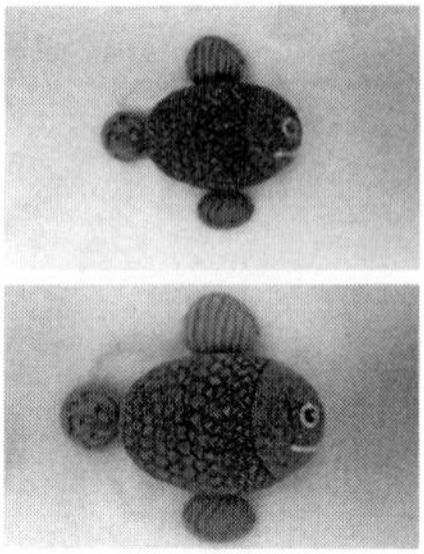

図 5-5　水中の対象の拡大．この対象——いくつかの小石に模様をつけて魚に模したもの——を，最初に 465 mm の空のタンクの底に置いて，上から下に向かって写真を撮った（上図）．それから，このタンクに深さが 375 mm になるまで水を満たした．そして，正確におなじ位置から 2 枚目の写真を撮った．水によって光学的経路が短くなるので，カメラの焦点を再調整しなければならず，すると対象の像は拡大した．期待された拡大は，約 25% と計算されたが，この写真は 30% の拡張を示す（コーネリス・プラグによる写真）．

うに観察されることであるが、(潜水者が顔マスクを通して見るように) 空気中から観察された水中の対象は、それを空気中で見るときよりも大きく見える。しかし、この現象に関する説明は、けっして単純ではなく、光学と知覚の両面が関与する。空気と水の光学的密度の相違が、二つの媒質の境界で光線を屈折させる。この効果は、目と対象のあいだの光学的経路の水中部分を、実際の距離の約四分の三にまで縮める (図5－4)。この短縮の大きさは、空気と水の屈折率の比率によって決まり、その率は約一・〇〇対一・三三、すなわち三対四である。光学的経路の短縮は、対象を目の近くに引き寄せることに相当し、それに対応する倍数だけ対象の角度的大きさを増大させる (図5－5)。視線が水面に直交しないとき、問題はさらに複雑になる。[27] 大きい対象を見たときは、形のゆがみが生じる。[28]

角度的大きさの増大は、しばしば水の拡大効果の唯一の説明としてよく提示される。しかし、もし対象を空気中において目に近づけて、それによって角度的大きさを増大させたとしても、たいていは、観察者が短縮した距離を補償するので、ふつうは知覚された直線的大きさは増加しない。古典的な大きさ－距離の不変性仮説にしたがうのなら、知覚された距離が光学的短縮に対応するときには、水中において直線的拡大は知覚されるはずがない。つまり、いかなる知覚された直線的拡大も、光学的距離の過大推定によらなければならない。大きさの過大推定は、光学的距離の過大推定から予測されるほどは大きくないが、それでも、この見解は、実験的な証拠によって部分的に支持される。[29]

初期の著者たちは、実際の拡大あるいは知覚された拡大が、対象の浸された深さにともなって増大することを繰り返し主張した。二つの理由により、これは真実かもしれない。ひとつは光学的理由である。つまり、もし目が水の表面からいくらか離れており、その対象が水の中の浅いところにあるとき、空中の屈折していない光線部分が (相対的に大きいので)、全体的な拡大効果を有意に減じる。いっぽう、もしその対象が深く浸っているとき、空中の光線の相対的貢献はわずかであり、光学的拡張は最大化する。もうひとつは知覚的理由である。つまり、水は空気よりも透明でなく、粒子による光の散乱効果と減衰効果によって、空気遠近が強化される (第六章)。その結果、知覚された大きさと距離は、光学的効果に加えて、距離にともなって増大する。[30] 屈折と大気遠近のどちらもが、水中における知覚された拡大に貢献するので、初期の著者たちがその効果を混同したことも驚くことではない。

光学的拡張は、双眼鏡や望遠鏡を通して観察された対象にも生じる。この場合、水中のように、知覚された大きさは、光学的拡張が示唆するものよりも小さい。初期の著者らは、大きさ－距離の不変性を擁護し、対象が大きく見えるのではなく近くに見えると論じた。ずっと近年になってロンキ（一九五七）はこれに似た主張をした。この効果は、初期の望遠鏡の時代から報告されている（たとえば Wallis, 1687, p. 326）。しかし、ごく最近になるまで、これが月の錯視に関連すると考えられなかった。ロイセル（一八九八）は、望遠鏡をのぞくと、月は近く見えるが、その大きさは肉眼で見たときとおなじである（あるいは小さくすらある）が、望遠鏡と肉眼による観察を同時に行うと、望遠鏡の月は大きく見えると主張した。望遠鏡で見ると月の知覚された大きさが拡張しないことは、ウイリアム・ジェームズ（一八九〇、二巻、九二－九三頁）や、のちにはフレーベス（一九二三）によって報告された。しかし、逸話的証拠では、見えているものについての信頼に足る手引にならない。実験的な試みを行った最初の著者はザウレス（一九六八）だった。彼は、双眼鏡によって得られた「現象的な」大きさと距離を測定し、対象の大きさがわずかに減少するように見え、その対象は、約二倍の光学的距離に定位することを見出した[31]。コフカ（一九三六、二七八頁）は、双眼鏡を通して見たときの効果は、縮小視のようなものであり、知覚された大きさは、網膜像の大きさが予想するよりも、ずっと小さくなると述べた。よって、大きさと距離の関係は、水中で顔マスクをかけるときとおなじように、双眼鏡を通して見るときも不明瞭のままである。どちらのタイプの拡張も、月の錯視の説明に役だちえない。

(6)　屈折と卵型の太陽

一七世紀には、大気の屈折に関する知識は大いに改善された。そのため、天体錯視の大気説は、放棄されるか修正されなければならなかった。そういう修正のひとつが、屈折を間接的な錯視の原因として維持することだった。この点を理解し評価するために、地球の大気が、太陽や月の見え姿に影響するようすを簡潔に見ておかなければならない。

屈折のおもな効果は、天体の大きさよりは、その位置を変化させることである。図5－6に示したように、大気の外側にある光源からの光は、浅い角度で大気を通過するときには、わずかに方向を変える。このことによって、地球に大気がないときよりも、星あるいは太陽と月は、やや高い仰角に観察される。この効果は、じつに小さく、海面レベルの水平線上で観察された星では約三四分に達し、高い仰角ほど急速に減少する。[32] この物理的錯視は、すべての天体（と、程度は小さくなるが、観察者からかなり離れた地上の対象）に、等しく影響するので、このことは、すぐには気づかれない。[33] これが、天文学者によって一般に知られるようになったのは、一五世紀の終わりころ、ベルンハルト・ウォルターによって、これが観察され説明されてからのことである。もっとも、イブン・アル＝ハイサムなどは、かなり前に、すでにこの効果に気づいていた。[34] 大気の屈折は、太陽や月の角度的直径よりもほんのわずかだけ、地平線にある天体の仰角を大きくする。そのため、もし大気がなかったならば、完全にわれわれから見えなくなる天体の全体を見ることができる。この「地平線の向こうを見る」ことは、おそらく知識にもとづいた推測として三世紀ころにクレオメデスによって論じられた。[35]

地平線近くにある天体のわずかな上昇には、興味ぶかい副作用がある。月、太陽、星座の低い部分は、厚い大気を通して観察されるので、その上の部分よりも、わずかに上昇する。それゆえ、本来なら完全に丸い太陽や月として見える形に、ゆがみが生じる。円盤の垂直次元のみが、この効果を受ける。それが、わずかに短くなり、太陽や月が卵型に見える（図5－7、5－8）。だが、大気の温度勾配の効果によって、太陽はさらにゆがめられ、その形はしばしば不規則になる[36]（図5－9）。

扁平な太陽については、太陽の黒点の発見に対する優先権をめぐってガリレオと争ったイエズス会員クリストフ・シャイナーによってはじめて記述された。[37] シャイナーは、一六一二年の九月にババリアのイゴルシュタットにおいて扁平な太陽を観察した。[38] 彼は、太陽の像を一枚の紙に投影して、太陽の垂直次元の測定が、水平次元よりも二三％ほど短いことを見出した。ジェームズ・グレゴリーは、一六六八年に、それを皆がよく知っている現象とみなしたが、他の人たちは、この

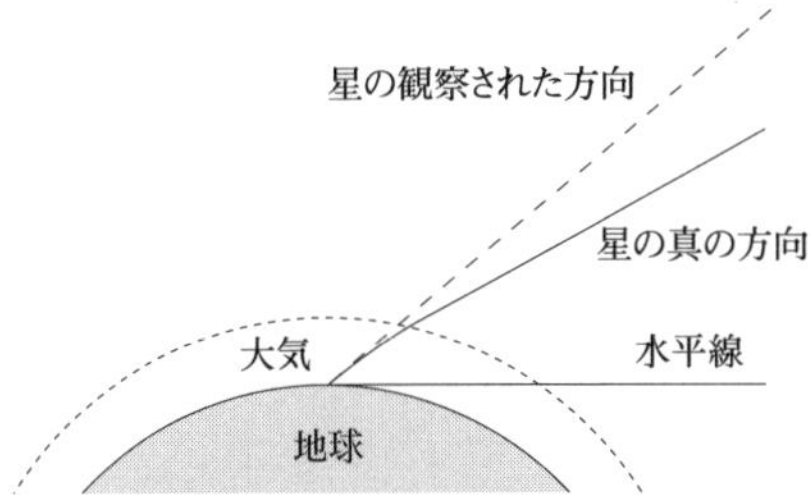

図5-6　地球の大気による屈折によって，地平線の上に観察された星の仰角が大きくなる．図では，この効果はかなり誇張されている．

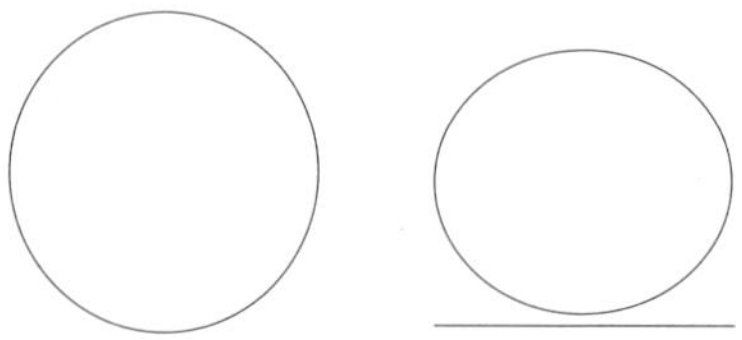

図 5-7 『航海暦』の表より計算された，海面レベルにおいて，大気の屈折によって扁平になった太陽の円盤の形．ここでは，空気温度 10 度，気圧 1010 hPa（ヘクトパスカル），ゆがみのない角度的直径 32 分，観察された太陽の低い縁が，実際の地平の上 1 分にあると仮定した．この条件では，垂直次元の縮小が約 16% に達する．左の円盤にはゆがみがない．

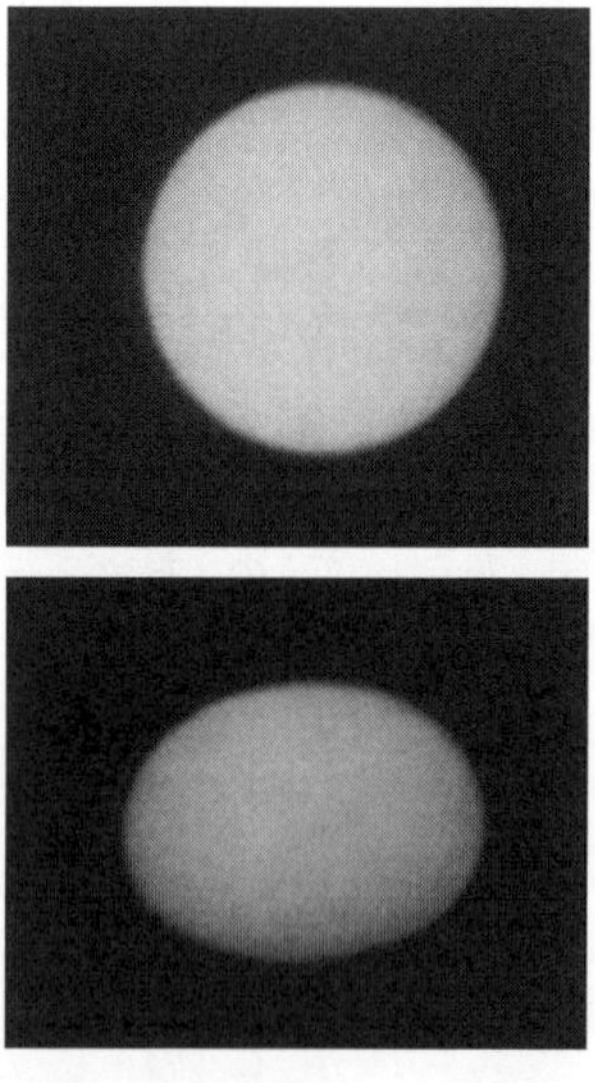

図 5-8: 卵形をした沈む太陽．これらの写真は，焦点距離 1140 mm の反射望遠鏡を使用して撮られた．口径は，スクリーンによって実効焦点率 100 にまで下げられ，透過率約 200 分の 1 の ND フィルターが用いられた．上の写真は，比較のために，高い位置にあってゆがみのない太陽を示す．下の写真の大きく扁平化した太陽は，南アフリカのファン・リンス峠の頂上の西に面した急斜面の上，標高 750 m，水平線までの距離 100 km 以上という特別に選ばれた場所から撮られた．この太陽は，澄んだ大気の中を海霧の低い雲塊の背後にまさに沈もうとしていた．垂直次元は水平次元に比して 76% まで減少し，下の縁は上の縁よりも目で見ても扁平である．水平次元は，ゆがみのない上の太陽とまったくおなじ大きさである（コーネリス・プラグによる写真）．

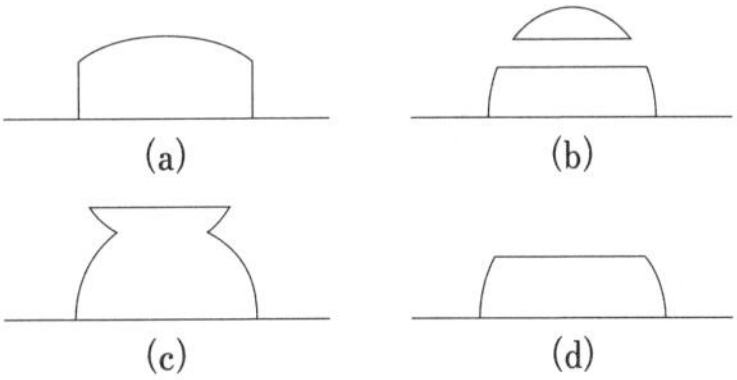

図5-9　日の出・日の入りのゆがみ．ヘニング(1919, p. 293) より引用．

現象を観察するために、それぞれ特別な努力をした。一六七五年に、フェロー諸島のルカ・ドゥベスとアイスランドのギスラーブス・ソローカス僧正が、ロンドン王立協会の要請を受けて、卵型の太陽を観察しようとした[39]。月の錯視に関するトーマス・ヘンショウの見解を先に引用したが、彼は、デンマークに出かける途中の一六七四年に、卵型の太陽を観察した[40]。彼は、垂直次元を水平次元の約四分の三と判断した。彼はなんども英国で卵型の太陽を探したが、いちども扁平な太陽を確認できなかった[41]。

シャイナーは、太陽の錯視を説明するために、このやや摑みどころのない現象を使用した。彼は、もし観察者が、うかつにも、太陽の短縮した垂直方向の直径を比較のための標準刺激として用いたならば、その垂直方向の直径の減少を、水平方向の直径の拡大として知覚するかもしれないと考えた[42]。この説明は、もちろん、そもそも物理的原理にもとづいていない。屈折による実際の太陽の扁平化は、大きさ判断の錯誤を生じさせるはずであり、これが錯視の基礎となると想定されている。シャイナーは、太陽という円盤の注意ぶかい観察者として、知覚された拡大が実存しないと知っていた。初期の天体理論がこの拡大を物理的に存在するものとして扱ったのに対し、シャイナーの理論は、これを知覚的なものとして扱った。これは、けっきょく問題の再定義を意味することとなり、天文学から心理学へと研究分野を移行させた。しかし、第一章でも述べたように、この移行は、すでに数世紀前に起こっていた。

シャイナーの修正された屈折理論は、積極的に支持されたことがなかったし、じじつ言及されることも少なかった。このように熱烈に迎え入れられなかった理由は簡単に見出せる。まず、太陽の垂直方向と水平方向の直径の相違が、二〜三倍の見かけの拡大を説明するには小さすぎる。第二に、この卵型の太陽を観察したものがほとんどいないことである。なぜなら、卵型の太陽は、かなり地平線に近づかないと気づかれないが、そういうところでは、卵型の太陽は、他のゆがみによってしばしば隠される。第三に、垂直方向の直径の短縮が太陽を大きく見せることを示した独立的な証拠が存在しない。扁平化は、円形の角度的面積が減少すること（図5－7では約一六％に達する）を表し、それによって、水平方向の太陽をいっそう小さく見せることになるという方がもっともらしいと思う。ゆえにシャイナーの理論は、錯視の説明に、おおいに役だつと思えない。

大気の屈折は、これまでのところ、説明としてきわめて将来性があるわけではないことがわかったが、いくつか別の側面は言及に値する。そのうちのひとつは、太陽という円盤の不規則なゆがみに関わる。このゆがみは、太陽が上ったり沈んだりするときに、太陽の光線が通過することになる、温度差のある階層化された空気の層によって生じる。冷たい空気の屈折率は暖かい空気よりも高いので、円盤のさまざまな箇所が異なる影響を受け、形の不規則な変化がもたらされる。サミュエル・ダン（一七六二）の記述は、このような記述の初期のものである。

日の入りのとき、太陽の垂直の縁に沿って、つまり太陽の下縁から上縁に沿って、突起や窪みが滑ったり動いたりして消えるところがあって、ときには、ほんのしばらくのあいだ太陽の上縁の一部が、円盤から分離したかのように見える。太陽が上るとき、私は、上で述べたように、この突起・窪み・薄片をよく目撃した。しかし、この運動の違いをともないながら、日の出のとき、この突起・窪み・薄片は、はじめは太陽の上縁に生じるように見え、そして下縁にかけて滑り移動するように見える。また、これとおなじことであるが、日の出や日の入りのときに、この突起・窪み・薄片は、いつもおなじ等高度線を保っているように見える。……これらの突起や窪みから……私は、水平方向に横たわる、屈折力の異なる大気の層が、その原因に違いないと結論することができた。

もっとあとになってヘニング（一九一九）は、これらの見え姿に立ち戻り、それをかなり詳細に記述した。彼は屈折理論の復興を望んでいなかったが、これらのゆがみが、ささやかながら太陽の錯視に寄与しているかもしれないと考えた。彼は、数人の観察者から、ゆがんだ日の出や日の入りのスケッチを手に入れた。この観察者たちは、このゆがみによって、太陽がいっそう大きく見えると報告した。そのいくつかの例を図5－9に示す。スケッチ（b）では、

図5-10　日没がとても大きく知覚されることがある．これには二つの理由がある．1.目に見える上縁が，屈折によって扁平になる．2.幾何学的湾曲錯視によって，曲線の小さな部分のみしか見えていないとき，その曲線が平らに見える傾向がある．

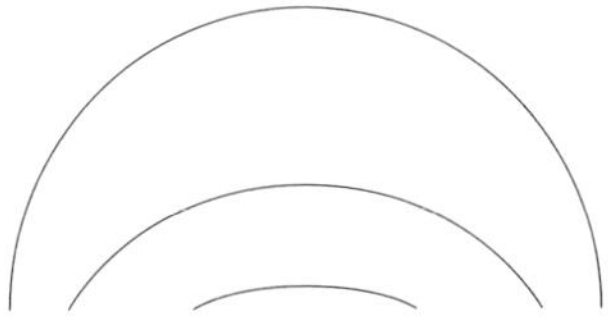

図5-11　湾曲錯視．すべての円弧は，おなじ円の一部であるが，短い弧であるほど，大きい曲率半径をもつように見える．

分裂した円が、部分的に不明瞭な、やや大きい円盤として知覚されうるだろう。いっぽう（c）では、太陽の垂直次元が、そのゆがみによって、一瞬のあいだ適度に拡大する。類似の効果は、もちろん地上の対象が蜃気楼の形をとって現れたときに観察されうるだろう[43]。

これらの描画はすべて、太陽が、地平線の上に、ほんの部分的に突き出たときのものであり、そのこと自体が、知覚された拡大の原因となる布置を導入する。たとえば、スケッチ（d）では、太陽の上端が平らになっていると、図5－10に例証するように、大きな円盤が背後にあり、その小さな一部のみが見えているという印象がつくられる。この考えは、ずっと最近になって、ソールカーとオーバッハ（一九六九）によって取りあげられ、ときにそれが錯視に寄与しうる要因とみなされた。彼らは、ここには錯視を生じさせる二つの機構が内在していると論じた。ひとつは、円盤の上縁が、屈折によって扁平化することである。二つ目は、湾曲錯視が果たす役割、つまり小さい円弧ほど曲率が小さく見えるので、大きな円の一部として判断されることである[44]（図5－11）。太陽が地平線に沈むとき、この二機構が、上縁をますます扁平化させる。このようにして、太陽が見えなくなっていくときに、たぶん太陽の知覚された拡大が増大する。

この錯視の部分的な説明は、明解かつ説得的であるが、この応用には限界がある。この考え方は、通常の事例のように、太陽の全体の円盤が見えているときには適用できない。それに星座の知覚された拡大を説明することができない。いまでは、屈折は、天体錯視における重要な寄与的要因から除外される。つぎの章では、明るさ、色、対比の変化のような他の大気の効果に立ちかえる。

(7)　まとめ

今日のおおくの人びとは、なお水平方向の拡大が実在するものであり、大気の屈折によってそれが生じているとみなしている。この誤った説明は、大気の蒸気に関するアリストテレスの原初的考え方から発展した（前五世紀）。屈折理論は、プトレミー（二世紀）、クレオメデス（三世紀ごろ）、イブン・アル＝ハイサム（一一世紀）によって洗練された。彼らは、天体錯視を、水を通して見られる対象の拡大になぞらえた。おおくの初期の著者たちは、屈折と、蒸気すなわち大気遠近とを混合した。一六、一七世紀になって、屈折の正確な知識が有効になったが、屈折理論は徐々に棄てられて蒸気理論が復活した。水や望遠鏡を通して得られる光学的拡大は、光学的理論によって予測される規模の知覚的拡大をつくりださない。屈折は、地平線上の太陽や月の形のゆがみを説明するが、その拡大を説明しない。

第六章　空気遠近

前章では、科学者たちが、水平方向の拡大に関する大気屈折説——まだおおぜいの人が信じているが——を、どのようにして最終的に棄却したかを述べた。この永続的信念に賛成するひとつの理由は、丘や他の遠くの対象に霧がかかった日に、拡大して見えるというありふれた体験かもしれない。さらに大気の状態によっては、月が空高くにあるときでさえ、たいそう大きく見え、人びとは、たがいに「今夜の月は大きく見えないかい」と言いあう。もし屈折が原因でないなら、大気の他の状況が原因であるに違いない。明るさ、色、対比が関連している可能性がある。それらは、しばしば「空気遠近」や「大気遠近」という名称で曖昧に分類される。しかし、それらを明らかにするためには、現代の専門用語のいくつかを定義する必要がある。

大きさについて最初に議論したとき、物理的定義と知覚的定義のあいだを注意ぶかく区別した。おなじように、明るさや色のようなことばにも注意が必要である。大きさの用語について、これまで心理学者のあいだにほとんど統一された見解がなかったが、測光学と測色学に関しては、視覚科学者の意見は一致している。**照度**は面を照射する光エネルギーの強度である。**輝度**は面の単位面積あたりに反射される光あるいは放射される光の強度である。**明るさ**あるいは**白さ**は、輝度の主観的知覚である。色や彩度は、物理的には**波長**として、すなわち電磁波スペクトルの視覚部分の中の位置として定義され、短波長は青に、長波長は赤に対応する。明るさと色の主観的知覚は、反射された光の物理的測度に常には対応せず、むしろ対象の面の特徴に対応する。観察者は、照明の変化にかかわらず、対象の反射面の定常的性質を知覚し、かなりの明るさの恒常性と色の恒常性を示す。初期の著者たちは、これらのすべてを区別しなかった。しばしば「明るさ」と「色」は物理量と主観的測度の両方を含み、また「色」は明るさとしても使われたことがあった。これらの不正確な使用は、われわれが引用する初期の文献の中にも認められる。われわれも、測定されたものや意図されたものが不明確なときには、一般的な方法にしたがって、これらのことばを使う。

（1）空気遠近の物理学

地球の大気は、空気の分子、他の小さい粒子、大気を通過しながら光を拡散吸収する水滴からできているために、完全に透明ではない。これはいくつかの点で、遠くにある対象の見え姿に影響する。そのうちもっとも重要なことは、観察距離にともなって、対象とその背景のあいだの対比が減少することである。対比の減少は、輝度と色の両方に対して生じる。遠くの対象はかすかに見え、それらを区別することは困難である。さらに対比の消失によって、絶対輝度と色も変化する。対象が遠ざかると、それは、通常、遠く明るく青っぽくなる。はじめに対比効果を論じ、この章のあとで絶対的輝度と波長について考察する。

大気を通した可視性が理解されるようになったのは、屈折の理解よりもずっと最近のことである。ブーゲは、一八世紀に、さまざまな仰角において、月の輝度が大気によって減少することを測定し、それにもとづいて最初の量的理論を展開した。(1) 正確な測定方法が可能となる二〇世紀には、さらに正確な理論が開発された。今では、対比が減少するのは、遠くにある対象からの像を形成する光の一部が、吸収され散乱されると同時に、別の光が観察者の方向に散乱して、それが光景全体に「空気の光」を付け加えるからであるとされている。後者の効果の方が重要であり、遠くの対象が、背景となる空とおなじ色と輝度を帯びるようになる。(2) 背景の空は、透き通った大気のときには青であるが、工業スモックでは黄色、またきれいな霧では白である。対象が見えるためには、背景とのあいだに輝度対比あるいは色対比がなければならないが、輝度対比の方がずっと効果的である。空の背景と黒い視標のあいだの輝度対比は、視標までの距離が増加すると指数関数的に（はじめは急速に、それからゆっくりと）減少する。対比が二％にまで減少したときの距離は、視覚範囲として知られる。大気の可視性によって視覚範囲は異なるが、その関数型を図6－1に示す。

知覚された距離に及ぼす空気遠近の効果に関して、実験的研究が行われるようになったのは、かなり最近のことである。輝度対比に及ぼす観察距離の効果が系統的にわかるようになったので、背景との対比が低い対象は、対比が高い対象よりも、いっそう遠くに見えると予測される。これは対比を測定した実験によって確証されてきた(3)。

(2) 初期の文献にみられる空気遠近

空気遠近は、はるか昔から気づかれていた明白な現象であり、風景画家は、空気遠近を模倣することによって、しばしば距離を写実的に表現する。プトレミー（二世紀）は、これによく気づいていた。すなわち、「したがって、壁画家は、弱くてたいへん薄い色を使って、遠くに物があるようにして、表現したいものを表現した(4)」。レオナルド・ダ・ビンチ（一四五二－一五一九）は「空気遠近」ということばを導入したといわれる(5)。たしかに、彼は『手稿』の中でその話題を論じた。「私が空気的とよぶ種類の遠近がある。なぜなら大気の違いによって、さまざまな距離が区別できるからである。……距離があるゆえに、部分や輪郭の知覚が欠ける(6)」。

空気遠近は、知覚された距離に加えて、しばしば知覚された大きさにその効果が及ぶといわれる。プトレミーと同時代の人であり、アレキサンドリアの特別市民であった、生理学者ガレンは、色はさまざまな距離にある対象の空間関係を示し、大きさは色から判断されると主張した。すなわち「視覚は、まさに空気を通り抜けて、色のついた対象にまで伸びる。大きさと形の認知は、対象の色のみに

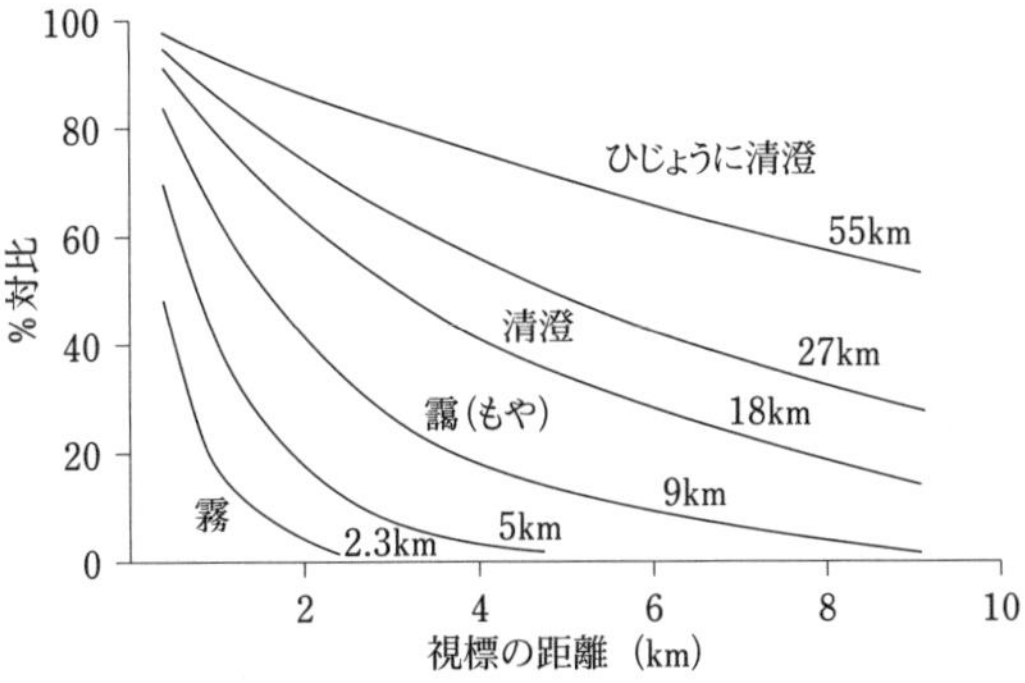

図6-1　さまざまな大気条件のもと，空を背景にして観察された黒い対象に対する，観察距離にともなう輝度対比の縮減．視覚範囲とは，対比が2%に落ちたときの距離のことである（Fry, Bridgman, & Ellerblock, 1949 より）（訳注　輝度対比＝$(l_T - l_B)/l_B$，ただし，l_T＝対象の輝度，L_B＝背景（空）の輝度）．

もとづいて行われる。他の感覚知覚は、触知覚を偶発的例外として、この機能を遂行することができない」[7]。この主題は、のちに、アレキサンドリアに住みそれからローマに住んだプロティノス（二〇五－二七〇ころ）によって語られた。彼は、色のかすかさと遠対象の小さい知覚された大きさのあいだに相関があることに気づいたが、前者が後者の原因であるとは考えなかった。

あるいは、ふたたび、大きさは、色の観察から偶然に（推理として）分かるようになるだろう。対象が手元にあるときには、空間が、その色によってどれくらい覆われているかがわかるが、対象が遠くにあるときには、何かに色がついているくらいのことしかわからない。なぜなら、その諸部分は、量的には区別ができるが、その量の正確な知識を与えることはなく、色それ自体が、ぼんやりとした印象でしか伝わってこない。

しかし、遠くから観察された色は、弱よわしいが、その色は物の質量のように小さくならない。

じっさい縮減という共通の事実がある。色が縮減すると、それは弱よわしくなり、大きさが縮減すると、それは小さくなる。大きさは、色にしたがい、色とともにだんだんと縮減する。[8]

プロティノスは、距離にともなって知覚された大きさが縮減することに関心があり、この縮減は、角度的大きさの減少とは別の何かによるに違いないと考えた。すなわち、彼が好んだ説明は、（第三章で述べられた）詳細な相対的大きさの尺度が欠けるからというものだった。しかし、ほとんどの他の著者は、角度的大きさに比べて知覚された大きさが拡大することを説明するために、空気遠近を用いてきた。

（3）空気遠近と大きさ－距離の不変性

これから示すように、霧の状況では、対象が大きく見えるというたくさんの報告がある。しかし、それに与えられた理由は、天体錯視の理由とおなじように議論をよぶ。古典的な大きさ－距離の不変性では、知覚された直線的大きさは、（輝度対比が減少するのにともなって増大する）知覚された距離とともに、規則的に増加することが予測される。クレオメデス（三世紀ごろ）は、（第五章で述べた）彼自身の屈折説とこの種の説を明確に区別していなかったが、彼は、太陽の錯視に対してこの種の説明を与えた。つぎの引用では、クレオメデスは、角度的大きさの変化ではなく、知覚された距離の変化をおもな説明としている。

しかし、私たちには、太陽までの距離は変化して見える。太陽が頂点に達したとき、もっとも近づき、また日の出と日の入のときに、もっとも遠くに見え、そしてもっとも高い山の頂から見たときには、さらに遠くに見える。太陽が近くに見えるときには、いつでも、それは、とても小さく見える。また、その距離が大きく見えるときは、いつでも、その大きさは大きく見える。空気の性質が、そのようなものすべての原因である。じっさい多湿で濃い空気を通して太陽を見たとき、太陽は、大きくて遠くに見える。純粋な空気を通して見たとき、太陽は、小さくて近くに見える。それゆえに、ポセイドニオスは、もしわれわれが（リュンケウスの神話が物語るように）固い壁や他の物体を通して見ることができるならば、太陽はさらに大きく見え、これらの対象を通して見たとき、太陽は、もっと遠い距離に位置するだろうと語った。(9)

クレオメデスは、知覚された距離にもとづいた説がポセイドニオスの発案であるとし、リュンケウスに関するポセイドニオスの滑稽な例を挙げている。ギリシャ神話では、リュンケウスは、見張り番として活躍する、イアソンのアルゴ探検隊の一人である（訳注　古代テッサリアの王子イアソンが、乗っ取られた王国を取り戻そうとして、ギリシャの勇者たちを選抜して、大型帆船アルゴ号で航海に出るという物語）。彼は、オオヤマネコのような鋭い目で、世評によれば、岩、木、地面を貫通して見ることができたそうである。それで、今みたいに、人をくったような話が教材として使われた。

プトレミーは、空気遠近について、これに似た説明を与えた（しかし、クレオメデスとは違って、天体錯視を説明するために空気遠近を用いなかった）。

おなじ錯視は、また色の違いから生じる。なぜなら、薄暗い対象は遠くに見え、それゆえに、すぐに大きいと仮定される。これは、現実にある対象に生じていることである。すなわち、おなじ視角を張っている対象を観察しているときには、そのうちのいくつかの対象は遠距離にある。[10]

レオナルド・ダ・ビンチは、空気遠近が太陽の錯視を説明すると信じていたようである。彼は、太陽の錯視が、屈折によって生じることを否定し、「なぜなら、霧を通して観察された対象は、遠くにある対象と色が似ているが、その対象は、おなじ縮減過程を被らないので、その大きさが大きく見える[11]」と付け加えた。レオナルドが、空気遠近による大きさの拡大が、大きさ‐距離の不変性の一例あるいは相対的大きさもしくは期待された大きさの一例と考えたかどうかは、この一節からは不明である。

後世のおおくの著者は、天体錯視を説明するために、古典的な大きさ‐距離の不変性に戻った。たとえば、ル・キャット（一七四四）は、「地平線にかかる霧によっても月は不鮮明に見えることとなり、月までの距離が二倍になったかのようである。このおなじ霧は、月の網膜像の大きさを減らさない。そして、私の心は、この惑星の実際の大きさの概念をもたないので、それを二倍の大きさに判断する[12]」と記した。

おなじくトーマス・リードは、一八六四年に、濃霧の中では七〇～八〇ヤードのところにいるカモメを、半マイルのところにいる馬上の男と見まちがえるだろうと記している[13]。バーネット（一七七三、三〇‐三一頁）は、このことを詳しく説明した。

このこと（大きさ－距離の不変性）の別の証拠は、われわれが、霧を通して物を見ているときのように、距離に関してだまされるときに得られる。というのも、網膜像が薄暗いことから、われわれは、対象がかなりの距離にあると推定する。そして、この推定された距離から、網膜像の大きさと比較されて、対象が実際よりもずっと大きいと結論づける。こうして霧を通して観察された犬は、馬とおなじくらいに大きく見え、また普通の大人が、巨人のように見える。

この一般的見解は、一九世紀の中ごろ、深い霧に関するロンドンの日刊新聞の記事によって、よく例証される。その霧は「街の中心でも郊外でも、この上もなく不透明であった。通りの向こう側を、はっきりと見通すことができなかった[14]」くらいである。その記事は、大きさの知覚に及ぼす霧の効果を、つぎのように述べている。

テムズ川の上では、陸上のように、霧によって遠くの対象が大きくなるという傾向が、ひときわ際だって例証される。最小の船が近づいてくると、それは、通常の大きさの三倍にまで拡大されるようだった。セントポール大聖堂もロンドン大火記念塔も、家の高さを超えて大きく見えることはないが、それでもセントポール大聖堂には、霧を通して見ると、巨大な効果が得られた。この光学的錯視は、対象の明るさを減じる霧によってもたらされるといわれ、しばしば距離が大きくなると示唆される。視角がおなじなので、距離が大きいほど実際の大きさが大きくなる。

ヘルムホルツ[15]と他のおおぜいの著者は、靄《もや》ごしに見える月は、いっそう遠くかつ大きく見えると述べた。彼らは、空気遠近が、少なくとも月の錯視に寄与する原因であり、知覚された距離が増加することによって、その効果が現れるという見解をとった。

(4) 大きさ－距離の不変性に反対する人びと

これに反対する人びとがいた。イブン・アル＝ハイサム（一〇四〇年ころの文献）は、この問題について不明確であり、空気遠近のいくつかの可能な要素を交絡させていた。彼は、霧の中の知覚された距離は、地面の手がかりが欠けているために不確実であり、誇張されることも縮減されることもありうるとした。霧は、（もし目が希薄な媒体の中にあるならば）屈折を通して対象を拡大させ、対象を近くに見えさせることもありうると考えた。

霧やほこりを通して観察される対象の距離の大きさを、視覚によって確かめることはできない……とくに、もし目が希薄な空気の中にあり、対象が霧やほこりの中にある場合にはそうである。視覚は、対象が実際は近くにあるときに、それが遠くにあると信じるかもしれない。あるいは、視覚は、山や丘の場合のように、目に見える対象が実際は遠くにあるとき、それが近くにあると思うかもしれない。……それは形が大きいからである。というのは、視覚が大きいものを知覚するとき、それがたんに近くにあるために、目の近くの介在する地面を正しく知覚することができなくなるからである。……今もし目に見える対象が霧やほこりの中にあり、目が希薄な空気の中にあるならば、視覚は、水中の対象を知覚するのとおなじように、対象の大きさを実際よりも大きく知覚するだろう。(16)

霧の中の知覚された距離について、ことばを濁してきた人もいる。たとえば、アボット（一八六四、四三頁）は、つぎのように記した。「私は、明るさは見かけの距離の増加と連合し、暗さは見かけの距離の減少と連合することが見出されると信じる……。霧がたいそう深いとき、山の見かけの大きさは増加し、遠くに見えるのではなく、近くに見え、ときには、ほとんど覆い隠すくらいに迫ってくる」。この説明は、想定された実際の角度的大きさの拡大を思い出させ、アボットの同時代の人であるブリュワー尊師によって論ぜられたように（第五章）、おそらくアリストテレスの「大気の蒸気」に似ている。

図6-2　よく晴れた日の条件（左）と霧のかかった条件（右）において，さまざまな大きさの白い円盤を，さまざまな距離に提示した実験の写真．ロス（1967）より．（写真はヘレン・ロスによる）．

もう一人の反対者はマイヤーズ（一九一一、二八二－二八三頁）である。彼はつぎのように記した。「しかし、この（大きさ－距離の不変性）説は、じつに不十分である。霧の向こうに見えるなじみのある対象の大きさは誇張されるため、その対象は、実際よりも、遠くではなく近づいて見える」。しかし、マイヤーズは、網膜像の大きさが拡大するというような示唆をしたことは一度もなかった。彼は、知覚された大きさを決定するのは、無意識的に遠くの距離が記銘されるからであるという考えを提唱することによって、大きさ－距離の不変性を救い続けた。われわれは、この考えを「遠い－大きい－近い仮説」として第九章でさらに詳しく述べる。

イブン・アル＝ハイサムが行った示唆のいくつかに似ているが、もうひとつの異説の根源にあるものは、霧の中では対象が近接出現するという報告である。対象は、霧の中では「ぼんやりと大きく見える」と記されることがある。すなわち、とても深い霧の条件では、対象は、かなり近づくまで見ることはできず、そういうときには、観察者が対象に近づいていくと、その角度的大きさは急速に大きくなる。霧によって、ふつうなら大きさと距離の尺度化を助けることになる、地上の手がかりが見えにくくなっている。その結果、角度的大きさを増やすことが、距離の近さに対する強制的な手がかりになる[17]。この考えは、ハーシェンソン（一九八二、一九八九a）によって展開された月の錯視の説明である「接迫－膨張」と似ている。これは第一〇章で述べる。膨張の現象は、対象と観察者のあいだの距離が減少しつつあるとき、霧の中の対象の知覚された近さを説明するのに役だつかもしれない。しかし、静止した観察条件や、月のようにひじょうに遠くにある対象には関係しない[18]。

空気遠近において古典的な大きさ－距離の不変性を検証した実験の証拠はわずか

しかないと思う(19)。屋外の実験では、ロス（一九六七、一九七五）が、霧の深い日に六人、よく晴れた天気の日に一九人を観察者に用いた。観察者たちは、さまざまな白い円盤までの距離と円盤の直径の大きさを、数を用いて推定した（図6－2）。霧の中では、円盤の直径は、よく晴れた天気と比較して、平均一・二倍、距離は一・八倍に、それぞれ過大に推定された。それぞれの距離において、大きさの過大推定と距離の過大推定のあいだで相関を求めたところ弱い相関が得られた（図6－3）。この効果は、弱い形式の大きさ－距離の不変性を支持し、また静止した観察条件の霧の中では、対象が近くに見えるという考えに与しない。

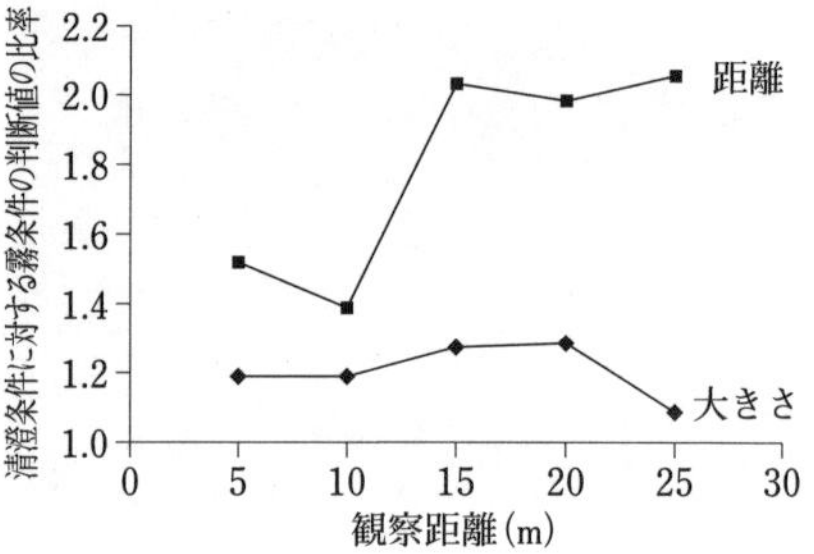

図6-3　清澄条件に比べて，霧条件における大きさと距離の過大評価．大きさの過大推定は，距離の過大推定よりもずっと小さかった．ロス（1967）のデータより．

実験的証拠や観察的証拠は、深い霧の中では、地上の対象が、大きく見えるという点で見解が一致した。しかし、すべてがそうではないが、ほとんどの報告は、対象が遠ざかって見えるという点でも一致した。知覚された大きさの拡大は、知覚された距離の拡大によって生じるのかどうか、あるいはこの二つは独立しているのかどうかは、はっきりしないままである。いま、われわれは、この問題について、バークリの見解に立ち戻ってみよう。

(5) 空気遠近に関するバークリの見解

大きさ－距離の不変性への根本的な反対者はジョージ・バークリ主教であり、彼は、「微弱」が、大きさと距離の両方に対して独立にはたらく、学習性の重要な手がかりであると考えた（一七〇九、五五－五八節）。バークリは、小さい対象が近くにあるときと、大きい対象が遠くにあるときは、角度的大きさがおなじになるから、角度的大きさだけでは不確かであると述べた。しかし、微弱は、大きさと距離の両方に対して、有効な手がかりになりうる。われわれは、経験によって、遠くの対象は近くの対象よりも弱よわしく見え、遠くの対象は、視角が示唆するものよりも大きくなることを知っている。もし二つの対象がおなじ角度的大きさをもつならば、弱よわしく見える対象は、いっそう遠くに、いっそう大きく見えるだろう。

大きさへの手がかりとしての微弱の考えは、バークリによって月の錯視に適用された。

さて、目と月のあいだにある大気の量は、月がもっとも高く上ったときよりも、水平方向に位置しているときに、はるかにおおい。そのため、水平方向の月の見え姿は弱よわしく、それゆえにその状況の月は、最高点に上った月あるいは地平線よりも上にあるどのような月よりも、大きく見えると考えられるということが起こる（六八節）。

バークリは、自分の理論が、月の錯視の変動性も説明すると感じた。

さらに、空気は、光線を反射させたり遮断したりするのに適した蒸気と発散物を、多かれ少なかれ伴いながら、さまざまに浸透してくるので、水平方向の月の見え姿は、いつもおなじように弱よわしく見えるわけではない。その結果として、おなじ状況でも、天体の大きさは、さまざまに判断される（六九節）。

これに加えて、ふつうに観察されることであるが、霧の出た気象条件では、水平方向の月の見え姿が、いつもよりはるかに大きく見える。それは、私たちの見解に一致し、それを強める（七一節）。

月の錯視に関するバークリの説は、彼の視覚理論の重要な部分を形成した。その理論に助けられて、人びとの考え方が、幾何光学から離れて、知覚の経験論的研究へと移行していった。しかし空気遠近による月の錯視の説明は、ほどほどの支持しか得られなかった。その理由のひとつは、その当時、月と観察者のあいだに介在する対象と、月までの知覚された距離とを取り込んだ対抗的理論がしっかりと確立していたからである（第九章）。それゆえに、空気遠近は、月に錯視を起こすいくつか可能な原因のひとつとみなされるようになり、おもに錯視の変動に寄与すると考えられた。このことは、後世の著者たちによって述べられているところである。[20] この理論の強い支持者のひとりが、数学者オイラーだった。彼は、一七六二年の自身の手紙の中で、このことをたいそう詳しく説明した。[21]

(6) バークリの説明に対する批判

バークリの空気遠近説に対するはじめのころの批判者は、ロバート・スミスだった。彼は、知覚された距離による説明を支持した。彼は自著『完全な光学系』（一七三八）の中でいくつかの異議を唱えた。彼は、月があまり明るくないときに、それは大きく見えるはずであるが、そのようには見えないことを指摘した。たとえば、月は、夜間よりも昼間の方が明るさの対比が低い。月は、おなじ角度的大きさをもつ太陽よりも輝いていない。そして、日食や月食によって、天体が暗くなったときに、その大きさが増大しない。おなじようなことが、他の著者[22]によっても指摘された。しかし批評家たちは、もし微弱と拡大が先行経験によって連合していれば微弱が拡大のための唯一の手がかりであるとするバークリの説をしばしば正しく評価していなかった。微弱であれば、何でもそのようになるわけではないだろう。

微弱であれば何でも、物が大きいことを示唆するのではない。この二つのあいだに必然的な結合はなく、経験的な結合だけがあればよい。したがって、微弱によって見え姿が拡大されるには、かつて大きなものを見たときに微弱がともなって観察されたのと同じような状態と同じような状況において、微弱が適用されなければならない。[23]

バークリが意図している意味はかなり明晰であるが、彼の「微弱」ということばの使い方が誤解を招いた。とりわけ、微弱ということばが、輝度対比と絶対輝度のあいだに混同を導いた。この二つは互いに独立に変化し、知覚された大きさに対して反対の効果をもちうる。明るい太陽と暗い月食に関するスミスの観察は、おそらく絶対輝度の効果によって説明される。

スミスは、フィレーネ（一八九四）のように、空気遠近では星座の水平線方向の拡大を説明することができないと論じた。すなわち、両者は、（証拠なしで）星座の知覚された大きさは、個々の星の明るさによって影響されないと論じた。フィレーネは、星座の錯視には、何か別の原因がありうると考えたが、彼は、当然のことであるが、密接に関係すると思えるいろいろな天体錯視を別べつに説明することをためらった。しかし、（第一章で述べたように）星座の錯視は、太陽や月の錯視よりも小さく、空気遠近の役割が小さいことが、その理由のひとつになりえるだろう。

また、フィレーネは、太陽と月の錯視における空気遠近の役割を疑問視した。彼は、暗い空を背景にして見える明るい対象には、空気遠近が適用されないだろうと考えた。じっさい太陽が、霧の中では、しばしば小さく見えることを見出した。じじつ明るい太陽と明るい月が、深い霧ごしに小さく見えるのは、よくある観察である。そして、これは、空気遠近の役割に反する、いまいましい証拠に見えるだろう[24]。しかし、スミスの暗い月食の観察のように、その効果は、絶対輝度の縮減によって説明することができる。はじめに述べたように、手もちの証拠は、たしかに、地上の発光していない対象の大きさと距離の知覚に深い霧が役だつことを支持している。しかし、発光している対象あるいは天体を用いて類似の実験が行われたことはない。われわれは、大気に靄《もや》がかかったときに錯視が強められるとする、数人の著者たちの質的な印象しか持ち合わせていない。月の錯視における空気遠近の効果を確かめるためには、明らかに体系的実験を行う必要がある。

いままで空気遠近のおもな側面、すなわち観察距離が増加すると**対比**が減少するということについて論じてきた。薄い靄は天体錯視に寄与するかもしれないが、濃い霧は寄与しないと結論しなければならない。しかし、靄はまた、**知覚された明るさと色**の変化に連合し、このどちらかが錯視に寄与するかもしれない。この可能性について、この章の残りで検討してみよう。

(7) 明るさの変化

対象の見かけの明るさは、それ自体の輝度が変化しても、背景の輝度が変化しても変わる。背景の輝度が対比効果をつくり、対象は、暗い背景に対して明るく見え、明るい背景に対して暗く見える。このため、月は、夜よりも昼にずっと暗く見える。それは、明るい空を背景にして観察されるからである。対象の輝度に関しては、大気を通して観察する昼間では、二つの相反する要因がはたらく。すなわち、ひとつは、光の吸収や拡散によって、網膜像を形成する光が失われる、もうひとつは、光の散乱によって「空気の光」が付け加わる。その結果、大気が厚くなればなるほど、大気ごしに観察される明るい対象は暗くなり、暗い対象は明るくなる。天体は明るいので、天体は、昼でも夜でも地平線の近くでは暗くなる。くわえて、背景となる空は、地平線の近くではいっそう明るく、天体が空の低い位置にあるときには、対比効果によって、天体の見かけの明るさがいっそう減じられる。

見かけの大きさと距離に及ぼす明るさの効果に関して、論文は混乱している。そして、しばしば、関連する変数が、絶対輝度なのか輝度対比なのかが不明である。**霧のある条件**では、空気遠近によって、発光しない対象では高い対比のものよりも低い対比のものの方が、いっそう大きく、そしてふつうは遠くに見えると述べてきた。**状況によっては**、暗い対象が、明るい対象よりも、小さく遠くに見えるという、反対の観察をこれから論じる。この規則は、晴れた条件において観察されるすべての対象と、霧の中にあって発光している対象とにあてはまりそうである。

(8) 明るさの効果の観察と説明

明るさの効果に関する観察は、論文の中に散在している。むかしの説明は素朴であり、観察はよく矛盾していた。白い対象が拡張することはプラトンによって記され、彼は、これを流入してくる大きい粒子によって、視光線が拡散されることに帰した(25)。プトレミーは、視光線がこのようにして拡散されることを否定し、明るい対象が大きく見えることも否定した。彼は「空の目に見える部分は、それゆえに、夜よりも昼に大きく見えるべきだ。しかし、この種のことは起こらないようだ[26]」と記した。イブン・アル＝ハイサム[27]は、白い対象は、暗い対象よりもくっきりして近くに見えると述べたが、知覚された大きさについては見解を示さなかった。レオナルド・ダ・ビンチは、輝度対比による大きさの効果を報告した。すなわち、明るい背景の上にある暗い対象は、いつもよりも小さく見え、暗い背景の上にある明るい対象は、いつもよりも大きく見える[28]。この錯視は、古代のギリシャ人に知られていたようである[29]。これを図6－4に示す。

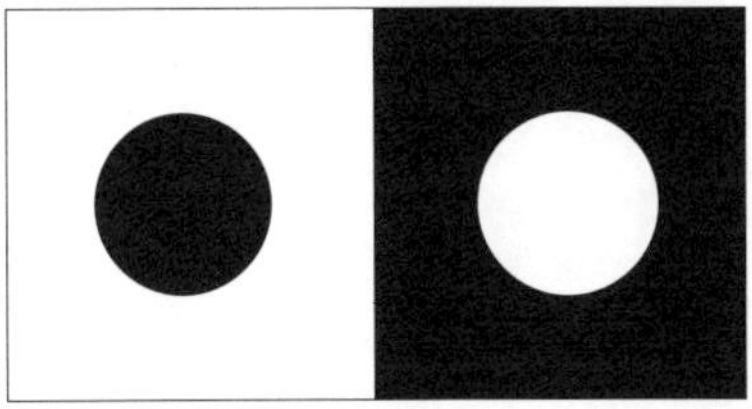

図6-4　黒い背景の上ある白い円は，白い背景の上に黒い円より大きく見える．

近代の説明は一七世紀に現れはじめた。デカルトは、明るい対象は、暗い対象よりも近くて大きく見えると記した[30]。彼は、距離の効果は、瞳孔の大きさと網膜像の明瞭性と距離のあいだの連合によるが、大きさの効果は、部分的に、実効的網膜像の大きさが増加することによると論じた。

> なぜ対象が近くに見えるかといえば、対象の光の力を避けようとして瞳孔が収縮する運動が、近対象をはっきりと見るために目全体を配置する力（それによって距離が判断される）と結合しているので、一方がある程度生じると、他方も生じるのである。……そして、これらの白い対象や輝いている対象がなぜ大きく見えるかといえば、私たちが物の大きさに関して行う推定が、距離の推定に依存するという事実にあるだけでなく、対象が眼底においていっそう大きい像を刻印づけるという事実にもある[31]。

デカルト[32]は、上で引用した「いっそう大きい像」を、明るい光に対する網膜反応の増加によって説明した。すなわち、彼は、目の奥底にある神経終末は、輝かない刺激よりも、輝く刺激に反応すると主張した。一九世紀になると、この説は、光滲として知られ、明るい網膜像は物理的に大きくなるとされた。この考えは、よくヘルムホルツの名前と結びつけられるけれども、プラトー[33]が彼に先んじていた。ヘルムホルツは、光滲が網膜像の中において、ぼやけた円によって引き起こされると信じ、その効果はレンズの調節が不適切なほど増加するとした。したがって、暗い背景の上の明るい対象は、明るい背景の上よりも、わずかに拡張して大きく見える傾向がある。おなじように、明るい面の上の暗い対象は、明るい周囲によって浸食され、よって小さく見える。しかし、今日の研究者は、光滲の小さい効果が、輝度の変化と連合した知覚された大きさと距離の変動を説明しうるのかどうか懐疑的である。[34]

もうひとつの説明は、輝度の増加と網膜像の大きさの拡大と距離の減少とのあいだに、ある学習された連合があるとする。なぜそうなるのかは不明である。たしかに、大気減光（訳注　地球の大気による吸収や散乱のために天体からの光の強度が減少すること）によって、遠くの対象の輝度対比は減少するが、暗い対象は、昼間の遠方では、実際には明るくなる。しかし、澄んだ大気の中では、短い距離ですら距離が近くなるほど、明るい対象は、いっそう明るく見える。脳が網膜像の全輝度を加算し、結果として、たとえ単位立方角あたりの光量が距離に影響されないとしても、網膜面積を大きく覆う対象ほど明るく見える。[35] すると、物理的あるいは見かけの明るさが増加すると、大きさが拡大された印象と、近い距離の印象とが生じるという議論にならなければならないだろう。これは不満足な議論である。なぜなら、期待に外れて、ふつうは対比効果（すなわち期待に反する出来事）が生じる。（訳注　明るい対象を見ると、その大きさが大きく見えると期待するが、実際には大きく見えることはなく、期待との対比によって、その対象が小さく見える――ロスからの私信）

他の著者たちは、研究室での実験では、大きさと距離の効果の一方あるいは両方があることを報告してきた。[36] エームズ（一九四六）は、背景の輝度を変えることによって、光の円盤の見かけの明るさを変えた。背景を暗くしていくと対比が高まり、円盤は明るく見える。対比が増加して円盤が明るく見えるとき、円盤は拡大し近づく。対比が減少して円盤が暗く見えるとき、円盤は小さくなり遠ざかる。このような発見は、一定の角度的大きさをもつ対象は、もしそれが近くに見えるならば、小さく見えることを要請する、古典的な大きさ‐距離の不変性に反する。別の説明では、見かけの明るさが高まると、知覚された角度的大きさが増加し、この大きさが、距離の近さに対する手がかりとして機能すると考える。輝度が増加すると、角度的大きさの照合が、少なくて四％（Robinson, 1954）、おおくて五九

％（Holway & Boring, 1940c）の範囲で増加すると報告されてきた。著者のあいだの不一致は、数名の観察者しか用いていないこと、用いた輝度のレベルが異なっていたこと、その他の手続きの違いから生じたのだろう。

(9) 明るさと月の錯視

月は不規則な面をもつ暗い岩からでき、約七％の低い反射率をもつ。月は、おもに太陽からの光を月が反射することによって見える。太陽のおかげで、月は、暗い空を背景にして、銀色に輝いて見える[37]。しかし、地球からの散乱光によって、新月の三日月の中に、かすかに古い月が現れることがある。地域によっては、この現象は、中世のパトリック・スペンス卿のバラードのように、悪天候の前兆[38]と考えられてきた。

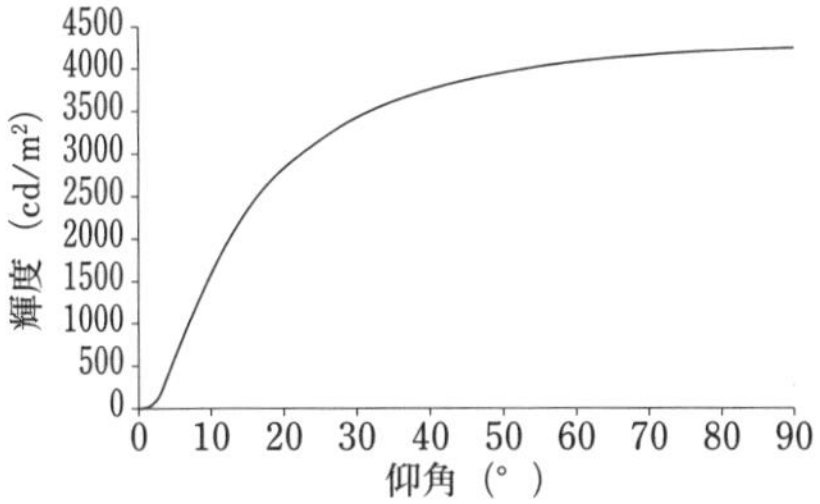

図6-5　大気減光．澄んだ空における満月の輝度は，さまざまな仰角において減少する．コンラッド（2000）より．

昨晩、新月が現れた
月の腕の中に古い月がある
親方《マスター》、海に行くなら
災いが降りますぜ[39]

月の明るさは、いくつかの理由によって変化する。数値的にも月の錯視研究にとっても、もっとも重要なことは、大気減光である。地平線の近くの月の輝度は、地球の大気によって、仰角六〇度の輝度と比較して一〇～二〇倍に減じられ、もっと大きい仰角と比較すると、さらに減じられる[40]。澄んだ天気に現れた満月が、仰角にともなって典型的に変化する輝度値を図6－5に示す。輝度対比のために、明るさの見かけの変化は、夜には、これよりもさらに大きくなる。明るく高い月は暗い空を背景にして、そして暗い低い月は明るい空を背景にして観察される。昼間の空との対比は、それほど大きくなく、その月は夜よりも青白く見える。

月の満ち欠けは、その明るさに影響する二番目に大きい要因である。[41] 反射率でいえば、満月のときの一五%から、翌日には約八%に減り、そして半月のときにはたった二%となる。[42] よって、月の満ち欠けにともなう輝度の変化は、満月の近くでもっとも劇的である。この変化は、月の表面が不規則であり、山がおおくの光を反射しないゆえに生じるところがある。すなわち、月の中央部は、われわれに直接面しているので、おおくの光を地球に反射する。満月は半月より一〇倍ほど明るいが、これは、照らされている面積が広いことにもよるが、おもに月が太陽に正対していることによる。[43]

一〇〜三〇%の明るさの変化は、別の理由によっても生じうる。[44] しかし、月が単独で観察され、その月が、別の機会において記憶された月の明るさと比較されなければならないとき、そのような変化は明白でない。しかし、一〇倍あるいはそれ以上の変化が、数時間あるいは数日以上続いているときには、じつに人目を引く。雲が、太陽や月の上を通り過ぎていくときのように、変化が急激に生じるときには、それに容易に気づく。雲か霧の移動を観察する機会が与えられたとき、太陽は暗いときに縮小し、明るいときに拡張する。著者のひとりであるロスと別のひとりの観察者は、太陽の直径が、この条件では四%まで変化して見え、拡張していく太陽が、拡張していく風船のように、わずかに近づいて見えると推定した。一六世紀の天文学者ティコ・ブラーエは、月の輝度が、満ち欠けにともなって変化するとき、月の知覚された大きさについて論評した。すなわち、彼は、かすかに見える新月は、明るい満月よりも二〇%ほど小さい円盤として見えると推定した。[45] おなじように、明るい鎌状の部分は、かすかに見える下弦の月よりも、わずかに大きな円盤の一部分として見える。[46]

知覚された大きさに及ぼす月の明るさの効果に関するこの種の観察報告は、他の実験によって確認されてきた。ホールウェイとボーリング（一九四〇c）は、彼ら自身と別のひとりの観察者に、（三一メートルあるいは六一メートルの距離に位置し、暗やみの中で観察される）調節可能な円盤の角度的大きさを、おなじ距離にありおなじ輝度をもち異なる方向に観察される標準円盤の角度的大きさに一致させた。標準円の輝度が九九%にまで減じられたとき、その判断された直径は五〇%まで減少した。この著者たちは、単眼で観察された満月の直径は、両眼視と比較して、約一〇～二〇%まで減少して見えるという興味ぶかい記録を添えた。これは、単眼視にともなう見かけの明るさの減少に帰せられる変化である。

否定的な側面としては、カウフマンとロック（一九六二a）は、持ち運びのできる機器（図4－2）を使って、八人の観察者を検査し、水平方向の円盤の輝度を五〇%減少させても、月の錯視の大きさに顕著な効果が見出せなかった。錯視の比率は、通常の明るさの水平方向の円盤を用いたときには一・四一倍、それを暗くしたときには一・四〇倍だった。第二実験では、彼らは、天頂に両方の円盤を置いたが、ひとつは普通の昼間の空を背景にして観察され、もうひとつは偏光フィルターによって暗くなった空を背景にして観察された。後者の円盤は、対比によって、明るく見えた。一〇人の観察者のうち六人が、二円盤はおなじ大きさであると言い、四人は、明白に明るい円盤が大きく見えると言った。肯定的な発見が得られなかったのは、実際の明るさあるいは見かけの明るさが、じゅうぶんに大きく変化しなかったからかもしれない。輝度を九〇%以上減少させることが、地平の月に及ぼす大気の影響を模擬するために必要とされるだろう。

この種のもっとも徹底した研究が、ハミルトン（一九六六）によって着手された。カウフマンとロックの否定的な結果に留意しながら、彼はいっそう完全に彼らの実験を繰り返そうと決意した。この研究では、カウフマンとロックが用いたものに似た機器が用いられ、観察者は、人工の月がかなたの空に投影されて見えるように反射されたガラス板を観察した。観察者は、ひとつの円盤を水平方向に、もうひとつの円盤を仰角一五～九〇度に見て、二円盤がおなじ大きさに見えるまで円盤の直径を調整した。下の円盤に対する上の円盤の比率を錯視量とした。観察者が、おなじ仰角五〇度において、一方の円盤の輝度を他方よりもほんの五%だけ明るくして、二円盤を比較すると、明るい円盤は、直径が一三%大きく判断された。おなじ結果は、昼間と夜間の空を背景にしたときにも得られた。明るい円盤と暗い円盤が、異なる仰角で夜空を背景に観察されたとき、輝度が月の錯視の大きさに影響することがわかった。明るい円盤を水平方向に、暗い円盤を仰角五〇度に設置すると、錯視量は一・三六であった。しかし、明るい円盤を仰角五〇度に、暗い円盤を水平方向に設置すると、錯視量は一・二二だった。この実験では、ゆえに、輝度の効果が、位置の効果に加えられたり、それから減じられたりしている。しかし、自然な月の錯視では、上った月の見かけの明るさが、ふつうは、錯視の方向から減じられることになるだろう。ハミルトンは、また、輝度の対比が、絶対的輝度よりも重要であることに気づいた。すなわち、背景となる空の輝度が下がったとき、別のいい方をすれば、円盤が、輝度対比を通して、いっそう明るく見えたとき、錯視は増加したのである。まとめると、明るさの効果は、天体錯視の効果に拮抗する。その天体錯視は、地平線上において明るさの減少がなかったときに得られるものよりも七％ばかり小さくなるという結果をもたらす（訳注　明るい円盤を水平方向に設置し暗い円盤を仰角五〇度に設置したときの錯視量を三六％＝$P+L$とし（ただし、Pは位置の効果、Lは明るさの効果）、暗い円盤を水平方向に設置し明るい円盤を仰角五〇度に設置したときの錯視量を二二％＝$P-L$とすると、$L=(36-22)/2=7$）。

知覚された大きさに及ぼす輝度（と輝度対比の効果）は、空気遠近に関する節で報告された結果と正反対であることが強調されなければならない。霧の条件では、暗い対象は大きく見え、通常は遠くに見える。しかし、大気が清澄な条件では、暗い対象は小さく、はるか遠くに見える。観察者が、大きさあるいは距離の手がかりとして、輝度あるいは対比を用いるとき、彼は、その時点の大気の状態を斟酌する。もしさまざまな距離に目に見える対象が他にも存在して、変化する対比の勾配を与えているとき、観察者は、その大気の状態を見定めることができる。よって、大気遠近は、明るい靄の中において豊かな地勢のうえに観察される、低い位置にある月の知覚された大きさを、たぶん大きくさせることができるだろう。しかし、高い位置にある月や深い霧の中で任意の仰角の方向にある月は、見かけの明るさだけで判断されがちになる。この解釈は、微弱の手がかりが、特別な状況に結びつけられなければならないという、バークリの見解に支持を与える。

(10) 色の変化

短い波長の光は、大気によって、長い波長よりも散乱されるために、天体の色は、仰角とともに変化する。[47]短い波長は青と連合し、これによって、空の青と遠くの非発光体の青が説明され、われわれは、これを散乱した太陽光の結果として見ている。長い波長は、赤に連合し、それは、太陽や月が地平線に近づくときに示す、赤く染まった見え姿を説明する。光の中の青の成分を選択的に除去すると、赤色が支配的になる。

おおくの研究者は、地平線上の太陽が、赤味がかった姿を示すことに気づいて、その色が、知覚された大きさを高めると結論してきた。ポセイドニオス（前二世紀）は、そのことについて所見を述べたといわれ（第五章）、二〇世紀になって頻繁に論評された(48)。まわりにある対象の知覚された大きさに及ぼす、赤味を帯びた色（すなわち低い太陽の存在）の想定された効果に関する記述もある。赤味を帯びた太陽は、ハンス・ヘニング（一九一九）によって、太陽の錯視とその関連現象の重要な要因として取り込まれた。水平方向における太陽の拡大に関するヘニングによる観察は、ストラスブール天文台において、のべ六〇人の人びとによって六年以上かけて行われた観察にもとづいていた。この地点からは、一年のさまざまな時期に、太陽が、遠く弧状に広がる「黒い森」の上に上り、またボージュ山脈の背後に沈んでいくのを、水平距離三〇〜六五キロメートルのところで観察することができる。ヘニングは、水平線にある木々のような地上の対象が、上ったり沈んだりする太陽の近くで観察されたとき、その知覚された大きさが影響されるようすを探究した。彼の発見は引用する価値がある。

山の峰にある木、家、岩などの見かけの大きさは、きわめてよく似た仕方で、大きくなることが即座に立証された。すなわち、ボージュ山脈の峰に日が沈むころ、いつもならまったく見えないものが極端にはっきりと知覚される。じつに驚いたことに、日没の少し前には、強烈な日光を受けて、携帯用双眼鏡でさえ見えなかった五〇キロメートル先の距離にある家や木が、日没時に突然はっきりと見える(49)。

ヘニングは、太陽が赤く見えたとき、陸上の対象だけが拡大することに気づいた。テセル島とアルプスでの観察によってこの現象を確かめ、太陽が地平線の上にある必要がないことも示した。日の出の直前と日の入りの直後に、対象は、赤い光の中で拡大された。

これに似た効果は、もっと前にサミュエル・ダン（一七六二）が報告している。けれども、彼は雑然とした書き方で記しているので、そのまま引用する（四六六–四六七頁）。

私は、いつもなら裸眼で小さく見えている、もっとも遠くにある草木が、太陽が、ちょうど日の出の直前に、地平線のわずか下、草木の斜め下を通過しているあいだ、すなわち、太陽が草木の下にあって、それらに近づいているとき、その草木は、裸眼でも望遠鏡を通してでも、見かけ上、ひじょうに大きく成長するが、太陽が草木の側を過ぎたとき、その見かけの大きさが失われることを、感心しながら、たびたび観察していた。

（11）色効果に対する説明

赤い姿は、いちども、太陽の錯視のおもな原因と考えられたことがなかった。しかし、その貢献が想定されるので説明が必要とされた。ヘネル（一九〇九）は、赤は近くにある対象と連合し、青は遠くの地平線と連合し、結果として赤味を帯びた太陽と月は、近くに知覚され、通常よりも大きな角度的大きさが知覚されると論じた。別の説明では、知覚された距離に及ぼす輝度の効果をともなう[50]。すなわち、明るい色（たとえば赤）は「進出する」、暗い色「たとえば青」は「退く」あるいは「後退する」として記述される[51]。もうひとつの説明として、この色の効果は、色対比あるいは輝度対比が原因かもしれない。赤は、一般に、青よりも背景とのあいだにおいて高い対比をもつ[52]。

これらの議論によれば、赤による拡大は、典型的な大きさ–距離の不変性と矛盾するという意味において、輝度による拡大に似ていることに留意すべきである。しかし、輝度による拡大とは違って、赤による拡大があれば、それは月の錯視を高めるようにはたらきうるだろう。

上述した効果は、単眼で観察することができる。両眼視で観察される、色に関する別の奥行き効果もあり、色立体視あるいは色彩立体視として知られ、それは一八六八年にドンダーズによって最初に研究された。色立体視は目の色収差に依存する（第七章）。収差は、赤と青の光に対して、わずかに異なる両眼像差をつくる。ほとんどの観察者は、高い照明下では青の前に赤を知覚し、低い照明下では赤の前に青を知覚する。[53] 量的実験では、赤と青の光のあいだの知覚された距離の差は六〜七％に達する。[54] この立体視による距離の効果はきわめて小さく、太陽あるいは月の錯視にどのように寄与しうるのかはわかりにくい。観察者は、ふつう知覚された大きさの付随的変化があれば、それは、典型的な大きさ－距離の不変性にとって正しい方向に進んでいくことを報告する。すなわち、もし赤い対象が青い対象よりも近づいて見えるならば、それは小さく見える。よって、色立体視では、天体が知覚された大きさを拡大させるためには、水平線上ではいっそう遠くに見えなければならない。この要請された距離の効果は、天体が昼間に青く見え、夜間に赤く見えるときのみに生じる。じっさいは、もちろん太陽は昼間だけしか見えず、また地平線上では赤く見える。月は、昼間は、地平線上で赤味がかり、夜間には黄色く見えるだろう。両眼の色立体視は、おそらく夜の月の錯視に少しばかり寄与するかもしれないが、天体錯視の一般的な寄与要因としては棄却してもよい。

（12）色の効果に関する実験

もし（明るさの効果から区別される）単眼の色の効果があるならば、その効果の大きさには議論の余地がある。クアンツ（一八九五）は、約一％の効果しか見出さなかったが、それは小さすぎるので月の錯視を説明することができない。彼の観察者は、距離を調整することによって、異なる色の円盤の見かけの角度的大きさを一致させた。オーバー（一九六二a）も、角度的大きさを変えるために、距離を調整するという技法を使った。そして、赤い視標の見かけの大きさが、青い視標よりも二〇％ほど大きくなることを見出した。オーバーは、この効果は、色収差によると信じた。これについては第七章で立ち戻る。

色に関する他の実験では、おそらく両眼視が使われている。ウォリス（一九三五）は、異なる色と大きさをもつ一対の立方体の大きさを観察者に弁別させ、黄色がいちばん大きく、続いて赤、緑、青の順になることを見出した。その判断された大きさの最大の差異は約三％であり、輝度と相関しているようだった。ビーバンとデュークス（一九五三）は、観察者に、屋外において、着色された視標の直線的大きさの照合をさせたとき、赤いカードの大きさは、灰色のカードよりも約一三％大きく見え、青いカードは灰色のカードよりも約七％大きく見えることを見出した。赤と青のカードのあいだの差は約六％だった。これらの効果は、両眼視に特有のものか、単眼視で生じたものなのかは明らかでない。

さて、太陽と月の錯視における色の役割の実験的研究に戻ろう。カウフマンとロック（一九六二ａ）は、光学的無限遠に人工月をつくるために、図４－２で示された装置を使った。彼らの実験のひとつでは、試行の半数において、水平方向の円盤が、赤色（つまり青色を抜いた）フィルターによって赤く染められ、空を背景にして高い位置に見える類似の白い円盤との比較が行われた（訳注　残りの半数の試行では、水平方向の円盤には赤色フィルターがかけられなかったと思われる）。七人の観察者によるこの錯視の大きさの値は、白い円盤については一・三七、赤く染まった水平方向の円盤については一・三四であり、その差は統計学的に有意でなかった。それゆえに、色だけでは、この実験の錯視にまったく効果がなかったようである。しかし、この著者たちは後に、彼らが、海上の仰角約五度の靄《もや》の中に、大きなオレンジ色の月を見たという一九五九年の記録から、つぎのように報告した。「靄がかかり、部分的に雲で覆われた青空に、巨大な球体のように月がかかっていた。そういう季節だったのか、月が現れたときは、まだ昼の光が残っていた。そこに居合わせた人はだれも、月が異常に大きく見えると言っていた」[55]。三人の観察者は、月の生成機を使って、水平方向の実際のオレンジの月に、天頂にある白い人工月を一致させて一・八三の錯視量を得た。これはきわめて大きい効果であるが、月の色以外の変数が原因であったのかもしれない。たとえば、実際の月の大きさを調整することは不可能なので、「標準刺激の過誤」が、月の錯視の効果に付け加えられたのかもしれない（第四章）。しかし、どちらの月も水平方向にあるが白い人工月が実際の月の南約四〇度にあるとき、実際の月を標準刺激にして、おなじ被験者に白い人工月を照合させてみた。この場合、被験者は、正確な角度的照合を行った[56]。それゆえ、この照合には、月の色も標準刺激の過誤も影響したとは思えない。なぜ、赤色による拡大が、研究室の実験では生じて、月の生成機では生じなかったのかは不明である。おそらく色は、靄のかかった大気や赤味を帯びた光の背景の中ではいっそう効果的になるのだろう。色に対する役割を棄却する前に、月の生成機による実験をいっそう徹底して行う必要がある。

いまのところ、赤色が月の錯視に寄与するという証拠はない。しかし、この両方がいっしょに生じることを示す逸話的証拠がたくさんある。そして、赤は、地上で行われた実験では、角度的大きさおよび直線的大きさの照合を増加させることが示されてきた。今後の実験では、赤味を帯びたものが、靄のかかった条件において天体の錯視に寄与するという付随的報告を確認することが必要とされる。

(13) まとめ

空気遠近、すなわち大気を通して対象を観察したとき、その輝度対比と色対比が減少することをおおぜいの初期の著者たちが書き留めている。地上の対象は、霧の中では大きく、ふつうは遠く離れて見えると報告された。バークリは、空気遠近は天体錯視に寄与すると述べ、大きさと距離に対して独立した手がかりになると論じた。しかし、深い霧は天体錯視に寄与しえない。なぜなら霧によって、太陽や月の絶対的輝度が減少するために、小さく見えるからである。見かけの明るさの減少は、知覚された大きさを減少させ、知覚された距離を増大させる。大気によって、地平線近くでは、高い空と比べて、一〇倍以上も天体の輝度が低下し、水平方向の明るい空と天体との低い対比によって、天体の見かけの明るさがいっそう低下する。よって、明るさの効果は、天体錯視を妨げるようにはたらき、月の生成機を用いた実験では、七％まで妨げることが示された。赤く染まった月は、角度的大きさの照合が、二〇％まで増加するという報告があるが、月の生成機を用いた実験では、まったくこの効果はえられなかった。地上のさまざまな対象が対比の勾配（緩やかな変化）を提供するときには、薄い靄は、天体錯視に寄与するかもしれない。また、低い位置にある太陽と月に対して、大気中に含まれる赤の波長を増加させることも錯視に寄与するかもしれない。これらの考えを支持するためには、適切な大気条件における実験的証拠が必要である。

第七章　観察者の目の中で

第二章と第五章では、月の錯視の原因が、天文学や大気の屈折の領域にあるのではないことをはっきりさせた。そのような物理的解釈を排して、第六章では、観察者の視覚系や視知覚に影響し、月の錯視を部分的に説明するかもしれない輝度と波長に及ぼす大気の影響に立ち返った。この章では、眼球内で起こる別の過程によって錯視を説明してみよう。

(1) 照度と瞳孔の大きさ

フランスの哲学者・科学者であるピエール・ガッサンディ（一五九二－一六五五）は、月の錯視は観察者の瞳孔の大きさの変化によると提唱した。彼は、水平方向の太陽や月の明るさは（いっそう高い位置にあるときよりも）大気によって低減し、そのような照度の低下によって瞳孔の散大が起こると推理した。彼は、さらに、対象の知覚された大きさは、瞳孔の大きさに比例するので、水平方向の太陽や月は拡大して見えると論じた[1]。

瞳孔が暗いところで散大し、明るいところで収縮するという現象は、かなり簡単に観察される。一〇世紀の初めころ、アラブのアル＝ラーズィは『瞳孔が灯りのもとで収縮し、暗やみのもとで散大する理由について[2]』という表題の論文を書いている。ヨーロッパではレオナルド・ダ・ビンチ（『手稿』二一〇頁）が一五〇〇年ごろ、この現象を明確に記述しており、この主題についての初期の研究史が、一八世紀にポーターフィールドによってまとめられている[3]。

ガッサンディ理論のこの側面には議論の余地がない。しかし、そのような（瞳孔の）散大が、対象の知覚された大きさを有意に増大させるという主張は受け入れられない。理論のこの部分は、ガッサンディが言いだしたことではない。なぜなら、そのことは、レオナルド・ダ・ビンチの『手稿』においてじゅうぶんに展開され見出されるからである。すなわち「私たちが見る対象は、すべて昼より夜、昼より朝に大きく見える。これは、他のどんなときよりも昼に瞳孔がずっと小さくなるので生じる」[4]とされている。レオナルドが、どこでこの考えをもったのかは不明であり、当時の中世の視覚に関する知識に照らしてみても、たいへん奇妙である。たしかにガッサンディの時代までに、この考えは擁護できなくなっていた。一六〇四年にケプラーは、目のレンズによる網膜上への像の形成を本質的に正しく記述し、初期の望遠鏡を用いた経験から、網膜像の大きさはレンズの直径や絞りの影響を受けないことが明確に示された。[5]そうなると、瞳孔の散大による網膜像の拡大効果は取りさげられなくてはならない。じっさいガッサンディの批判者のひとりであるイタリアの内科医フォルトゥニス・リケトゥスは、一六四〇年にこの点を指摘した。その結果、ガッサンディは、自身の理論を変更し、瞳孔の収縮による大きさの変化は、たしかに小さすぎて裸眼によって観察されないが、正確に測定すれば決められるだろうと主張した。[6]彼はそのような大きさの変化の事例を数多く挙げたが、これらは、前章で述べたように輝度の変化の効果に関連する。

物理学者ロバート・フックも、一六七九年に、ガッサンディの理論を支持する王立協会の別の会員クローン博士に答えるときに、彼の理論を否定した。[7]しかし、他の会員たちは、それによって想定される現象を受け入れ、その説明を試みた。そのような説明のひとつは、フランスにおいて一六七〇年代に匿名で出版された。その筆者は、ハーベイ・ピエール・ミッション・ブールドロとされている。[8]彼はガッサンディの理論を防衛することに迫られて、瞳孔の散大によって、レンズが平らになり目が長くなって、目の形が変化すると論じた。このことを仮定すれば、水平方向の月の網膜像は比例して拡大するだろう。

ブールドロの思弁は、まもなくモリヌーク（一六八七）によって批判された。モリヌークは、ガッサンディの理論は、地平線近くでは輝度がほとんど低下しない星座が拡大することを説明していないとも指摘した。そののちの研究でも、ブールドロが考察したような眼球の変形現象を支持するいかなる証拠も得られなかった。それゆえ、一八世紀中ごろまで、そのような理論を支持する気があればできたことは意外に思える。ポーターフィールドは、一七五九年の目と視覚についての論文の中において大きな驚きを示して、ガッサンディは、光学の原理について「まったくの無知」だったと判断した。(9) これは、ロビンズ（一七六一）によっても共有され、おなじようなことばによって表明された見解である。

ガッサンディの理論は、一九世紀初めにイズキール・ウォーカーによってふたたび世に送られた。(10) ウォーカーは異なる大きさのレンズによってつくられた、ろうそくの像を観察することによって自身の見解の正しさを主張した。ウォーカーの研究結果は、論文が掲載された雑誌の編集者から即座に否定された。その編集者は、もしウォーカーが正しいなら、望遠鏡による拡大は、対物レンズの直径によって生じることになる――これは、明らかに、不条理な考えであると指摘した。また、日陰に置くか日向に置くかに依存して、紙切れが拡大したり縮小したりして見え、照明を付加することによって部屋が突然小さく見えることになる。(11) 興味ぶかいことに、あとの二つの反論は、すでにレオナルドによって予見されていた。彼は、対象の知覚された大きさは、他の対象と比較して判断されるという仮説のもとにこれに反対した。すなわち「瞳孔の大きさが変化すると、おなじ対象でも大きさがとくに変化して見えるだろう。しかし特定の対象を見るときに、周囲の物との比較が行われると、この変化に気づかれないことがよく起こる」(12) と述べた。

ウォーカーの研究は、いくつかの短い反駁(13) を除いては、とうぜん忘れ去られることとなった。しかし、月の錯視が瞳孔の大きさの変化によるという考えは生き残った。一九世紀の終わりころ、天文学者ポール・ストルーバント（一八八四）は、観察者の目の中に明るい光が輝くと、人工月の知覚された大きさは三〇％まで縮小することを明らかにした。彼は、これが、おそらく月の錯視に寄与する重要な要因だろうと結論づけた。彼の観察は、最近では、つぎの節で示すように、さまざまな瞳孔理論と関連づけられている。

（2）不十分な焦点調節と瞳孔の大きさ

ポーターフィールドは、もし目が適切に調節していないとき、網膜上の月の像は、ぼやけてわずかに拡大するだろうと指摘する[14]。この拡大は、網膜像を取り囲むぼやけた円によって生じる[15]。星など角度的大きさの小さい対象は、月など角度的大きさの大きい対象よりも比例的に影響を受ける[16]。さらに、焦点は、レンズの開口部が大きいときに合いにくくなり、像の拡大は、瞳孔が散大するのにしたがって増大する。よって水平方向の月が、空高くにある月よりも大きな瞳孔で観察され、しかも目の焦点がうまく合っていないならば、像がわずかに拡大することが期待されるだろう。月の錯視についてのこの暫定的な説明は、ガッサンディの理論に対する批判への補足として、マイアー（一九〇四）によっても短く検討された。彼は、合焦の失敗によって生じた拡大は、われわれが焦点からひどく外して水平方向の月を見ているという証拠がないので、そのような拡大があったとしてもわずかなものであると指摘した。

合焦理論を支持していると解釈される間接的証拠が、ポズデナ（一九〇九）の研究から得られる。彼は月の知覚された大きさは（照合用の比較円盤によって表されたとき）、三人の被験者のうち一人が常に他の二人よりも大きくなることを見出した。その人物はわずかに近視であり、他の二人の視力は正常視だった。近視者に大きな錯視が起こることは、月の網膜像の焦点が合っていなかったためと考えられなくはない。しかし、のちにウィッテ（一九一九）は、これに反する効果を報告した。彼は、月の知覚された大きさは、通常、近視者ではわずかに小さくなることを見出した。しかし、被験者の少ない、こういう研究からは何も結論づけられない。

ごく最近になって、不十分な焦点調節についての理論が、行動主義生理学者J・T・エンライト（一九七五）によって詳しく検討された。彼は、上りはじめたときの拡大された月は、細い筒を通して見ると、すぐに正常の大きさまで縮小するが、しかし空高く上った月の知覚された大きさは影響されないという研究報告を検討することからはじめた。三世紀以上にわたって、この現象は、おおぜいの熟達した観察者から確認されたり否定されたりして、いまだに論争中である。熟達した観察者の中には、一例としてゴェイィェ（一七〇〇）が取りあげられるが、彼らは、上りはじめた月を筒を通してのぞくと、空に上ったときの月の大きさにまで小さくなると主張した。彼はガッサンディの理論にコメントして、「暗さによる瞳孔の散大にもかかわらず、紙の筒を通して見ると水平方向の月は小さくなることに気づく」と論じた。しかし、この数年前に、このおなじ現象が、モリヌーク（一六八七、三一七頁）によってきっぱりと否定された。すなわち彼は「さらに筒を通して見ることによって、隣接するすべての対象が取り除かれ、それによって、惑乱的心像（訳注　月の錯視のこと）が改善されることはない」と述べている。このような相反する観察結果はよくある。錯視に及ぼす目に見える地勢の役割を考えるときに（第九章）、この問題に立ち戻ることにしよう。

エンライト（一九七五、九三頁）は、錯視を消失させる筒の効果は、筒に小さい開口部があるかどうかにかかっているのではないかと考えた。すなわち「私自身の体験では、開口部の大きい筒を使うと、先に記されたような効果はなかったが、小さいものを使うと確認できた。開口部のある筒では水平方向の月は大きいままであり、小さい穴だと著しく縮む」。この仮説を検証するために、エンライトは二八人の観察者の協力をえた。観察者の眼前には二・五ミリメートルの穴の開いた黒い紙が置かれ、それは人工瞳孔を提供した。実験は一人ずつ行われ、ほとんど全観察者が、人工瞳孔のあるときはないときよりも、上りはじめた月は、小さく明瞭に見えると報告した。観察者の中の一九人が、知覚された大きさの縮小を報告し、その縮小率の範囲は五五％に達し、その平均は二〇％だった。残念ながら、天空の月では、これに似た大きさの推定が行われなかったので結果は曖昧なものとなっている。エンライトはさらに実験を行い、大きさの縮小は、穴の開いた紙による地勢の遮蔽や小さな穴を通すことによって生じた光度の低下によって生じるのではなく、瞳孔の大きさと不適切な焦点調節の組み合わせによって生じると確信した。

水平方向の月を見ているときの瞳孔は、天空の月を見ているときよりも大きいというガッサンディの仮説は、それまでいちども直接検証されたことがなかった。そこでエンライトは、上っている月を観察している観察者の最初と最後の目の写真を撮った。これらの写真から瞳孔の大きさを測定してみると、仮説を「中程度に支持する」結果が得られた。二五人中二二人で、月が上るにつれて瞳孔の直径が小さくなっていた。しかし、その変化の程度は、ほとんどの場合一〇〜二〇％ほどでしかなかった。彼は、つぎに、観察者の目に向かって光を照らすと月が明らかに小さく見えるというストルーバント（一八八四）の観察結果を確かめた。彼は、これを行うために、観察者の目に向かって横から小さな懐中電灯の光線を向け、余分な光によって瞳孔が収縮すると、月の知覚された大きさが小さくなることを見出した。光を取り除くと、月は主観的に拡大された状態に戻った。このような知覚された大きさの変化は、空高く上がった月で「かりにあったとしても、かろうじて気づかれるくらい」であることも明らかとなった。

エンライトは、これらの観察結果は、瞳孔が知覚された大きさに関与することを支持していると考えたが、この支持は弱いと思う。彼自身の観察では、月が天高くにあったときでも、やはり瞳孔はかなり大きかった。懐中電灯の光によって瞳孔はもっと収縮したと思うが、知覚された大きさが、これにともなって、縮小することはまったくなかった。

(3) 不十分な焦点調節が起こる理由

月を見ているとき、目の焦点調節がまったく外れるような機構を見出すことはむずかしい。三つの可能性が考えられる。すなわち、色収差、球面収差、夜間近視がそれである。最初のものはレイリ（一九三一）が指摘した。彼は、水平方向において太陽や月が拡大するのは、上りはじめるときと沈むときの赤色によって生じるとしたヘニングの考え（第六章）に言及し、太陽や月の拡大を目の色収差によって説明した。光の色が異なると焦点も異なる（図7−1）。目の焦点が中波長スペクトル（黄や緑の光）に合っていると、長波長スペクトル（赤）の焦点は、わずかに網膜の後ろに、短波長スペクトル（青）の焦点は、わずかに網膜の前にくる。ふだんは色収差に気づかない。なぜなら、目は、明視を確保するために、強い中波長スペクトルに自動的に焦点を調整しており、ふつうなら赤や青の部分は、ぼやけた焦点調節のために薄暗くなって知覚されることがないからである。[17] レイリは、赤味を帯びた夕日を見ているときには、目は（空の青い光を含む）昼光の主成分に合焦しており、おもに赤い光からなる夕日の網膜像は焦点から外れ、その結果生じたぼけが、網膜像をわずかに拡大させ、それによって錯視が生じると論じた。

目が色収差を受けていることは確かであるが、レイリの説明は納得できるものではない。目の色収差に関するデ

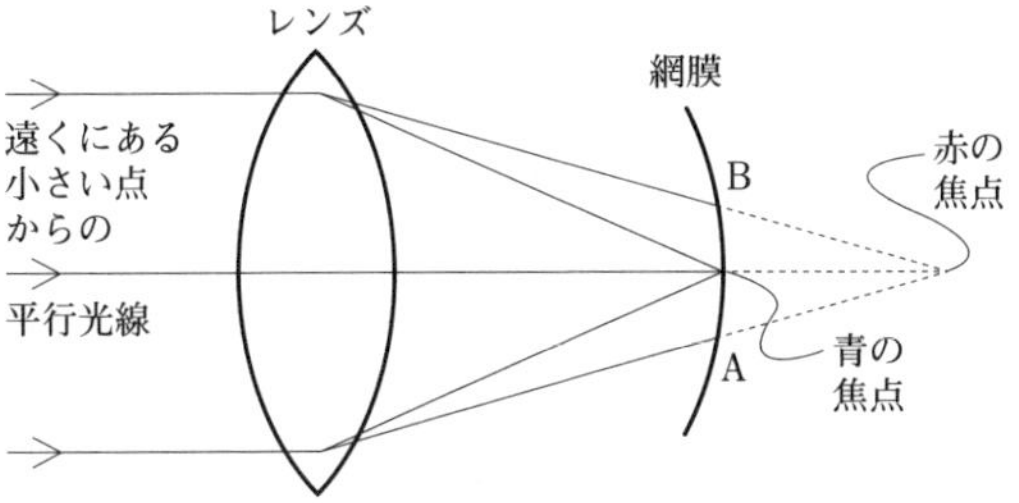

図 7-1　青い光の小さい遠対象に焦点が合ったときの色収差の模式図．レンズの屈折率は，青い光より赤い光のほうがわずかに小さい．よって，レンズの焦点距離は，赤い光がわずかに長い．レンズが，網膜上で青い光に合焦していると，赤い光は，焦点から外れるが，青い円の上に直径 AB に広がる．この図はこの効果を誇張して示す．

ータ[18]は、目のレンズが白い光に調節しているとき、赤い光によって形成された網膜像の拡大は、ごく小さいものでしかないことを示している。色収差の効果が小さいことは、のちの研究でも確認されてきた[19]。太陽を見るとき、瞳孔は常に小さく、そうなると色収差の効果も減少する。そして、どんな場合でも、目は水平方向の太陽の赤い光に合焦して、それがはっきり見えるようにするはずである。じっさい赤い光のもとでは細部まではっきりと見えるというヘニングの主張（第六章）は、色収差の減少によって彼の視力が改善されたことを示唆する。さらに夜間の月や星座の拡大にまで、色収差による説明を適用することはできないだろう。

人工瞳孔を用いたエンライトの研究結果に対するもうひとつの説明は、球面収差である。この要因については、第二章において、暗い星より明るい星の方がわずかに大きく見えることを説明するために言及した。球面収差によって、水平方向の月の焦点が、わずかに外れることが起こるかもしれないが、それが天体錯視においてはたす役割はほんのわずかなものだろう。まず、ヒトの目に生じる球面収差の程度はかなり小さい[20]。つぎに（エンライトが発見したような）月が上るにつれて生じる瞳孔の縮小はごくわずかなので、球面収差の大きな減少は生じない。さいごに、球面収差による説明は、太陽の錯視（太陽を見ると瞳孔が収縮するから）や星座の拡大には適用できない。

エンライトによって考えられた第三の可能性は、夜間近視である。夜間近視とは、天文学者マスクリン（一七八九）がはじめて記述した現象である。暗い光のもとでは、遠くのものを見ているときでも、目は近距離に焦点を合わせる傾向がある[21]。照度が低い場合や暗順応のあとでは、若い成人の目は、平均観察距離一メートル以下に焦点を合わすことが見出されており[22]、その距離にはかなり大きい個人差がある[23]。この証拠は、エンライトの理論をいくぶんかは支持する。水平方向の暗い月を見るとき、夜間近視によって目の焦点が合わず、暗さによって瞳孔が散大する。すると、月の網膜像はぼやけて拡大される。月が、もっと高い位置にありもっと明るい場合には、夜間近視と瞳孔の大きさは、どちらも減少し、不適切な焦点調節による網膜像の拡大効果は、ほとんど消失する。しかし、エンライト自身が認めるように、この理論にも深刻な問題がある。上りはじめた月を見ているときの夜間近視の程度は未知であり、おそらく、きわめて小さいだろう。さらに、月が上るにつれて夜間近視が減少する理由がない。なぜなら、高く上った月を見るとき、その背景となる特徴のない空の広がりが近視を生みだすからである(24)。また、この理論では、夕暮れや昼間の月の錯視を説明することができないし、太陽の錯視と星座の知覚された拡大を説明することができない。エンライトが想定したように、瞳孔の大きさの変化と夜間近視の結合は、錯視にほとんど寄与しないと結論づけるしかない。じっさいエンライト（一九八九a、一九八九b）自身も、のちに目の調節による説明を取り消し、代わりに輻輳力にもとづいた眼球運動による説明（第一一章）を行った。

（4）知覚された大きさと焦点距離

知覚された大きさは瞳孔の大きさに比例するというガッサンディの信念が、瞳孔の大きさと不十分な焦点調節についての理論を生みだしたと思う。エンライトの研究の結果、この理論は否定されなければならなくなった。しかし、この説の継承者とみなせなくもない少し異なる説明がある。その説明は、瞳孔の大きさの変動にもとづくものではなく、代わりに目の焦点距離の変動にもとづく。この説明では、対象の知覚された大きさは、目のレンズが調節されている距離に依存し、焦点距離が短いところでは大きさは小さくなる。月が地平線の近くにあるときには、目はかなり遠くの距離に合焦し、その結果、月は大きく見える。いっぽう月が天空にあるときには、目が焦点を合わせるものが（月のほかに）ほとんどなく、暗焦点（ほとんどの人で一メートル以下の距離）にまで後退しがちになり、月の知覚された大きさを小さくさせる。ここで、この大きさの縮小は知覚的なものなのか、光学的なものなのか、それともその両方によるものなのかということが問われなければならない。焦点がよく合っている目では、角度的大きさが一定の対象が、きわめて近い距離にあるとき、理論的には、その網膜像はわずかに小さくなる。これは目の結節点が、目が近距離に調節しているとき、網膜に近づくためである。標準眼では、目の結節点の距離は、近調節の場合には約一四ミリメートル、遠調節では約一七ミリメートルである。[25] このことによって、きわめて近くにある対象の網膜像は約二〇%まで小さくなる。しかし、光学的効果というものは、まったく取るに足らないものだとする研究者もいる。[26]

目の調節の増加とともに知覚された大きさが小さくなることは、ウィリアム・H・リバーズ（一八九六）によって初めて報告された。この効果は、ハインマン、タルビング、ナックミアス（一九五九）によって測定され、約二〇%になることが見出された。しかし、彼らは、調節に随伴した輻輳の変化がこの原因であると主張した。[27] 彼らは、見かけの上で小さい対象ほど遠くに判断されていたことから、距離の判断は、古典的な大きさ‐距離の不変性にしたがわないと考えた。この大きさの効果は、通常、**調節性小視**、**調節‐輻輳性小視**、あるいはもっと一般的には**動眼性小視**として知られている。[28] 近くにある対象に焦点を合わすとき、両眼は、二つの網膜の対応点の上に像を写し出すために輻輳する（そうでなければ二重像になる）。それと同時に、レンズは、網膜像に鮮明な姿を与えるために、曲率を増加させることによって調節し（図7‐2）、そして瞳孔が縮小する。目が遠対象に焦点を合わせているとき、目の光軸は平行になり、レンズは平らになる。調節、輻輳、瞳孔の大きさの変化は、**近見三徴**とよばれることもあり、[29] ふつうは反射的にいっしょに起こる。これらの変化はいずれも、理論上、対象の距離の手がかりとしてはたらくことはあるかもしれない。しかし、数メートルを越える距離では、それらの変化量はきわめて小さいため、近距離にしか効果がない。また、それらの手がかりが、視覚的なものではなく筋肉的なものであることに留意しなくてはならない。なぜなら、それらは輻輳や調節を制御している筋肉と連合しているからである。感覚情報が筋肉からのフィードバックによるのか、大脳から筋肉へ伝達される運動指令信号によるのか、それとも両方によるのかということに関しては議論がある（図7‐3）。情報源が何であれ、眼球運動の情報は、大きさ‐距離の不変性の原理を通じて、知覚された直線的大きさを変化させ、あるいは距離から独立して、知覚された角度的大きさに影響する。後者（知覚された角度的大きさへの影響）の方がありうる気がする。なぜなら、小視は、知覚された距離の増大をともなうことがおおいから

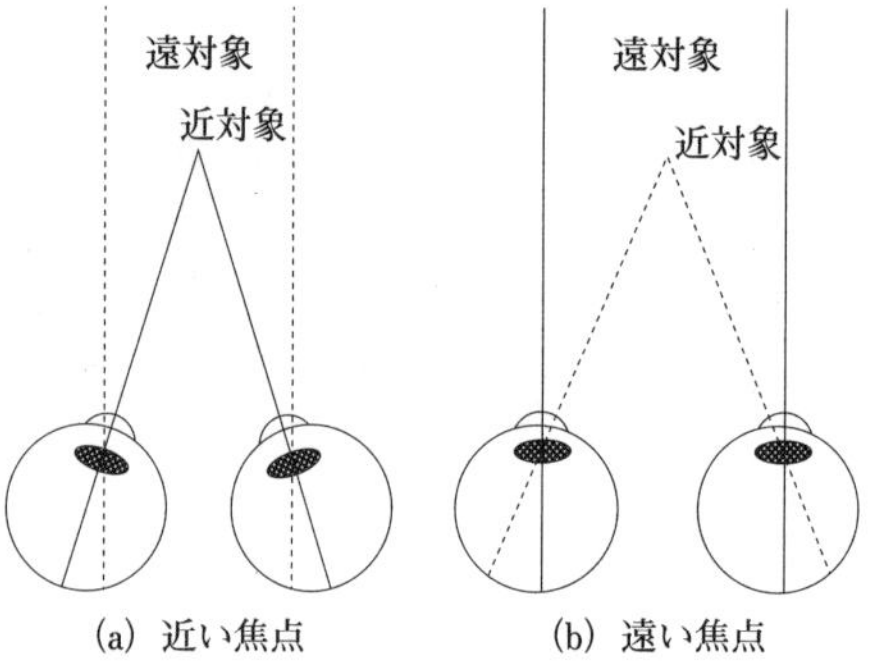

図 7-2　近対象と遠対象の網膜像に及ぼす焦点距離の効果.（a）近くに合焦しているとき，眼球は輻輳し，レンズは膨張する．遠対象の網膜像はぼやけ二重に見える.（b）遠くに合焦しているとき，目の光軸は平行に近く，レンズは調節を弛緩させる．近対象の網膜像はぼやけ二重に見える.

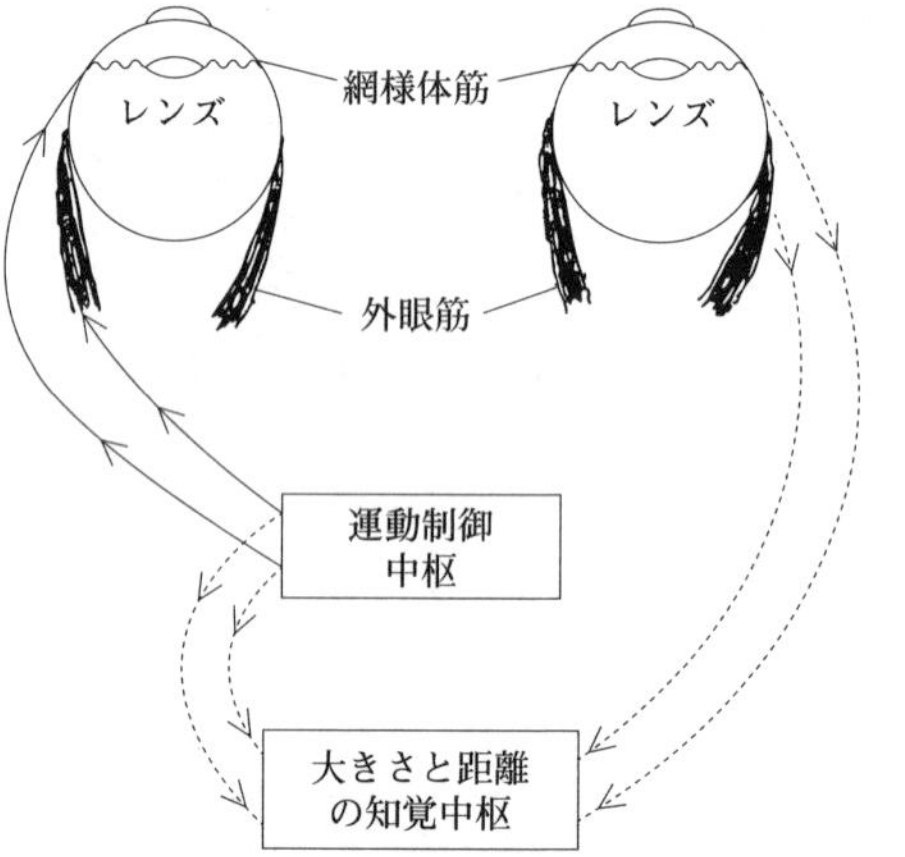

図 7-3　調節－輻輳性小視に関する可能な説明．左目は流出理論を示しており，筋肉への運動指令がコピーされて，大きさや距離の知覚中枢に伝えられる．右目は流入理論を示しており，調節－輻輳を行った結果として生じた筋肉緊張が，知覚中枢に伝えられる.

である。調節性小視に関しては、月の錯視とおなじくらいおおくの議論がある。もちろん、このように不確実だからといって、月の錯視の可能な寄与要因として調節が排除されるわけではないが、不確実だということは、いっそうの説明が求められることを示す。

一九七七年にロスコーは、目の調節を月の錯視の原因と考え、その考えは、のちにイアベチア、イアベチア、ロスコー（一九八三）によって検証された。彼らは、カウフマンとロックがさまざまな背景に対して光学的に無限遠の人工月が見えるようにした、第二の装置（図4－2）に似たものを使った。観察者は、はじめに、空かそれほど遠くない別の面を背景にして人工月を見て、そののち、暗い背景の上に観察距離一メートルに置かれた人工月を見て、はじめに見た記憶の中の月とおなじ大きさになるように人工月の大きさを調節した。調節された月の大きさを、はじめに見た月の知覚された角度的大きさの測度としたが、基準となる月と調節する月との位置のバランスをとっていなかったので、これは偏った測度といえるだろう。

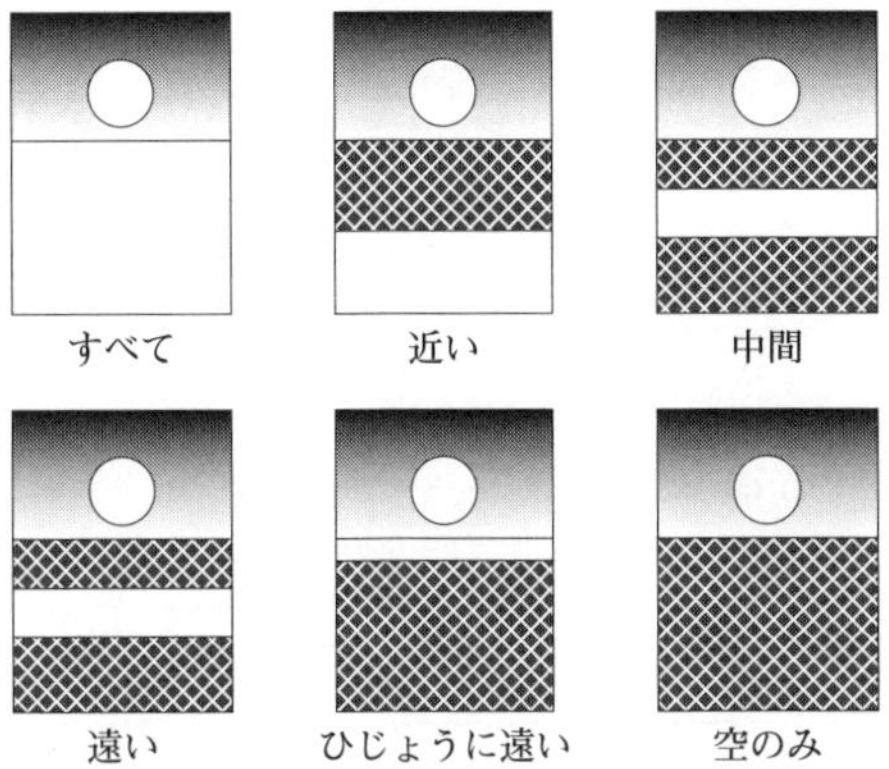

図7-4　地勢のさまざまな部分が見えるようにして水平方向の月を観察する．斜線領域が隠されているところである．イアベチア，イアベチア，ロスコー(1983) より．

ある実験では、六人の観察者が、地平線を表した四光景の上に、二つの小さい仰角（特定されず）方向に提示された人工月を観察した。光景までの観察距離は、近くから遠くまで変化した。月の知覚された角度的大きさの平均は、観察距離がもっとも近いものからもっとも遠いものに変わったときに約一六％まで拡大し、月が地平線のわずか上に観察されたときに、その知覚された大きさが平均六％ほどまで小さくなった。これらの変化は、じつに小さく、目の調節の状態は明らかでない。第二実験では、視野の下半分のさまざまな部分が隠され、地勢の狭い帯域のみと地平線上の空の部分とが見えるようにした。人工月は、空を背景に観察され、観察される地勢として、地勢の前景（地平線の下一二～二二・五度）、中間の地勢（地

表7-1　地勢のさまざまな部分が見えたとき，人工月の角度的大きさの平均判断値と，それに対応する目の調節の平均変化量（6観察者）．ディオプターは屈折力の単位．「空のみ」条件が基準として用いられた．イアベチア，イアベチア，ロスコー（1983）のデータ．

観察された地勢	大きさの判断値	調節の変化（ディオプター）
空のみ	1.00	0
近い（近景）	0.96	+0.13
中間	0.99	−0.07
遠い（遠景）	1.08	−0.28
ひじょうに遠い	1.26	−0.44
すべて	1.25	−0.27

平線の下六〜一二度）、遠くの地勢（地平線の下三〜六度）、ひじょうに遠くの地勢（地平線の下三度まで）、すべての地勢、地勢が見えず空のみという六条件を設けた（図7－4）。各条件における人工月の判断された角度的大きさの平均値を、空のみが見える条件を基準として表7－1の二列目に示す。最大の拡大は、ひじょうに遠くの地勢が見える条件の二六％だった。

各観察者の目の焦点距離は、大きさの各判断の直前と直後に、特定の光景を見ているあいだにレーザー型視力測定装置を用いて測定された。空のみが見える条件から他の条件への調節の変化の平均値を表7－1の右列に示す。調節の変化と、それに対応する（人工月の）知覚された角度的大きさの変化とのあいだには明らかに関連がある。すなわち、目が遠距離に焦点を合わせるのにともなって（調節の負の変化に相当する）、（人工月の）知覚された角度的大きさが大きくなる[30]。

調節と知覚された大きさが密接に関連しているからといって、もちろん、それは知覚された大きさが、目の焦点調節の状態によって決まるということを証明しているのではない。たしかに調節能力のほとんどない老人[31]は、目のレンズのない人[32]とおなじように、月の錯視を体験する。知覚された大きさと調節の両方が、別の第三要因によって規定される可能性もある。たとえば、イアベチアとその仲間（一九八三）による実験では、「近い」条件から「たいへん遠い」条件において、いくつかの要因が規則的に変えられた（図7－4）。すなわち、目に見える地勢の距離が増加し、地勢の粒子が粗から密へと変化し、地平線の下にある地勢の角度が減少し、地勢の帯域の幅が減少し、地勢と地平線とのあいだの遮蔽帯も減少した。これらの要因の組み合わせが、知覚された大きさの変化の原因だったかもしれない。これらの要因のほとんどは大きさの対比を含むが、それは月の錯視に寄与する現象として第一〇章で考察する。また、これらのほとんどは、距離の手がかりでもあり、それらは、知覚された距離の変化を通じて、知覚された直線的大きさの変化の原因になることもあろう（第九章）。また、おなじ要因が調節の変化を引き起こしたのかもしれない。なぜなら、視野の粒子、視野の中の刺激の位置、画面の大きさあるいは位置は、すべて調節に影響することが見出されているからである。[33] そのような考察をふまえて、ハル、ギル、ロスコー（一九八二）は「明らかに、目の調節は、何かしら知覚された大きさの判断に関与しているが、その関与の様態は、けっして明らかになっていない」（三二七頁）と結論づけている。それ以来、この問題の研究は続けられているが（Roscoe, 1985, 1989）、月と人工月の両方における調節のはたす役割は明らかにされていない。

本章で考察してきた光学的効果は、不確かな状態にあり、天体錯視の説明ができているとも思えない。しかし、動眼性小視は、とりわけ興味ぶかく、第一一章と第一二章では大きさ知覚に関する他の運動理論とともに、もっと詳しく考察する。それまで空の知覚された形にもとづいた心理学的説明に注意を向けてみよう。

(5) まとめ

瞳孔の大きさの変化は、知覚された大きさの変化を説明する原因ではないとされた。ゆえに、それは天体錯視の原因になりえないとされた。色収差、球面収差、夜間近視のいずれによって生じようとも、拡大した瞳孔にともなう不十分な調節によって生じた網膜像のぼけも否定された。イアベチアたち（一九八三）は、目に見える地勢の性質が、調節の状態と知覚された大きさの両方に影響し、ひじょうに遠くの地勢は、知覚された大きさを二六％まで拡大させることを見出した。彼らは、調節の変化が、大きさの拡大の原因だと述べた。しかし、目に見える地勢が、相対的大きさの効果あるいは知覚された距離の変化を通じて、直接的な原因になるとも考えられる。網膜像の大きさの光学的変化が天体錯視に寄与するとは思えないが、眼球運動の要因は関与しているかもしれない。

第八章　天の丸天井

月の錯視のもっとも人気のある理論のひとつでは、水平方向における天体の拡大が、空の知覚された形に関連すると考える。おおくの人びとは、空を平らなドーム型の面として見ている。もし、天体がこの面に沿って動いて見えるのならば、月と太陽は、水平方向にあるときよりも、仰角が大きいときに、いっそう近づいて見えるはずである。しかし、特定の角度的大きさをもった近くの対象は、おなじ角度的大きさをもった遠くの対象よりもより小さい。よって、月と太陽は、水平方向にあるときよりも、頭上にあるときに小さく見えるはずである。

この考えの明晰な図解（図８－１）が、デザグリエ（一七三六ａ）によって与えられ、それをもっと生き生きと表したもの（図８－２）が、一七三八年にロバート・スミスによって与えられた。これらの図は、デザグリエが、空までの知覚された距離を天頂の「実際の」半円と一致させ、地平線までの距離を半円よりも遠くに描いているのに対して、スミスはその逆を描いている点において異なる。後世のほとんどすべての印刷物に現れるのは、スミスの図からのものである。トーマス・ヤング（一八〇七）は、他とは異なるかたちで、デザグリエの図を借用している。その図では、扁平なドームが、すべての点において、真の半円よりもより遠くにあると知覚される（図８－３）。ヤングの図は、ごくたまに再録されることがある。[1]

扁平ドームの理論は、アラブの科学者イブン・アル＝ハイサム（一〇三九年ころ）の『光学』の中に、はじめてはっきりと述べられ、一三世紀の著者ベーコン、ペッカム、ウィテロによって、じつによく似たことばによって繰り返

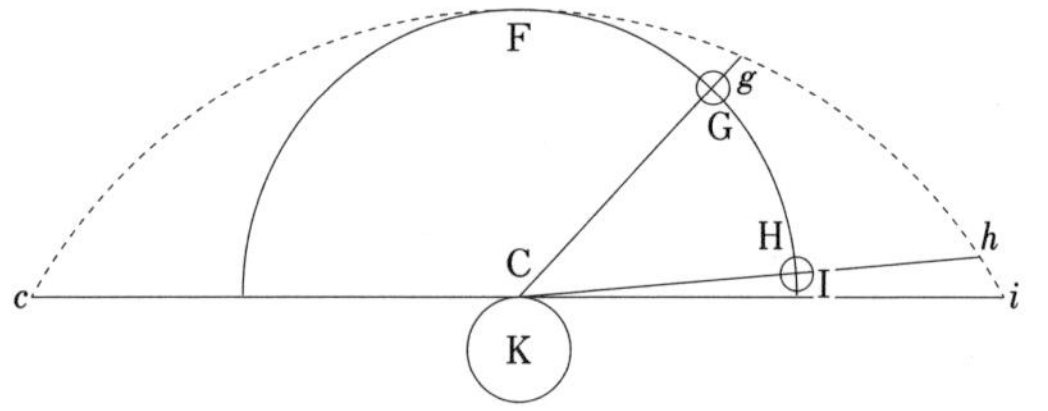

図 8-1　もし空が扁平なドームに見え，月が空の面に横たわって見えるならば，天頂方向の月は，地平線上の月よりも近くに小さく見える．デサグリエ（1736a）．

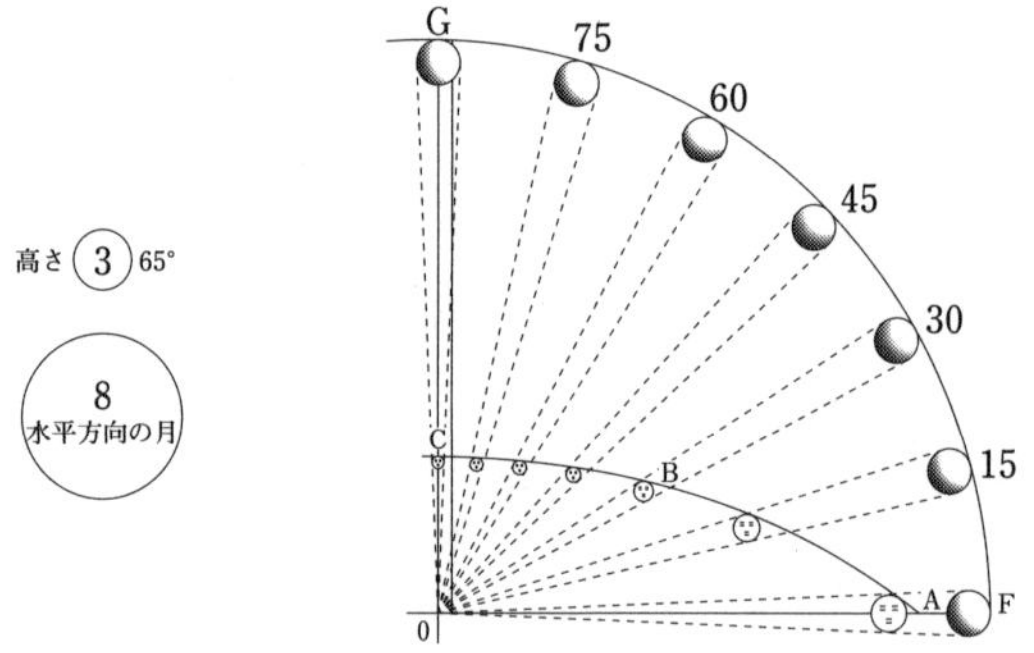

図 8-2　扁平なドームのもうひとつの形．スミス（1738）より．

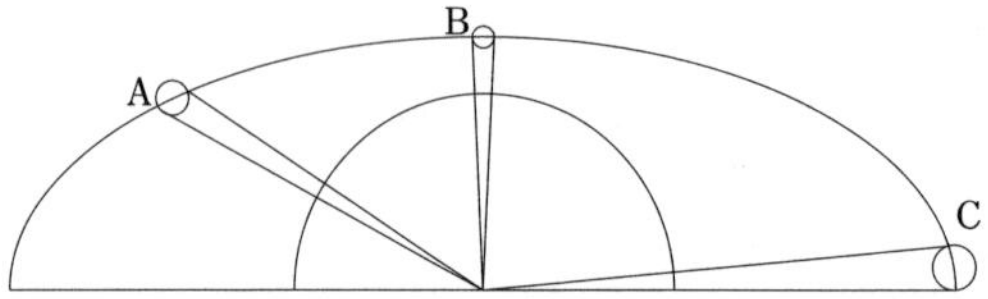

図 8-3　扁平なドームのもうひとつの形．ヤング（1807）より．

し述べられた。『光学』の中の月の錯視の部分は、繰り返し行われた談話の数ページから構成されている。[2] その節は、つぎのように要約することができる。ある対象の大きさは、視角と既知の距離の組み合わせによって判断される。その距離は、観察者と対象とのあいだにある、途切れることなく連続して介在するさまざまな物体を見ることができる場合にかぎり適切に判断できる。空を見上げたとき、そこには介在するものが何もない――われわれは色の広がりのみを知覚する。これは、青い面のように見える。われわれは壁のような平面に慣れ親しんでいるので、空は全方向に広がった平面に見える。そのような面は、水平方向ではなく、頭の真上では近くに見えるに違いない。天体は、この面に沿って動いて見え、それゆえ頭上よりも水平方向において遠いと判断される。よって、天体は、水平方向にあるときに、いっそう大きく見える。

この理論では、天体の知覚された大きさは、角度的大きさというよりもむしろ直線的大きさに似ていると仮定される。それは、月の錯視の知覚された距離の理論に似ているが、これについては第九章で考察する。ここでは、おもに現象としての空の知覚された形自体について考える。

(1) 空の錯視

空には明確な形があるとする考え、すなわち空は世界を被っている物質的な天井であるという考えは、おおくの国の神話にみられる。たとえば、ヤクートの英雄物語の中では、空は地上の縁の上に立脚する半球として記述されている。おなじように、ブリート族は、空の形をひっくり返された大釜として記述している。[3] 三世紀の中国の創世神話によると、空のドームは、創世神である盤古《ばんこ》の死後の頭蓋骨から形づくられたとされている。[4] ユーラシア北部のおおくの部族は、空は世界を守るための屋根であると考えていた。天をしばしば中央の支柱によって支えられたテント屋根として具体的に記述している部族もいた。この考えはラップ人、フィンランド人、ヤクート人、日本人、[5] ヘブライ人[6] にみられる。古代エジプトでは、もっとも人気のある空の概念は、青い空や湖であり、それは海やナイル川の延長であり、その上を太陽が小舟で帆走するとされていた。ごく少数であるが、空が金属の屋根あるいはドームによって構たものだろう(7)。

成されているという考えをもつエジプト人がいた。この考えは、おそらく金属質の隕石の落下を観察して、ひらめいたものだろう[7]。

　アジア北部の部族の中には、おなじような考えを夜空にいだき、夜空もテントの屋根として記述したものがいる。天の川は、ときには針の縫い目であるとみなされ、星は小さな穴とみなされた。神がみは、地上を観察するために、ときどき空を少しのあいだ開けるので、そのあいだに流星が放たれるのだろう[8]。いっぽうフィンランドとその周囲の国ぐにの神話では、北極星は『空の釘』と名づけられており、その上に天のドームが支えられ、それを中心に天のドームが回転すると考えられていた[9]。一四世紀のウェールズのダヴィズ・アプ・グリムの自然詩には、星は「広大な空のゲーム盤上に散らばる、さいころ遊びやバックギャモン（西洋すごろく）用の一組の光り輝く駒[10]」として説明されている。アフリカでは、昼間の空は、地上にかかる固い青天井であり、その上を太陽が動くと広く信じられていた。夜間に、太陽は、地下を通るとか（たとえば、ケニアのルヒア族）、固い空の後ろを通って東に戻ってくる（たとえば、南アフリカのズール族）と考えられていた、後者の場合、天井に開いた穴が輝いて星がつくられると考えられた[11]。

　これらの思索には、空の形が固定されていると暗黙的に仮定されているが、その形は、たいてい詳しく記述されてこなかった。空が扁平に見えるという考えは、イブン・アル＝ハイサムから発したのではなく、その起源を追跡することはむずしい。哲学者アエティウス（たぶん一世紀）は、この起源は前五世紀のギリシャの哲学者エンペドクレスにあると述べた。すなわち、彼によると「エンペドクレスは、地面からの空の高さに関するかぎり、私たちからそこまでの距離は、幅方向の距離よりも大きい。空は、世界秩序が卵のようにあるから、そこではいっそう広がっていると言った[12]」（訳注　この中の「そこまでの距離」とか「そこでは」は空の高さをさす。エンペドクレスは、空の形として卵を立てたときの形を想定していたようである）。

　これが天文学理論に導入されたきっかけは、一三世紀のサクロボスコのジョンの著作にみられる。彼は、九世紀のアラブの天文学者アル＝ファルガーニ（中世の著者にはアルフラガヌスとして知られていた）から導出された、空のドームが丸いという証明を繰り返した。

また、アルフラガヌスが述べているように、もし空が扁平だとすれば、その一部すなわち頭上の部分は、他のものより私たちの近くにあるだろう。そして星が頭上にあるならば、それは上ってくるときや没していくときよりも、私たちの近くにあるだろう。しかし、私たちの近くにあるものは、大きく見える。つまり空の真ん中にある太陽は、上っていくときや没していくときよりも大きく見えるはずである。しかし、その逆が正しい。なぜなら、太陽あるいはその他の星は、東や西にあるときに、中天にあるときよりも大きく見える(13)。

アル＝ファルガーニにとって、月の錯視は、扁平な空の効果に反していたが、イブン・アル＝ハイサムは、扁平な空によって、その錯覚が説明されうると論じた。この明らかな矛盾は、ふたたび、われわれが、ことばの正しい意味に注意ぶかくなければならないことを教えている。アル＝ファルガーニとサクロボスコのジョンが主張したことは、もし空のドームが物理的に実在し、かつそれがほんとうに扁平ならば、真昼の太陽は、実際に近くにあり、それゆえに、その角度的大きさは、日の出や日の入よりも、大きいということだった。対照的に、イブン・アル＝ハイサムは、太陽は、実際には、一日中、等距離にあり、一定の角度的大きさをもつが、空が扁平に見えるので、われわれは、太陽は、正午には、日の出や日の入のときよりも、近くにあり、それゆえに、その知覚された直線的大きさが、小さいと判断されると仮定した。よって、このような違いは、天の丸天井が実際に扁平であると仮定するか、扁平として知覚されているにすぎないと仮定するかに依存する。イブン・アル＝ハイサムの時代およびそれ以前ですら、客観的に扁平な丸天井があるという考えは支持されなかった。沈みゆく太陽が、無限のかなたへと消えていくのかどうかを考察したとき、プトレミーは、後にイブン・アル＝ハイサムも、この考えに反対した。イブン・アル＝ハイサムは、おそらく、月の角度的大きさと、それと天球の形との関係に関する議論に気づき、概念的枠組みを変えることにより、それを月の錯視の有望な説明へと変形させたのだろう。興味ぶかいことに、イブン・アル＝ハイサムにしたがえば、空の知覚された形は扁平な面であり、これは、プトレミーやアル＝ファルガーニが反論を向けた、天の想定された物理的な形に似ている。

　扁平な空の理論には、いくつか問題がある。空の知覚された形は、じゅうぶんに測定することができるのだろうか。それはすべての人にほぼおなじなのだろうか。（もし空が平らに見えるとすれば）何が原因でそう見えるのか。そして、ほんとうに、天体は、空とおなじ距離に見えるのだろうか。これらの疑問について書かれたものがおおくある。要点のみを要約してみよう。

（2）知覚された空の形の測定

　知覚された空の形を定量化する試みは、一七世紀のヨハネス・トライバーの研究にさかのぼる。(14) トライバーは、知覚された空の面は、太陽光が地球の大気のいちばん上において分散した結果生じると仮定した。したがって、空は地面に平行な湾曲した面の形をしており、完全に地球を取り囲んでいると仮定された。黄昏時に測定して、トライバーは、頭上に見えている空の高さが約三〇キロメートルであると確信した。この高さを仮定すると、ピタゴラスの定理にもとづく単純な計算により、地面にいる観察者にとって、地平線に隣接して見える空の面の部分までは、頭上の空までの約二〇倍の距離にある。トライバーはまた、この比率は、水平方向の空と天頂方向の空までの知覚された距離に成り立つが、大気のいちばん上の散乱層までの実際の距離には成り立たないと仮定した。しかし、彼は、空の知覚された距離は不確実であると論じた。なぜなら、（水平方向を除いては）奥行きの手がかりとしてはたらく介在する対象がないからである。したがって、水平方向の空は、観察者の地平線とおなじ距離に見えるが、天頂の空までは、その二〇分の一の距離に見えるのである。トライバーの議論のつぎの部分は、恣意的で説得力のないいくつかの仮説にもとづく。彼は、地面の上にいる普通の身長の観察者の目（約四メートル未満と彼はいう）から見ると、地面はくぼんで見え、数キロメートル先の地平線まで上り坂として見える（図８–10と比較）。トライバーは、この錯視的地表のくぼみは、地平線の上にある空の天井までの高さとおなじであると仮定した。空の天井と地表のくぼみを組み合わせたとき、地平線の空までの距離は、地表のくぼみがないときに得られる天頂までの距離の二〇倍に見える代わりに、そ

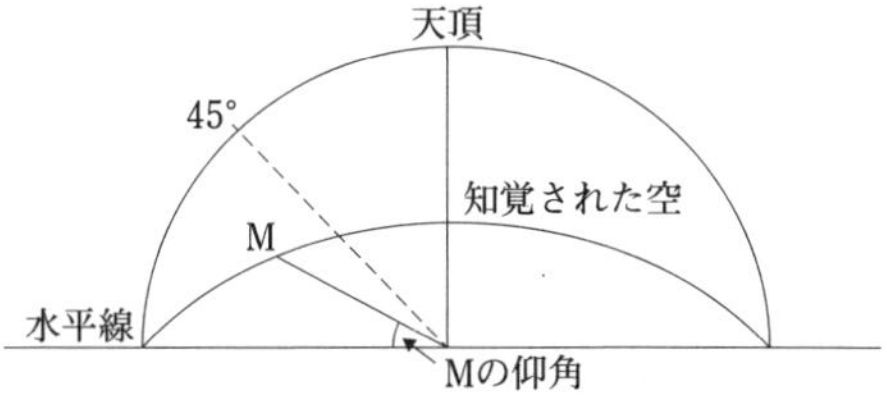

図 8-4　地平線と天頂を結ぶ弧を二等分すると判断された点 M の仰角が，空の知覚された扁平性を測定するために用いられてきた．点 M の仰角が低いほど，扁平な空であることを意味する．

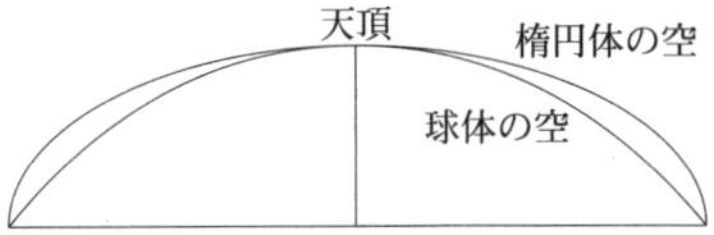

図 8-5　知覚された空の 2 つの仮説的形（球と楕円体）の断面．ここでは球は円の一部として，楕円体は半楕円として，それぞれ示されている．

の一〇倍に見える。トライバーの研究は、他の研究者によってほとんど評価されず、それは知覚された空の形に関する後世の知見に影響を与えなかった。

　これらの研究は近世になって、ロバート・スミス（一七三八）による光学に関する広範な論文の出版とともにはじまった。彼のおもな貢献は、地平線と天頂の空までの知覚された距離の比率を測定する方法を工夫したことである。その方法は、空の弧に沿って、地平線と天頂の中間にあると判断される点の位置にもとづいていた（図8－4）。ひとたび観察者が中点を決めると、その仰角はトランジット（経緯儀）を用いて測定することができる。角度は、通常、所要の四五度よりも小さくなることがわかっている。じじつスミスは、それが平均二三度にすぎないことを見出した。彼は目に見える空は球体であるが、球体の中心は観察者からやや下にあると仮定した――これは、もっと前に哲学者トーマス・ホッブスが行った示唆である[15]。スミスは、地平線までの距離と天頂までの距離の比率が、約三・三対一であることを算出した（六四頁）。彼は、この比率を使用し、空を球体と仮定して、任意の仰角にある太陽や月の知覚された大きさを予測した。

　スミスの研究は、いくらかの点で疑問視された。そのひとつは、知覚された空の形を球体の一部とする仮説である。距離の比率は、どんな幾何学的な形からも算出できるが、何かの特定の形を選択するだけの強制的な理由がない。もっとも単純な形は、球体の一部あるいは半楕円体である。半楕円体は、観察者を通る地平線から地平線を結ぶ線を主軸にもつ半楕円を、垂直の短軸の周りに回転することによって形成される（図8－5）。生物科学の研究者は、ふつう楕円を好むが、天文学者や物理学者は、ふつうはスミスにしたがって球体を好む[16]。これらの形は、かならずし

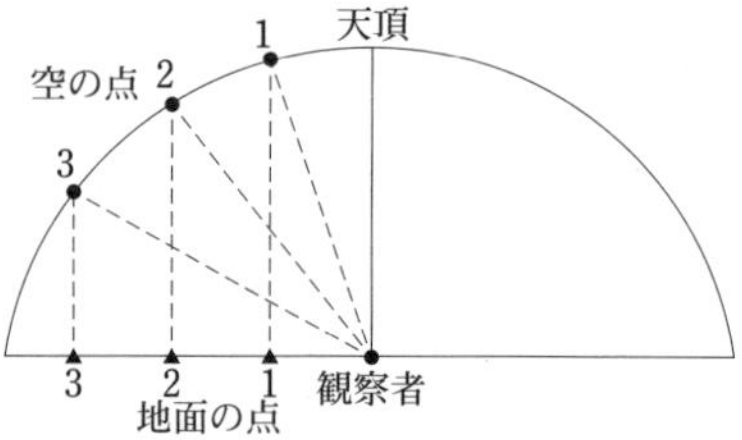

図 8-6　空の知覚された形は，観察者から既知の距離にある地上の点の真上にあると判断された空の可視面の点によって決定されうる．

も各人の知覚された空の形に一致していない。さまざま観察と仮説が広範に論ぜられてきたが、意見の一致は得られなかった[17]。それらの違いは、観察者の知覚的構えの違いによるところもあったし、エンジェル[18]が述べているように、「天の形や天の見方に関する観察者の先入観」によるところもあっただろう。

第二の疑問は、地平線と天頂を結ぶ弧の中点が、観察者のあいだで一致するのかどうかである。はじめに、昼間の空について考察してみよう。気象学者ケムツは、一九〜二五度のあいだの値を得て[19]、スミスの結果を支持した。ライマン（一九〇二b）は、彼自身の主観的な中点は、仰角一九〜二二度であり、雲の程度や季節によって変化することを見出した。ミラー（一九四三）は、晴れた空では約三三度となり、雲に覆われるのにしたがって三〇度に減少し、目に触れる地平線の性質にともなって変化することを見出した。このさまざまな結果は、第四章で大きさについて論じたときに生じた問題と類似した問題をもたらす。人びとが、地平線と天頂を結ぶ弧の中点を指すとき、彼らが示しているものとは、正確にいって何なのだろうか。それは、知覚された空の弧に沿って距離を二等分した点かもしれないし、地平線と天頂がつくる角度を二等分した方向かもしれない。ライマン（一九〇二b）は、おおぜいの観察者を用いた実験をして、両方の解釈が用いられていたことを明らかにした。観察者の中には、何が自分たちに期待されているかがはっきりとわかっていなかった人もいた。すなわち、彼は、この研究において、誰もが、等しく曲がった空を見ているかどうかを決定することができないと認めざるを得なかった。フォン・ジッヘラー[20]の指導のもとにいた別の観察者の中には、扁平な空をほとんど知覚しない者がいた。一三人の観察者の中点は、曇天では三八度、晴天では四二度、靄の空では四四度だった。このような不確実性を考えれば、何人かの著者[21]によって行われたようにこの種の結果に精密な数学的解析を適用することは、かなり無意味なことと考えられる。

もっと見込みのある方法は、空全体の知覚された形をじかに決定することだろう。ロバート・スミスは、このことを実行するために、マーティン・フォークス[22]による提案を記している。フォークスは、観察者から既知の距離にある、地上の一連の固定点を用いることを考えた。この実験の観察者には、これらの各点の真上にあると判断される、天空の対応点を指し示すことが求められる（図8－6）。天空のこれらの点の仰角を測定することにより、知覚された空の諸次元をじつに簡単に確立することができる[23]。この方法は、明らかにスミスの方法よりも優れているため、なぜこれまで一度も使われてこなかったのか理解に苦しむ。しかし、ごく最近になって、主観的に対応する天空と地上の点という考えが、月の錯視に関する知覚された距離の理論に組み込まれた（Baird, 1982）。これは第九章で考察する。

夜空の知覚された形はあまり扁平ではないという研究者もいたが、夜空の知覚された形は、昼間の空の知覚された形とおなじくらい確かでない。フォン・ジッヘラーは、地平線と天頂を結んだ弧の主観的中点を仰角四二度とした[24]。デムバーとウイベ（一九一八）は、この中点は、月のない夜では四〇度、月夜では三七度とした。最近ではベアードとワグナー（一九八二）によって晴れた夜空が研究され、彼らは、二四人の観察者に、水平方向あるいは天頂方向の空までの距離を標準にして、異なる一二仰角にある天までの距離を推定させた。ほとんどの観察者は、空の形をやや先のとがった形であると判断したが、わずかに扁平だと判断する者もいた。別の二〇人の観察者は、異なる既知の距離にある建物に隣接して見える、水平方向の空のいろいろな部分までの距離を推定した。推定値は、ふたたび大きく変動したが、地平線上にある遠くの対象に近接した空ほどいっそう遠くに見える傾向があった。後者の結果は、初期の研究者の個人的な観察を確証している[25]。

(3) 空に浮かぶ残像

しばらくのあいだ明るい光を凝視していると、その光源の残像が、自分の顔のすぐ前の空間に、まるで浮遊しているように見える。つぎの三〇秒のあいだ、この像は、どこを見ようとも光景の上に重ねられる。目を異なる方向に回転させることによって、残像は、ふたたび異なった背景の上に見ることができる。おおくの研究者が、残像は、それが投影される面までの距離（あるいは知覚された距離）に比例して、大きさが変化して現れると記した（図8－7）。

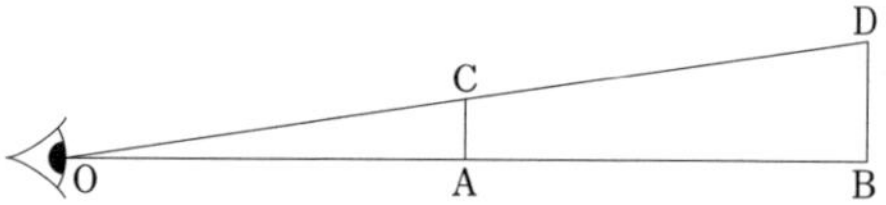

図8-7　エムメルトの法則を知覚された距離によって解釈すると，投影像BDがACの2倍に見えるのは，それが2倍の距離に見えるからである．

ベネデット・カステリ（一六三九）は、残像の効果を相対的大きさの一例と解釈しているが、おそらくその効果を初めて記述した人だろう。(26) エミール・エムメルト（一八八一）は、これらの観察を、エムメルトの法則として知られるものに公式化した。しかし、エムメルトが意図したことについては論争がある。彼は、投影面までの知覚された距離を意味したのか、その実際の距離を意味したのだろうか、それに彼は、残像の知覚された直線的大きさを意味したのだろうか、残像の投影された直線的大きさを意味したのだろうか。ほとんどの著者は、エムメルトは、知覚された大きさと距離を意味していたと仮定している。(27) もうひとつの代替的解釈では、実際の距離が決定因であり、残像の投影された大きさが、投影面までの距離とともに増加すると仮定する。よって、もし図8－7のACとBDの投影された大きさが、物指しやマーカーによって測られるのならば、BDはACの二倍になるはずである。(28)

もしわれわれがエムメルトの法則の通常の解釈を受け入れるならば、空のさまざまな仰角にある残像の知覚された大きさの変化は、丸天井の知覚された形を描くために用いられうる。ゼノ（一八六二）は、おそらくそのような変化を報告した最初の人である。彼は、沈んでいく太陽を見ることによって残像をつくり、それを天頂の空に投影すると小さく見えるが、水平方向の空を背景に観察したときは、太陽とおなじ大きさに見えると記した。その大きさの変化量は、約二倍だったようである（Lewis, 1862）。ゼノは、大きさの変化は扁平な空の見え姿にしたがい、それはエムメルトの法則に一致していると論じた。類似の観察は、一九世紀終わりから二〇世紀はじめに、何人かの研究者によってなされている。(29) 残像による月の錯視もまた、後世の何人もの研究者たちにより再発見された。トロッター（一九三八）はそれを簡潔に論じ、いっぽうキングとグリューバ（一九六二）は、またもそれを「新しい現象」と考えた。さらにのちにウェニング（一九八五）は、この錯視を独力で発見したいきさつを記述した。

初期の観察者は、通常は、残像の効果の大きさを数量化しなかったが、のちの研究者の中には空の形を記述するのに役だつ測定を行った者がいた。エンジェル（一九三二）は、太陽の残像は、水平方向の空に投影したときよりも、約一二〇メートル先の背景上に投影したときに小さく見え、それは約三〇度の仰角にある青空の上に投影したときには、さらに小さく見えることを見出した。これは、高めの空は、一二〇メートルよりも近く知覚され、水平方向の空は、それよりも遠く知覚されたことを示しているようである。

キングとグリューバ（一九六二）は、彼らの研究にいくつかの重要な測度を導入した。彼らの一六人の観察者は、明るい青の四角い紙の残像（視角五度）を、水平方向、仰角四五度、天頂九〇度の空を背景にして観察した。観察者は、水平方向と二つの仰角のあいだで残像の知覚された大きさの比率を判断した。この単純な実験結果は、われわれの錯視についての知識をたいへん豊かにした。第一に、この錯視は、一六人のうち一四人の観察者によって、片目を閉じていたときにでも確認された。ゆえに、この錯視は、両眼を使うことに依存するのではない。第二に、実験は量的な結果を生みだした。単眼で推定した一四人の観察者に対して、その推定された大きさの平均比率は、仰角四五度と比較されたときに一・五〇倍であり、天頂九〇度と比較されたときに一・六三倍だった。推定値の個人差はじつに大きい。単眼による残像錯視は、それゆえに、かなりの規模に達しており、おおくの月の錯視の測度とおなじぐらい大きい。第三の結果は、雲の効果が検討できたことである。八人の観察者は晴空で、五人は叢雲の空で、三人は全天が雲で被われたときに実験が行われたが、彼らの結果には、明白な差はなかった。雲があると、空がいっそう扁平に見える傾向があるので、この結果は、残像錯視は空の知覚された形に依存しないことを示唆するかもしれない。しかし、観察者数が少なすぎるので確固とした結論が出せない。

数年後、この錯視は、おなじような線に沿って、カマン（一九六七）によって研究された。彼の観察者は、水平方向の空と仰角四五度の空に投影された残像を比較し、平均推定比率一・四四（男性）と一・一七（女性）をえた。この性差は何を意味しているのか明らかでない。カマンのもっとも興味ぶかい結果は、観察者を説得して、二つの位置にある残像の相対的な知覚された距離を推定したことである――これは、ツォート（一八九九）が達成できないと考えたことである。結果は明白だったが、扁平な空の理論とエムメルトの法則の通常の解釈にもとづく予測に反していた。すなわち、残像は、水平方向よりも仰角四五度において遠くに見えたのである。われわれは、月と太陽に関してこれに似た距離の推定を第九章で考察する。

残像の錯視は、ほとんどいつも、水平方向と天頂方向の空までの知覚された距離の違いに帰せられてきた。けれども、この錯視はまた、月の錯視のように、明確な知覚された距離や形のない夜空を背景にして観察されてきた（Lewis, 1862）。これは、知覚された距離が、この錯視において役にたっていないということをかならずしも意味するのではなく、むしろ残像の知覚された距離が、空の形以外の要因によって決定されるに違いないことを意味する。

残像の錯視は、月の錯視に密接に関係していると考えられるので、それらがおなじ原因によって生じると考えたくなる。じっさい、あとの章で述べるように、残像は、しばしば月の錯視の説明を検証するために使われてきた。もし錯視の基礎に単一の原因があると考えるならば、二つの錯視に影響を与える要因を比較すれば、少なくともいくつかの説明を除外することに役だつだろう。たとえば、残像の大きさは、大気の屈折によって影響されることはない。そこで、もし大気の屈折が月の錯視を説明することができたとしても、それは残像と関連づけることができない。おなじように、大気の色や輝度は、もちろん背景の空との対比に影響するけれども、残像にじかに影響することはない。残像はまた、瞳孔の大きさの変化や目の不十分な焦点調節によって影響されることはない。それは、われわれが前章で考えてきたとおりである。しかし、もし月の錯視が複数の原因をもつということを受け入れるならば、それらの原因が残像に影響しないからといって、その要因を月の錯視の説明要因から除外することはできない。

（4）空の錯視の説明

もし扁平な空の仮説によって月の錯視を説明するのならば、はじめに空の錯視自体を説明しなければならない。トライバーやその他の者が[30]、空の錯視を光学現象として説明しようとしてきた。この説明では、われわれが空の面として知覚するものは、じっさい水平方向よりも天頂方向において近いと仮定される。ふつうは天頂の空から目に届く光は、水平方向の空から届く光よりも短い距離を移動するといわれる。なぜなら水平方向にある空気は厚いからである。

この種の説明は、観察者が距離のそのような違いを知覚することができることを前提にしている。しかし、これは、空と天体のあいだの距離の違いが知覚できないように、もちろん正しくない。大気によって散乱させられた光が目に届くまでの実際の距離は重要でないので、空の形に関する光学的理論については、これから考える必要はない[31]。

ブルドン（一八九七）が批評を著わしたころ、皆の同意が得られた説明は確立していなかったが、いまでは、空の錯視が物理的ではなく知覚的現象であるという考えは、さまざまな観察によって支持されている。知覚された空の形は、見方によって変わると述べた人がいる。すなわち、知覚された空の形は、月の錯視についても言われてきたように（第一一章と第一二章）、身体的姿勢や注視角とともに変動する。たとえば、フィレーネ（一八九四）は、自分の頭が下を向いているときは、扁平化は消え、昼も夜も空が半球に見えることを観察した。おなじように、ツォート（一八九九）は、仰向けに寝て、とくに数分が経過したとき、天頂方向の空は、立っているときの空よりもいっそう遠ざかって見えることを見出した。ミンナート（一九五四、一六三頁）は、もっと劇的な身体的姿勢について示唆した。すなわち「水平の棒に足をかけてぶら下がり、頭が垂れ下がっているあいだに周りを見渡してごらん。そのときの空は半球に見えるだろう」と。観察時間にともなう変化は、またパーンターとエクスナー（一九一二、五頁）によって記述されているが、彼らは昼間に観察される扁平な空は、任意の点を凝視しはじめると消失しがちになると記した。

他の研究者たちは、身体的方向よりもむしろ視覚的光景の役割を強調した。ブルドン（一八九八）は、空が扁平に見えるためには地平線が見える必要があり、霧のかかった空では、それは半球に見えると記している。ゆえに、イブン・アル＝ハイサムによって示唆されているように、介在する対象が、その役割の一端を担っているのだろう。ハンフリー（一九六四、四五三頁）は、さらにもうひとつの要因である空気遠近を示唆した。すなわち、頭上の空は、霞がかった水平方向の空よりも澄み、経験的に明瞭な対象は近くに見える。雲に覆われた空の扁平あるいはアーチ状の見え姿から、知覚学習の重要性を強調する人がおおい（図8－9）[32]。ロバート・スミスは、この見え姿を記述し、これとおなじ考えが澄んだ空に適用できるだろうと述べている。

そして雲が空に少しかかっているときやまったくないときは、実際のところ、全天が雲によって覆われているときとおなじように空がくぼんでいるという考えを持ちつづける。しかし、もし誰かが、澄んだ空気からの光の反射だけでじゅうぶんに空のくぼみの考えが示唆されると考えても、私はそれに反論しないだろう。

このように、スミスは、光学的説明の可能性を示唆することによって、自らの主張に予防線を張った。知覚学習による説明は、一八三四年にJ・C・E・シュミットによって、曇り空の実際の扁平化はあまりにも顕著なので晴天のわずかな知覚された扁平化を説明することはできないということを根拠にして退けられた(33)。しかし、これは深刻な反論ではない。なぜならば、晴天のときに知覚された形は、おそらく記憶に残っている強く扁平した曇天と、今見えている形のない青の広がりの妥協かもしれないからである。ヘルムホルツ(34)は、雲にもとづいた知覚学習の考えを支持した。そして、この説明は、いまなお現代の著者たちを惹きつける。たとえば、ウォーカー（一九七八b）は、昼間の空の扁平な見え姿が、夜空の知覚に持ち越されると仮定した。にもかかわらず、夜の空が扁平に見えるという証拠は乏しく、これは、そのような説明のすべてを困難にさせる事実である。

（5）天体と扁平な空

扁平な空の理論に関連する最後の問題は、天体までの知覚された距離は、空までの知覚された距離とおなじかどうかという問題である——それは、空の錯視を月の錯視の説明として使おうとすれば不可欠なものである。昼間の空では、このふたつは一致するというある程度の合意が観察者たちのあいだにある(35)。しかし、ツォート（一八九九）は、約一〇〇人の人びとに訊ねる大規模な実験を行ったが、夜空についてそれを確証することができなかった。ツォートは、彼の被験者に、月がとても大きく見えたときの特定の月の出を覚えているかどうかを訊ねた。回答は、ほとんど常に「はい」だった。彼は、それから、被験者に、そのときの月は、空の面の上にあるように見えたのか、その手前の空間に浮かんで見えたのかを訊ねた。答えは、たいていは後者だった。星も空面から離れて見えるかもしれない。

すなわち印東（一九六八）は、彼の被験者たちが星を凝視したとき、星は空の方に退くような印象をもつと報告した。

われわれは、空の錯視が、月の錯視のじゅうぶんな説明を提供しないと結論せざるをえない。まず、昼間の空は、だれにでも扁平なドームに見えるわけではなく、その知覚された形は、普通はさまざまな仰角にある月の錯視の大きさと一致しない。第二に、天体錯視は暗くなるとじつに顕著になるが、夜空はいつも扁平な面として見えるわけではない。第三に、拡大した地平の月は、いつも夜空に固着しているかのように見えるのではなく、その前の空間に浮かんで見える。さいごに、空の錯視は、それ自体がさらに説明を必要とする知覚的現象であり、よって、ほとんど月の錯視を説明するための健全な基礎にはならない。空の錯視と月の錯視を、知覚学習の観点から説明する試みを第九章で考えよう。

(6) 空の高さ

これまで、われわれは、空天井までの知覚された絶対的距離ではなく、その知覚された形（あるいは相対的次元）について考えてきた。もし知覚された距離が、天体錯視を説明するために用いられるならば、それも重要になるだろう。あいにく、天体までの知覚された距離とは別に、空天井までの知覚された距離の真に独立した測度を得ることはむずかしい。空天井までの距離は、空天井の面上に横たわっていると仮定される、対象の知覚された距離の推定値を通じて、ふつうは間接的に判断される。

天体までの知覚された絶対的距離は、たいへん不明確であり、研究者は、天体までの距離の推定値を集めようとは思わないだろう。水平方向と天頂方向にある天体の知覚された相対的距離の方がやさしい判断であり、そのような報告を第九章で考察する。われわれが知っている唯一の絶対的な推定値は、ブルドン（一八九七）によって報告された。彼は、ほとんどの人が、星を約八〇～一五〇メートル先に見ていると論じた。けれども、天体までの「記銘された」距離を算出するために、間接的な方法が用いられるならば、もっと小さな値が得られる。記銘された距離は、知覚的に推定された距離ではなく、仮説的な距離である。それは、天体の知覚された直線的大きさの推定値と、その既知の角度的大きさとを結合させて算出することができる。フォン・シュターネック（一九〇七、一九〇八）は、この方法を用いて、空に上った天体までの距離が約一二メートルであると推定した。太陽や月の絶対的大きさの常識的な推定値は一〇〇〜三〇〇ミリメートルなので（第三章）、〇・五度の角度的大きさに対して、そのような推定値から算出される知覚された距離は一二〜三六メートルであると受け取られうるだろう。長さと角度の両方を測定するために、さまざまな文化の古代の天文学者によって使用されてきたさまざまな単位の研究では、だいたいおなじ結果がえられている。[36] このようにしてえられた短い距離は、じかに推定された距離に対応していないし、角度的大きさを誤って知覚することもありうるのにそのことを考慮に入れていないので、どのように解釈すべきなのかはわからない。この短い距離は、天体の推定された直線的大きさが、その真の角度的直径を張るために月が存在すると考えられる真の距離を表しているにすぎない。第三章では直線的大きさの推定値の解釈の難しさについて述べ、第九章では記銘された距離の概念にもどる。

空までの知覚された距離を算出するための別の方法は、本章のはじめに述べた残像を用いることである。残像が、地上のさまざまな距離に投影され、それから、その知覚された大きさが、空に投影された残像の大きさと比較された。プラトー（一八八〇）がこの方法を用いた。彼は、晴れた夜の満月の残像をつくり、それを近くの壁を背景にして観察した。彼は、それから壁からの自分までの距離を変えて、壁の上の残像が、ちょっと前に見た月とおなじ大きさに見えるようにした。このとき壁から彼までの距離は五一メートルであり、よって、それは月の知覚された距離の間接的測度である。他の観察者もこれを確証して、記銘された距離が五〇〜六〇メートルになると報告したといわれる。[37] われわれは、さきに、天頂の空は一二〇メートル未満とするエンジェル（一九三二）の結果を述べている。

（7）フォン・シュターネックの量的距離説

フォン・シュターネック（一九〇七、一九〇八）は、距離の知覚の量的理論を発展させ、それによって扁平な空と月の錯視が説明できるとした。彼は、一般に、知覚された距離は、実際の距離よりもよりゆっくりと増加することに

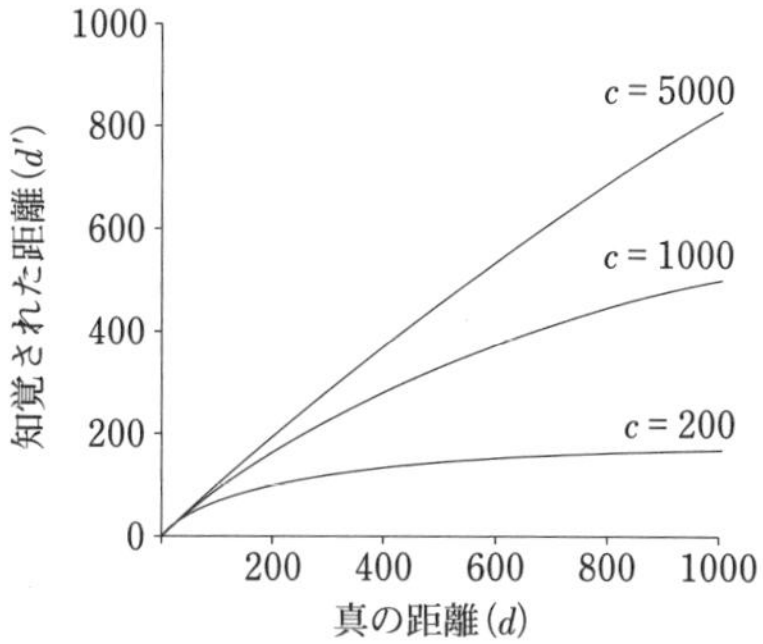

図8-8　知覚された（d'）と真の距離（d）の関係．フォン・シュターネック（1907, 1908）より．最大の知覚可能な距離（c）が大きくなるほど，d' は d に近づく．

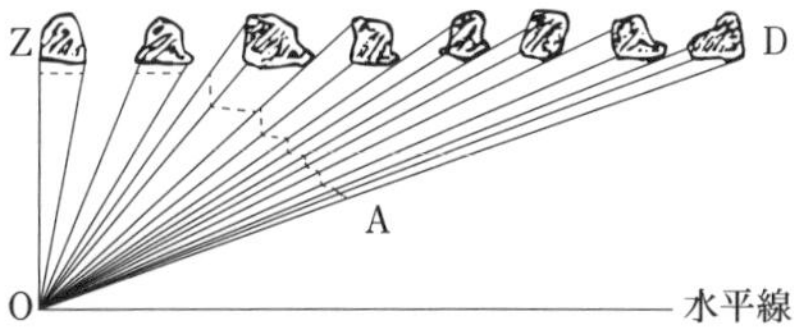

図8-9　雲の遠近的見え方．地点Oにいる観察者は，水平に広がった雲（ZD）を，階段状のパターン（ZA）として見る．遠くの雲は，天頂の雲とおなじくらい近くに見える．出版社の許可を得てハンフリー（1964, p. 451），ロス（1974）より引用．

気づいた。結果として、遠くにあるものは、すべて等しい距離に見える。最大の知覚可能距離は、照明量とその他の条件に依存し、夜では約二〇〇メートル、昼間では約二キロメートルとなる。フォン・シュターネックは、対象までの知覚された距離（d'）を、真の距離（d）と特定の条件における最大の知覚可能距離（c）を使って、つぎのように表現した。

$$d' = cd/(c+d)$$

この公式によると、最大の知覚可能距離が、真の距離よりもはるかに大きいときには、知覚された距離と真の距離は、実質的には等しくなるが、二つが互いに近い場合には、距離の過小推定が増加する。図8－8の例は、cが二〇〇、一〇〇〇、五〇〇〇の場合を示す。

フォン・シュターネックは、この式を用いて、曇天の丸天井の見え姿を説明した。頭上の扁平な下層雲の厚い塊は、扁平に見えず、むしろ地平線へと傾斜して見えるだろう。なぜなら、遠くの雲までの距離は、頭上の近接した雲までの距離よりも過小に評価されるからである。この考えは図8－9に例証される。もし距離の知覚と大きさ－距離の不変性が正しいとするならば、雲の層は、平らに見え、雲は等しい大きさに見える。しかし、もし距離の手がかりが有効でなければ、すべての雲は等しい距離に見られるだろう。そして雲の層が、完璧な半球に見えるならば、雲の大きさは、地平線の方向に向かって減少する。よって、雲の曲がった見え姿は、短縮化された距離の知覚によって説明される。

もしいくつかの雲までの真の距離とその知覚された距離がわかれば、フォン・シュタールネックの式は、まず最大の知覚可能距離を算出し、それから丸天井全体の知覚された形を算出するために用いられる。たとえば、雲の最下層が天頂方向二・五キロメートルの高さにあり、地平線が一七七キロメートルの距離に見えるとする。もし観察者が水平方向の雲までの距離が、頭上の雲までの距離の五倍に見えると推定すれば、代数的操作によって、知覚可能距離の最大値が一〇・六キロメートルになる（訳注　比例関係 $177c/(c+177)$: $2.5c/(c+2.5)$=5: 1より c が求まる）。この値は、特定条件における空全体の丸天井の大きさと形を算出するために用いられうる。フォン・シュタールネックは、晴れた青空と夜空の扁平な丸天井を記述するために、いろいろな c 値を使って、このおなじ式を用いた。それから、彼は、扁平な丸天井が基準面を形づくり、その面上に天体があるように見えると仮定し、その知覚された直線的大きさが、大きさ－距離の不変性からえられると仮定した。よって彼の天体錯視の基準水準理論は、量的形式を備えた空の錯視の説明ということになる。

この理論のおもな弱点は、天体錯視の説明に関するかぎり、天体にとっての基準面の形が、独立に決定できていないことである。フォン・シュタールネックは、さまざまな仰角にある太陽と月の推定された直線的大きさから基準面を導出し、上で論じた距離と類似した距離を求めた。つぎに月の錯視を説明するために、これらのものを用いることは循環論を構成し、われわれの理解をまったく進展させたことにならない。

フォン・シュタールネックの理論は、これとよく似た基盤にたって、ミュラー（一九〇七）によって批判された。ミュラー（一九二二）は、また、ある項が心理的測度であり別の項が物理的測度であるように、知覚された距離を物理的距離に関係づけて方程式を書くことは合理的でないと論じた。しかし、これは、フェヒナー（一八六九）の著作以来、精神物理学者たちが知覚的測度を物理的測度に関係づけてきたこともあって、見過ごされた点である。近代の心理学者たちは、知覚された距離の量化をつづけ、少なくとも自然な戸外の設定では(38)、推定された距離は、物理的距離よりも緩やかに増加することを確認した者がいる。ミンナート（一九五四）は、距離の過小推定によって、おおくの地上の現象[39]が説明されると論じたが、彼は、フォン・シュターネックが、空虚な空までの知覚された距離を測定しようとしたことを批判した。

(8) 地上の受け皿

われわれは、「くぼんだ地面」が、どのようにして天の丸天井に関するトライバーの説明に関連するのかを見てきたが、この現象はもう少し注目に値する。高いところから見たときに観察される凹形あるいはくぼんだ地面は（図8-10）、地上から見たときに観察されるアーチ状の雲とは反対の効果である。空中のカメラの視点から見ると、ヒトは球によって囲まれている。すなわち、相いれない情報がないときには、地面のすべての点は、等しい距離にあると考えられる。もちろん、きめの勾配や他の手がかりの形で存在する情報があり、それによって、地平線は、真下にある点よりも遠くにあることが示唆される。地面が、平面ではなく、くぼんで見えるという事実は、距離の知覚が不完全であり、水平方向の距離は、垂直方向の距離に比べて過小推定されることを示す。よって、アーチ状の雲と地上の受け皿は、どちらも短縮された距離の知覚の例である。

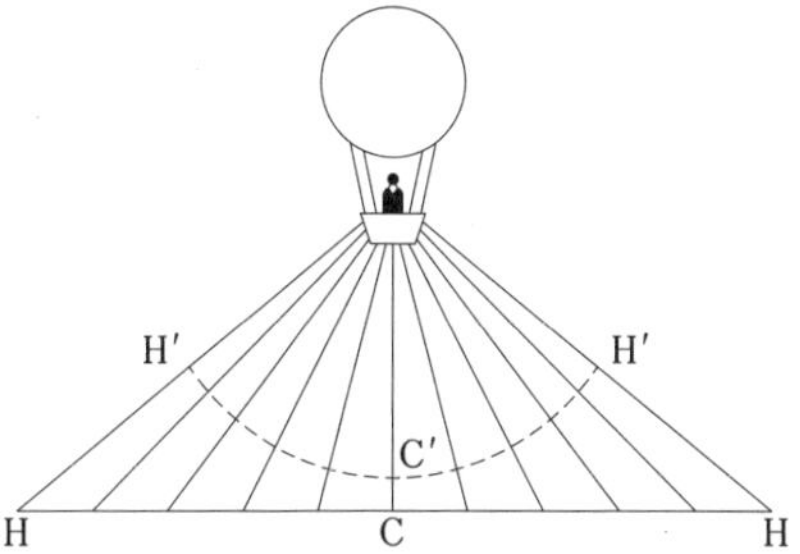

図8-10　地上の受け皿あるいはくぼんだ地面．HがCよりも遠いということがわからず，平面HCHが曲面H′C′H′に見える．出版社の許可を得てロス（1974）より引用．

もし天体が、地上の受け皿の面上を動いているようすを見ることができるならば、天体の知覚された大きさは、それが空において変化したのとおなじようにして変わるはずである。天体は、地平線においてもっとも大きく見え、地面のくぼみに沈んでいくにしたがって小さくなっていくはずである。もちろん、われわれは、このようにして天体を見ることはできないが、普通の対象は、ある高さから見たときは、おなじ距離を水平方向に見たときよりもいっそう小さく見えるという報告がおおい[40]。しかし、われわれは、残像や人工月を、下方向へ投影することができる。そのような実験を第一二章で述べる。

(9) ヒーランの双曲的視空間

天体の知覚された大きさと距離、地上の受け皿、その他のおおくの視覚現象が、ヒーラン(一九八三)によって提案された視空間の量的理論によって取り扱われる。フォン・シュターネックやその他の人のように、ヒーランは、われわれの身近な物理的環境をゆがみのない三次元空間(いわゆる**無限ユークリッド空間**)として経験すると述べている。しかし、遠くの対象の知覚、錯視、その他のおおくの視覚的経験は、(物理的空間と対照的に)視空間がしばしば有限双曲的空間としてもっともうまく記述されうることを示唆する。そのような空間では、たとえば、遠くにある対象は、近くにある対象よりも、小さく奥行きが少なく見え、遠くの平行線は、一点に収束して見え、曇天や高所から見おろした地面のような水平面は、観察者の周囲を囲む曲線に見える。

ヒーランは、そのような双曲的空間を数学的に記述した。与えられた状況において有効な視覚的手がかりが、観察者の双曲的視空間の形を決定する。よって、水平方向の月を観察するときの視空間と上った月を観察するときの視空間は、どちらも有限双曲的であるが、その空間の特徴は異なる。ヒーランは、二つの視空間の違いを決定するために、水平方向の月が頭上の月よりも(直線的大きさが)大きくて近くに見えるという事実を用い、このようにして彼は、地上の受け皿や天の丸天井を含む他の知覚的現象に、この事実をつなぐ錯視の記述を提供しようとする。

月の錯視に関して、ヒーラン理論の重要な帰結のひとつは、地平線近くにある対象が、月の出のときに拡大して見えることである。ヒーランは、これは実際に、われわれが経験することであり、遠くの木や家は、上ったときの月よりも水平方向の月を見ているときに大きく見えると論じた。この種の現象は、ダン(一七六二)やヘニング(一九一九)によっても記述されているが、彼らは、日の出と日の入時の太陽の赤い光のみに結びつけてこのことを論じている(彼らの説明を第六章の色の変化に関する節において引用する)。太陽や月の高さの変化にともなって、地上にある対象の尺度が変化するという報告は他にないので、根拠の欠ける現象を用いてヒーラン理論を支持することはできない。

ヒーランの説明がもつおもな問題は、その理論が、フォン・シュターネックの理論のように循環論になっていることである。水平方向の月の見え姿が、観察者の視空間の性質を導出するために用いられ、視空間の特性が、つぎに月の錯視を説明するために用いられる。視空間のパラメターが独立に決定されていない。

われわれは誰ひとりとして、月の錯視の独立した説明として、空の知覚された形を確定させることに成功した者はいないと結論づけねばならない。しかし、二つの錯視は類似しているところがあるので、この二錯視は、おそらく原因となる要因のいくつかを共有しているのだろう。(41)

（10）まとめ

空は扁平なドームとして見えると報告される。イブン・アル＝ハイサムや他の人たちは、天体は、このドームの経路に沿って動いているように見え、その天体までの知覚された距離の変化が、大きさ－距離の不変性を通して、知覚された直線的大きさの変化を説明すると論じた。しかし、空の知覚された形を測定しようとすると、その結果は変わりやすく、夜空は、昼の空ほどには扁平に見えず、観察者は、月は空の前に浮かんで見えると報告する。空に投影された残像の知覚された大きさは、天体錯視とおなじようにして変化するが、その知覚された距離は、扁平なドームと一致しない。空までの知覚された距離の推定値と、太陽や月の知覚された直線的大きさの推定値は、古典的な大きさ－距離の不変性と矛盾する。なぜなら、計算したところ「記銘された」距離が、きわめて短くなるからである。フォン・シュターネックとヒーランの量的距離の理論は、天体の推定された直線的大きさから、空の知覚された形を計算するので、この理論は、天体の推定された直線的大きさを説明するために用いられない。空の錯視と、空に投影された残像の知覚された大きさは、たぶん、その原因となる要因のいくつかを、天体錯視と共有しているだろう。

第九章　近くにありながら遠い

大きさの恒常性についてもっとも広く行き渡った考えのひとつは、大きさの恒常性は、距離を斟酌することによって達成されるという考えである。この信念は、しばしば古典的な大きさ－距離の不変性によって表現される。すなわち、ある角度的大きさの対象があると、その知覚された直線的大きさは、その知覚された距離に比例して増加する。そのような距離の変化に応じた増減があれば、月の錯視は、じゅうぶん過ぎるくらい説明できるだろう。この説を支持するためには、天体は、天頂方向よりも水平方向において遠くに見えることが要請される。この考えは、平らに見える空のドームの考えと密接に繋がっており、前章で検討したところである。われわれは、空の錯視は、月の錯視の独立した説明として使うことができないとの結論をえた。その理由のひとつは、月が、通常、空のドームのあるところに見えないことである。われわれは、これから、天体までの知覚された距離に関する証拠を検討する。知覚された距離は、知覚された大きさよりも議論に満ちた話題である。すなわち水平方向にある月は、上った月より大きく見えることには誰も異存がないが、観察者は、その知覚された相対的距離についてはそれほど確信がもてない。

（1）天体までの知覚された距離

おおくの観察者は、上っていく月や太陽までの知覚された距離は、月や太陽が見えている地平線までの距離とおなじであると論じてきた。これは、ローマの詩人ルクレティウス（前九八－五五ころ）の見解だった。

そしてまた、自然が、輝ける炎で真っ赤になった太陽光を浮かび上がらせ、山やまの上に太陽を持ちあげ始めるとき、太陽がその上に立っているように見える山やまは、太陽が自身の炎で山やまに触れ山のすべてが太陽の手元の近くで輝くので、私たちから二千回の矢の飛行、いや、しばしば五百回に足らない槍の投擲ほどの距離にあるようにしか（見え）ない。しかし、山やまと太陽のあいだには、天の広い縁の下に散在する広大な海面が横たわり、そのあいだには、さまざまな人種が住み野獣たちが生息する何千の土地がある。(1)

簡単にいうと、ルクレティウスは、上る太陽は、実際はずっと遠くにあるが、地平線とおなじ距離に見えるといっている。これは、もちろん、天体の知覚された大きさを説明するために、大きさ‐距離の不変性を用いる著者たちによっても仮定されている。プトレミー（二世紀）は、その後期の著作『惑星仮説』（巻一、二部、七節）において、天体は、その実際の距離よりも近くに見え、そして熟知した距離の近くに見え、その知覚された直線的大きさは、その距離に比例して変わると主張した。

惑星は、実際よりも私たちに近づいて見える。というのは、すでに説明したように、目が（必然的に）いっそう熟知した距離にある物と惑星を比較するからである。（惑星の推定された）大きさは、この距離にしたがって変化するが、その変化の割合は、（距離と大きさの）どちらか一方の量を見分ける視覚が弱いために（幾何学的規則が必要とする割合よりも）小さい。(2)

この節では、プトレミーは、空のさまざまな場所において、天体の知覚された大きさや知覚された距離が異なることについて注釈を与えていないし、天体錯視を説明するために、はっきりと大きさ‐距離の不変性を使っていない。(3)われわれは、プトレミーのもっと具体的な説明を第五章と第一一章において考察する。

地平線上の月が、ひじょうに遠くに見えることに異議を唱える著者もいる。モリヌーク（一六八七、三二一頁）は、つぎのように記している。

私の考えでは、**水平方向の月**は、私たちから遠くにあるのではなく、私たちの近くにあると想定する。もし自然な考えを知りたいのなら、子どもを連れてきてその問題を決めよう。彼らは自分たちの視界を制限している空間の縁まで行くことができるなら、(彼らが言うように) 空に触ることができると思う傾向がある。よって、月は、私たちから遠くにあるのではなく、私たちの近くに見える (訳注 「視界を制限している空間の縁」とは地平線を指す)。

モリヌークは、月は、それが天頂にあるときよりも地平線上にあるときに、地面に近づいて見えると述べているようである。すなわち、彼が、地平線に**いない**観察者に月が近づいて見えると考えたのかどうかは、まったく明らかではない。

ダン (一七六二、四七一頁) のように、ほとんどの著者たちは、月は地平線上では近くに見えるとはっきり述べた。一七七五年、G・S・キューゲルは、何人かにそのことを尋ねてみると、みな月は近くに見えると答えたと報告した。[4] 一九〇〇年代初頭のころ、これに類似した研究結果が、おおくの著者によって報告された。[5] キングとヘイズ (一九六六) はのちに、ほとんどの人は、水平方向の太陽は大きくて近いと記憶していると論じた。最近では、考古学者のラッグルズがそのように仮定した (一九九九、一五四頁)。

これらの著者のほとんどが、これらの観察は、大きさ－距離の不変性による説明に支障をきたすと指摘した。ボーリング (一九四三、五六頁) は、つぎのように記している。

しかし、月をよく観察してこの問題を考えたことのあるすべての人から見れば、(知覚された距離にもとづいた) 議論は、上った月が地平線上の月よりも遠くに見えるという単純な理由のために誤っていることになる。もしその理由を尋ねられたら、彼らは「月は上ったときには小さく見える。もちろん、遠くに見えるからだ」と言う。――

こうしてプトレミーの論理はひっくり返される。

これらの報告はすべて、実験ではなく記憶にもとづいている。じっさい水平方向の月と天頂の月の知覚された距離を、同時に比較することはできない。しかし、残像や人工月を用いて実験をすることはできる。ツォート（一八九九）は、空に浮かんだ残像の知覚された距離を決めることはできないと気づいたが、カマン（一九六七）は、残像が水平方向に投影されると、大きくて近くにあると判断されることに気づいた。彼は、エムメルトの法則は適用されず、大きさ－距離の不変性によって、月の錯視を説明することはできないと結論づけた。残像や人工月を用いた、その他おおくの実験が第一一章と第一二章に述べられており、そのほとんどが、おなじ角度的大きさをもつ対象は、水平方向に観察されたとき、大きくて近づいて見えることを確認している[6]。

この節において述べられた報告のほとんどは、天体までの知覚された絶対的距離ではなく相対的距離に関するものである。絶対的距離の推定値は第八章で述べたが、その値は、天体が地平線に近いとき、天体がひじょうに近づいて見えることを示唆する。地平線それ自体は、一般的に天頂よりも遠くに見えるのに、天体は地平線上では近くに見えると結論づけなければならない。にもかかわらず、水平方向の月について想定される大きな知覚された距離を説明することに多大の労力が費やされてきた。もっとも流布している説明には、介在する対象の役割が取り込まれている。

（２）介在する対象

扁平なドームに対するもっとも初期の説明は、地表に介在している対象によって、地平線が天頂よりも遠くに見えるというものであった。プロティノスが三世紀に述べたように（第三章）、何かで満たされている空間は、何もない空間より大きく見える。このことを扁平なドームと関連づけた最初の論者は、イブン・アル＝ハイサムのようである。彼はつぎのように述べている。

介在する空間が、隣接しあって途切れていない一直線に並んださまざまな物体から成り立っていなければ、ヒトの視覚は、けっして目に見える対象の大きさを知覚することはできない。……もし視覚が正確に視対象の距離を確立していないのならば、視覚は、その距離を推定して視覚が見慣れている視対象の距離にこれを同化させることができる。……星と観察者のあいだに介在する空間は、隣接しあって途切れていない一直線に並んださまざまな物体から成り立っていない。……したがって、視覚は、最大可能距離として知覚される地上の対象の距離と、星までの距離を比較することによって星の距離を推定する。(7)

この説明は、わずかに言い直されて、ウィテロ、ベーコン（一二六三ころ）、ペッカム（一二七四ころ）によって繰り返された。彼らはイブン・アル＝ハイサムにしたがっており、彼ら自身に貢献があったとしてもわずかなものだった。ウィテロは、あるところでは月の錯視の原因を大気中の蒸気に求めたが、別のところでは介在する対象に求めた。

観察者と地平線のあいだに知覚されるものは、地表の空間の幅であるのに対して、天頂と地上のあいだには知覚されるものがない。その遠隔の程度は、介在する対象の見かけの距離から判断されるので、多数のものが介在して見えると、その距離はいっそう大きく判断されることになる。それゆえ、地平線の縁までの距離は、見かけの丸天井の天頂までの距離よりも、ずっと遠くに見える。(8)

ロジャー・ベーコン（一二六三ころ）は、おそらくウィテロのことを知らずに、彼の著書『オプス・マユス』(9)の中で類似の説明をした。

地平線上の星までの距離は、地面の介在を通して判断される。しかし、星が天中にあるとき、空気は知覚されないので、このようにして距離が判断されることはない。それゆえ、星までの隔たりは、天中よりも地平線上において大きくなるので、星は、天中にあるときよりも、いっそう遠ざかって見える。こうして星は（前のように）大きく見える。(10)

ジョン・ペッカム（一二七四ころ）は、著書『光学の科学』においておなじ説明をした。彼は、介在する対象を用いて、雲までの見かけの距離（命題六二）と扁平なドームの形（命題六五、一四三頁）を説明した。

命題六五。地平線は、天の半球の他のどの部分よりも遠く離れて見える。

これは命題六三から明らかである。というのも、もし距離が、（介在する）物体の大きさから累積されたものならば、距離は、介在するものが大きく見えるところでは、いっそう大きく見えなければならない。しかし、地平線と観察者のあいだには、地面の全幅が介在して見えるのに対して、観察者と天頂のあいだには何も介在しない。それゆえ、地平線は、空の他の部分よりも比較できないくらいに遠くに見える。

ペッカムは、ベーコンとウィテロをじかに引用していないが、彼らにしたがっていたのかもしれない。介在する対象による説明は、じつにおおくの著者によって繰り返されてきた。おおすぎて個々に言及できないくらいである。(11)

（3）介在する対象と仮説検証

一七世紀になると「筒」実験の結果に関する思索がはじまった。すなわち、もし天体のまわりを取り囲んでいる対象が視界から遮られたならば、地平線の太陽や月の知覚された大きさは、どうなるのだろうか。筒実験に対する見解は、三世紀ころのギリシャの天文学者クレオメデスの大気の効果についての叙述に由来するのかもしれない。すなわち、彼は「伝え聞くところでは、深い井戸から太陽を観察することが可能なところでは、太陽が井戸の湿気を通して見られるので、その見え姿がずっと大きくなる」[12]と書き記している。

リッチョーリ(一六五一)の貢献は、とりわけ興味ぶかい、なぜなら、彼は、この実験を提案した最初のひとりのようだったからである。彼は介在する対象の重要性を信じていなかった。彼はつぎのように述べた。

上ったり沈んだりする太陽を、寝室や庭から見ているとき、垣根、壁、あるいは低い窓の縁によって、地平線までのあいだに存在する空間を遮り、太陽の他には何も見えないようにして見ても、太陽は、地平線から離れているときよりも、ずっと大きく見えるだろう。[13]

介在したり周囲を囲んだりしている対象の効果を取り除くために、筒を通して見ることを提案した者もいる。モリヌーク(一六八七)とゴェイェ(一七〇〇)の貢献は第七章で述べた。すなわち、モリヌークは、錯視は残ると主張し、ゴェイェは消えると主張した。マールブランシュ(一六九三)は、地勢の消失に加えて輝度の減少の効果を測定したようだが(第六章)、この話題についても言うべきことがあった。もし太陽だけが見えて介在する地勢は見えないように、ろうそくの炎の煤でいぶした平らなガラス片を通して太陽を見ると、

地平線にある太陽を、ガラスを挟んで見ると(ガラスがないときよりも)二倍くらい近づいて見え、四倍くらい小さく見える。しかし、もし地平線より上にあるのなら、ガラスは、距離にも見かけの大きさにも顕著な変化をもたらさないだろう。[14]

バークリもまた、『視覚新論』(一七〇九、七七節)においてこの問題を考察した。彼は、壁が地平線と介在物を遮っても、月は、その弱よわしい見え姿と他の原因のために、依然として拡大して見えると述べた。おなじ主張が一七四四年にル・キャットによってなされているが、おそらくはこれらの初期の著者たちにしたがってのことだろう。す

なわち、「もし地平線上の月を壁ごしに、また紙の筒やガラスを通して見て、距離を示す山や谷などが見えなくても、月はそれでも大きく見える」(15)。彼は、バークリとおなじように大気遠近法の説明に依った。オイラーも一七六二年にこれに類似する主張をした。すなわち、「介在している対象を隠す、適当な物に開けられた小孔から水平方向の月を見ると、それでも月は大きく見える」(16)。

これらの著者の何人が、実際に、他の種類の実験に対立するものとして筒実験を行ったのか、あるいはまったく行わなかったのかは明瞭でない。天文学者ビオ（一八一〇）は、この実験を行ったのかもしれない。彼はつぎのように述べている。

これらの錯視は、異物がもはや見えなくなると、すぐに消える。月だけが見える筒や巻いた黒い厚紙を通して月を見ることによって、これらの異物を遮ることができる。そのとき、その穴は（月の）円盤によって完全に塞がれる。おなじ大きさの穴を使っているので、月が、天頂より地平線で大きく見えることはない。それは、いぶされたガラスで月を見るのとおなじである。なぜなら、ガラスの色が黒いので、照明された対象しか見えず、他の対象はすべて隠されるからである(17)。

ほんとうの筒実験の結果は、月の錯視の理論にとって重要である。もし水平方向の月を筒ごしに見たときに、月の錯視が除去されるのならば、月の拡大は、介在したり囲ったりしている対象、つまり知覚された距離や相対的な大きさ、あるいは輝度や色の対比によるに違いない。もし錯視がそのままの強さで存続すれば、それは、別の一要因あるいは複数要因によるに違いない。もし錯視が生じてもその力が弱ければ、それは、視環境を含む要因の結合によるに違いない。実験の重要性にもかかわらず、その結果について初期の著者たちには一致するところがなかった。

この不一致を説明するもっともありそうな理由は、実験が不十分だったことである。小さい範囲の地勢でさえ錯視を生みだすのにじゅうぶんかもしれないので、視野を狭める筒の大きさが重要になる。観察者は、小さい錯視を完全

表 9-1

著者	年	理論	方法
(a) 錯覚が消えるとする著者			
カステリ	1639	介在する対象/相対的大きさ	帽子のつば越し観察
マールブランシュ	1693	介在する対象	煤けたガラス
ゴェイェ	1700	空間の分割	筒
ポーターフィールド	1759	介在する対象	筒
ビオ	1810	介在する対象と空気遠近	筒
ブランディース	1827[1]	介在する対象/扁平な空/空気遠近	遠近的筒
ライマン	1902a	扁平な空筒	
マイヤー	1904	垂直方向の縮小，縮減条件[2]	筒あるいはフィルター
フィレーネ	1910a 1917	扁平な空，水平方向の体験	筒
(b) 錯覚が消えないとする著者			
リッチョーリ	1651	屈折	壁越し観察
モリヌーク	1687	未決定	筒
バークリ	1709	姿勢/空気遠近	壁
ル・キャット	1744	空気遠近	壁あるいは筒
オイラー	1762	空気遠近	小孔
フィレーネ	1894	扁平な空	遮蔽された地平
ツォート	1899	注視角	煤けたガラス
フィレーネ	1910b	扁平な空，水平方向の体験	煤けたガラス

1. ライマン（1902a），p. 12 より．
2. ［訳注　水平方向の月が大きく見えるのではなく，垂直方向の月が小さく見えると考えた．これは垂直方向では距離の手がかりや背景の特徴が縮減しているので生じる（プラグからの私信）］．

錯視か無錯視かに分類することを強制されているかもしれないので、観察者に許容された回答のカテゴリーも重要である。実験の結果が著者の理論に依存するのももっともである。何人かの著者たちの理論を表9－1に示す。そこでは、縮減観察条件によって錯視が除去されたとする著者の観察あるいは信念と、そうでないとするものにしたがって分類されている。

報告された効果は、もちろん、たいていは錯視に対する著者の主要な説明と一致している。概して、明白に偽りのない観察によれば、水平方向の月を、視野の狭い筒を通してのぞくと、錯視は除去されるか大きく減少する。しかし確固たる結論を導くのはむずかしい。なぜなら、これらの観察は、現代的基準による真の実験ではないからである。すなわち、その観察は、たいていは著者一人かごく少数の被験者によってなされ、判断は錯視があるかないかという形式だった。現代のよい実験では、偏りのない多数の被験者が自身の知覚の量的測度を与え、著者たちが自身の仮説の統計的検定を行う。しかし、仮説検定は、一九四〇～一九四五年になるまで心理学では一般的でなかった。[18]

おおくの著者が自然観察を続け、そのほとんどが視覚的周囲の重要性を支持した。ローマン（一九二〇、九八頁）は、目に見える地平線に月が近接していることが重要であることを証明するために簡単な実験を行った。彼は、はじめに、丘に背を向けて立ちながら、上ってくる拡大した月を、その丘のふもとから観察した。月が地平線の上のある距離まで上ると錯視は消えた。それからローマンは丘の頂上を乗り越え、丘の反対側から月を眺めたところ、月が前よりも高い位置にある新しい水平線上に上ってきたときに、また錯視が現れた。そののち、ゴールドシュタイン（一九六二）がこれに似た観察を行い、彼は、その結果を、知覚された距離にもとづく説明を支持するものとみなした。

何人かの現代の著者――彼らはたいてい知覚された距離にもとづく説明を好む――は、地勢と介在する対象の効果に関する実験を行ってきた。ロックとカウフマン（一九六二）は、人工月が地勢といっしょに観察されるときには通常の錯視が生じるが、地勢が視野から隠されたときには錯視が生じないことを見出した。そして、鏡を用いて、上った月を地勢といっしょに提示したり水平方向の月を空によって囲まれるように提示したりすると、錯視が逆になることを見出した。地勢の存在は、約三四％の知覚的拡大をもたらした。この著者たちは、また、広い範囲の地勢を示す遠くの地平（五一％）は、近くの地平（三六％）より大きな錯視をもたらすことを見出した。おなじように、曇天（五二％）は晴天（三六％）よりも大きな錯視を与えた――これは、たぶん雲が地平線までの知覚された距離を増大させるからだろう。ロックとカウフマンは、また、地勢の光景を（プリズムを使って）逆さまにして、錯視が減少する（六六％に対して二八％）ことを発見した――そして、ふたたび、これは、逆さまの光景では距離の知覚が縮減するので生じたと論じた。そののちコーレン（一九九二）は、月の写真を逆さまにすると、その月の錯視が縮減することを報告し、類似した説明を与えた。グリューバ、キング、リンク（一九六三）は、暗室の中に仰角二度と一七度に光るピンポン玉を提示して、地平線が存在すると二六％に達する大きな錯視が与えられることを見出した。地勢が存在することによって、人工月の背景である空までの知覚された距離が増大することが、ミックナルティとセント・クレア＝スミス（一九六四）によって示されたが、この著者たちは、月の知覚された大きさや知覚された距離に及ぼす地勢の効果を測定しなかった。それにもかかわらず、彼らは、この事実を、知覚された距離による月の錯視の説明を支持するものとみなした。イアベチアたち（一九八三）は別の説明を行った。彼らは、ロックとカウフマンに類似した実験を行い、地勢の存在によって、人工月の錯視が二六％まで引き起こされることを見出した。しかし、彼らは、この原因を知覚された距離の変化ではなく、目の調節の変化に求めた（第七章）。

われわれは、介在する対象が、月の知覚された大きさと地平線までの知覚された距離を増大させると結論することができるが、月の錯視が、かならずしも知覚された距離の増大によるものであるとは結論できない。介在する対象は、知覚された距離の変化から独立して、相対的な大きさの手がかりを通して、じかに月の知覚された大きさに影響すると考えることができる（第一〇章）。

(4) 知覚学習　垂直方向を観察する経験の不足

別種の説明がある。それによると、距離の知覚は、何らかの距離の手がかりの有無にそれほど依存しないが、その手がかりを解釈するわれわれの能力に依存すると仮定される。この種の説明のあるものでは、われわれは、対象が遠くにあると学習しないかぎり、その対象を近くに見ると仮定する。われわれの経験のほとんどは、直立した姿勢から眺められた水平方向の光景である。われわれは、水平方向の距離を正確に知覚することを学習するが、この学習は、垂直方向の光景や、異常な身体的姿勢には転移しない（第一〇〜一二章参照）。よって、対象は、地面から見上げたり高所から見下ろしたりすると、ひじょうに近くに見える。この説は、平らなドームと、大きさ－距離の不変性の原理にしたがった、対象の知覚された直線的大きさの減少とを説明することができる。水平方向の観察では経験の役割が大きいとする者もいれば、垂直方向の観察では経験の役割が不足することを強調する者もいる。これらは、二つの別個の説明とみなせるが、この区別はしばしば曖昧なので、われわれはおなじ見出しのもとで考察する。

プトレミーが、『光学』（第一一章）において表明しているように、この種の考えを抱いていたことはありうる。彼は、垂直方向の距離は、経験不足のために短縮されると思っていたのかもしれない。しかし、一七世紀にウォリス（一六八七）が水平方向の判断における経験の役割を考察するまで、このことを明確に述べたものはいなかったようである。彼は、地平線までの知覚された距離の増大には、介在する対象が重要であることを強調したが、おなじ効果が記憶にもありうることを付け加えた。

太陽あるいは月が、地平線の近くにあるとき、天体と私たちのあいだには、丘、谷、平原、森、川、さまざまな畑、塀の眺めがある。これらの物は、そのすべてを受け入れることができる大きい距離を私たちに想像させる。あるいは、偶然に（ある位置では）これらの介在する物が実際には見えないときがあっても、それらを習慣的に見てきているので、その記憶によって、地平線が見えているときとおなじ大きさに、その距離が感じられる。しかし、太陽あるいは月が高い位置にあるとき、私たちと天体のあいだには（おそらく群雲を除いて）何も見えず、それゆえ、天体が地平線の近くにあるときとおなじように遠い距離にあることを私たちに想像させるものはない。そして、それゆえ、ふたつの天体は、おなじ視角に見えていても、（私たちの想像には）おなじ大きさには見えない、なぜなら、両方ともがおなじ距離にあると思えないからである。しかし、地平線の近くにある太陽や月は、（遠くにあると思われるために）それが高い高度にあるときよりも、大きいと判断される。

垂直方向の経験不足あるいは水平方向の豊かな経験にもとづいて、短縮された垂直距離の知覚を説明する試みが、おおくの著者によって繰り返されてきた[19]。

（5）知覚学習　垂直方向を観察する体験

垂直方向を見る経験が不足しているという説明は、なぜ経験不足によって、対象が遠くではなく近くに見えてくるのかという疑問に納得のいく説明ができていないので満足できるものでない。実際、アランダー（一九〇一）のように、反対の主張をする者もいる。垂直方向を見るという経験にもとづいた、もうひとつの説明のほうが有望である。頭上や足元に見える対象は、普通は水平に見える対象より近くにある。すなわち、われわれは天井や雲を見上げ、地面を見下ろすが、地平線に対しては真っ直ぐ前を見る。よって、典型的な景色では、対象の角度的大きさは、頭上と足元では比較的大きく、水平方向を見たときには小さくなる。これを補償するには、水平方向を見たときの対象に比べて、垂直方向を見たときの対象の知覚された大きさと知覚された距離を収縮させる必要がある。このようにして、垂直方向を観察した経験によって、上る月が小さく見え、空のドームが平らに見えることとなる。

イブン・アル＝ハイサムは、平らな空のドームの原因として知覚学習にはじめて言及したように思う。彼は、知覚学習を、介在する対象の有無に加えて、もうひとつの原因であると提唱した。

しかし、空の全体的広がりは感覚的にはっきりしない。……そして、視覚が空について感じることができるすべてのことは、それが明るい色だということである。……視覚は、長さと幅のある色を知覚し、立体的・平面的な形も知覚する。また視覚は、平面自体を知覚することだろう。というのは、視覚が、この面を日常に見かける面の領域、たとえば壁などと同化させるからである。……それゆえ、視覚は、空の面を平坦に知覚する。[20]

ホイエンス（一六二九－一六九五）は、雲と介在する対象についての知覚学習が、天体錯視を説明することができると信じていた。

しかし、数語で過誤（太陽の錯視）の原因を指摘するためには、つぎのことが起源であると理解されなければならない。すなわち、私たちは、太陽やその他の天体が天頂に近づいているときよりも、それらが地平線の近くにあるときに、自分の目から遠くにあると判断する。これは、空にある頭上の天体が地平線から離れていると、それらが頭上に浮かんでいる雲よりも遠くにないと想像するからである。たほう私たちは、空のアーチが地面の端からはじまるようすを見ながら、地平線の近くの物と私たちのあいだにある地面という大きな幅を観察することに慣れている。それゆえ私たちは、地面の幅とその中に見ることのできる物の両方を、私たちから遠く離れたものとして判断することに慣れている。だから、いま等しい大きさのふたつの物がおなじ視角を覆うと、私たちは、遠くにあるとみなしたものをいつも大きいと判断する。(21)

雲や頭上の対象を見る経験は、おおくの著者によって、天体錯視を説明するのに重要であると考えられた。(22)この理論のひとつは、リード（一九八四、一九八九、一九九六）によって、いっそう精巧な形が与えられた。彼は、その理論を「地上移動」理論とよんだ。しかし、これは距離の理論ではなく、角度的大きさの理論なので、つぎの章で述べる。

（6）環境的経験と空間知覚

知覚された距離に及ぼす経験の効果にもとづいた月の錯視の説明は、立証するのがむずかしい。それには、水平面あるいは垂直面において近い距離や遠い距離を習慣的に経験してきた、異なる被験者群による大きさと距離の判断を比較する必要があるだろう。そのような群を見つけることはむずかしい。というのは、ほとんどの人びとは、頭上と足元にある対象が、地平線の近くにある対象よりも近接している環境で暮らしているからである。

証拠といえるものは、逸話的なものか、数人の個人に関するものしかない。たとえば、コフカ（一九三六）は、ヒトとキツネザル（木に飛び乗ったり木から飛び降りたりすることに慣れている動物）の大きさと距離の弁別を検証したアッシュ（一九三一）による研究を引用している。すなわち、ヒトの判断は、垂直方向より水平方向を見るときに判断が細かくなるが、キツネザルでは、その逆が真であった。コフカは、その実験は、二方向にある知覚された大きさをじかに比較していないと述べ、また「おそらく、そのようなひとつの実験だけでは、きわめて根本的な仮定を証明するには、まったくじゅうぶんとはいえない……望むべくは、新しい実験が、このひじょうに重要な問題を決定するだ

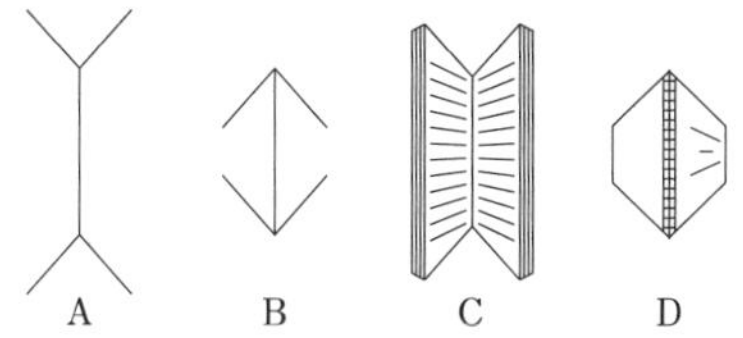

図 9-1　ミュラー＝リヤ錯視．垂直線Ａは垂直線Ｂよりも長く見える．これは，垂直線Ａが，開かれた本の内背のような相対的に遠い対象の表現として受けとられるのに対して，垂直線Ｂは，本の外背のように相対的に近い対象の表現として受けとられるからだろう．この典型的に遠い線は，典型的に近い線と比較して，知覚的に拡大する．建築的環境を体験することによって，観察者は，このように図形を解釈するようになる．出版社の許可のもとロス (1974, p. 60) より．

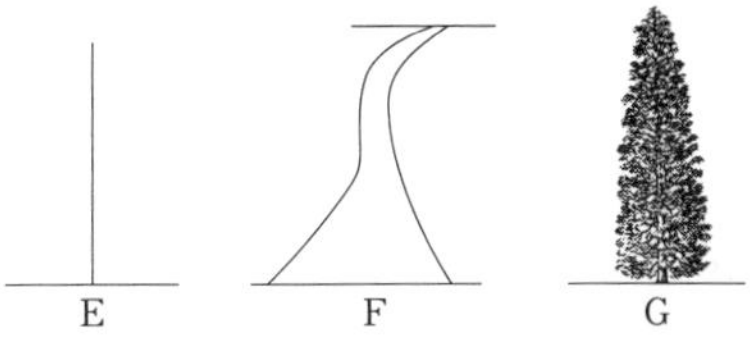

図 9-2　垂直水平錯視．垂直線Ｅは水平線よりも長く見える．これは，垂直線がＦのように，平らな地面の上で遠くに退いている小道の表現として受けとられるからだろう．よって，奥行き方向に短縮した網膜像を補償するために，垂直線分が知覚的に拡張される．平坦な野外環境の体験によって，観察者はこのような解釈をとるようになる．稠密なビルや森の体験があれば，観察者は，かわりに，この図をＧのように直立した対象として解釈するかもしれない．この場合は，知覚的拡張は必要とされない．出版社の許可のもとロス (1974, p. 60) より．

ろう」とコメントした。コフカの希望は実行されなかった。リーボウィッツとハートマン（一九六〇ａ）は二人の大人（森林警備隊員とアマチュア飛行士）が、ある実験において月の錯視を示さなかったことに言及し、彼らの垂直経験が錯視を減少させていたのかもしれないと論じた。おなじような調子で、ターンブル（一九六一）は、コンゴの森の出身であるピグミー族の若い男が、田舎にドライブに連れていかれたとき、水牛の大きさと距離の評定ができなかったと報告した。すなわち、彼は、水牛のことを、近づくにつれて大きくなる昆虫だと思った。彼の大きさの恒常性の欠如は、遠い水平方向の距離の経験の欠如によっていたのだろう。

　月の錯視や大きさの恒常性に及ぼす環境的経験の効果についてほとんど何も知られていないにもかかわらず、おおくの研究が、幾何学的錯視に関連して行われてきた。街に住んでいる人びとは、平らで開けた環境に暮らしている人びとより、ミュラー＝リヤ錯視（矢の根の長さの錯視、図９－１）に敏感な傾向があるという証拠がある。たほう垂直水平錯視（垂直線分が長く見える錯視、図９－２）では、その逆が真である。そのような違いが、奥行き知覚と大きさの恒常性に関連しているのか、あるいは教育や他の理由に関連しているのかは問題の残るところである。[23]

知覚学習を支持する別の根拠は、子どもの月の錯視の発達だろう。もし錯視が、年齢とともに増加あるいは減少するならば、そのデータは水平方向と垂直方向の経験を区別しないとしても、その傾向は経験の役割に支持を与えることだろう。ただし、垂直・水平の両方向における大きさの恒常性の発達に関する実験的証拠も必要とされるだろう。

(7) 発達研究

月の錯視の最初の発達的研究は、リーボウィッツとハートマン（一九五九a）の研究のようであり、彼らは錯視が年齢とともに減少することを見出した（図9－3）。その実験方法は、不運にも結果を解釈不可能なものにしている。著者たちは四〜一一歳の子ども一九人と大人一九人を野外実験において検査し、二六メートルの距離にある建物から吊るされた円板の「見かけの大きさ」を、おなじ距離にある水平方向の変化刺激の円板の見かけの大きさに照合させるように求めた。彼らはまた、暗い劇場内において、一〇人の子どもと一〇人の大人を用いて、一一メートル離れたところに見えるスポット光を用いた実験を行った（第一一章に述べられるシュール（一九二五）の方法の模倣）。水平方向にある円板の照合された大きさは、垂直方向にあるそれよりも常に小さく、水平方向の大きさが拡大して見えることを示した。しかし、照合された大きさの差は、大人よりも子どもにおいて大きく、一〇歳から一一歳になって大人の水準にまで減少した。もし経験が錯視の要因ならば、経験の効果は五歳ころまでに、すでに最大に達していたと結論づけてもよいのかもしれない。しかし、リーボウィッツとハートマンは、錯視は垂直方向の観察の経験不足のためで、加齢にともなう錯視の減少は、垂直方向の経験の増加によるものであり、それによって垂直領域において大きさの拡大が増進したという別の見方をした。上述の議論は不十分である。なぜなら、真の角度的大きさを基準に考えれば、錯視は、垂直方向の縮小ではなく、おもに水平方向の拡大から成り立っているからである（第四章）。著者たちの結論は批判を招くところとなり、意見の交換が紙上で継続したことは驚くにあたらない[24]。

約三〇年後ハーシェンソン（一九八九a）とギリンスキー（一九八九）は、加齢にともなう月の錯視の減少を別種の説明によって行うことを思いついた。すなわち、彼らは、錯視の減少は、経験よりむしろ身長の増加に関連すると提

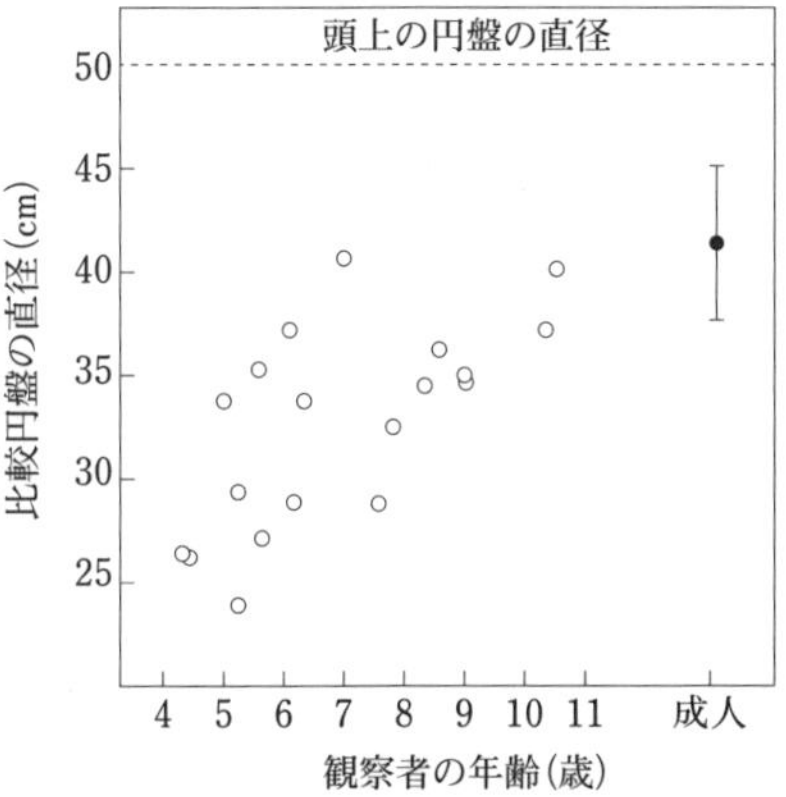

図 9-3　頭上の直径 50 cm の円盤に一致するように照合された，水平方向のおなじ距離に提示された変化刺激の大きさに及ぼす加齢効果．照合された大きさは，全体的に小さすぎるが，年齢とともに増加し 11 歳になって成人の水準に達する．これは，月の錯視が年齢とともに減少することを意味する．リーボウィッツとハートマン（1959a）より再録．

案した。ダ・シルバ（一九八九）は、おそらくもっと尤もらしく、その傾向は認知過程によることを示唆した。実際、もっとも明白な年齢傾向が最年少児に起こったので、子どもが教示を完全に理解して実験が行いえたのかしらと思う。さらにいえば、「標準刺激の過誤」の重要性を考えたとき（第四章）、もし垂直方向と水平方向の対象が標準刺激として取り換えられていたなら、おなじ発達傾向が得られただろうか。

月の錯視のもうひとつの発達的研究が、ソー、ウィンターズ、ホーツ（一九六九）によって報告され、その結果は、年齢傾向を示さなかった。彼らは一二八人の子どもに強制選択法を用いて検査をし、月の錯視が五歳までに完全に発達していることを見出した。この実験は、注視角に関する別の実験といっしょに第一一章でさらに細かく述べる。水平観察と垂直観察のあいだの大きさ知覚の違いを明らかにしている発達的研究は、他にはないようである。

幼年期の大きさの恒常性の一般的な発達に関する証拠もまた満足のできるものではない。年齢にともなう大きさの知覚の変化を記した報告は、おおくは逸話的である。たとえば、ヘルムホルツ（一八五六―六六／一九六二、二八三頁）は、少年時代の自身の経験をつぎのように述べた。

ついでに言えば、距離と大きさのあいだのこの関係は、長い経験によってのみ獲得されるものであって、そのため、子どもが、そのことに、まったく熟達しておらず、大きな過ちをおかす傾向にあることは驚くにあたらない。私は、少年のとき、ポツダムにある守備隊の礼拝堂を通ったことを思い出すことができる。そこでは、何人かが鐘楼に立っていた。私は彼らを人形と取り違え、母に、手を伸ばして、私のために彼らを取るように頼んだ。私は、母親には、それができると思ったのである。その状況は、私の記憶に刻まれている、なぜなら、この過誤によって、私は、遠近法における距離の短縮の法則を理解したからである。

ヘルムホルツが、上方を見上げたときに得られる、このおもちゃのような知覚の出来事を経験不足の例として述べ、そして数ページ後（二九一頁）に、月の錯視は、頭上の対象までの通常の距離に関する知覚学習によって生じると述べているのは奇妙である。しかし、そのような混乱は、この研究領域ではよくある。

幼年期の大きさ知覚に関する別の逸話的報告は、想起された大きさと、それと身体の大きさとの関係に焦点をあてたものである。たいていの人は、大人になって幼児期の風景を振り返り、（今見ている）建物や人びとが、想起されたものよりもずっと小さいことに気づくという体験をもつ。[25] このことは、大きさの尺度化が身長とともに変化することを示唆するが、それは観察距離が異なったときの大きさの尺度化に洞察を与えない。

幼児の研究から、大きさと奥行きの知覚は、視覚系の神経生理学的発達とともに、誕生後の数カ月で発達することが示されている。[26] 実験によって、年長児は、短い観察距離では直線的大きさの恒常性をよく示すことが示唆されるが、これが視覚的経験による結果なのか神経生理学的成熟によるものなのかは不明である。年長児に大人用検査法の簡易版を用いて、もっと遠い観察距離を用いて検証することができる。そのような研究のほとんどは、水平方向の観察しか含まず、しかも大きさの恒常性の成長について要領をえない証拠しかもたらさなかった。[27] 大きさの恒常性の年齢傾向というものも、月の錯視の傾向とおなじくらい脆いのではないかという疑念が残る。

上述の研究を、大きさの幾何学錯視の研究と比較することは興味ぶかい。驚くことではないが、いろいろな錯視に対する年齢傾向の方向は一致していない。しかし、おおぜいの著者は、ミュラー＝リヤの矢羽根錯視は、幼児期を通して減少すると報告し、いっぽうエビングハウスの円環錯視（図10－4）とポンゾの収束線錯視（図10－5）については、もっと矛盾した傾向が報告されている。[28] 年齢にともなう月の錯視の減少は、知覚学習が要因になっているとは思えず、それよりも認知的要因が重要だろう。

(8) 遠い－大きい－近い仮説

おおくの著者は、地平線上の月が、なぜ遠くではなく近くに見えるのかを説明しようとしてきた。ひとつの解決は、月は、知覚された距離以外の何らかの理由によって、地平線上では大きく見え、その大きくなった知覚された角度的大きさによって、月が、大きさ－距離の不変性を通じて、近くに見えるということである。このような議論は、錯視が距離判断の過誤によって生じるとする本章において考察された考えからは逸脱する。

別の逆説的な解決は、水平方向の月は、遠くに見えると同時に近くにも見えると述べることである。われわれは、これを「遠い－大きい－近い」仮説とよぶ。ライマン（一九〇二a、一九〇二b）は、そのような意図が彼にあったのかどうかはっきりしないが、この種の説明をした最初の人のようである。彼は、空の平らな見え姿によって、水平方向の月がいっそう遠くに見え、それゆえ（大きさ－距離の不変性のために）大きく見えると述べた。彼は、それから、この大きな知覚された大きさによって、水平方向の月が、いっそう近くに（空の前に「浮かんで」）意識的に知覚されると主張した。この主張の逆説的な性質は、ツォート（一九〇二）によって痛烈に皮肉られた。しかし、彼の批判は、この仮説を排除するどころか普及させるという予想外の効果をもたらした。クラパレード（一九〇六a、一三二頁）は、この考えを取り上げ、明確な理論（彼はその理論を支持していなかったけれど）に持ち込んだ。彼は、もし月の大きさ－距離に関して二つの判断がなされると仮定するなら、距離にもとづいた理論は保たれうると示唆した。最初のものは、潜在意識的に判断され、水平方向の月はいっそう遠く、それゆえ、いっそう大きいというものである。これが、拡大された月は近くにあるに違いないという二番目の推論につながる。大きさと距離の印象は即時的なので、これらの推論は同時に生じる。このような矛盾した推論が、実際におなじ心によって同時になされうるかどうかは、たとえそれらが意識の異なった次元でなされていたとしても、クラパレードにも疑わしかったようである。

この理論は、「知覚された大きさ」という語のさまざまな意味から生じる混乱（第三章）をふたたび例証する。最初の推理は、知覚された大きさは（視角が一定のとき、距離の増加とともに増加する）直線的大きさに似ていると仮定し、第二の推理は、知覚された大きさは（対象が近づくと増加する）視角的大きさに似ていると仮定する。この形式の理論は不十分である、なぜなら、「知覚的大きさ」の操作的な意味が、議論のあいだに劇的に変わっているからである。

無意識的推理という考えは、ジョン・ロックの無意識的知覚の理論にもとづいているようである。ロックは、私たちが感覚から引き出した考えが、しばしば意識されることなくわれわれの「判断」によって変更されると考えた。彼の理論は、フランスの哲学者エチエンヌ・ドゥ・コンディヤックによって一八世紀に退けられたことがあったが、今日まで生き残ってきた。一九世紀の後半以降、この理論は、ふつうはヘルムホルツが提唱したとされている。(29)

大きさ−距離の逆説は、角度的大きさの等しい刺激が、手がかりの少ない状況のもとで観察されたとき、しばしば両眼の輻輳角の変化にともなって見出されてきた。すなわち、近くに輻輳すると、対象は小さく遠くに見えるが、遠くに輻輳すると、その逆の効果が得られる。この種の効果は、おおくの著者によって報告されてきた。(30) ホィートストン（一八五二）は、この現象を調べた最初のひとりである。彼は、知覚された大きさが一貫して変化することを見出したが、知覚された距離には、きわめて多様な効果があることを見出した。彼は、輻輳がまず知覚された距離を決定するということを否定し、知覚された大きさが、この距離にしたがって尺度化されることを否定した。代わりに、彼はつぎのように論じた。

私がおおやけにした実験から、輻輳の感覚がすぐに示唆するものは、網膜の大きさを対象のほんとうの大きさに一致させようとして網膜の大きさを修正することと、距離が、単純な知覚ではなく、網膜の大きさと知覚された大きさの比較から生じる判断であることだと私には思われる。しかし、これがどのようなものであっても、他の信号がこの感覚にともなわないかぎり、私たちがそのとき導出する距離の概念は、不確かで曖昧なのに対して、それが引き起こす大きさの変化の知覚は、明らかで間違えようがない。

おなじくらいに混乱した説明が、靄の中の大きさ－距離の効果（第六章）と幾何学的錯視に関連づけてマイヤーズ（一九一一）によって提出された。幾何学的パターンには、奥行きの手がかりを含むものがあり、その手がかりが知覚された奥行きを変化させ、そのため、その図のある部分の知覚された（直線的）大きさを変化させる[31]。伝統的な大きさ－距離の不変性は、これらの錯視図形では成り立たないことがすぐに指摘された。なぜなら、知覚的に拡大された部分が、おなじ距離に見えるか、知覚的に縮小された部分よりも近くに見えるからである。これを説明するために、マイヤーズ（一九一一、一二八－三頁）は、つぎのように述べている。

後の場合（靄のかかった大気）と……絵画の中の遠近法による示唆では、見かけの距離を決定するのは見かけの大きさである。しかし、そもそも、見かけの大きさは、何らかの距離の無意識的影響を受けているに違いない。たぶん、私たちは、ここで、対象の距離に関するスキーマ……あるいは無意識的な処理をもち、そして、このスキーマが変化したとき、それは、見かけの大きさの変化をもたらすことによって意識の中に現れ、するとすぐに、見かけの大きさが、対象の距離に関する私たちの意識を決定する。

最近のおおぜいの著者たちも、遠い－大きい－近い仮説をさまざまな種類に変形したものを提言している。ディーズ（一九六六b）は、水平方向の月は、線遠近や重なりのような単眼性の奥行きの手がかりを通して遠くに見え、大きさ－距離の尺度化によってその月は大きく見え、それから、その大きさの拡大によって月は近くに見えると提案した。いっそう洗練された議論は、カウフマンとロック（Kaufman & Rock, 1962a, 1962b; Rock & Kaufman, 1962）によって提唱された。彼らは、二種類の距離の知覚、すなわち**記銘された**距離（たぶん無意識的距離であり、知覚された大きさを決めるのに使われる距離）と**判断された**距離あるいは見かけの距離（知覚された大きさが斟酌されたあと、意識に達する距離）の区別を行った。一九八九年の説明では、カウフマンとロックは、水平方向の月の記銘された距離は、意識的に知覚された地平線の距離と一致し、月までの距離の判断は二次的なものであり、月の知覚された大きさによってゆがめられると主張した。この著者によると、おおくの被験者は、水平方向の月は「大きいから近い」と自発的に報告したという。カウフマンは最近、自身の息子と一緒になって、両眼像差（第七、一一章）を含む実験を行った（Kaufman & Kaufman, 2000）。父カウフマンを含む五人の被験者が、自然の風景の上に映された人工月を、二対の実体鏡図を用いて観察した。すなわち、被験者は、水平方向において、遠くで融合した月の距離の半分の位置に、近くで融合した月が見えるように、一対の実体鏡図の横の間隔を調整した。彼らは、四五度にもち上げられた装置の中においてこの測定を繰り返した。相対的な像差は、高い仰角方向よりも水平方向の設定において有意に小さく、著者たちは、これは、知覚された距離が、水平方向の観察では、いっそう大きくなることを意味すると論じた。彼らは、「水平方向の月は、知覚系が、月をあたかもひじょうに遠くにあるかのように取り扱うために大きく見える」と結論づけた。しかし、彼らは知覚された距離の因果的役割について、別の解釈も行った。すなわち「よって、いわゆる見かけの距離にもとづいた理論に使われる**見かけ**ということばは不適切である。むしろ、私たちは、距離に対する物理的な手がかりが、知覚された距離と知覚された大きさの両方に影響すると示唆する」と述べている。

自動的な知覚と認知的な知覚の区別を試みている人たちもいる。ゴーグル（一九七四）とゴーグルとマーッ（一九八九）は、「等距離傾向」が、おもに水平方向の月の知覚された距離を決定し、そのため月が地平線に近づいて見えるのに対して、「自己中心的な基準距離」（訳注　ゴーグル自身は「特殊距離傾向」と名づけた）が、おもに天頂の月の距離を決めるために、天頂の月がひじょうに近づいて見えると論じた。水平方向の月までの「報告された距離」は、つぎに、その月が、大きく「基準から外れた大きさ」をもつ対象であるという判断によって認知的に決定される。

大きさ－距離の逆説は、知覚的ではなく認知的であるという考えは、モン・ウイリアムズとトレジリアン（一九九九）の実験的証拠によっても支持された。彼らは、一方の目の前にプリズムを置くことによって輻輳を変えた。彼らの発見はホィートストンの発見に似ていた。すなわち観察者が標的よりも近い距離に輻輳すると、標的が、いっそう遠くに、いっそう小さく見え、そして標的よりも遠くに輻輳したときには、逆の効果が得られると報告した。しかし、距離の効果は言語報告においてのみ生じた。すなわち観察者が、標的の知覚された場所にまで（視野から隠された）

指を伸ばすとき、目が近くに輻輳すれば近くに、遠くに輻輳すれば遠くに指を伸ばした。著者らは、この意味を考えて、運動系は、正確ではあるが「認知的機能の入り込むことができない」距離の視覚情報を受け取るのに対して、認知的視覚系は、知覚された大きさを含むさまざまな手がかりに依存すると解釈した。

たとえ処理水準が異なっているにしても、水平方向の月が、同時に遠くにも近くにも「知覚」されうるということを受け入れることはむずかしい[32]。記銘された距離という概念は、いくつかの非言語的測度によって経験的に支持されてきた（たとえば、Roscoe, 1989; Mon-Williams & Tresilian, 1999; Kaufman & Kaufman, 2000）。しかし、標的までの距離を手によって調整させている他の実験（第一二章）の結果は、水平方向に観察された標的が垂直方向に観察された標的よりも近くて大きく見えるという言語報告を確認している。この話題はまだ論争中であり、第一二章では、知覚と行為にふたつの異なる「視覚の流れ」が存在するという考えに関連づけて、このことをさらに考察する。さて、このあと、知覚された距離には、いくつも種類があるとする他の理論について考えてみよう。

(9) 標準水準理論

前の章で述べたように、フォン・シュターネック（一九〇七、一九〇八）は、知覚された距離の量的な標準水準理論を発展させ、それを空の形や他の距離に適用した。この理論の要点は、知覚できる最大の距離が存在し、それは照度やその他の観察条件にともなって変化するところである。これに類似した理論をギリンスキー（一九七一、一九八〇）が展開した。彼女は、ヘルソン（一九六四）の順応水準理論にしたがって、この最大の距離を順応水準Aと名づけた。知覚された距離dと物理的距離Dの関係に関する彼女の式はつぎのとおりである。

$$d/D = A/(A+D)$$

この式は、関連する記号を交換すると、フォン・シュターネックの式とおなじになる。ギリンスキーは、さまざまな実験を解釈して、Aは〇・五～九一・五メートルのあいだで変わると論じた――これは、フォン・シュターネックの二〇〇メートルから二〇キロメートルよりもずっと短い。彼女は、われわれの視空間は、さまざまな状況、距離の手がかりとともに変化する距離順応、注視の方向、全体の距離範囲の中で拡張したり収縮したりすると論じた。これらの要因によって平らに見える空のドームを説明することができるだろう。

ギリンスキーは、月までの知覚された距離は、空までの知覚された距離とおなじではないと述べているので、おおくの扁平天空説の理論家たちと異なっていた。代わりに彼女は、地平線上の拡大した距離尺度が水平方向の月の前を「通り過ぎる」のに対して、収縮した垂直方向の尺度が天頂の月の前を動くと論じた。彼女は、ホールウェイとボーリング（一九四〇a）の注視角に関する実験に参加した二人の被験者のデータを再分析し、計算された最大の知覚的距離を組み込んだ。彼女は、月の知覚された距離と空の知覚された距離は仰角約二〇度において一致し、彼女が月の正常「記憶」の大きさとよんだものが、この高さで観察するときに得られると結論づけた。

覚えている大きさあるいは想起された大きさの概念は、ギリンスキーにとって重要だった。月の錯視を説明するとき（一九八〇、二八一頁）、彼女はつぎのように記した。

何が知覚された大きさの変化を生むのだろうか。その答えは、観察された距離における観察された大きさは、想起された大きさ（正常観察距離において記憶の月によって確立された内的基準）と比較されるということであるに違いない。この基準は、なじみのある「真の」大きさ（S）（月にとっては大きさの恒常性と同等のもの）の方向に知覚を曲げる。その結果、月の知覚された大きさに劇的な変化が生じる。水平方向の月では、Aが大きい値をとるので大きく見え、天頂の月では、A値は低いので小さく見える。

彼女は、つぎの式を用いて、知覚された大きさ、真の大きさ、距離のあいだの関係を表現した。

$$s/S=(A+\delta)/(A+D)$$

ただし、sは知覚された大きさ、Sは真の大きさ、Dは真の距離、δは正常観察距離、Aは順応水準（知覚可能な最大の距離）である。この公式を解釈するのはむずかしい。大きさの比率を使用することは、大きさが角度的大きさと直線的大きさのどちらを意図しているのかという問題を回避しているし、「正常観察距離」という考えをきちんと定義することがむずかしい。ギリンスキーは、一九五一年に空間知覚に関する彼女の一般的な理論を公表したが、彼女の方程式の導出方法やその意味は、すぐにフライ（一九五二）とスミス（一九五二）によって批判された。しかし、彼女の一九八九年の説明は、基本的に従前と変わらなかった。

別の標準水準理論がベアード（一九八二）によって展開された。彼は、空は平らではなく半球に見えると主張した。しかし、彼のおもな仮定は、「月の見かけの大きさは、月からの鉛直線が地面に達する点の近くにある地面の対象と比較され、見かけの大きさと見かけの距離が、大きさ－距離の不変仮説によって結びつけられる」（三〇五頁）というものだった。このようにして月の知覚された大きさは、月の下にある地上の対象の大きさと距離の知覚に関係づけられる。ベアードは、月が空に上っていくとき、地面の基準の影響は弱まり、空の基準の影響がいっそう重要になることを付け加えた。すなわち「月にとっておもな基準は、空の虚ろな広がりである。……地面と空の基準の知覚的結合が、月の錯視の原因である」（三〇五頁）。

ベアードは、さらに進んで、知覚された角度的大きさの変化によって、月までの知覚された距離が違うこと（つまり拡大して見える水平方向の月が近くに見えること）を説明した。ベアードは、自身の理論に「判断された」距離と「記銘された」距離が含まれていることを否定し、月までの知覚された距離と地面に沿った知覚された距離は、二つの異なる**物理的**距離に関与すると論じた。しかし、この推理を「遠い－大きい－近い」理論と区別するのはむずかしい。

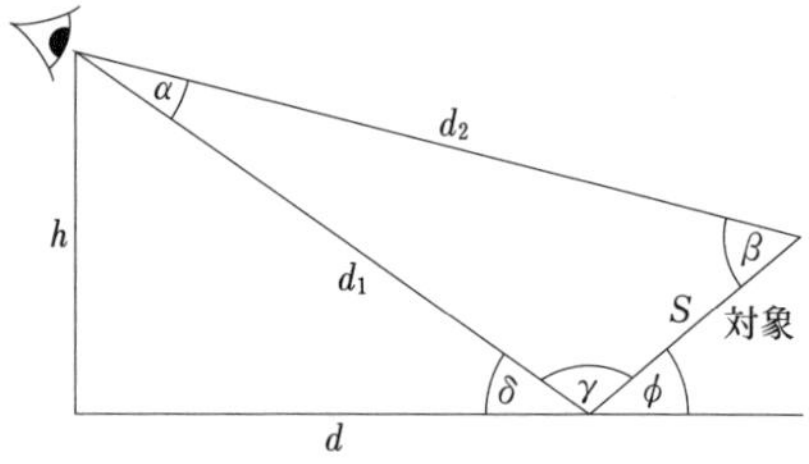

図9-4　三角法によって，大きさSの計算に対する一般解を求めるために必要とされる情報源．目のところで張る角αは既知と仮定する．他の情報源は，視線に沿った距離d_1とd_2，内角βとγ，観察者の目の高さh，視標の底辺までの距離d，視標の方向ϕである．

（10）逆変換モデル

大きさ‐距離の不変仮説の単純な形式は、（第三章で述べたように）観察者に対して直角に観察される直立した対象に適用されるだけである。その通常の式は、地面や傾斜に横たわる対象の大きさを取り扱わない。もっと複雑な式が必要であり、その可能性のいくつかをシュワルツ（一九九四）が考察している。図9‐4に可能な変数のいくつかを示す。

三角測量によって大きさ（S）を決めるためには、張られた視角（α）だけでなく、二つの距離d_1とd_2、あるいはこの二距離のひとつと他の内角（βとγ）のひとつを知る必要がある。

すべての可能な公式（古典的な大きさ‐距離の不変性は、これを単純化した一例）は、空間知覚とは、幾何学的方法（ときとして「逆変換」とよばれる）によって、視覚像を三次元空間に投影することから成り立つとする。しかし、正しい投影を達成するためには、空間のいくつかの側面が、静的視覚像以外の情報によって決定されなければならない。

逆変換モデルは、大きさの恒常性と月の錯視に適用されてきた。ベアードは、そののち自身の一九八二年の基準モデルを否定し、もっと一般的な逆変換モデルを提案した（Wagner, Baird, & Fuld, 1989; Baird, Wagner, & Fuld, 1990）。この著者たちは、図9‐4と本質的に似た図を描いている。もっとも、彼らは、さまざまな次元が既知であると仮定した点においてシュワルツとは異なる。この事例では、幾何学は、観察者の目のところに張る角（α）、観察者の目の高さ（h）、視標の底までの地面に沿った距離（d）、地面を基準にしたときの視標の方向角（ϕ）から算出される。これは、対象の視角に加えて、ひとつの距離とひとつの角度が既知であるとするシュワルツの事例に還元できそうである。すなわち、実際、この著者たちは、このモデルのおもなパラメターは、知覚された距離と視標の方向であると述べている。この式が月の錯視に関連するところは、視標の方向（ϕ）が、月が天頂の近くよりも水平線の近くにあるときに小さく、この小さい角度が、月の知覚された直線的大きさを拡大するとした点である。実際に視標の方向が、水平方向において小さくなるのは、平らな地面の影響があるからである。著者たちは、月の知覚された方向が変化したのではなく、むしろ大きさを計算するのに使われる逆変換に変化があると論じる。

このモデルを用いて、著者たちは、月の錯視における大きさ－距離の逆説を説明しようとしていない。月までの知覚された距離は、すべての方向においておなじであるといわれ、変化するのは視標の方向である。しかし、角度と長さの三角法は密接に混ざり合っており、視標の方向が変わると、少なくとも視標の一端における距離が変わるはずである。投影主義者のすべてのモデルのように、これは、知覚された距離のモデルのひとつとして分類されなければならない。

われわれは、少なくとも古典的な大きさ－距離の不変性の文脈の中では、大きさ－距離の逆説を満足に説明する知覚された距離の理論はないと結論する。つぎの章では、それに代わって、大きさの関係のみを含む理論に向かう。

（11）まとめ

天体の知覚された距離は、ふつうは、天体が空高くにあるときよりも、地平線に近いときに近づき、古典的な大きさ－距離の不変性が予測するように遠くにあるとは報告されない。地平線近くの介在する対象の存在は、しばしば、平らな空のドームと、水平方向の月の知覚された距離の想定された増大を説明するのに使われてきた。周囲の対象を遮蔽する初期の「筒観察」は、矛盾する結果をもたらした。おそらく、これは実験方法が不十分だったのだろう。今日の実験では、介在する対象すなわち地勢の存在が、約三四％まで知覚された大きさを増大させるが、その増加量は提示された地勢の有効範囲によって異なる。しかし、介在する対象は、知覚された距離から独立して、知覚された大きさに影響するかもしれない。知覚された距離による他の説明には、垂直方向の距離よりも水平方向の距離の拡張を仮定するか、あるいは垂直方向の距離が縮小することを仮定する経験の役割が含まれている。これらの可能性を区別する実験的証拠は存在せず、発達的傾向についても議論が続いている。「遠い－大きい－近い」仮説によって、古典的な大きさ－距離の不変性を説明しようとする著者もいる。「遠い－大きい－近い」仮説には、二種類の距離知覚（記銘された距離と推定された距離）が含まれており、直線的大きさと角度的大きさが交絡している。これは満足できるものでなく、知覚された距離を天体錯視のおもな説明として使うことはできない。

第一〇章　月を拡大する

素人によって与えられる月の錯視のもっとも一般的な説明は、屈折による誤った説明である。つぎに一般的なものは、相対的な大きさによる説明である。たとえば、考古学者であり天体物理学者であるラッグルズ（一九九九、一九一頁）は、つぎのように書いている。

月が地平線の近くにある（たとえば一〜二度の範囲内）とき、そしてとりわけ遠くの山、建物、あるいは木々のように、小さくてはっきりした地平線上の地物の近くにあるとき、月はとくにすばらしいことを私たちのほとんどは共有する。これは、月が地物に接近することによって、月が目にいっそう大きく見えるようになるという、おそらくよく知られた効果によるところがあるのだろう。

おおくの著者は、ある種の相対的な大きさとして月の錯視を説明しようとしており、地平線上にある対象の重要性について語ってきた。その考えを説明するために、チムニーポットの影絵の上に満月を添えたカードを示す（図10－1）。

この説明は、さまざまな形をとり、それらは互いに浸透しあう傾向がある。もっとも簡潔な説明は、隣接する対象のあいだの実際の角度的大きさの違いが、知覚的に増幅されるとする**大きさの対比**である。よって、ある与えられた

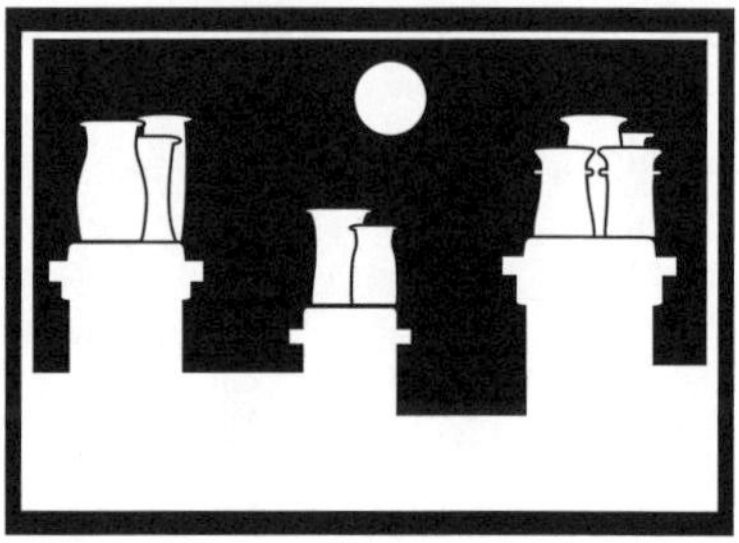

図 10-1　チムニーポット（訳注　通風管のついた煙突）の影絵の上に現れた満月を示したローズマリー・スミスによるクリスマスカード（作者の許可を得て複写）.

角度的大きさの対象（月）が、角度的大きさの小さい対象（山やビル）の近くにあるときには大きく見え、角度的大きさの大きい対象の近くにあるときには小さく見えるだろう。低い位置にある月は、地平線上の他の小さな角度的大きさの対象に関連づけられて大きく見える。この説明は、大きさ－距離の不変性の形式をまったく含まない。

もっと複雑な説明は、**大きさの同化**である。地平線の近くにある対象は、熟知している直線的大きさの大きい対象と比較して見られる。同化説はふたつの段階をともなっている。第一に、地平線の近くにある地物は、大きさの尺度化過程によって、知覚的に拡大される。第二に、地平線の近くにある天体は、地平線上の地物とおなじ尺度に同化される。これらの説では、地物の拡大は、大きさ－距離の不変性に依存することもあれば、地勢の上にある他の大きさの手がかりに依存することもある。

注意しなければならないのは、対比と同化が見たところ正反対の説明とはいえ、それらはおなじ最終結果に達することである。残念ながら、ほとんどの著者は、少しも正確にそれらの説を述べておらず、またそれらを分類するのがむずかしいことがおおい。実際、対比と同化を組み合わせた理論もあるようである。われわれは、はじめに対比説について論じ、それから同化説、さいごにその他の説について述べる。

（1）大きさの対比

角度的大きさの対比

角度的大きさの対比の考えが（既知の大きさの対象とは無関係に）はじめて生じたのが、いつなのかは明らかでない。大きさ－距離の不変性の考えとは異なって、この考えは、断絶のない学術的伝統の主流によって支持されていない。代わりに、この考えは、さまざまな傍流から主流に割り込んできている。第七章で述べたように、レオナルド・ダ・

ビンチ（一四五二－一五一九）は、他の可能性のある大きさの効果を撤回したときに相対的大きさの役割について述べたが、詳しい説明はしていない。「相対的大きさ」あるいは「大きさの対比」は、おおくの幾何学的錯視の基礎を形成し、これらの概念は、幾何学的錯視が、一九世紀に真剣に研究されたときにいっそう明瞭になった。ヘルムホルツの経験論に対抗する生得論者ヘリング（一八三四－一九一四）は、そのような理論を展開した。(2) その考えは、のちに、大きさや距離の知覚を説明するために、ギブソン（一九五〇、一九六六）によって取りあげられた。(3) ロックとエーベンホルツ（一九五九）は、異なる理論的背景からこの問題に取り組んだ。すなわち、彼らは、知覚された明るさは、ある面の輝度とその周囲の輝度の比に依存するとする明るさの恒常性の実験によって影響されていた。(4) 彼らは、これと類似の考えを、判断された線分の長さに及ぼす枠組みの効果に適用した。彼らの観察者たちは、暗やみの中で遠く離れて発光しているふたつの長方形と、その各長方形の中に含まれる垂直線分を見て、小さい長方形の中の垂直線分に一致するように、大きい長方形の中の垂直線分を調整した。照合された線の長さは、周囲の枠組みの大きさが増すにしたがって減少し、得られたその効果は、厳密な比例性が成り立つために必要とされる効果に及ばなかった。この枠組み効果は、比較的小さい枠組みに対してもっとも大きく（完全な比例の七三％）、枠組みが線分の八倍の高さになると四三％まで縮小した。この研究に似ているが、それほど組織的でない測定が、コーニッシュ（一九三五、四八頁）によってすでに行われていた。彼は、窓枠を通して観察された家を描き、彼から窓までの距離を変えた。そのときの窓の角度的大きさは一四、三三、一〇〇度であり、それに対応する絵の家の大きさは五・八、四・二、二・五インチだった。よって枠組みの角度的大きさが二・四倍まで拡大すると、家の描かれた大きさは一・三八倍まで縮小し（完全な比例の五八％）、枠組みが七・一倍まで拡大したときは、家の描かれた大きさは二・三二倍まで縮小した（完全な比例の三一％）。

家々と木々のあいだに囲まれた日没の写真を図10－2に示す。この風景では、太陽は三人の観察者には少し大きく見えた程度であった。これは、とても大きく見えた外海の太陽の光景（図10－3）とは異なる。よって、枠組みが天体錯視に大きく貢献するとは思えない。

図 10-2　ロンドンのグリニッチ公園（王立天文台と 0° の経度線の近く）を横切って，木や家のあいだから観察された沈む太陽．太陽はそれほど大きく見えなかった（ヘレン・ロスによる撮影）．

図 10-3　ドーバ港を横切って観察された上る太陽．太陽の大きさは，写真の中では小さいにもかかわらず，ひじょうに大きく見えた（ヘレン・ロスによる撮影）．

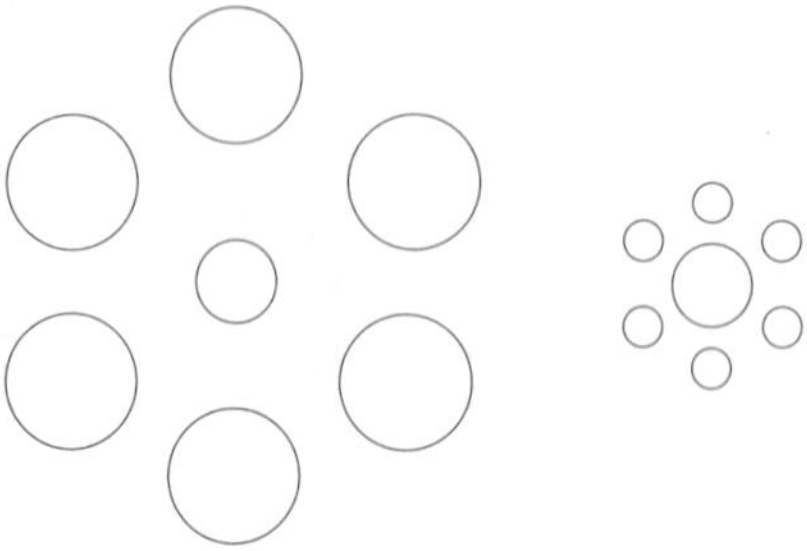

図 10-4　ティチェナーあるいはエビングハウスの円環として知られている大きさの対比錯視．右側の中央の円は，小さい円で囲まれ，大きい円によって囲まれた左側の円よりも大きく見える．

代表的な大きさの対比錯視を図10－4に示す。その図はティチェナーあるいはエビングハウスの円環錯視として知られているが、ティチェナーは、この錯視の優先権はエビングハウスにあると考えた。この図の大きさの効果は、じつに小さく、おそらく一〇％である。しかし、他のいくつかの大きさの幾何学的錯視では二〇～三四％の大きさの効果が得られると報告されている。(5) よって、そのような効果があれば、月の錯視に有意に寄与しうるだろう。幾何学的錯視と月の錯視は、どちらも伝統的な大きさ－距離の不変仮説にしたがっていないという意味において似ている。おなじ角度的大きさの線分が、紙の面にあるだけなのに大きさが異なって見える。(6)

大きさの対比は、じつに月の錯視に寄与しているとよくいわれる。なぜなら月は、地平線の小さい角度的大きさの対象に関連づけて観察されるが、天頂にあるときは孤立して（あるいは、おそらく空の大きな枠組みに関連して）観察されるからである。この考えは、ローガン（一七三六）、ハックスリー（一八八五）、その他の二〇世紀の著者たちによって提案された説明の一部をなした。(7) これに反対して、空に上った月は、しばしば、小さい星によって囲まれているので、その星は、月の知覚された大きさを増大させるようにはたらくということができる。これを潜在的に否定するもうひとつのものが「樹木検査」である。つまり、月は（どんな仰角にあっても）、木の葉を通して見たときには有意に拡大しないという主張である。(8) この観察には、他の「決定的な」観察とおなじように、異論の余地がある。たとえば、観察者の近傍の木の枝を通して観察された水平方向の月は、それが（図10－2の太陽について上述したように）その木々とおなじ距離において囲まれたように見えたときには小さく見えるかもしれないが、その枝を通して見える遠くの地勢の背後に位置して見えたときには大きく見えるかもしれない。

もし大きさの対比が重要な要因であれば、その効果は、幾何学的錯視のように、月と地勢の適切な描画の中で現れるはずである。コーレンとアクス（一九九〇）は、絵画的配置の中において月の錯視を測定し、実際に、水平方向の月は、おなじ大きさの上った月よりも大きく判断されることを見出したが、平均して約二％にすぎなかった。彼らは、そこでさまざまな提示と測定の技法を用いて、最適提示では一一％から三六％に及ぶ平均錯視量をえた。その絵画的配置の平均的効果は、月の生成機を通して観察された実際の地勢の平均的効果よりも小さく、自然の月の錯視の測度よりも小さい。コーレンとアクスは、絵画的要素によって、自然の月がつくる完全な錯視の二二〜七二％が説明されるだろうと主張した。彼らは、その効果は、提示刺激の中にある奥行きの手がかりの強さに依存するとも主張した。ここで興味ぶかいことは、絵画的な錯視を用いても（Cohen, 1992）、月の生成機と実際の地勢（Rock & Kaufman, 1962）を用いても、表示された画像を逆にすると、錯視の大きさが、半分をやや下回るところまで減ることである。これは、大きさの対比が唯一の要因ではなく、視野の高さあるいはいくつかの高次の認知過程も重要であることを示唆する。視野の高さは、奥行きの手がかりとなることができ、それによって、逆さまにした絵が縮減された奥行きの印象をもたらす理由が説明されるのかもしれない。上述の著者たちは、逆さまの風景が月の錯視を減じるわけを説明するために、奥行きの印象の縮減を利用した。もうひとつの説明として、視野における高さは、どのような距離の効果とも独立して、大きさの知覚にじかに影響すると論ずることもできよう(9)。

角度的大きさの対比は、視野の中で互いに接近した像にのみはたらく局所的な過程であることに注意すべきである。月の錯視に寄与するために、地平線上の他の対象は、〇・五度よりも小さい角度を張らなければならないだろう。しかし、月の錯視は、水平方向が空虚なときや、水平方向にもっと大きな角度的大きさをもつ対象が含まれるときにも生じる。前景にある比較的大きな対象の角度的大きさが、月の角度的大きさとじかに比較されるならば、その対象は、月の錯視を減少させるはずである。前景の地勢が月の錯視に寄与しているので、前景の地勢が、全光景にわたり尺度化の勾配に寄与することによってそうなっているに違いない。よって局所的な大きさの対比の役割は、微々たるものだろう。

空の広がり

相対的大きさの話題をすこし変形させたものでは、月が観察される空の広がりに、月の錯視を関連づけている。水平方向の月は、月と地平線のあいだの空の小さな広がりに比べて大きく見えるが、上った月は、空の大きな広がりと比べて小さく見える。この提案は、リュール（一八九八）によってはじめてなされたようである。その提案は、他の大きさの対比説とともに批判され、上述の樹木検査が、その反証に用いられる。

ポンゾ（一九一三）は、月の錯視が、彼のいう角度対比錯視（今ではポンゾ錯視として知られている）の特殊な事例であると示唆した。彼の図解を図10－5に示す。彼は、地平線では、天体は空の下がっている弧と地面の接合によって形成された角度の中に含まれるのに対して、天頂では、天体はこの枠組みから免れているという考えを提案した。月の錯視の強さは、雲や蒸気によって引き起こされ、雲や蒸気は、空天井が地面に対してつくる知覚された角度を変えるとした。ポンゾ錯視を用いた類似の説明は、さいきんウェニング（一九八五）によって提案されたが、彼は、両方の錯視の原因を、大きさの対比ではなく知覚された距離に求めた。

アマチュア天文観測者パトリック・リッツォは、過去の研究を知らずに、空の広がりにもとづく説明を考案したとして、一九六〇年代のさまざまな会報にそれを記述した。その結果、レッスル（一九七〇b）は、この考えをリッツォの功績であると信じた。

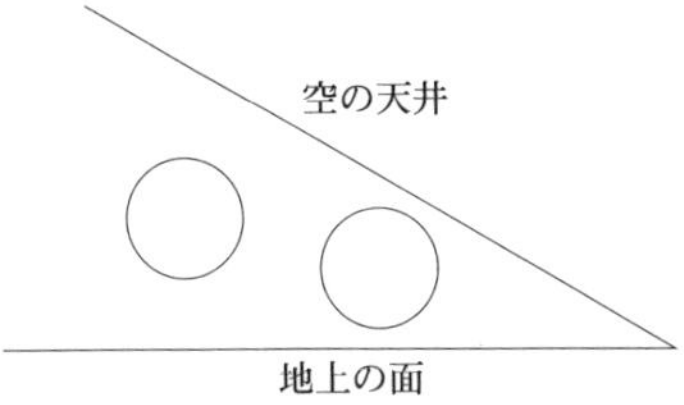

図10-5　天体錯視についての説明としてのポンゾの「角度対比」錯視．右円が左円よりも大きく見えるのは，右円が，挟線のあいだにある空間の大きな割合を占めているからである．右円は空の線と地上の線のあいだに挟まれ，地平線上の月を表わすと考えられる．ポンゾ（1913）より．

順応水準理論

著者の中には、さまざまな相対的な大きさの説明を、ヘルソン（一九六四）にならって、順応水準理論の数学的用語によって表現した者がいる。その一人がレッスル（一九七〇a）であり、彼の理論は、みじんも距離を斟酌していない、大きさだけの理論である。それは、距離理論にもとづいたギリンスキー（一九七一、一九八〇）やベアード（一九八二）の順応水準理論とは異なる（第九章）。

レッスル（一九七〇a）は、リュール（一八九八）に似た空の拡張説を考えたが、それを数学的に説明した。レッスルは、大きさは、視覚的大きさの順応水準（A）に関して判断され、その順応水準は、関連するすべての対象あ

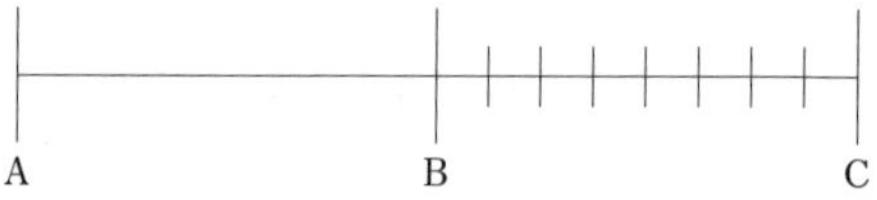

図10-6　オッペル–クント錯視．BとCの隔たりは，AとBの隔たりよりも大きく見える．オッペル（1855）より．

るいは広がりの重みづけられた幾何平均から導き出されると主張した。天頂に近い月が小さく見えるのは、Aが大きいからである。すなわち、地平線と月のあいだの隔たり（九〇度におよぶ）が、方程式に代入される広がりである。地平線に近いときに月が大きく見えるのはAが小さいためである。すなわちAは、地平線に特徴のないときでも小さく、この場合Aは、月と地平線のあいだのたいへん小さい隔たりによって決定される。よって、この角度的隔たりの大きさが、方程式において重要な要因となる。レッスルは、カウフマンとロックの逆さま提示によって示された月の錯視の減少を説明するにあたって、観察者が、いっそう広く多様な対象を取り入れて順応水準を増加させるからと論じた。

レッスルは、知覚された大きさに及ぼす囲み枠の効果に関して、自身の研究室から得られた結果をもとに量的予測へと進んでいった。しかし、その実験において用いられた刺激と隣接した枠の隔たりは小さく、天頂の月と地平線のあいだの隔たりのようなきわめて大きい隔たりに、その結果が外挿できるのかどうか明らかでない。

分割された空間

対象が介在すると、知覚された距離は拡大するかもしれない（第九章）。ここでは、知覚された大きさを拡大するとき、介在する対象が果たす役割について考える。ゴェイェ（一七〇〇）は、地平線上の月の円盤を背景にして見える地上の対象によって月が大きく見えるのは、その対象が月を部分に分割するからであるとし、分割された空間は、分割されないおなじ空間よりも、いつも大きく見えると示唆した。これを根拠にすれば、まさに相対的な大きさの説明のように、木々を通して月を見たときに、いっそう大きく見えるはずである。月がそう見えるという証拠はほとんどない。

この説明の基礎となっている現象は、のちにオッペル－クント錯視あるいはボッチ錯視として知られるようになった。[10] その錯視図形（図10－6）は、九本の棒があるとき最大八％ほどの拡大を生じ、この効果は、棒の間隔の網膜的大きさから独立している。[11]

分割された空間は、月の錯視を完全に説明しない。なぜならその効果があまりにも小さすぎること（八％）、水平方向に対象がないときにも月の錯視が存在するからである。しかし、それは、月が低く地平線上にあるときや群雲が月の輪郭にかかるときには寄与する要因になるかもしれない。

地平線

地平線は、環境に対して体の方向を定め、丘や道路の傾斜を判断するときに、とくに重要である。[12] 月の錯視にとってもっと重要なことは、**地平線比率**が、地上の対象の大きさを判断するときに、重要な情報を提供すると論ぜられてきたことである。この理論は、遠近法の法則にもとづき、前三〇〇年ころユークリッドの『光学』によって、はじめて述べられていたか、あるいは暗示されていた。それは、一九五〇年にギブソンによってふたたび述べられ、セジュウィク（一九七三、一九八六）によってさらに発展させられた。地平線比率の原理は、もし観察者が平らな地勢に立っているならば、地平線と交わる対象上の点は、地面の上の目の高さになると述べる。おなじ高さの地上の対象はすべて、図10－7にある木々に対して成り立つように、距離にかかわらず地平線によっておなじ比率で切られる。

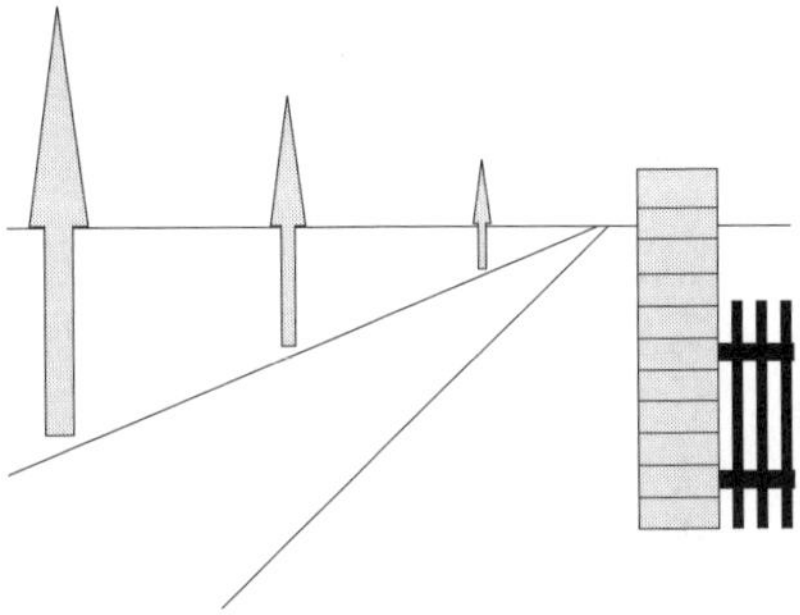

図 10-7　地平線比率の法則にしたがえば，地平線は，観察者の目の水準に等しい高さにおいて木々や柱と交わる．おなじ直線的大きさの対象は，おなじ地平線比率をもつ．地平線よりも上に比較的小さい比率部分がある柱では，観察者は，その柱を木々よりも小さいと知覚する．

この理論は、地平線によって分けられて見えるすべての対象の大きさが、観察者自身の目の高さを基準にして尺度化されるという魅力をもつ。地平線に触れていない他の対象は、地平線に触れている対象を基準にして尺度化されうるだろう。月の錯視に関する地平線比率の説明は、ワレンとオーウェン（一九八〇）によって短く述べられているが、じゅうぶんに展開されなかった。

　地平線比率の概念がもつ難点のひとつは、地平線がとても遠くにあって観察者が平らな地面にいるときにのみ、その比率が適応的な大きさの情報を与えうることである。おおくの地勢では、地上の水平方向に向けられた視線は地面に平行でない。もし実際に使われる水平方向が（徐々に上っている丘を見上げているときのように）上昇していれば、大きさの過小推定が生じるだろう。また実際に使われる地平線が（ビルの下の地面を見おろすときのように）下がっているとき、大きさの過大推定が生じるだろう。しかし、見上げても見下ろしても過小推定が生じることを示す証拠がある（第一一、一二章）。[13] さらに、山やまの地勢は、地平線の高さの誤判断の原因となる。[14] 地平線比率原理の現在の状態は、はっきりしない。

(2) 大きさの同化

既知の大きさの対象との比較

　知覚された大きさを決定するために、なんらかの参照尺度が必要とされるという考えは、新しいものではない。しかし、角度的大きさの対比の考えとおなじように、その起源は曖昧である。われわれは、第三章においてプロティノス（二〇三―二七〇ころ）のかなり暫定的な見解を引用した。しかし、ベネデット・カステリ（一五七八―一六四三）が、はじめて天体錯視を既知の大きさの対象との比較によって生じると考えたようである。彼は、そのことを『風景配置講話』に書き、一六三九年に構成し、一六六九年に遺作として出版した。その二四節に、彼は、大熊座は、地平線上にあるときと天頂にあるときでは、おなじ角度的大きさをもつが、地平線上ではいっそう大きく見えると記した。

　注意ぶかくよく考えてみれば、大小を見分ける作業は、私たちが大小の考えを形成しなければならない対象の大きさよりも、私たちにいっそうよく知られている他の大きさに関連づけて、私たちの心によって、たいてい対処されるという考えが頭に浮かんでくる。私たちが天頂付近に位置する空の領域を見る事例では、比較のできるものが天頂付近にないので、私たちは、建物の屋根の先端とそれらを比較し関連づける。このことから、大熊座という星座が、これとおなじ状況で観察されたとき、家あるいは教会の先端と同等の空間部分を占めているものとして見える。そして、その空間部分は数十ヤードに達しないことを私たちはよく知っている。こうして、私たちは、大熊座の大きさの大ざっぱな考えを形成するが、その推測し判断した大きさはかなり小さい。しかし、私たちが、大熊座を地平線の近くに見るとき、それを、時には数十マイルもあると知っている長い山やまの連なりや田園と比べる。そのような場合、私たちは、大熊座を、他の配置において考えられていたものよりもずっと大きく判断する。このようにして、大きさの判断がなされなければならない対象は、さまざまな大きさをもつものと比較されるので、ときには大きく、ときには小さく評価される。(15)

カステリは、おそらく地勢と相対的大きさの効果に関する実験をはじめて行った人だろう。彼は、人びとの一団が馬車でテベレ川に沿って旅をしているようすを書き始めようとしているとき、満月が川の向こう側のアベンティヌスの丘（訳注　ローマ七丘のひとつ）の上に上っているのを見た。彼の帽子のつばが丘の景観を隠し、月がつばの向こうに見えたとき、その月は、丘の向こうに見えたときよりもずっと小さく見えた。これは一団の皆によって観察された。カステリは、その効果は、丘の大きさに比べて帽子のつばの大きさが小さかったからと考えた。

カステリは、混合した見解をもっていたようである。なぜなら、彼はまた、地平線までの知覚された距離が重要であると信じていたからである。すなわち「私たちは、天頂の付近にある部分は、とても目の近くにあり、地平線に沿って置かれた部分はとても遠くにあるとみなす(16)」と述べている。カステリの考え方の変化は、彼の師ガリレオとの議論から生じ、ガリレオは、彼に大きさ‐距離の不変説の重要性を納得させた。

モリヌーク（一六八七）は、月の錯視を論評し、既存のすべての説を批評した。彼は、既知の対象と月を比較する考え（モリヌークはこれをデカルトに帰していた）を強く非難した。

> **地平線**の近くに月があると、私たちは、月の方向にあって目に留まるさまざまな対象と月を比較することによって、月の推定を行うよい機会と状況に恵まれたことになる。その結果、月がいっそう大きく見えると思うが、それは単純にだましである。というのも、月は地上の木々、煙突、家々あるいは空き地の頂きに見え、私たちが、月とそれらの対象を比較し、月を推定するからそう考えるのである。しかし、見え姿によってだまされない装置を用いて月を検分すると、私たちの推定が誤り、私たちの感覚がだまされていることに気づく。私は、これらの考えは、偉大なデカルトのいつもの正確さに遠く及ばないと思う。なぜなら、確かにそれがそうならば、私は、月が天頂にあってもその見かけの大きさをいつでも増やすことができるからである。というのは、それは、月が一群の煙突、山の尾根、家々の先端の背後にあって、**地平線**のときと同じようにあの姿勢をとって、月をそれらと比較しさえすれば、月は大きく見えると思うからである。そのうえ、ちょうど凪いだ海によってつくられた**地平線**から月が上っているとき、そしてそこには純粋な空気の外に月と比較するべき対象のないとき、もし月を見たならば、月はなお、平らでない町なみや岩のおおい土地の起伏の頂きの上で見ているかのように大きく見える。そのうえ、空《から》の筒を通して見ることによって、月に隣接しているさまざまな対象がすべてとり除かれても、その欺かれた心象（訳注　月の錯視のこと）は、それによってまったく是正されることはない。

モリヌークは、デカルトを誤って引用しているようである。『屈折光学』（一六三七a）の『第六講話』でデカルトは、知覚された距離に及ぼす介在する対象の効果だけに言及している。しかし、彼は多作家なので、どこかよそで相対的大きさについて述べたのかもしれない。別の考えとして、モリヌークは、何か他の出典の中でその説明に遭遇し、それをデカルトのものと取り違えたのかもしれない。モリヌークは、明らかに、これを新しい考えとみなさなかった。彼自身は、月の錯視の原因に関して結論に至ることはできなかった。

ローガン（一七三六）は、既知の大きさをもつ対象との比較の重要性をふたたび主張した。彼は地平線の太陽は、普段の木々のあいだから観察されたならば、いつもより、いっそう拡大して見えると述べた。

ところで、この理由は明白である。すなわち、木々をよく知るようになると、木々が占める空間の観念は固定された習慣となる。それらの木々のひとつは、目のところで、おそらく二、三秒を超えない角度を張り、背後からの強い光がなかったならば区別ができなくなるので、約三〇分の太陽の直径は、その木々のいくつかを取り込み、よって当然のことながら、きわめて大きく判断されるだろう。ゆえに、天体を見ているとき、介在する対象あるいは目によって取り込まれた対象にしたがって、これらの天体が大きく見えたり小さく見えたりすることは明白である。まさにこのことのみに、この現象は、帰属させられるべきである。

私は、議論をしているこの方法が新しいものではないことに気づいているが、それでも、ここで与えられた観察は、その問題に関してこれまで進展してきたものを超えて、たぶん真相を明らかにするようになると思う（四〇五頁）。

地平線の木々は、一般に太陽の拡大の理由として与えられる。ル・コント（一八八一）は、太陽あるいは月の推定された大きさは、一般に皿の大きさから樽の上蓋まで変化すると述べた（第三章）。

しかし特殊な条件下では、私たちは、それらをずっと大きなものと知覚する。たとえば、松の木が、西の地平線約一マイルに立っている。私は、木々の大きさと距離の判断に慣れている。このうちのひとつは、私には、枝の差し渡しが少なくとも二〇フィートに見える。夕暮れの太陽は、ゆっくりと下りていき、その木の後へ沈む。**太陽は木の枝に重なり、それからはみ出すほどである。**

既知の地物や知覚的に拡大された地物との比較もまた、後世のおおくの著者によって、おもな説明として与えられた[17]。フィレーネ（一八九四）とミュラー（一九〇六、三〇九頁）は、大きさの対比説を批判し、それは星座については誤っていると主張した。しかし、この異論は致命的でないだろう。なぜなら星座の錯視は、月や太陽の錯視よりも一般に小さいからである。フィレーネは、また、大きさの対比は、海上の月の錯視を説明しないと主張した。海上の例は、よく既知の大きさ説のテスト事例とみなされているが、これは何もない海は既知の対象を含んでいないからである（Claparède, 1906a）。ソールカーとオーバッハ（一九六九）は、水の広がりは、介在する熟知対象かもしれないと論じた。すなわち、水面のきめが微細であれば、地平線は遠く、月は大きいと判断される。観察者の頭を水の中で低くしたときのように、もしきめが粗ければ、地平線は近く、月はあまり拡大しないと判断される。これは、しかし、相対的大きさよりもむしろ知覚された距離にもとづいた説である。ちょうど「円筒」を用いた実験のように、月の錯視がほんとうに海上で減るのかどうかについては見解の相違がある。たとえば、モリヌーク（一六八七）は、錯視は減じないと主張したが、マイヤー（一九〇四）とミンナート（一九五四）は、わずかに減ると述べた。おおくの人びとは、まったく何もない海上で大きな錯視を見たと報告する。しかし、ある隣接する地面や対象があれこれと目に見え、その風景に尺度を与えていることがよくある。たとえば、図10－3は、港の向こうの海上に現れた日の出を標準レンズで撮影した写真である。その太陽は、観察者（著者であるH・ロス）にはとても大きく見え、まったく孤立しているように見えた。しかし、その写真には他の対象が存在し、太陽は遠くの船とおなじ視角を張っていた。また、その写真には、輝度の変化によって生じたおおくのきめがあったことは明らかである。

地上観察と還元観察における大きさの尺度化

上述した著者たちは、すべて錯視における水平方向の地物の役割について何かを語っているけれども、そこにはかなりの多様性とその相互作用がある。同化理論のもうひとつの考え方では、大きさの知覚には異なる二機構があり、そのひとつは地上条件のもとで作動し、もうひとつは還元条件のもとで作動することが提案される。

後者の意見の初期の主唱者は、マイア（一九〇四）とクラパレード（一九〇六a）だった。マイアは、遠くの対象は、角度的大きさが小さいにもかかわらず、通常は、かなり大きく見られると論じた。水平方向の月は、地上の設定では遠くの対象として知覚され、よって大きく見られる。上った月は、これに対して、異常な状況のもとに不確定な距離に現れ、通常の知覚的拡大は生じない。空気遠近によって、水平方向の月は、地上の対象に似て見え、その拡大が高められる。錯視が、通常は太陽よりも月においていっそう顕著なのは、うす暗い月は、いっそう地上の対象のように見えるからである。太陽の錯視は、太陽が薄暗く赤っぽく見えたときにのみ顕著になる。月の錯視が、地上の対象がまったく見えないとき（たとえば海上）にも生じるのは、月が遠くの地上の対象のように見えるからだろう。しかし、月の錯視がもっとも顕著になるのは、比較対象も見えるときである。

　大きさの知覚が還元条件では異なるという考えは、グラインス（一九〇六）によって、もっと明瞭に述べられた。彼は、小孔を通して観察されたろうそくの炎は、いつもより小さく見えることに気づき、これを月の錯視に似たものとして提起した。ヘネル（一九〇九、一八九頁）は、この議論をもう少し先に推し進めた。水平方向の月の知覚された大きさは、三次元空間の中で観察された地上の対象のように、直線的大きさに類似する。しかし、上った月の知覚された大きさは、角度的大きさだけによって決定されると考えた。よって、月の知覚された大きさを決定している要因は、その二条件においておなじではない。

　これにやや似た見解が、グレゴリー（一九七〇、一〇四－一〇五頁；一九九八、二三〇－二三一頁）によって提案された。彼は、上った月は、その網膜像の大きさが与えられると平均的（あるいは**ゼロ的**あるいは**初期値的**）な仮定された大きさと距離をとるのに対して、水平方向の月は、遠近法のような近くにある地上の手がかりによって自動的に尺度化されると仮定した。水平方向の月は、きめのない空を背景にして見られるので、その知覚された距離は、空という背景に付属せず、月は、その拡大された大きさによって近づいて見える。よって、水平方向の月は、古典的な大きさ－距離の不変性に反して、上った月よりも近くに大きく見える。それゆえに、それは幾何学的錯視のように、**一次的**あるいは**ボトムアップ**の尺度化の例であり、ここでは、大きさは知覚された距離とは独立に尺度化される。

　還元説には問題がある。なぜ、空が曇ってきめができたとき、上った月は地上の対象へと変わらないのだろうか。

還元対象の知覚された大きさを決定するのは何だろうか、それはいつもおなじものだろうか。角度的大きさの照合実験では、上った月の知覚された大きさが変わりやすいことを示唆する。すなわち、上った月は、おなじ角度的大きさをもつ近くの対象に等しく見えるという者もいれば、ホールウェイとボーリング（一九四〇ａ）のように、上った月はずっと大きく見えると論ずる者もいる（第四章）。その変動が真の知覚の違いを反映しているかどうか、あるいはたんに測定の手続きの違いにすぎないのかどうかは明らかでない。また水平方向の月と上った月のあいだの大きさの知覚の性質に何か変化があることを示した証拠はないようである。実際に、口頭報告からの証拠では——大きさ－距離の不変性の枠組みの範囲内では——何の変化もない。すなわち実際に第三章で論じたように、直線的単位で水平方向の月の大きさを推定する心構えをもった人びとは、上った月についてもおなじことをする。不連続性を支持する証拠がない以上、視覚的風景の全体にわたる大きさの尺度化を説明する理論を採用する方がよい。

（3）他の大きさ理論

動的大きさの尺度化と静的大きさの尺度化

まったく異なる二過程説がハーシェンソン（一九八二、一九八九ａ）によって提案された。彼は、月の錯視と回転する螺旋《らせん》の二事例では、通常の大きさ－距離の関係が逆になるようだと記している。ある方向に回転する螺旋は、拡大し近づいて見えるが、他の方向に回転する螺旋は、収縮し退いて見える。さらに、約二〇秒のあいだ一方向に回転する螺旋を見たのち静止した螺旋を見ると、反対の方向に変化して見える（Szily, 1905）。ハーシェンソンは、この「大きい－近い」の関係を動的な大きさ－距離の不変性とよび、それを「遠い－大きい」の関係あるいは静的な大きさ－距離の不変性（古典的な大きさ－距離不変性とよばれてきたもの）と対比させた。彼は、対称的な拡大・収縮パターンによって刺激されたとき、奥行方向に運動する剛体の知覚をうみだす接迫－膨張の機構があることを示唆した。彼はさらに、月と地勢の布置は、その接迫－膨張の機構を刺激して、水平方向の月の知覚された大きさを増加させ、その知覚された距離を短縮させると示唆した。しかし、なぜ月と地勢の静的布置が動的機構を刺激し、なぜ大きさ－

距離の動的効果と静的効果の種類が異なると考えられなければならないのかは明らかでない。もし動的機構が角度的大きさに関与し、静的機構が直線的大きさに関与すると理解すれば、この二機構のあいだに対立は必要でない。

大きさの恒常性の失敗

おおくの著者は、地平線上の月の拡大した見え姿は、通常の大きさの恒常性の一例とみなす。この場合、天頂にある月の小さい見え姿には説明が必要であり、大きさの尺度化のある種の不調を表わしている。その小さい見え姿は、古典的な大きさ－距離の不変性と一致しないので、知覚された距離以外の要因が重要であるに違いない。これらの要因のひとつが知覚学習であろう。

バークリ（一七〇九）は、知覚された大きさに及ぼす知覚学習の効果について明瞭に述べた最初の著者だと思われる。彼は『視覚新論』において、われわれは、学習によって、ある手がかりを距離に連合させ、また知覚的大きさの増大に対しても連合させると述べた。彼は、拡大した水平方向の月は、通常ならば増加した距離と増加した大きさの両方と連合する、おおくの手がかりによって生じると説明した。これらの手がかりのひとつが微弱（あるいは大気遠近。第六章参照）であった。姿勢のような別の手がかりは、現在では**注視角**（第一一章）として知られるものや前庭効果（第一二章）に寄与する。すなわち、これらの手がかりも、また経験を通して、知覚された大きさに連結される（この主題に関するバークリの見解を第一一章で詳しく引用する）。このような手がかりがなければ、すべての対象は、その角度的大きさに比例して見え、遠方の対象はとても小さく見えるだろう。バークリは、水平方向の景観については知覚的学習を信じ、天頂の小さい月は、垂直方向を観察する経験がなかったことによって生じた大きさの尺度化の失敗に由来すると説明した。

天体錯視の他に、大きさの恒常性（あるいは大きさ－距離の不変性）が不全になると思わせる状況がおおくある。一例は光学的拡大（第五章）であり、知覚された直線的大きさは、たいていは知覚された距離によって予想された直線的大きさよりも小さい。異なるタイプの恒常性の失敗についての提案が、ロス、ジェンキン、ジョンストン（一九八〇）によってなされた。彼らは、神経系は、大きさの恒常性の尺度化から独立して真の角度的大きさを知覚する機構をもち、この機構は高い空間周波数（小さい角度的大きさ）に作動するとする一方、大きさの恒常性の尺度化は、低い空間周波数（大きい角度的大きさ）に作動すると示唆した。彼らは、太陽や月の像の大きさよりも少し小さい対象、すなわち〇・五度よりも小さい角度を張る対象には、大きさの恒常性が生じないと主張した。証拠として、彼らは、前後を逆にした望遠鏡を通して観察することによって月を縮小させるならば、月の錯視は消滅すると論じた。彼らは、明らかに、還元筒を通して見ると、月の錯視が減ったりなくなったりする（第九章）ことに気づいていない。大きさの恒常性の尺度化が、視覚的風景の大きい局面に作用して細部に作用しない（こうなると、ある奇妙なゆがみがもたらされるはず）わけを理解することはむずかしい。これらの著者による逸話的な証拠は、デイ、スチュアート、ディキンソン（一九八〇）によってその真偽のほどが問われた。彼らは、視角〇・二五度の小さい対象に通常の恒常性が生じることを示す実験を記述した。彼らは、光学的な機器を通して月を見ると枠組み効果が生じ、知覚された大きさではなく知覚された距離に変化が生じるだろうと指摘した（第五章）。そこで、彼らは、被験者たちに、昼間の空の水平方向と天頂方向に、小さな残像（〇・一七度）を投影させた。水平方向の残像は、天頂方向の残像よりも一・一六倍だけ有意に大きく判断され、ある程度の錯視が、小さい角度的大きさの残像にあることが示された。

大きさの恒常性の成果

上述の著者たちが、一定の条件のもとで、大きさの恒常性の失敗について語ったのに対して、他の者たちは、通常の大きさの恒常性と知覚学習によって月の錯視を記述してきた。リード（一九八四、一九八五、一九八九、一九九六）は、**期待された角度的大きさとの対比**に依る地上移動説を提案した。彼は、月が地平線上で大きく見える理由が二つあることを示した。第一に、〇・五度の視角をもつ対象は、地平線あるいはそれ以上の距離では、物理的に大きくかつそのように知覚されるに違いない。さらに、月の視角は、水平方向にある他の知覚された対象や想起された対象の視角よりも大きいので、それらと比較して月は角度的あるいは物理的に大きく見える。第二に、われわれの地上移動の経験（たとえば、飛行機が頭上を一定の高さで通過すること）によって、われわれは、仰角にともなって対象の視角が拡大することを期待するようになっている（リードは、この拡大を数学的に記述している）。高い仰角にある月を見たとき、その月は、地平線にある月の想起された視角から期待されるような大きな視角をもたない。この食い違いによって、われわれは、月を物理的に小さいものと知覚するか、かつあるいは、いっそう遠くにあるものと知覚するか、かつあるいは、角度的大きさをいっそう小さく知覚するようになる[18]。

この理論は、知覚学習のひとつであるが、バークリの理論とは異なる。バークリは、上を見るときの経験が欠如していると想定するが、リードは、頭上の対象の行動に関してわれわれがもつ豊富な経験を強調した。この著者たちが説明として距離に訴えずに大きさを論じている点を除けば、彼らの主張は、距離の判断における経験の役割を強調した説（第九章）に似ている。

注意の場

さらに、介在する対象の効果のもうひとつの説明が、天文学者ジョン・ハーシェル（一八三三）によって提唱された。もし地上の対象が、太陽や月に接近して置かれたならば、細部へ注意をするという獲得された習慣を適用して、われわれは地上の対象とおなじ方法で太陽や月を判断する。介在する対象は、水平方向の月までの見かけの距離をそれほど大きくさせないが、その代わり、これによってわれわれの注意の場が、いっそう小さい視角に限定されるようになる。

これに関連して、さまざまな説明が何人かの著者によって与えられた。クラパレード（一九〇六a）は、われわれは月に大きな「興味」があるので、地平線上で拡大して見えると信じた。ダドウリアン（一九四六）は、地平線上の太陽に注意を絞ると、太陽は約二倍に拡大して見えるが、太陽に接する地平線上の小さなでこぼこに注意すると、太陽はさらに拡大して見えると論じた。対照的に、エンジェル（一九三二）は、抑制的な見解をもっていた。すなわち、周囲のものの効果を切り取る排他的な注意で観察すると、対象はいっそう小さく見えるので、もし水平方向の月をしっかり見つめるならば、月が上ったときに月がもつ空虚な状況を取り戻す傾向があるとした。

もっとも詳しい「注意」説のひとつは、コーニッシュ（一九三五、一九三七）によってつくられ、第四章では彼の風景画を紹介した。彼は、注意の場を制限すると、小さい枠のある窓の効果に似て、場の中にある対象の見かけの拡大を導くと主張した。彼は自分の描いた絵を測定し、その拡大は、平坦で遠くの地平線上の対象について約一・七倍になると結論した。彼は、水平方向の太陽は、おなじようにして拡大されると論じた。

注意の場に関する説は、ともすれば明瞭に述べられず、かつ部分的にしか検証ができないので評価がむずしい。この説には複数の考えが含まれている。注意や興味が対象を大きく見せるという考えがあり、対象の大きさの判断の基準となる視野の大きさに関する別の考えもある。いろいろなときに描かれた絵の大きさは、知覚された大きさの違いを反映しているとする、コーニッシュその他による仮定もある。

(4) 大きさの尺度化の神経学的基礎

大きさの恒常性や他のタイプの大きさの尺度化を支える神経学的基礎についておおくの提案がなされている。距離の尺度化を支持する神経学的証拠がある。すなわち、ドビンズとその共同研究者（一九九八）は、大脳の視覚部分のいくつかの細胞が、ある角度的大きさとある特別な視距離の組み合わせに、もっともよく応答することを見出した。純粋な大きさの関係を支持する神経学的証拠もある。すなわち、大きさの対比錯視は、空間周波数を検出する細胞の順応や大脳の他の神経学的相互作用に帰せられてきた[19]。そのような機構は、さまざまな観察距離における大きさの恒常性に寄与するだろう[20]。ある著者は、大きさの恒常性を視覚的風景の中心部における知覚された大きさの拡大として説明し、この拡大は、網膜像の関連部分の表現が、大脳による分析の後期段階では、いっそうおおくの細胞に広がるために生じるといわれている。そのような考えは、**大脳皮質の拡大**という解剖学的事実がもとになり、それによって中心視の視力が高まる。網膜の小さい中心部分（中心窩）は、その周辺領域よりも高密度に詰まった錐体細胞を含み、かなり大きい第一次視覚野に投影される。シュワルツ（一九八〇）は、この考えを、彼の大きさの恒常性のモデルに組み入れた。観察者が遠くの対象を凝視するとき、中心視では小さな像を形成するが、近い対象は、周辺視にいっそう広がった大きな像を形成する。すなわち、中心視の小さな像は、大きな像よりも、神経学的にかなり大きく拡大される。そのような機構は、わずかに大きさの恒常性に寄与するのかもしれないが、水平方向の月も上った月も、中心視で観察されているときに、上った月が水平方向の月よりも小さくみえるわけを説明する助けにはならないだろう。周辺視と月の錯視に関する他の考えは第一一章で論じる。

トレハブ（一九九一、二四二―二四七頁）は、斬新な神経学的モデルを発展させて、大きさの恒常性と月の錯視の両方を説明するとされるレチノイド・モデルを提案した。彼は、大きさの拡大は、おおくの細胞のネットワークの使用をともなうので、神経学的な用語でいえば不経済であるという見解を示した。人間の脳は、風景のうちもっとも生態学的に関連した部分だけを誇張することによって、その資源を節約する、すなわち、それに該当する部分は、水平方向を見るときには近距離にある対象であり、見上げるときには頭上の近くにある対象である。ヒトは、天体や遠方にある地上の対象と交渉しない（助けを受けない）ので、そのような対象の像は、かなり小さいままにしておいても安全である。したがって、大きさの恒常性は、遠くの水平方向の距離では弱く、上方を見るときにはいっそう弱い。上った月の小さな知覚された大きさは、視覚的な風景の中のその部分の像が、網膜的表現以上に拡大されないために生じる。さらに神経の資源を最小化するために、距離の三次元的表現も、水平方向と比較して垂直方向では縮小される。距離は三次元的レチノイド・システム内で計算され、z－面とよばれる細胞のシートによって表現される。大きさの拡大の程度は、像が写像されるその距離平面に繋がっているが、これは、かならずしも大きさ－距離の不変性が意味する幾何学的な仕方で繋がっているのではない。大きさと距離の尺度化は、二つの目的に役だつ。すなわち、それらは、網膜像の変化にもかかわらず、空間の恒常性を維持するのに役だち、神経系の資源を効率よく使いながら、視覚的な風景の中のもっとも重要な部分への注意も高める。大脳の構造への視覚的風景のバイアスのかかった写像は、おもにヒトの進化の結果であるが、それは個人の体験によってさらに修正されうる。トレハブのモデルは、また注視角の効果（第一一章）を組み込んでいる。なぜなら、像は、注視方向を考慮に入れたのちに、自己中心的空間内で再尺

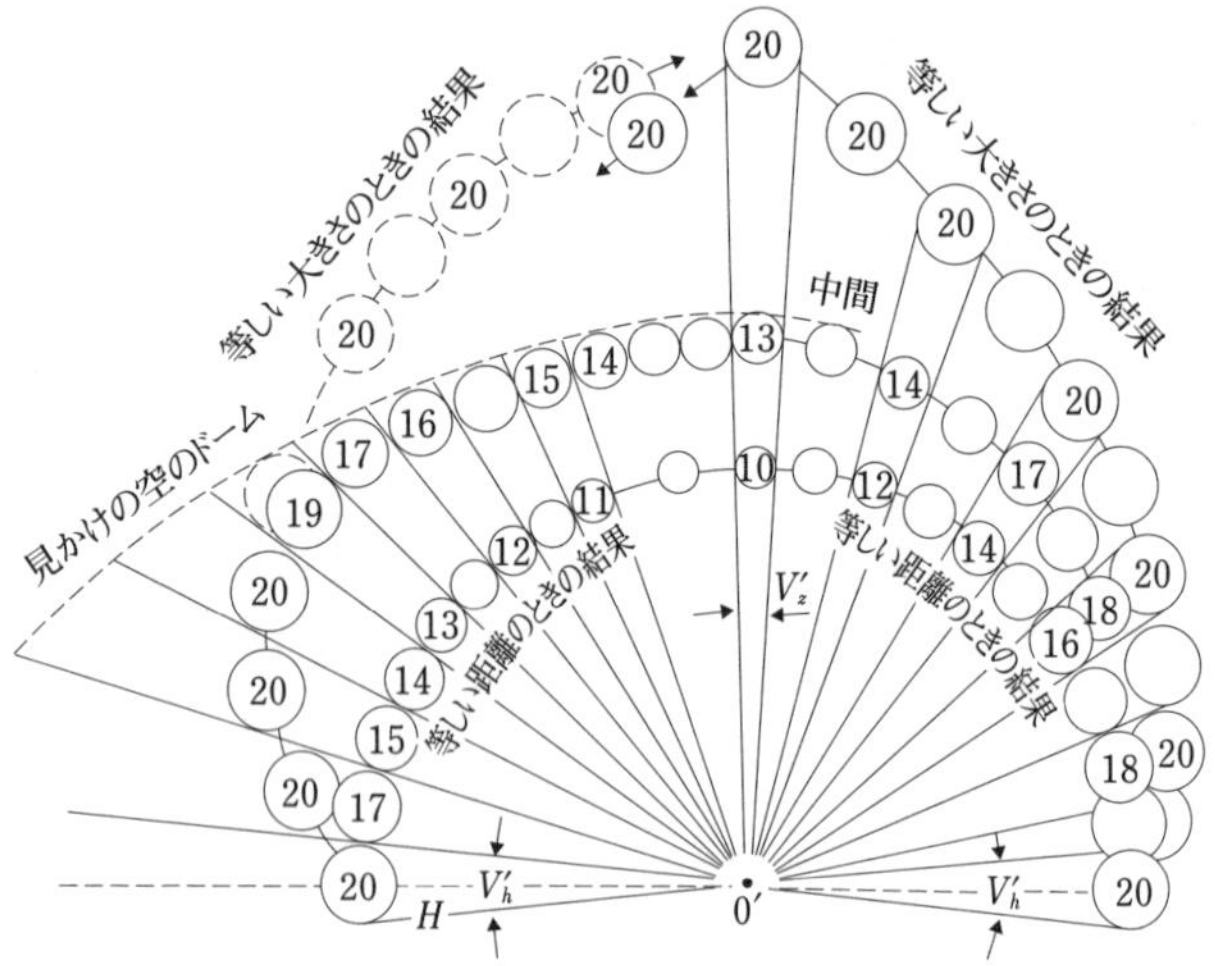

図 10–8　仰角とともに減少する知覚された視角（V'）をもつ知覚された月が，ほとんど誰もが体験する相対的（大きさ－距離）錯視の 6 代表例とともに示されている．V'_h が V'_z の 2 倍になるように任意に選ばれたとき，規則 $S'_h/S'_z = 2.0\,D'_h/D'_z$ が成り立つ．等距離のときの D' を 1000 単位とする．等しい大きさ（大きさの恒常性）のときの S' を 20 単位とする．右半分の 3 例では，V' は仰角にともなって規則的に減少する．左半分の 3 例では，V' は，最初は急速に，後半では緩やかに減少する．2 つの中間の結果は，もっとも一般的な月の錯視を疑う余地なく記述する（図とその表題は，ミックレディとサイコノミック・ソサイエティの許可を得て引用）．

度化されるからである。トレハブのモデルは、ひじょうに多岐にわたっているので分類がむずかしい。すなわち、大きさの尺度化、距離の尺度化、知覚学習、注視角の要素をもち、これらのすべてが、目的の水準と神経学の水準において、説明の水準と結びついている。しかし、神経学的モデルの細部は、本書には複雑すぎる。

(5) 知覚された角度的大きさ

最近の著者の中には、知覚的な大きさ－距離の不変性の枠組みを、月の錯視と他の大きさの尺度化の過誤を記述するために採用している人がいる。[21] ミックレディ（一九八六、一九九九）の説明では、月は角度的大きさの変化として知覚され、その知覚された角度的大きさが、その知覚された距離とその知覚された直線的大きさに影響を及ぼす。この考えでは、角度的大きさと直線的大きさの両方がいっしょに知覚される。知覚された角度的大きさ、知覚された距離、知覚された直線的大きさのいくつかの可能な組み合わせを表わすためにミックレディが作成した図が示すように、その記述はじつに複雑である（図10－8）。

不正確に知覚された角度的大きさによって月の錯視を記述することは、知覚的な大きさ－距離の不変性の幾何学を維持するという意味において論理的に可能である。しかし、その記述は、それ自体が説明ではない。なぜなら、角度的大きさの不正確な知覚が何によって起こされたのかが述べられていないからである。ミックレディは、相対的な大きさが、ある種の神経対比機構を通して作用して、これに寄与する因子になっていると示唆した。彼は、そのような効果は、じゅうぶん大きくないので、月の錯視の全体を説明することはできず、いくつかの距離の手がかりも知覚された角度的大きさの変化の原因に違いないと記す。彼は、このような手がかりによって、条件づけられた動眼性小視あるいは巨視が生じると示唆する（第七章）。彼は、また知覚された角度的大きさの経験的定義をつぎのように示唆する。すなわち知覚された角度的大きさは、観察者の目と視標の二端点のあいだの角度的方向の差を表わすと述べる。この考えは、大きな角度的大きさを張る近くの対象には関連しても、〇・五度しかない遠くの対象にどう適用すればよいのか見極めるのがむずかしい。知覚された角度的大きさの概念の解釈がむずかしい。われわれは、最終章でそのことをさらに考察する。

(6) 知覚された角度的大きさに対する二次関数的尺度

角度を用いて月の錯視を説明しようとする最近の試みは、東山（一九九二）によってなされてきた。彼は、観察者に対象の張る角度を数量的に推定させたり、方向を調整することができる二本の棒によって角度を照合させたりして、一般に角度的大きさが過大視されることを示した。しかし、知覚された角度と真の角度のあいだの関係は二次関数的（訳注　負の増加関数）であった。すなわち小さい角度と中位の角度は過大視されたが、大きい角度では、その過誤は減少した。彼は、この関係を用いて大きさの恒常性の尺度を説明した。なぜなら、遠くにある対象は近いところの対象よりも小さい角度を張り、それゆえに遠くの対象は相対的に拡大されて知覚されるからである。

東山は、さらに、知覚された月の角度的大きさは、地平線から月の円盤の頂点まで見かけの仰角と、地平線から月の円盤の底点までの見かけの仰角の差に等しいと論じた。地平線の上にある月の仰角が増加するとき、真の角度に対してプロットされた知覚された垂直方向の角度の関数が負の増加関数であったために、この仰角の差は小さくなる。

よって知覚された月の大きさは、仰角とともに減衰する。

この主張のおもな問題は、月の角度的大きさに関する著者の一風変わった定義にある[22]。月の角度的大きさのすべての報告は、二つの知覚された仰角のあいだの差ではなく、ひとつの知覚量、つまり知覚された角度的大きさとして記述されている。東山の定義は、壁に掛かっている絵の（直線的）大きさは、床から、絵の上と下の縁までの見かけの高さの差として知覚されるということに似ている。しかし、絵の大きさは、床からの絵の高さとは無関係に判断することができるように、月の大きさは、地平線からの仰角を最初に判断しなくても知覚される。

東山によって見出された判断された角度的大きさと真の角度的大きさのあいだの関係は、大きさの知覚についての経験的知識への重要な寄与を表わしているが、月の錯視にそれを適用することにはためらいがある。

(7) 月の錯視と通常の大きさの恒常性

われわれは、月の錯視は、地平線の近くにおける知覚された大きさの拡大であり、その拡大は知覚された距離の拡大によって引き起こされるのではないと論じてきた。その拡大は、局所的な大きさの対比に似ていると思えないが、むしろもっと一般的な同化に似ており、すべての水平方向の対象とおなじ比率で月が知覚的に拡大されると考える。われわれは、対象が地平線から上がっていくにしたがって、大きさと距離の性質が変化するという考えを拒否してきた。それよりも、知覚された大きさの分化的な尺度化が、全視覚的風景にわたって生じる。その尺度化は、おそらく、きめの勾配、線遠近、空気遠近のような手がかりを経て達成されるのだろう。また、それは視覚的風景における高さに関連して、もっとも高いところの部分の大きさが縮むのかもしれない。

もし大きさと距離の判断のあいだに高い相関がなければ、水平方向にある天体が近くに見えるときに地上の対象が遠くに見える理由が説明できるようになる。おおくの信頼のできる距離の手がかり、すなわち、重なり、運動視差、線遠近、空気遠近、きめの勾配があり、それらが地勢に広がる距離の知覚を創りだし、対象を地勢の中に定めることを助ける。低い位置の月や太陽は、ある程度、これらの手がかりの束縛を受けないので、その知覚された距離は、おもにその知覚された角度的大きさに影響を与える手がかりによって決定される。

われわれは、輝度、色、相対的大きさのような知覚された角度的大きさに影響すると思われるいくつかの要因について述べた。われわれは、つぎの二章では注視角と身体的姿勢に関連した他の可能的要因について考えてみる。

(8) まとめ

相対的大きさの理論が、角度的大きさの対比と、既知の大きさをもつ対象への同化の両方によって述べられた。単純な対比理論では、月は地平線上のひじょうに小さな角度的大きさをもつ隣接した対象と比べられて、知覚的に拡大されると述べる。しかし、局所的な対比は、月の錯視に大きく寄与しない、なぜなら月の錯視はそのような対象がないときにも生じるからである。同化理論では、月は、既知の直線的大きさをもつ地上の対象と比較されるか、遠方にあるすべての対象の知覚された角度的な拡大に同化されると述べる。同化理論では、地上の対象が距離を尺度化すると仮定されることが多いが、その種の大きさの尺度化は、別の手段によって達成されうるのだろう。上った天体については、さまざまな種類の「恒常性の失敗」を仮定する人もいれば、知覚的大きさの縮減を知覚学習の例として述べる人もいる。大きさの尺度化に関していくつかの神経学的モデルが述べられている。大きさの対比は、三四%までの知覚的拡大を生じると報告されることがあるが、その効果は、普通はこれより少ない。大きさの対比は、大きさの恒常性にも月の錯視にも寄与すると思うが、その全体の効果は説明できない。

第一一章　注視角

前章では、われわれは、月の錯視を、さまざまな仰角において、知覚された角度的大きさの変化として記述すべきであると主張してきた。また、その変化に寄与すると思われる、視覚的光景の中の諸要因について議論した。われわれは、いま、目を上げたときの筋肉的成分を含む別種類の要因を考察する。この要因は、頭や体を傾けることとよく混同されるが、それについてはつぎの章に延ばす。

見上げることが、知覚された大きさを減少させるという考えは昔からあった。われわれは、まず、この考えに関連する初期の文献について議論し、それから、実験的文献について考え、最後に理論的説明について考える。

（1）ウィトルウィウスとプトレミーの説明

はじめて注視の方向に言及したもののひとつは、ウィトルウィウス（前一世紀）に由来し、彼は『建築論』（Ⅲ、五（九））の中でつぎのように述べた。

目を上げて高いものを見ようとすると、密集した空気を通り抜けていくことが、ますます容易でなくなる。よって、目は、その高さが最大に達したときに失敗し、目の力は吸い取られ、目は混乱した大きさの推定しか心にもたらさない。(1)

この説明は、のちにプトレミーの『光学』（一七〇年ころ）によって与えられたものと似ている。プトレミーによる月の錯視の説明が混乱しているのは、部分的には、彼が異なる著作の中で少なくとも二つの異なる説明を与えたからである。天文学に関する初期の著作である『アルマゲスト』では、彼は、月の錯視を大気の屈折によるものだと論じた（第五章）。しかし『光学』では、彼はまた、異常な状況や行為が困難なときには、空高くにある対象が小さく見えると述べた。これらは、現在の二つの考え（知覚学習とさまざまな注視角理論）の先がけと考えられるだろう。これに関連する一節が[2]『光学』Ⅲ、五九にある。

というのは、不自然で異常な条件のもと、視光線が視対象に当たるとき、対象のもつ全特徴の感覚が減ることは普遍的な法則なので、おなじように、視光線は、それが占める距離の感覚も減らす。このような理由により、視光線が等しい角度を張る空の対象の中において、頭上点の近くにある対象が小さく見え、地平線の近くにある対象が、正常な条件のもとでは、異なって観察される。空高くにあるものは、その異常な条件と行動の困難によって小さく見える。

この一節は、異なるけれども部分的に重なりあう二つの説明を含んでいるようなので、これを解釈することがむずかしい。[3]すなわち、（一）上方視のような不自然な条件では、視光線が、大きさと距離を含むすべての特徴の感覚を減らす。（二）不自然な状況では、視光線は、距離の感覚を減らし、その減らされた距離の感覚が、（大きさ－距離の不変性を通して）知覚された大きさを減らす。

視光線理論（第三章）では、視覚をひとつの能動的過程として述べ、そのことは視光線を送り出すために努力を必要とすることを意味する。たとえば、アリストテレス（『気象論』Ⅲ四）は、弱い視力をもつ人は、その視光線を遠くの対象に「押しつける」ことがどんなに困難であるかを記述した。この考えは、ジョン・ペッカムによって一六世紀後にふたたび取り上げられた信念である。むずかしい観察条件において感覚が減少する理由は、たぶん、そのような条件では、人の視光線を対象の方に「押す」ために、いっそうおおくの努力を要請されるということであって、重力のような外部の力が、上方視を縮減するのではない。

この節のもうひとつのおもな解釈は、「頭上の対象が小さく見えるのは、その対象が近づいて見えるから」とした点である。[4] 他の節から、プトレミーが、大きさ－距離の不変性の原理（第三章）に気づいていたことは明らかである。彼は、また惑星の見かけの大きさを説明するために、この原則を使ったようである。[5] 大きさ－距離の不変性は、現代の著者によって、もっとも広くプトレミーに帰せられている解釈であり、そのときふつうは対象介在説と結びつけられて、ともに彼に帰せられる。しかし後者を加えることは、完全に誤った解釈である。[6]

プトレミーは、さまざまな書物の中で天体錯視のさまざまな説を記したようである。その理由として、彼はたんにすべての既知の説明を記録に留めただけなのかもしれないし、彼の科学的な理解が年を重ねるにしたがって進歩したのかもしれないし、彼は、天体錯視にさして興味がなく、惑星の運行を説明するときに、天体錯視を説明する必要があったのかもしれない。[7]

(2) バークリの知覚学習説

はじめて注視角の明晰な心理学的説明を行った著者は、バークリ（一七〇九）のようである。彼は『視覚新論』の中でこの問題について書き、天頂の月が小さく見えるのは、水平方向を遠く見るときに普通ならともなう手がかりが欠如するためだと説明した。とくに彼は、頭と目の正常な姿勢が重要な変数であると述べた。彼の見解は七三節に詳しい。

弱よわしさやその他の点で視覚的におなじに見えていても、もし高いところに置けば、それは、目の高さでおなじ距離に観察されたときに得られる大きさとおなじ大きさになるとはけっして思えない。その理由は、私たちは高いところにあるものを見ることにほとんど慣れていないし、私たちの関心が、頭上ではなく目前にある対象にあるからである。したがって、目は頭の頂にあるのではなく、私たちが、遠方の対象が立っているのを見るために、もっとも都合のよいそのような位置にある。……私たちは、物の大きさを判断するとき、単なる視覚的な見え姿だけでなく、他のさまざまな状況にも依存するので、それらのどのひとつが欠けたり変動したりするだけで、じゅうぶんに判断が変わることがあるだろう。そのため、いつものような状況のもとで、頭と目を正常に保って遠いものを見ることを止め、その代わりに、頭が異なる姿勢を取らなければならないような事物の状況のもとでは、大きさが異なって判断されても驚くことではないだろう。しかし、高いところにあるものは、低い位置にあっておなじ距離にあるものよりもずっと小さく見えるのはなぜなのかが問われるだろう。……私は答えよう、遠くの対象の大きさが、視覚的な見え姿の広がりだけによって示唆され、それに比例すると考えられる場合には、それらは、いま私たちに見えているものよりも、はるかに小さく判断されるに違いない（七九節を参照）［この節の中でバークリは、生得盲者が視覚を回復すれば、すべての対象は、その網膜像の大きさに比例して見えるだろうと論じている］。しかし、遠くの対象の大きさに関して判断を形成するために、いくつかの状況が同時に生起して、それらを用いることによって、遠くの対象が、視覚的な見え姿の広がりが等しいのみならず大きくさえある他のものよりもずっと大きく見える。したがって、遠くの対象を見るときに常に随伴し、その大きさに関してなされる判断に影響するようになる、これらの状況のうちどれかひとつでも欠けたり変化したりすれば、それに応じて、そういう対象はそうでないときの対象よりも小さく見えるだろう。……今ここで説明されたことは、私には、水平方向の月の見え姿を大きくしていることに少なからず貢献していると思うので、それを明らかにするときには見過ごされてはいけないと思う。（訳注　以上の訳文は、下條・植村・一ノ瀬（訳）『視覚新論』勁草書房を参考。）

バークリは、知覚学習の理論を提案し（第九章）、その中では空気遠近と姿勢その他の手がかりが、知覚された大きさに寄与するとした。そういう手がかりがないと、すべての対象は、その角度的大きさに比例して見られ、遠くにある対象はひじょうに小さく見えるだろうとした。われわれの知覚学習は、垂直面ではなく水平面において生じる。

よって水平観察のための姿勢の手がかりがなければ、知覚された大きさは縮小する。よって、バークリは、垂直方向の観察では、その方向にある対象を見る経験がなかったために、大きさの恒常性は生じないと信じた。注視角は、それに関連する経験的要因のひとつにすぎない。

(3) 鏡実験

注視角は、ときには月の錯視を説明する一要因として考えられ、ときにはそれ自体が説明を要する要因とされた。一九世紀まで、注視角が知覚された大きさに影響を及ぼすことを証明する観察的、実験的証拠はなかった。ドイツの数学者カール・フリードリッヒ・ガウスは、この問題をどのように研究すべきかを考えた最初の人だった。天文学者フリードリッヒ・ベッセルに宛てた書簡(一八三〇年四月九日付)の中で、彼は、当時の月の錯視の説明として受け入れられていた、媒介する対象にもとづいた仮説に不満を表明した。この仮説は、月を皿や車輪の大きさとして見る人びとには受け入れられるが、天球上の角度だけを判断することを常とする天文学者には受け入れがたいと考えた。しかし、天文学者も錯視を体験するので、このことが、ガウスをして、心理学的な説明ではなく生理学的な説明の支持に回らせた。そこで彼は実験を提案し、個人的な観察を報告した。

あらゆる種類の実験をやってみるべきだろう。たとえば、水平方向の満月を、鏡やその付属品に気づかせずに、高いところから下に向けて平面鏡で反射させて観察させる実験や、それとは反対に、上った月の反射した姿を水平方向に観察させる実験がそれである。前述した条件をじゅうぶんに満たすためには、その鏡は、じゅうぶんに大きく、正確に平らでなければならないが、私はそれをもっていない。しかし、別の実験は、この現象の生理学的な説明を示しているように思える。すなわち、仰向けになった位置から、上った満月を観察すると、頭は身体に対して通常の位置にあり、その結果、月光が顔にほぼ垂直に射し、月はかなり大きく見える。そして、反対に、頭を前に傾けて地平線上の月を見ると、月はいちじるしく小さく見える。(8)

ガウスが提案した鏡実験と、身体姿勢の効果に関する彼の非公式な観察は、そののち継続して行われるようになった二つの実験系列の出発点を形成する。われわれは、ここでは鏡の技術を考察し、つぎの章で身体的姿勢の効果を考察する。鏡を用いた実験は、見上げることが、知覚された大きさを縮めるという考えを検証するために使われうる。もし水平線にある月の反射した姿を見ようとして、高く掲げた鏡の方を見上げて、月がなお、じかに観察したときとおなじ大きさに見えたならば、見上げたときに普通に得られる小さい大きさは、見上げるという行為以外の要因によっているに違いない。しかし、もし月が小さく見えたならば、その変化は、見上げることによって生じたと考えられる。というのは、注視角以外のすべての他の要因が、たぶんおなじままだからである。きわめておおくの提案された他の実験とおなじように、この実験は、原理は単純だが、実行がむずかしい。大きな問題がガウスによって指摘されていることから、彼はじっさいに実験を試みたが、結果に満足しなかったことが示唆される。その問題とは、不完全な鏡の面が、月の像をゆがませ、鏡そのものが見えてしまったことである。すなわち、これによって鏡に写った月までの知覚された距離が影響され、それによって知覚された直線的大きさにも影響が現れる。この問題は、ガウスの提案を実行に移そうとするほとんどの試みをくじいてきた。

ヘルムホルツ（一八五六－六六、二九〇－二九二頁）は一種の実験を行い、上った月が、鏡によって水平方向に観察されたとき、それが大きく見えないことを見出した。しかし、彼はこの実験をたいそう気に入っていたわけではなかったようである。というのは、彼は実験の細部をほとんど記述していないし、月の錯視が生じなかったのは、鏡像を観察したときに空気遠近がないからと考えた。ストルーバント（一八八四、七二七頁）は、この種の実験を行った二番目の人であり、上方に掲げた鏡の中に太陽（月ではない）を見たとき、水平方向の拡大が消えることを見出した。彼も細部をほとんど述べていない。

鏡実験のもつ問題点は、フィレーネ（一八九四）によってはじめて完全に研究された。彼は、鏡の中の月の像は、ふつうは、ひじょうに近くにあり、それゆえに小さく見えると記した。われわれは、鏡が置かれたところに月の像を見る傾向がある。おなじように、ケイブ（一九三八）は、上った星座を静止した水に反射させて観察すると、それは「ばかげたくらいに小さく」見えると報告した。すなわち「心は、星座を手元にごく近い水面に定位させる」（二九〇頁）。もうひとつの問題は、ヘルムホルツとフィレーネによって述べられたように、鏡を用いて、上った満月を観察者の目の高さに反射させると、明るすぎて、暗い水平方向の風景に適合しないので、本来の水平方向の月とは異なって知覚されることである。フィレーネ（一八九四）は、鏡実験に現実感を与えるには特別な工夫が必要であるが、これが達成されたときには、注視角は月の錯視の強さに効果がないことを見出した。この結論は、数年後に複数の研究者によって確認された(9)。

このようなおおくの否定的な結果にもかかわらず、教科書に影響を与え、人びとの心を捉えたのは、その後にホールウェイとボーリングが見出した肯定的事実である。彼らは一九四〇年ころに、鏡を用いた実験と用いない実験を行った。彼らは、三・五メートル先のスクリーンに投影された光円に、さまざまな仰角にある月を照合することによって、月の知覚された角度的大きさを測定した。ある実験（一九四〇ａ）では、二人の著者ともうひとりの被験者(10)が、さまざまな仰角にある月の鏡の像を観察した。すなわち観察者は、正立し必要とされるだけ目や頭を上げた（図11－1）。月の鏡像が上がっていくにしたがって、その照合された大きさは減少した。鏡を〇・六メートル先に置いたとき、水平方向の像の角度的大きさが、実際より四・七三倍に過大に評価されたのに対して、九〇度方向に上がった像では三・一三倍となった。よって水平方向の月が天頂の月より一・五一倍（＝四・七三／三・一三）の大きさに見えたことになる。この距離では鏡は見えるが、鏡を約六メートルにまで動かすと鏡は見えなくなり、その効果がわず

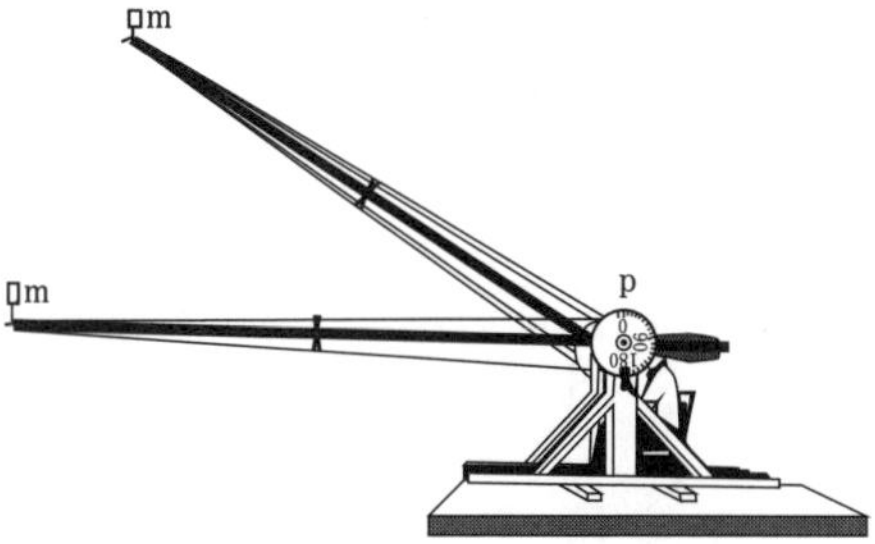

図11-1　月を観察するために，ホールウェイとボーリングが用いた鏡の装置．鏡の位置は紐によって統制された．各鏡は，持ち上げられるアームの先端にあり，その仰角は分度器pによって読みとられる．図では観察者は分度器の後ろに座っている．人工月を投影するスクリーンはこの絵には描かれていない．『アメリカ物理学雑誌』の許可を得て，ボーリング（1943）から転載．

かに大きくなった。その後の実験（一九四〇b）では、噛み板によって観察者の頭が固定され、鏡の像が、目だけを動かすか、頭だけを傾けることによって観察された。二人の著者が観察者だった。頭だけが傾いたときには、〇度と三〇度の仰角のあいだに差が認められず、照合された大きさはどちらの仰角でも三・三六倍の過大推定が示された。しかし目だけが回転したときは、三〇度にある月の像と比べて、水平方向の像の過大推定は三・四四倍、仰角三〇度にある像は一・八四倍となり、月の錯視が一・八七（＝三・四四／一・八四）となった。鏡を水平線よりも下げると、鏡を上げた状況とほぼおなじ程度にまで像の知覚された大きさが減少した。これは注視角の効果を説明するときに重要になる事実である。この著者たちは、また、鏡によって反射された太陽を、濃いフィルターを通して、さまざまな仰角あるいは俯角の方向に観察し、知覚された大きさの比率を数量的に推定した。彼らは、鏡によって反射された月と類似の結果をえたが、フィルターを通すと太陽はあまりにも小さく見え、その判断がむずかしくなることに気づいたと述べている。彼らは、この鏡実験と、さまざまに身体を傾けた他の類似の実験から、月の錯視とおなじくらいの大きな効果が、頭を静止させておいて目を上げるだけで純粋にえられうると結論した。しかし、彼らは二〜三人の観察者しか用いていないし、そのような大きな効果が、他の研究者によって追認されているわけでない。

（4）人工月を用いた実験

鏡を使う方法は、目の仰角によって生じる、おそらく小さい効果を測定するためには、満足のえられない技法であることがわかってきた。よって、研究者たちは、実験室において人工月を使った研究に向かった。この実験のほとんどは暗室で行われたため、目を上に向けたときに視覚風景に変化が生じなかったと考えられる。

はじめてこの種の実験を行ったのは、ストルーバント（一八八四）だと思われる。彼は観察者を暗室に座らせ、目から天井と壁までの距離を等しくした。天井には二〇センチメートル離れた二個の固定された小さい電球を設置し、この間隔によって仮想の対象の大きさを表した。前方の壁にもおなじような二個の電球が設置され、観察者は、二つの間隔が等しく見えるまで前方の電球の間隔を調節しなければならなかった。二人の観察者の平均した結果は、二間隔がおなじように見えるためには、水平方向の間隔が天井の間隔の約八〇％に調整されなければならないということであった。これらの結果は、人工月では二五％の錯視が生じたことを示し、それは自然の月の錯視よりもかなり小さい。

ストルーバントの結果は、月の錯視に関するわれわれの理解にあまり役にたたない。彼は、明確に、目、頭、体の動きの効果を区別せず、どの程度まで距離の手がかりが除去されたのかも明らかにせず、その大きさが、直線的照合だったのか角度的照合だったのかも明らかでない。この種の実験のもつ不可避的未決定的性質にもかかわらず、後世の研究者は、この種の実験を繰り返してきた。ふつうは何らかの効果が見出されたが[11]、その原因は明らかにされないままだった。ときには、その効果はまったく見出せなかった（Bourdon, 1899; Reimann, 1902b）。ブルドンの実験の否定的な結果は、実験手続きの違いによって説明できる。彼は、自分自身のみを観察者にし、単眼視によって、照明された円盤を暗やみの中でさまざまな仰角において観察した。上の円盤は、彼の目から二メートルの距離に仰角四五度に置かれた。低い円盤は、上の円盤とおなじ直径二九・五ミリメートルをもち水平方向の位置に置かれ、その知覚された角度的大きさが、高いところにある円盤と照合するように低い円盤の距離が変えられた。ブルドンは、さまざまな仰角に対する距離の調整に有意差を見出さなかった。しかし、この実験における重要な要因は、彼の頭が少しばかり後方にのけぞっていたことである。その結果、仰角四五度を見たときには、彼は目を上二〇度に向け、水平方向にある対象を見たときには、目を下二五度に向けていた。知覚された大きさは、目を上に向けても下に向けても減少すると思うので、上と下の効果はたがいに等しくなるだろう。ブルドンは、両眼を用いてこの実験を繰り返し、おなじような結果を得たが、あまりにも距離の変化に気が散って、知覚された角度的大きさの判断がじつにむずかしいと報告した。彼が「注視角」の効果を見出せなかったことは驚くことではない。

シュール（一九二五）は、観察距離が異なると、注視角の効果が異なるかもしれないと考え、教会を含むさまざまな大きさの建物の中で実験を行った。実験ではおなじ大きさの光円を天井と四〜七人の観察者たちの前の壁に投影し、一方の円の知覚された大きさと一致するように他方の円の大きさを調整するように彼らに求めた。円は水平方向で大きく見え、錯視量は、観察距離が三メートルのときに得られた約一・一五倍から、三三メートルの観察距離のときに得られた一・八八倍まで増加した。しかし、観察者たちは、目を回転させることに加えて、その頭も傾けたので、錯視が、これらの運動の一方のみによって生じたというわけにはいかなかった。また、建物の中は完全な暗やみではなかったので、たぶん錯視は、距離の手がかりによって影響されたことだろう。つぎの実験では、観察者は、仰角二五度と三五度に置かれた上の視標を見るときに目だけを動かすように求められた。すると観察距離四・八メートルでは六人の全観察者に錯視はまったくなく、もっと大きな距離では、ごくわずかに錯視が生じた。

おおくの実験は、とくに目の仰角による仮説を検証するように計画された。通常は、検査対象の知覚された大きさが、さまざまな仰角において測定され、観察者は目だけを動かすことが許された。グットマン（一九〇三）は、観察距離二五～三六センチメートルにある一様な背景の前に提示された二本の黒い線の間隔を判断した。すなわち、水平方向の一対の線の間隔を調整して、仰角四〇度にあるもう一対の間隔に一致させた。彼は、自分自身を観察者にして、頭を静止させながら目を上げたとき、平均錯視量が約三％になることを見出した。目を四〇度に下げたときには、錯視はほとんど消えた。彼は、他の観察者を用いて、光円を刺激とした実験を繰り返し、おなじ結果をえた。

残像が、おおくの研究者に用いられ、多様な結果がもたらされた。エンジェル（一九二四）は、グットマンの実験に表面的に似ている実験を行ったが、四六センチメートルの距離にある背景に残像をつくって観察した。「熟達した被験者たち」（数は不詳）は、残像が、背景上に描かれた輪郭線に適合するのかどうかの判断をした。観察者は、残像が適合するのかはみ出すのかを判断し、知覚された大きさをじかに推定することはしなかった。エンジェルは、残像の大きさは、目を四〇度に上げても上げなくても変わらないことを見出した。しかし、このような方法では、残像の判断された大きさに変化があると思えない。なぜなら、それは第八章で議論された「印」をつける方法あるいは「括弧」をつける手法に似ているからである。このことに留意して、ベアード、グリック、スミス（一九六二）は、残像の大きさの「物理的大きさ」の方法（括弧をつける方法）と「知覚された大きさ」の方法の両方を用いて、残像の大きさの判断を比較した。観察者は、目を水平、上方三〇度、あるいは下方三〇度に保って投影距離三二センチメートルに正方形の残像を観察した。括弧をつける方法を用いたとき、九人の観察者の判断された大きさは、仰角の変化とともに変わらなかった。もうひとつの方法では、水平方向に置かれた変化刺激（正方形）の幅を調整して、それを残像の知覚された大きさに照合させた。その照合値は、目を上げたときには三％ほど有意に小さくなり、目を下げたときには、（有意ではないが）わずかに小さくなった。著者たちは、投影面が、上の位置よりも水平方向にあるときに、近づいて見えたので、大きさ－距離の不変性が成り立たないと述べた。

人工月を使った他のいくつかの実験では、目の仰角の効果がほとんど見出されていない。盛永（一九三五）の研究では、三人の観察者が、頭の傾き、目の仰角、円盤の方向をさまざまに組み合わせた条件のもとで、さまざまな大きさの白色円盤を観察した。彼は、円盤が水平方向にあるときに、もっとも大きく見え、目と頭の傾きにはほとんど効果がないことを見出した。グリューバ、キング、リンク（一九六三）の実験では、二二人の観察者が、暗やみで単眼を用いて発光しているボールを観察した。そのとき観察者の頭は固定され、目だけを上げることができた。観察者たちは、見上げた月（仰角約一七度）と水平方向の月（約二度）の知覚された大きさの比率を判断した。完全な暗やみで観察されたときに仰角の効果がみられなかったが、判断を行っている最中やその直前に、明るい天井あるいは遠近法的手がかりが存在したときには、六一％に達する錯視がみられた。また、著者たちは、観察者から距離の判断もえたが、大きさと距離の判断のあいだには低い相関しか見出せなかった。にもかかわらず、著者たちは、月の錯視の原因を遠近法的効果に求めた。

目の仰角の効果は、ハーマンズ（一九五四）によって見出された。彼は、もっと複雑な人工月を用いた。彼は、遠隔実体鏡（訳注　観察者の瞳孔間距離を光学的に増加させて奥行き効果を高める実体鏡）を利用して、さまざまな輻輳角と仰角を用いて、二つの照明された小孔を立体的に融合させた。その結果生じた円の知覚された大きさが、ふつうの実体鏡を通して水平方向に観察された調整可能な円盤によって照合させられた。ハーマンズは、四九人の学生を観察者として検査し、目を四〇度に上げると知覚された直径が二・四％ほど減少し、目を四〇度に下げると知覚された直径が一・七％ほど減少することを見出した。彼は、輻輳角と仰角のどちらもが知覚された大きさの減少に寄与するが、輻輳角の寄与の方が高いことを見出した。彼は、自分のえた効果の大きさが、シュールやボーリングによって報告された効果の大きさよりも小さいことに気づいたが、その原因を装置の違いや、彼らによって用いられた少ない観察者に求めた。

おおくの研究者は、日常経験にもとづいて、目の仰角が知覚された大きさに大きな効果をもつことを否定した。カウフマンとロック（一九六二a）もそうしたが、彼らはまた、月の生成機を用いてこの問題を研究した（図4－1）。ふたつの人工月が、仰角〇度と七〇度の空に投影された。観察者は、試行ごとに、それぞれの月を標準刺激として用いて、一方の月の知覚された大きさを、他方の月の知覚された大きさに一致させた。目を動かずに頭を傾ける条件と目と頭を同時に上げる条件との二条件が比較された。一〇人の観察者が両方の方法で検査されたが、観察者の半数の実施順序は逆順にされた。その二条件の錯視の大きさは、それぞれ四六％と四八％となり、目を上げることによって生じた二％の拡大は有意でなかった。目の仰角にもとづいた仮説のもっと直接的な検査が、二つの人工月を、おなじ仰角二〇度の空に投影して行われた。一〇人の被験者は、一方の月を調整して、他方の月と知覚された大きさを一致させたが、そのとき、一方の月を、頭を水平にして目を上げて観察し、他方の月を、目を水平に維持して頭を傾けて観察した。目を上げたことによる効果は有意でなく、その判断された大きさの平均値は、目を上げた条件では四％ほど小さくなった。彼は、また、暗いプラネタリウムの中の天井と水平の壁に光円を投影した。五人の観察者は、目や頭を自由に動かして二円の照合を行った。天井の円は水平方向の円よりも三％ほど小さいと判断された。約三〇年後カウフマンとロック（一九八九）は、この主題をふりかえり、目の仰角の効果はたいへん小さく、それはたぶん目の輻輳によるものであることを認めた。

カウフマンとロックの研究は、ホールウェイとボーリングの注視角にもとづいた説に信憑性がなく、介在する対象にもとづいた説を受容された説明として再確立することに大きい影響力があった。しかし、彼らは、そののちの注視角の実験をくい止めることまで成功しなかった。ビルダーバック、テイラー、ソー（一九六四）は、九〇人の観察者を暗室で検査した。人工月が、水平方向と天頂方向に距離二・七メートルに提示された。街の地平線の明るい青い影絵が「月」の前に置かれ、月の後ろには空の背景を模擬するために明るく青い正方形が置かれた。観察者は、フィート単位を用いて距離を数量的に推定し、実験者が提供した発光円盤を用いて月を照合させることによって月の大きさを推定した。街の影や背景の存在の効果は有意でなかったが、月の位置による効果は有意であり、水平方向にある月が、天頂の月より大きくかつ近づいて見えた。大きさの推定値には、六%の注視角の効果が得られ、距離の推定値には、二六%の注視角の効果が得られた[12]。しかし、他のおおくの研究者とおなじように、彼らは頭の傾きと目の仰角を区別しなかった。

先の事実に勇気づけられて、ソー、ウィンターズ、ホーツ(一九六九)は、さまざまな年齢の一二八人の子どもを検査した。子どもたちは後方四五度に傾けられた椅子に座り、暗室の中で発光しているランプを観察した。これらのランプは、直径五八ミリメートルあるいは二四ミリメートルの電子発光パネルだった。それらは、高さが一〇度から九〇度まで変化し、目から二・一三メートルの距離に提示された。子どもたちは、目だけを動かしてランプを観察した。高い位置にあるランプは、低い位置のランプより小さく遠くにあると判断された。年齢傾向はなく、五歳までの子どもに月の錯視がじゅうぶんに存在することは明らかだった。判断の形式は二ランプのどちらが遠くに見え、どちらが大きく見えるかという強制選択法だったので、あいにく錯視量は定量化されなかった。一九七〇年に、このおなじ著者たちは、ほぼおなじ手続きにしたがって錯視を定量化した。彼らは平均年齢が一四歳の八〇人の生徒を検査した。子どもたちは単眼視を用い、ある方向にある変化刺激の大きさを、別の方向にある標準刺激の大きさに照合した。標準刺激と変化刺激の方向は相殺された。すると、低い位置にある刺激が、高い位置にある刺激よりも平均して七%ほど大きく判断された[13]。

実験室で行われた最近の研究では、目の仰角の効果が確かめられてきた。ホイエル、ビッシュマイヤー、ブリュワー、リューマー(一九九一)は、目を上三〇度あるいは下三〇度に回転させると、知覚された大きさが約五～六%まで縮小することを見出した。彼らは、二四人の観察者を用いて、この二条件を検査した。観察者たちは、モニター・スクリーンに提示された円環の大きさを判断するために、大きさの六カテゴリーのひとつを用いて大きさの絶対判断を行った。その像は、四二メートルの光学的距離において、それぞれの目に別べつに提示され両眼視で融合された。観察者たちは、はじめに水平方向の凝視をともなう判断を行う訓練を受け、それから水平方向を凝視する検査と、凝視を上げる検査あるいは凝視を下げる検査とを受けた。この方法によって、凝視をしばしば変えるという難儀が避けられた。

目の仰角の効果は、プラネタリウムの中で一六人の学部生を検査した鈴木（一九九一）によっても確証された。二対の光が、目から九・六五メートル離れた丸天井スクリーンの上に仰角三度と七二度の方向に投影された。標準刺激の対は、つねに高い仰角にあり、その横方向の間隔は六五センチメートル（視角三・五度）だった。変化刺激の対は、低い仰角にあり、標準刺激の対とおなじ大きさに見えるように、その間隔が観察者によって調整された。背景は、完全な暗やみ、照明、あるいは地平線と星だけが見える状況のいずれかであった。被験者は、首と頭を静止（若干の動きは必要だったが）させて目だけを動かしたか、首と体を動かしながら目の高さを維持した。奇妙にも、照明条件では有意な錯視効果がなかった。他の二条件では、水平方向の刺激の間隔がきわめて小さく調整され、これは、水平方向の刺激対が、高所の刺激対よりも大きく見えたことを示す。目を上げた条件では、大きさの錯視は、暗やみで三三％、地平線と星が見えたときで二八％、首や体の姿勢が変わる条件では、やや小さい錯視（二六％と一六％）が得られた。これらの効果はじつに大きいが、錯視が照明条件において消えているので、その効果が全面的に注視角によるとは考えがたい。標準刺激と変化刺激の位置の効果が相殺されていないため、この実験結果を解釈することはむずかしい。[14]鈴木（一九九八）は、観察距離を一一メートルにして、暗いプラネタリウムの中で別の実験を行った。彼は、上方の光刺激の仰角を五〇度にし、比較用の光刺激を水平方向に置いた。目を上げ頭の傾きを最小にした二〇人の観察者の結果は、両眼視が三七％、単眼視が一三％だった。鈴木は、目の仰角の効果の大部分は両眼性であると結論づけた。

これらの実験のほとんどにおいて、測定されたものが、知覚された角度的大きさなのか直線的大きさなのかを明言することができない。しかし、パーセントで表わせば、効果の大きさは似ていると思う。暗やみの中で大勢の観察者を用いたほとんどの実験によって得られた結果では、目を上げたり下げたりすると（ときには頭の傾きと結びつき）、水平方向の観察と比べて知覚された大きさが二～七％ほど縮んだ。鈴木の実験では三七％に達する効果が得られたが、その理由は不明である。

(5) 注視角効果の説明

注視角という語は、目の仰角、頭の傾き、体の傾き、対象の方向によって引き起こされた効果であれば何でも意味するというようにゆるく解釈して用いられるときがある。頭や体の傾きに関する説明は第一二章で論じる。目を上げる効果を明瞭に説明した人は数少ないが、いくつかの試みがなされてきた。それについて述べる。

重力が眼球を平らにする

シェバール（一八九九）は、重力が眼球を平らにする効果をもつと考えた。その結果、観察方向とは無関係に、眼球の水平方向の直径は、垂直方向の直径よりもいつも大きくなるだろうと考えた。よって、水平方向を見ているときには、レンズと網膜のあいだの距離は、目を上に向けたときよりも大きくなるだろう。水平方向を観察しているときに、レンズと網膜のあいだの距離が増加すると、網膜像がいっそう大きくなり、このことによって月の錯視が説明できるとした。このかなり独特の考えは、レンズから網膜までの目の長さが網膜上に像の焦点を合わすために変化すると主張した、初期の調節理論のひとつに影響を受けていたのかもしれない。この理論は、一八〇〇年ころトーマス・ヤングによって行われた、じつに勇気のある実験によって検証され反証された。彼は、目が鼻の方を向いたときに、目じりの眼球に金属製の鉤針《フック》を挿入した。そうすると、鉤針の点が、眼球の後ろの中央部を圧迫し、明るい光点（閃光）が見えるようになる。それから彼は、さまざまな距離に目の焦点を合わせることによって目の調節を変えてみた。こうしてもフックの位置は変わらなかったし、閃光に何の変化も生じなかった[15]。それゆえに、調節の変化は、眼球をゆがませないし、引力に関して目を傾けても、眼球の形に何らかの効果が現れるという証拠もなかった。

周辺視の効果

鋭敏な中心視に関わる網膜の（中心窩として知られる）部分は、約五度の大きさを占め、それは、月や太陽の角度的大きさよりはるかに大きい。その外側の網膜の領域（周辺部）は、網膜細胞が少なく視力が低い。一九世紀の終わりころブルドン（一八九八、三九四頁）は、周辺視における対象に対する視力の低減が、天体錯視に役割を果たしていると考え、つぎのように提案した。すなわち「地平線から離れていく月の見かけの大きさの縮減を示した曲線を描くと、その曲線は、中心視と周辺視のあいだのよく知られた視力の減衰のように、はじめは急速に減少する」（著者たちによる訳）。ブルドンの思索に関心がもたれるのは、おもに、それが一貫して誤解されてきた事実にある。よって、マイヤー（一九〇四a、三九四頁）、ヘネル（一九〇九、一六四頁）、彼と国をおなじくするクラパレード（一九〇六a、一二五頁）は、上った月は、周辺視ではなく、直視したときでさえ小さく見えるという理由から、彼の提案を拒否した。マイヤーは、明らかにブルドンが、周辺で見られた対象は小さく見えるといっていると解釈した（この説は、その当時あるていど支持され、今日でもなお研究がされている）[16]。しかし、ブルドンの考えは違っていた。ブルドンが実際に提案したことは、月をじかに見ているとき、月が地平線から上るにしたがって、観察者と地平線のあいだにある地物は、目の片隅でしか見えないので、地平線が見えにくくなるということである。彼は、これによって月までの知覚された距離が変化し、それによって知覚された大きさも変化するのだろうと考えた。彼の説は、実際には知覚された距離に関する説であり、そもそも目の仰角に関連する要因を含んでいない。ダドーリアン（一九四六）は、介在する対象の可視性にもとづいて、これにかなり似た説明を与えたが、月の錯視は、知覚された距離の変化によるのではなく、介在する対象との比較によって生じると論じた。

両眼像差

両眼像差（あるいは網膜像差）とは、左右両眼の視点が異なるために、右目と左目によって受け取られた対象の像に差異があることである。ずれた網膜像を融合すると、対象に「立体感」が生じる。しかし、全視野がどうじに融合することはなく、二重像が凝視点の前後に生じる（図7－2）。通常なら二重像は意識的に知覚されることはないが、それは風景に奥行きを加える。両眼像差には、対象が凝視点の後ろにあるか前にあるかによって、交差か非交差が生じる。非交差像差では、左目が左の像を、右目が右の像を見るが、交差像差では、事態は逆になる。大脳は、視覚風景の中の対象の相対的距離の手がかりとして像差の方向と大きさを用いる。この能力は、立体画像を見るとき、きわめて効果的に使われる。

デービッド・ブリュスター（一八四九／一九八三）卿は、レンズ型実体鏡を記述した中で、おなじ像の大きさが、像差の方向に依存して、ときには近くて小さく見え、ときには遠くて大きく見えると指摘した。月の錯視も、天頂の月は近くて小さく見え、逆に水平方向の月は遠くて大きく見えるという意味においておなじであると述べた。しかし、彼は、月の錯視は、両眼像差によって生じるのではなく、たんに知覚された距離の変化によって生じると論じた。ルイス（一八六二）もよく似た立場から、月の錯視を説明するためにじゅうぶん大きい知覚的大きさの効果を生み出す要因の一例として、両眼像差の変化を認めた。ルイスは、このことを、実体鏡を使って示したのではなかった。代わりに、一対の月の実体鏡図を融合させるために、輻輳の自発的変化法を用い、実体鏡図の前あるいは後ろを凝視した。

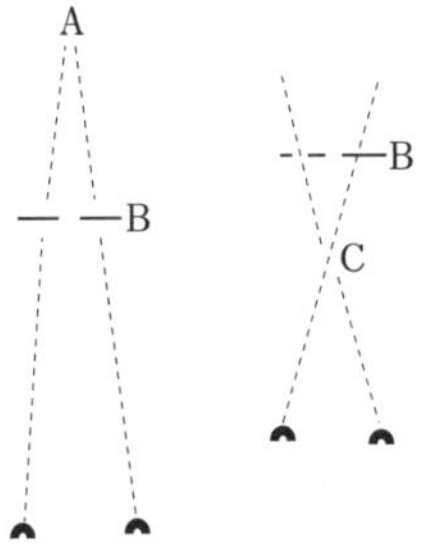

図 11-2　ルイス（1862）の図. 凝視を変えることによって得られた交差・非交差融合を図示したもの. 月の二枚の実体鏡図がBのところにある. ルイスが図の後ろを凝視すれば, 立体的な月の球体が点Aに見えた. 彼が図の前を凝視すれば, くぼんだ（「陥没した」）小さい月が点Cに見えた.

ルイスが与えた図版を図11－2に採録する。近くを凝視すると、もちろん交差網膜像差に加えて、動眼性小視（第七章）が誘導されるが、どちらの要因が、知覚された大きさの変化の原因になるのかはっきりしない。

あいにくルイスは、月の実体鏡図を公表していない。しかし、ルイスの効果を探求してみたい読者は、図11－3の中央に示された非同心円を用いるとよい。左右の図が、下の一組では逆になっている。もし、上下の図形が、目の輻輳をおなじに保って融合さ

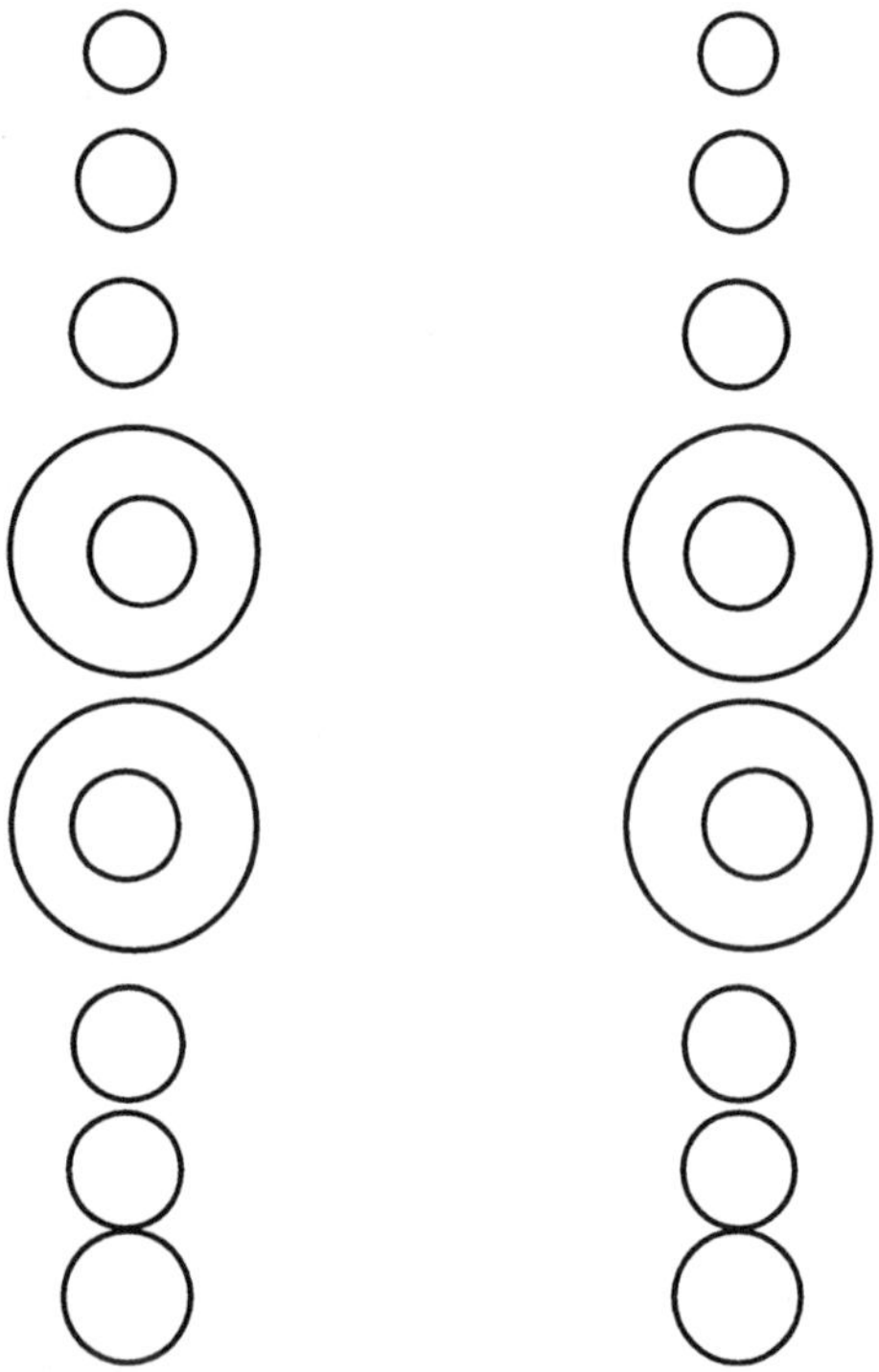

図 11-3　中央の対になっている内円は，凝視を緩めて紙面の向こう側を見るようにすると融合するだろう．これらの円は，すべて紙面の上ではおなじ大きさである．しかし，融合したときには，上円は下円よりも近くて小さく見える．もし目を紙面の前に輻輳させて融合させると，これらの効果は逆転する．知覚された大きさの違いは，融合された内円のそれぞれを上下の基準円に照合させることによって測定される．内円の直径を 1 とすると，上の 3 円の直径は 0.79，0.92，1.00 であり，下の 3 円は 1.04，1.11，1.21 である（中央の二重円はサンフォード（1892, p. 276）から複写され，基準円はロイド・カウフマンによって付け加えられた．カウフマンの許可を得て引用）．

れるならば、両眼像差の方向が異なり、ひとつの円は紙面より近くに知覚され、もうひとつの円は紙面より遠くに知覚されるだろう。この融合を容易に達成するには、二対の実体鏡図の中央にカードを垂直に立て、カードの縁に鼻先をつけて観察するとよい。この融合法を用いると、上円は近づいて小さく見え、下円は遠ざかって大きく見える。知覚された大きさの差は、おおくの観察者の結果では約二〇%であり、それは月の錯視を説明するためには小さすぎる（読者は、この効果の大きさを、融合した中央の各円の知覚された大きさを、上下に並んでいる円のひとつと照合することによって確かめることができる。照合された大きさの差が、その効果の測度を与える）。もうひとつの融合法は、鉛筆を図版の前に立て、目を鉛筆の上に輻輳することである。この方法を用いると、上円と下円の効果は逆転する。上円と下円のあいだの知覚された相対的な差は、輻輳を緩めたときにえられたものとおなじであるが、輻輳を強めると、刺激図全体が著しく小さく見える[17]。大きさが小さく見えるという現象は、動眼性小視の強さを示す。それは、おそらく五〇%の大きさの変化である、この変化は、（関連性が証明されるとすれば）月の錯視を説明するにはじゅうぶんである。さまざまな像差をもつ実体鏡的「月」の全範囲を図11－4に示す。ここでも奥行きと大きさの効果は、凝視点が近くにあるときと遠くにあるときとでは逆転する。

ホールウェイとボーリング（一九四〇b）は、彼らがダートマス眼科研究所のアデルバート・エームズの発案とした理論において、両眼像差を引き合いに出している。彼らは、注視角が上昇すると、網膜像差が増加するはずだと考えた。なぜなら、目を上に向けると、両眼がわずかに外方向へ回転するからである（外旋捻転。訳注　目を上げたとき、背後から観察すると、右目は時計の回転方向に、左目は反時計の回転方向に回転しがちになる。そのような眼球のねじれが生じると、観察者の右目の視野は反時計方向に回転し、左目の視野は時計方向に回転する。この結果生じた視野の角度のずれが、両眼網膜像差を生みだすと仮定している）。大脳は、像差が増加すると、それは、凝視点よりも近い対象によってつくられた像差に等しいとみなすだろう。像差の増加は、目が上を向いたときには（外旋捻転によって）上の視野に生じ、目が下を向いたときには（内旋捻転によって）下の視野に生じるはずである。よって、目を上げても下げても、凝視点のすぐ上あるいはすぐ下の対象までの距離を縮める手がかりが提供されることになるだろう。この手がかりは、大きさ－距離の不変性の原理といっしょになって、上あるいは下を見ているときに観察される対象の知覚された直線的大きさの縮減を説明することができるだろう。

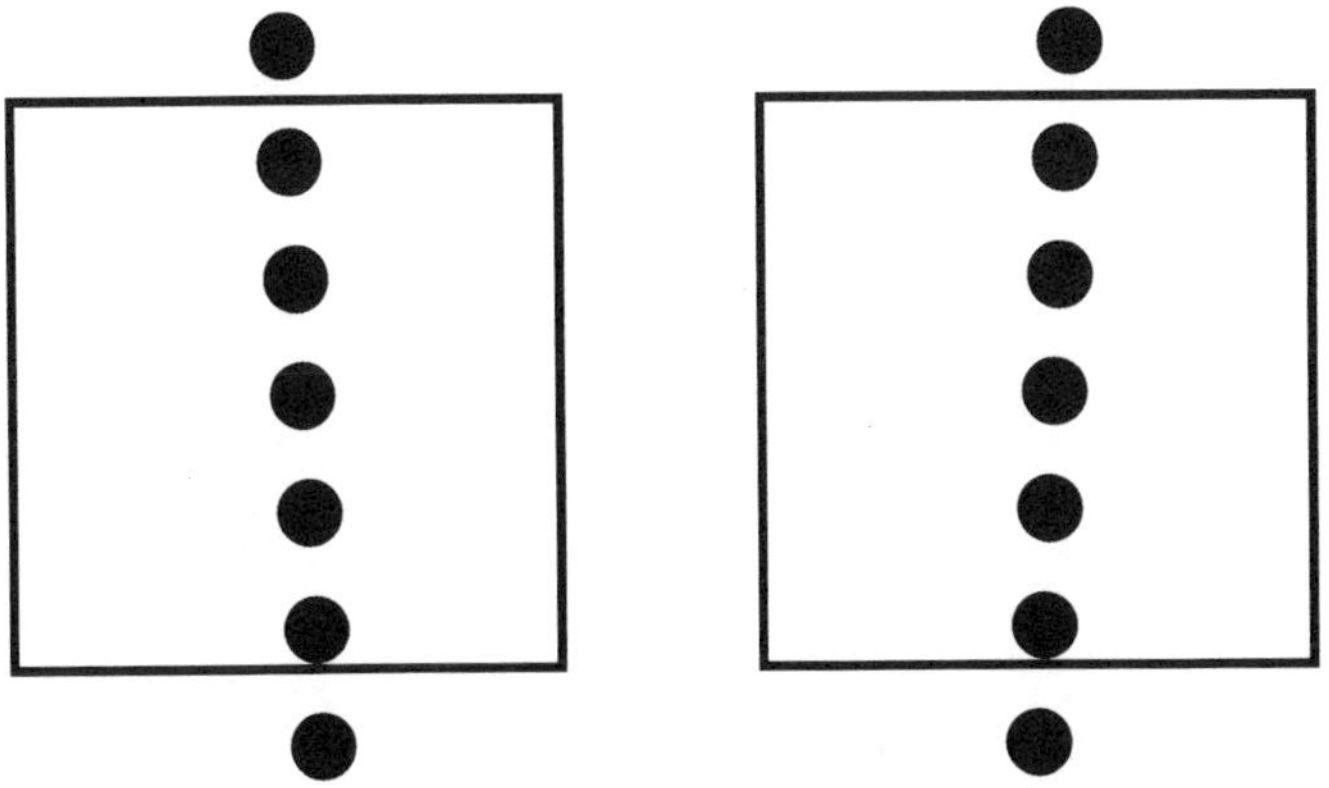

図11-4　円の大きさは，すべて紙の上ではおなじであるが像差が異なる．それらを融合させると，距離と大きさが増加したり減少したりする実体鏡的「月」の系列が得られる（許可を得てロイド・カウフマンより引用）．

ホールウェイとボーリングは、先に述べた反論（すなわち、水平方向の月は遠くに見える代わりに近くに見え、月の錯視は単眼の人びとにも観察されるという反論）が当てはまるので、この両眼像差の説明には納得しなかった。彼らは、もうひとつの明白な反論（すなわち、そのような像差の効果を知覚するためには、月をじかに見るのではなく、月の下を凝視していなければならないこと）については語っていない。

網膜照度

ホールウェイとボーリングは、また、照度の縮減をひとつの可能な原因だと論じた（第六章参照）。目を上に向けると、瞼によって視野が部分的に覆われ、また光線の入射角が斜めになるので、照度が減じられると論じた。しかし、彼らは、その効果は小さすぎて月の錯視を説明しないと結論した。

輻輳力

理論家の中にはバークリにしたがって、頭や目の方向を変えるような運動活動が、知覚された大きさの変化と連合するようになると考えた者がいた。そのひとつが輻輳力理論だった。この説はストルーバントによって提案され、ツォート（一八九九、一九〇二）によっていっそう詳しく説かれた。ツォートは、生理学者エバルト・ヘリングの研究に言及して、目を上に向けると、運動を統制する筋肉の位置の結果として、目はわずかに耳の方に外転（外斜位）すると論じた（訳注　反対に目を下げると、目はわずかに鼻の方に内転して内斜位となる）。この純粋に機械的な効果は、単眼だけで見たときも作動する。ツォートは、（目を上げたときに生じる）開散が、目の輻輳を引き起こす神経インパルスによって弱められると提案した。この輻輳インパルスは、距離を縮めることと知覚された大きさを減少させることに連合するようになり、輻輳インパルスによって、見上げられた月が小さく見えるか近くに見えるようになる。視覚的な距離の手がかりがないときは、見上げられた月は、水平方向の月より小さく見えるが、距離の手がかりがあるときは、小さく見えるか、あるいは近くに見えるだろう（訳注　ツォートが、距離の手がかりの有無に輻輳力の効果が依存すると仮定するに至った根拠は不明)。

ツォートの説明は、第七章で述べた運動命令による動眼性小視の説明とどこか似ている。しかし、彼の議論は、角度的大きさと直線的大きさを混同しているので不明瞭である。この議論はふたつの形をとりうるだろう。最初の説明は、輻輳力は、近距離に対する手がかりとしてはたらき、知覚された直線的大きさの縮減が大きさ‐距離の不変性からえられるとする。もうひとつの説明では、輻輳力は、知覚された距離とは独立に、知覚された角度的大きさを縮めるようにはたらくとする。二番目の説明が好ましい。なぜなら、観察者は、対象は小さくて遠くに見えるとよく報告するからである。

ボーリングは、満足のできる月の錯視の説明が見出せなかった。彼には、大きさ‐距離の不変性によって大きさの恒常性を説明する傾向があったが、月の錯視は大きさ‐距離の逆説であることに気づいていた。よって、彼は、注視角による何らかの説明を探していた。彼は、「さて諸君は、目を上げるとなぜ月が縮むのかを知りたいだろう。しかし、誰もまだ、この質問に答える決定的な検証仮説を定立するだけの知恵をもちあわせていない」と述べている(一九四八、一六頁)。ホールウェイとボーリング(一九四〇b)は、いくつかの理論を検討し否定した。彼らは輻輳力理論を否定した。なぜなら、彼らの考えによると、輻輳力は、近距離の手がかりとしてはたらき、大きさ‐距離の不変性によって引き起こされた知覚された(直線的)大きさを縮めるが、天頂の月は水平方向の月よりも遠く見えるが近くに見えないからである。さらに輻輳傾向をもたないと考えられる単眼の人びとに月の錯視が観察される。輻輳力理論は、また、目を下に向けて観察すると、対象は大きく見えることを予想する。なぜなら、(目を下に向けると目がすこし内側に回転するので)補償的開散が生じ、それが観察距離の増加に繋がる手がかりになるはずだからである。しかし、見下ろしたとき、対象の大きさは拡大するのではなく小さく見え、このことは、輻輳による説明が誤っていることを示唆する。ホールウェイとボーリングは、また、続けて、われわれが先に考察した、両眼像差に関連した説明を議論した。最終的に、彼らは、目を上げたり下げたりする努力が、どういうわけか知覚された大きさを縮めるとするツォートやその他の人たちの考えに戻ったが、説明には窮していた。「われわれが見出したかったことは、どういう仕組みによって、目を第一眼位の上下に動かすことが、視知覚野の全体的興奮を減らすのかということである」（一九四〇b、五五三頁）。よって、彼らは、知覚された大きさが、垂直方向の眼球運動によって縮減されたり抑制されたりする「全体的興奮」に関係する理論を探し求めていたようである。そのような説明は、大きさ－距離の不変性やバークリの運動連合理論から遠く離れていると思う。それは、また、大きさの神経符号化に関する現在の考えともほとんど関連しない。

眼球運動の効果は、エンライトが（われわれが第七章で記述した）目の調節による説明（一九七五）を放棄した後に、彼によって支持された（Enright, 1989a, b）。エンライトは、見上げたときには目を開散させる傾向があるとするツォートの考えを支持して、目を上一五度に傾けることによって〇・五度の開散が生じることを示したホランド（一九五八）の研究を引用した。よって、輻輳をうながす補償力が生じ、動眼性小視を引き起こす。エンライトは、一度の輻輳／開散の変化は、知覚された大きさの約三〇％の変化をもたらすと報告した。彼はまた、絵画的手がかり、すなわち遠近法に関連づけられる輻輳／開散が、水平方向の月の知覚された大きさを増大させるだろうと示唆した。あれこれの効果を合わせれば、月の錯視の全体の大きさを説明するにはじゅうぶんだろう。

輻輳力は、目を上に向けたときに生じる小視に何らかの役割をはたしうるとされるが、それを支持する根拠は乏しい。何人かの著者によって述べられている、強い否定的な主張は、目を下に向けたときでも小視が生じるという事実である。目を下げるときは、開散力が必要とされるので、小視ではなく巨視が生じるはずである。実験的証拠は、ホイエルと彼の同僚（一九九一）によってもえられた。彼らは、両眼の輻輳／開散力に関連する測度を得て、それと知覚された大きさとのあいだには相関がないことを見出した。輻輳力が一定のとき、知覚された大きさは、真の輻輳角にともなって変化した。すなわち輻輳が増加すると約一〇％未満の小視が生じた。

動眼性条件づけ

頭を静止させておいて目を上げると、知覚された大きさが、ほんのわずかに縮むことをたくさんの実験が示してきた。しかし、ほかの動眼性の要因（調節や輻輳など）が、いっそう大きな効果を生みだすと報告されている。われわれは、調節に関する実験を第七章で考察して、因果関係のもつれを解くのがむずかしいとの結論をえた。ほとんどの著者は、輻輳の寄与を強調し、おおくの著者はバークリの説に似た運動条件づけによる説を提案してきた。たとえば、ハーマンズ（一九五四）は、上や外へと目を回転することが、知覚された大きさの縮小を生みだすように条件づけられるとし、これらの回転運動によって、目を上げたときの月の知覚された大きさの縮小が説明されるだろうと主張した。ホイエルたち（一九九一）は、おなじように、注視角の条件づけに賛成する論を展開した。

ミックレディ（一九六五、一九八五、一九八六）は、動眼性小視を含むやや異なる主張をした(18)。風景の中のいろいろな距離の手がかりが、調節と輻輳のための運動命令信号の条件づけられた変化を誘発し、遠くの対象の知覚された角度的大きさを拡大させる。この条件づけられた変化は、それが適切であってもなくても、たとえば、写真、ある幾何学的錯視、遠くの視標において生じる。孤立した天頂の月では、このような変化は生じないが、水平方向にある遠くの光景では生じるので月の錯視が生じる。彼は、最新の研究（McCready, 1999）において、水平方向の月の相対的拡大は、二つの拮抗した動眼性の錯視によるものだと論じた。すなわち、水平方向を見るときの巨視と、見上げたときの小視がそれである。水平方向の月を見るとき、風景の細部が、遠い距離の手がかりとなり、ひじょうに遠くの距離に目の焦点と輻輳を合わせ、月を含む風景の中のすべての対象に影響を与える動眼性巨視を誘発させる。上った月を観察するときには、距離の手がかりがないため、目はひじょうに近い距離に調整しがちになり、動眼性小視が生じる。

動眼性小視にもとづいたほとんどの説明がもつひとつの問題は、その説明では、上った月が「あまりにも小さく」知覚されることである。しかし、実際のところは、ボーリングたちの測定では、上った月は、おなじ角度的大きさをもつ近くの比較視標よりも大きく知覚された。小視とは、相対的なことばであり、それは、おなじ距離に観察されるが、動眼性の調節が異なる視標のあいだの関係のみを記述するときに有益である。

目を上下に動かすことによって、水平方向の観察に比べて、知覚された（角度的）大きさが二〜七％ほど減少すると結論することができる。また、頭の傾きや他の身体的位置の変化によっても小さな変化が生じるかもしれないが、この問題は、つぎの章において立ち戻る。その説明についていえば、水平方向を基準にして目を上げても下げても作動する説明を必要とするだろう。輻輳力に関連する動眼性小視が生じても、それは目を上げたときにしかはたらかないだろう。大きさの縮減が見上げることや見下ろすことに条件づけられる、何らかの種類の運動条件づけの理論が必要とされると思う。そのような条件づけは、頭上あるいは足元の対象は、水平方向に観察された対象よりも、ふつうは接近し大きな視角を張るという事実からえられるのではないだろうか。すなわち、それゆえ、われわれは、大きさの恒常性の達成を助けるために、水平方向にある対象に比べて、この位置にある対象の知覚された角度的大きさを縮小させることを学習する。

(6) まとめ

上方視にともなう困難に関するウィトルウィウスやプトレミーの曖昧な考えを考察し、知覚学習と注視角に関するバークリの考えのあらましを述べた。鏡、人工月、残像を使って目を上に向ける実験について記述した。おおくの実験は矛盾した結果を与えた。その原因として考えられるのは、1．少ない被験者の数、2．目を上げることと体の方向との混同、3．存在する視覚的手がかりの変化、4．標準刺激と変化刺激の方向の効果が相殺されていないこと、5．測定された知覚的属性（直線的大きさと角度的大きさ）の曖昧さにある。よく統制された実験では、目を上げたり下げたりすることによって、水平方向を観察するときよりも、対象は小さく遠くに見える。知覚された大きさの変化は、ふつうは約二〜七％である。さまざまな眼球運動にもとづいた説明を述べた。輻輳力による説明は、上方向の凝視にしか適用されないので受け入れられない。上下両方の凝視に条件づけられて動眼性小視が生じるとする説が好ましい。

第一二章　平衡の問題

今日まで議論されてきた月の錯視に関するほとんどの説明は、長ながとした歴史をもち、数世紀ものあいだ未発達の形で存続してきた。これらの説明は、おもに、**視覚**情報の性質と、観察者による情報の解釈の仕方に関係してきた。月の錯視に**感覚運動**的相互作用があるかもしれないという考えはかなり新しく、おそらくバークリ（一七〇九）までさかのぼる。彼は、大きさと距離の知覚の両方が、最終的に眼球運動と触覚的探索にもとづいていると主張した。彼は、一九世紀後半に最高に達した「運動を理論化する」という伝統を創始し、ロッツェ、ヘルムホルツ、ブントのような実験科学者が彼の後継となった[1]。感覚運動系の感覚的側面は、ふつうは**自己受容感覚**とよばれる[2]。自分の体の定位に関する観察者の知識に寄与する自己受容感覚の機構は、前庭系（内耳の平衡器官）、皮膚の圧受容器、筋肉・腱・関節受容器を含む。この章で検討しようとしている考えは、自己受容感覚的情報が、何らかの形で、大きさと距離の視知覚とのあいだで相互作用し、その結果、観察者の体の定位の変化が、月の錯視に寄与するというものである。

かなり遅れて月の錯視の説明に自己受容感覚的なものが含まれるようになったが、これは、感覚運動機構の理解が、視覚の理解よりも二～三〇〇年も立ち遅れたという事実に起因する。目が視覚を媒介することはすでに明らかだった。目はかなり研究しやすい器官であり、その機構はケプラー（一六一一）のときまでに深く理解されていた。耳が聴覚を媒介することも明白であったが、その器官は目よりも実験化が困難であり、音の物理学は、光の物理学に比べてよく理解されていなかった。それゆえに、耳のはたらきは、デュベルニ（一六八三）に至ってよく理解されるようになった。しかし、平衡感覚が、内耳の前庭系によって媒介されることは、まったく明らかでなかった。

前庭系は、半規管と耳石器という主要な二部位からなる。半規管は、おもに角加速度（回転運動）に反応する。耳石器は、球形嚢《のう》と卵形嚢からなり、おもに直線加速度に反応する。直線加速度は、一方向への身体の運動速度の変化によって生じる。しかし、地球の重力の直線加速度も一gとして知られている一定の力を提供する。耳石器は、この力に反応し、重力方向を基準にして静止した頭の方向の信号を送る。眩暈《めまい》が運動によって生じるうることは、少なくともルクレティウス（前五六ころ）の時代から知られていた。[3] しかし、その機構は、一八二四～一八三〇年に行われたフローレンスの研究まで半規管と結びつけられることはなかった。半規管と耳石器の機能は、一八七三～一八七五年にマッハ、ブロイエル、ブラウンによっていっそう詳細に研究された。[4] 耳石は、頭の傾きや凝視方向の情報を与えるので、月の錯視にはとりわけ興味ぶかい。

筋肉・関節・皮膚の受容器は、前庭系よりもよく目に見え、研究しやすい。筋紡錘の発見は、一八六三年のW・キューネにさかのぼるが、他の受容器は一八八〇年代以降になって記述された。首の受容器は、月の錯視にとって、ふたたび特に興味のわくものである。なぜなら、それもまた頭の傾きと凝視方向の情報を与えるからである。

（1）自己受容感覚による月の錯視の説明

天体錯視に関する最初の自己受容感覚的理論は、プトレミーによって、彼が上方視の困難について語った『光学』の中で示唆されている。しかし、第一一章において検討したように、彼は知覚系ではなく視光線に問題があると考えていたとするのがもっともらしい。バークリは、もっと明瞭な説明をしており、頭と目の方向が、学習を通して、大きさと距離の知覚に寄与すると示唆した。だが、彼の仮説は不十分だった。彼は、大きさの恒常性は、水平方向を観察するときにのみに条件づけられると信じ、上方視は恒常性が失敗する事例とみなした（第一〇章）。

近年では、シュール（一九二五、七五頁）が、おそらくはじめて前庭と首関節の刺激が、頭の中で目を上げる効果に付け加えられるかもしれないと示唆した。月の錯視について明白な前庭機構を提案した最初の著者は、「月の錯視に関する前庭的仮説」と題した論文を著したウッド、ジンクス、マウントジョイ（一九六八）のようである。おおくの先行する著者のように、彼らは、重力方向に関係づけた頭の方向が重要だろうと考えて、それを説明することができる神経機構について思索した。(5) おおくの実験がつぎに続いた。

（2）頭あるいは体を傾けた実験

頭を逆さまにすると、対象が小さく見え、水平方向の月の拡大が縮減することはよく知られている。ある者は、これを自己受容感覚の効果であると書き記し、また他の者は、頭を逆さまにしたときの視覚的光景の変化としている。サンフォード（一八九八、二一一－二一二頁）は、色はゆがんで見え、距離は増えることも減ることもあると述べた。ある者は、その結果生じた大きさ－距離の逆説について見解を述べている。たとえば、エンジェル（一九三二）は、「もっと顕著なことは、頭を逆さにしたときの凝視の効果である。このとき、対象はきっぱりと小さく見え、おなじように遠くに見える。後者は、おそらく大きい距離と、小さい大きさとを関係づける『二次的錯視』だろう」と述べた。その効果は、また、メイリ（一九六〇）によっても報告された。彼は、頭を傾けて見るとか両足のあいだから見ると、遠くにある丘の拡大が縮減することに気づいた。彼は、これは、大きさの恒常性が、よきゲシュタルトあるいはじゅうぶんに構造化された視覚的光景の存在に依存するからであるとし、頭を傾けることは、どういう訳か構造化された視覚的光景を変化させると論じた。コーレン（一九九二）は、かなりよく似た指摘をした。彼は絵に表した景色を逆さまで示すと、奥行きの手がかりの「顕著さ」が目立たなくなることを示し、自己受容感覚的要因ではなく奥行きの手がかりが、月の錯視の原因となると論じた。逆さまの視覚的光景を不可欠なものとして取り込んだ説明が、アトキンソン（一九九七）（第一三章に引用）の小説のように、近代大衆小説の中に染み込んでいる。ボーリング（一九四三）もまた、水平方向の月は、両足のあいだから見たときにはずっと小さく見え、これを注視角あるいは前庭系の変化に帰した。ここでは身体的姿勢や自己受容感覚の要因に関係した、もっと体系的な実験について検討してみよう。

前章では、おもに目の仰角に関連した実験を紹介したが、その中には頭や体の傾きをともなっていたものもあった。明らかに、いくつかの要因が関係していると考えられる。可能性のある刺激の候補は、頭の中で目を上げる程度、体軸を基準に頭を後方に傾ける程度、地球の引力を基準にした頭と目の位置、前庭系に付加刺激を引き起こす突発的な頭の運動の生起である。

さまざまな姿勢の効果をはじめて研究したのはガウス（一八八〇）である。彼は、上った月が彼の顔を照らすように身体を後ろにのけぞらしたとき、その月は、頭を傾け目を上げたときよりも、大きく見えることに気づいた。ガウスの限られた観察は決定的とはいえないが、どうやら頭と目の運動が関係していそうである。後の研究は、複数の観察者を用いて、ガウスの実験をいっそう公的に繰り返した。ライマン（一九〇二b、一九〇四）は、さまざまな身体的位置から、太陽と月の大きさを数量的に推定させたが、彼も他の観察者からも、まったく姿勢の効果が見出せなかった。しかし、ツォート（一九〇二）は、五〇人の観察者を用いてガウスの結果を確証した。

ホールウェイとボーリング（一九四〇ａ）は、目の仰角の効果を研究するときに、仰向きと直立の姿勢の両方を用いた。仰向き姿勢では、観察者は背中を下にして横になり、頭をのけぞらして頭がほとんど逆さまになるようにした。この仰向き姿勢では、低い月は、直立の姿勢のときよりもずっと小さく見えた。しかし両方の姿勢に参加した観察者は、わずか二人だった。なぜなら、ボーリング自身が仰向きになることがむずかしかったからである。「どのようにしても、ボーリングは、仰向くとむかつきを感じたので、仰向いた彼から観察値を得ることは断念しなければならなかった」。それでも、彼らは、知覚された大きさの違いが、姿勢ではなく目の仰角によると結論づけた。

姿勢に関するおおくの実験は一九六〇年代に行われた。しかし、どの実験も、寄与する要因のすべてを分離することに成功しなかった。われわれは、手続きの雰囲気を伝えるために、これらのうちのいくつかについて詳しく述べる。もっともおもしろいのは、赤い風船を使った中国人の実験である。荊、彭、方（Ching, Peng, & Fang, 1963a）は、約四八人の観察者に、水平方向に沿って五〇～二五〇メートルの距離に置かれた直径三八センチメートルの風船を、一メートルの距離にある調整可能な風船を使って、知覚された大きさの照合を求めた。知覚された大きさを求めるために与えられた教示は、「素朴な観察態度」を用いることだった。頭の中の目の角度よりも、頭の姿勢を変化させた。正常な姿勢では、照合された大きさの平均は、五〇メートルの距離の三二センチメートルから二五〇メートルの距離の二四センチメートルへと規則的に小さくなった。遠くの風船に対して照合された大きさは、正常に座った姿勢の観察者において最大となり、うつ伏せや仰向いて風船を見ようとして頭を上げた観察者では小さくなり、高い台の上で仰向いて、台の端から後方に頭を垂らした観察者では最小となった。この異例の位置は、知覚された距離を増加させるという効果もあった。その著者たちは、姿勢が異常になるほどいっそう大きさの恒常性が低減するとの結論をえた。

荊、彭、方、林によるもうひとつの実験（Ching, Peng, Fang, & Lin, 1963b）では、水素の詰まった直径三八センチメートルの風船が、さまざまな仰角に上げられ、二五〇メートルまでのさまざまな距離に提示され、その知覚された大きさと二メートルの距離に置かれた円盤とが比較された。四三人の観察者が実験に参加した。すると照合された大きさは、観察者が風船を見ようとして頭や目を上げたときの注視角とともにしだいに小さくなった。また後ろに傾いた椅子にもたれて、まっすぐ前に上っている風船を見たとき、その照合された大きさは、いっそう急激に縮減した。この実験は壮観だったに違いない。彼らが描いたスケッチを図12－1に採録する。また観察者が、高い建物から地上にある標準風船を見おろしたときでも、照合された大きさは縮減したが、それは、注視角が増加したときに比べて程度は小さかった。これらの実験は、ホールウェイとボーリング（第一一章）に似ていて、それゆえに、方法論的におなじ問題をはらんでいるが、目を上げるという効果の代わりに、姿勢や前庭の効果によって解釈されうる結果を与えている。だが、この著者たちは、異常な姿勢をとることによって大地の視覚的手がかりを失ったことが重要な要因であると考えた。

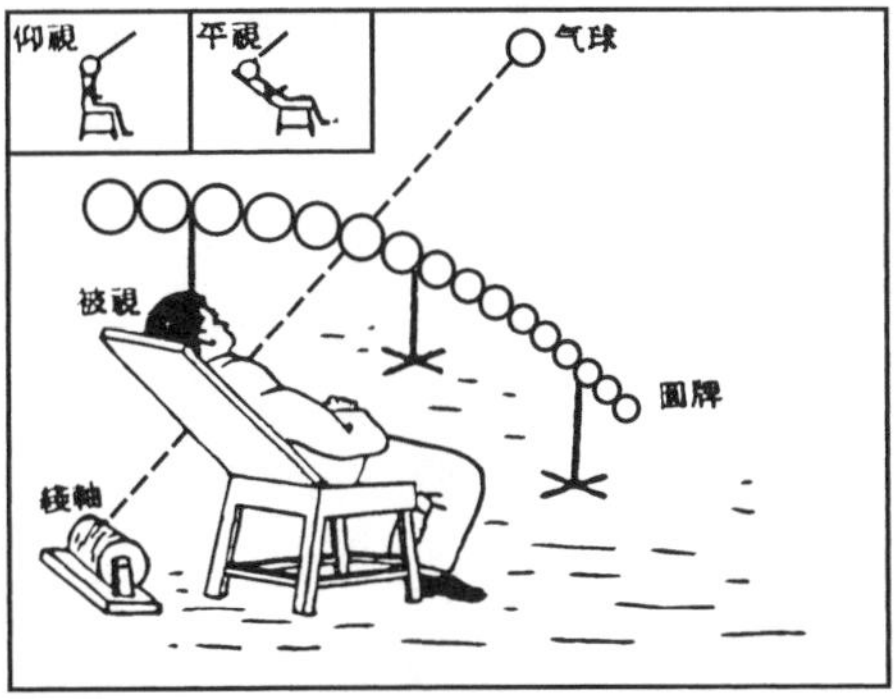

図12-1　荊其誠・彭瑞祥・方芸秋・林仲賢（1963b）の行った風船実験. *Acta Psychologica Sinica* からの許可を申請中.

残像を利用した研究者もいた。キングとグリューバ（一九六二）は、正方形の残像の知覚された大きさが、投影された空の位置に、あるいはたぶん頭の傾きに依存することを見出した。観察者は、単眼を用いて、目ではなく頭を傾けながら残像を見た。そして、天頂方向と水平方向に見られる知覚された長さの比率を推定した。一四人の観察者の平均比率は一・六三だった。この比率は、自然の月の錯視を説明するのにほぼ足るだけの大きさであるが、頭の傾きの効果と視覚的風景の効果が交絡している。

さらにもうひとつの方法は、発光対象を暗やみの中で観察することである。ビルダーバック、テイラー、ソー（一九六四）は、前章で述べた実験に別の実験を追加した。彼らは、調整可能な椅子に観察者を座らせることによって、目の位置とおそらく首の傾きとを統制しようと試みた。視標は、目から一・八メートルの距離にある発光球だった。二七人の観察者は、目からボールまでの距離の推定が求められた。水平刺激の平均推定距離は二・三メートルとなり、頭上刺激に対する平均推定距離の二・七メートルよりも有意に小さかった。残念ながら、大きさは推定されなかった。距離の推定は、一七％の距離錯覚（訳注　(2.7-2.3)/2.3）を示したが、彼らの最初の実験（訳注　注視角の効果が、大きさでは六％、距離では二六％になることを示した前章の実験）から判断すると、この距離の錯視に等価な大きさの錯覚は六％よりも小さくなるだろう。この結果は、前庭系や姿勢/触覚の要素が小さいことを指し示す。もっとも、彼らはこのことを詳しく述べず、その代わりにホールウェイとボーリングの「注視角」説に言及した。

暗やみの中の光円は、ファン・デ・ギーアとスワーン（一九六四）によっても用いられた。彼らは、身体と視標の方向を変えながら、頭の傾きと目の仰角を結びつけた実験を行った。二六人の観察者が直立姿勢をとったとき、水平方向の視標が垂直方向の視標よりも一〇％ほど大きく知覚されたことを示す照合が得られた。しかし、観察者が仰向いたときには、正確な照合が得られた[6]。彼らは、注視角の効果は、直立姿勢のときには見られるが、仰向いたときには見られないと結論づけた。第二実験では、六人の観察者が、異なる距離にある視標のあいだの大きさの照合を行った。距離にともなう知覚された大きさの拡大は、直立した身体姿勢と水平方向に置かれた視標に対して最大となり、注視角が六〇度のときはそれよりも縮減し、対象の仰角が六〇度のときには最小となった[7]。彼らは、大きさの恒常性は正常観察に条件づけられ、他の姿勢ではその効果は減少すると主張した。第三実験では、単眼と両眼の使用が検討された。直立姿勢で両眼視の場合、四人の観察者は、水平方向の視標を、上方に位置した視標よりも二四%も大きく判断した。しかし、単眼視の場合、一八%だけ大きいと判断した。仰向き姿勢の場合は、いつも正確な照合が得られた。[8] よって両眼視は注視角の効果を高める。

昼光に照らされた実際の対象が、ロス(一九六五)によって用いられた。彼女は、ファン・デ・ギーアとスワーンの用いた変数に類似した変数を研究して、かなり似た結果をえた。彼女の実験では、五人の観察者が、小円とおなじ現象的(角度的)大きさに見えるように、大円の距離を操作した。[9] もっとも遠くの距離に調整した(あるいは、もっとも大きく角度的大きさを過大推定した)のは、水平方向に置かれた視標を直立姿勢で見たときだった。調整値の最大の違い(約二一%)は、装置の方向によるものだったが、照明された部屋を使ったために、視覚的背景の違いが、おもな原因だった可能性がある。[10] 身体的定位によって約六%の小さい差もみられたが、頭や目の傾きによって差が生じることはなかった。

月の錯視に及ぼす前庭系の効果は、ウッド、ジンクス、マウントジョイ(一九六八)によってはっきりと示唆されたが、彼らは、実際には、頭と首の傾きと目の仰角との組み合わされた効果を測定しただけであった。三〇人の観察者は、暗室に座らされ、一・八メートル離れて椅子の上で輝く標準円盤の知覚された角度的大きさと一致するように、水平方向に等しい距離に提示された円盤の大きさを調整した。その結果、垂直方向の円盤よりも水平方向の円盤が一四%だけ大きく見られた。この結果は、月の錯視を説明するのにじゅうぶんでないが、頭と目の定位が錯視の寄与要因であることが示唆される。ウッドらはまた、三三人の観察者に、垂直方向の円盤の距離を調整させて、水平方向のおなじ大きさの円盤とおなじ距離に見えるようにさせた。垂直方向の円盤は、約二七%だけ近くに調節され、水平方向の円盤よりも垂直方向の円盤が遠くに見えることが示された。彼らは、これを垂直方向の円盤が水平方向の円盤よりも、小さく知覚されるからだと解釈した。彼らは、おそらく、観察者が知覚された角度的大きさを距離の手がかりとして用い、角度的大きさを増やそうとして垂直方向の距離を縮めたと考えたのだろう。ファン・イール(一九六八）は、距離の照合を含む、かなり似た実験を行い、類似した結果をえた。

ジンクスとマウントジョイ（一九六九）は、いっそう正確に、頭、体、目の傾きを制御することをめざした。彼らは、二〇人の観察者に、頭を支える器具のついた傾いた椅子に座らせた。椅子は、暗室の中において照明された刺激だけを見るために開けられた孔の他には、横も上も遮られ囲まれていた。観察者は、まっすぐ前を見れば前方に円盤を見ることはできたが、頭上の円盤を見るためには椅子を後方に傾けなくてはならなかった。また、別の水平方向の円盤を見るためには、椅子を右九〇度に旋回させなければならなかった。前方の円盤は目から一〜二メートルの距離に置かれ、観察者は、その知覚された距離とおなじになるように、頭上の円盤あるいは右水平方向の円盤までの距離を調整するよう求められた。垂直距離は約二七％大きく見られた。これは、彼らの以前の実験によって見出された距離の効果が、首の傾きや目の仰角ではなく、耳石や他の姿勢的刺激に起因することを示唆する。彼らは、この距離の効果は、前庭刺激を介して生じた、知覚された角度的大きさに起因するとふたたび解釈した。(11)


月の錯視に対する前庭系の寄与を分離する別の試みが、カーター（一九七七）によって企てられた。彼は、錯視は、単眼視のときに大きく減少するが、もし前庭系の成分があるならば、錯視が存在するはずであると論じた。過去の著者のように、カーターもまた知覚された距離のみを測定し、知覚された大きさは測定しなかった。二四人の観察者は、水平あるいは上・下四五度に傾けられた半透明のプラスチック製の筒の中に、円形の視標（ねじ回しの取っ手）が設置されているのを観察した。観察者は、頭を傾けて片目で、その傾けられた筒を観察した。彼らは、さまざまな距離に提示された水平方向の視標が、標準距離にある、傾けられた（筒の）視標よりも遠いのか近いのかを判断しなければならなかった。水平方向の視標は、一般に近いと判断され、これは、指標が斜め上や下に見られたときに、それが遠くに見えたことを意味する。この効果は、上よりも下を見たときに顕著だった。しかし、カーターは、距離の主観的等価点を計算しなかったので、知覚された距離の変化を量的に示すことができなかった、よって、単眼視であっても、頭を傾けることによって対象がいっそう遠くに見えるという結論しか得られない。

単眼視の効果は、鈴木（一九九八）によって小さいことが見出された。彼は、暗いプラネタリウムの中で、二〇人の観察者の頭を後方五〇度に傾けた（前章に述べた目の仰角の実験の一部）。その結果、頭を起こした両眼視では二二％の大きさの縮小が見られたが、単眼視では一一％にすぎなかった。そこで彼は、頭の傾き効果は、両眼視に大きく依存すると結論づけた。

この節で述べられた実験のほとんどは、明快にはほど遠く、頭や身体の傾きによって純粋に生じた、知覚された大きさの縮減について信頼できる推定を与えていない。ある著者は、頭の傾きを、目の高さと交絡させるか、対象の定位に対する視覚的手がかりと交絡させた。おおくの著者は、さまざまな方向にある知覚された大きさをじかに測定せず、その代わりに、知覚された角度的大きさの変化と交絡する知覚された距離の変化を測定した。それでも、いくつかの実験では、垂直方向の距離が二七％も大きく見られ、知覚された距離に及ぼす前庭－姿勢系の影響を示す証拠を提供した。古典的な大きさ－距離の不変性は成り立たないので、この情報から距離に対応した知覚された大きさの縮減を算出することはできない。しかし、実験はすべて、知覚された角度的大きさが、ある程度まで縮減することを示す。大きさの縮減は、おそらく距離の拡張よりも小さいのだろう。暗やみの条件において知覚された大きさをじかに測定したのが鈴木（一九九八）の実験であり、彼は、両眼視を用いて後方に頭を傾けたときに二二％の低減を見出した。ファン・デ・ギーアとスワーン（一九六四）は、頭と目の傾きの組み合わせによって一〇％の低減を見出し、仰向いた姿勢では一八〜二四％くらいの低減を見出した。あいにく、どちらの著者も、標準刺激と変化刺激の位置の効果を相殺させていなかったため、その効果の真の大きさは不確かである。

たいていの著者は、すべての姿勢の組み合わせにおいて、両眼効果は単眼効果よりも大きいことに同意する。これは輻輳の役割を示すものかもしれない。ホイエルとオーウェンズ（一九八九）は、前方や後方に頭を傾けることが、目を上げたり下げたりする効果と同じように、休止輻輳／開散状態に効果を及ぼすことを示した（ただし、その効果はかなり小さい）。前章で論じたように、この事実は輻輳力説に反する。なぜなら、目を下げたり頭を前方へ傾けたりすることは、対象を小さく見せるのではなく大きく見せるはずだからである。

(3) 人工的加速を用いた前庭系実験

首の関節受容器から独立に、耳石系を刺激する最良の方法は、傾いた机や適切な椅子の上に（頭を含む）全身を傾けることである。この場合、耳石は、地球の重力の加速力——z軸に沿って一gとして定義される——によって刺激される。前節では、この種の実験のいくつかを紹介した。いろいろな種類の加速を加えて前庭系を刺激することもまた可能である。たとえば、それには、道路や線路上の移動、平行ブランコ、ヒトを乗せた遠心分離機、空中での移動、宇宙での移動がある。これらの方法のいくつかは、自然な頭の傾きを真似て前庭系を刺激する。もちろん、その方法は、傾いた机を使ったものよりも高額になり、しばしば望まぬ複雑な事態をもたらす。にもかかわらず、これらの方法は、過去半世紀にわたって、月の錯視におよぼす前庭系の効果、あるいはもっと一般的にいえば、大きさと距離の知覚に及ぼす前庭系の効果を研究するために用いられてきた。ここで紹介する実験のおおくは、月の錯視よりも、飛行や宇宙の研究に関連する。

つぎに続く記述では、図12-2に示すように、ヒトの頭や体のx軸、y軸、z軸について述べることが必要となるときがある。重力は、地球に対して直立する身体のz軸に沿っていつも作用するのに対して、道路や線路を走る乗り物が直線的に移動するとき、前部や後部座席にいる乗員に加えられる力は、たいていx軸に沿っている。

初期の前庭系実験の中には、人間遠心分離機を用いて行われたものがある。それはおそらく、そのような分離機が飛行研究に役だったからだろう。人間遠心分離機は、回転アームとその外端に取り付けられた船室から成っていた。船室は、通常、回転角速度とアームの長さによって決定される重力慣性力合力に一致して外に向かって揺れる。船室が一定の角速度で回転するとき、一定の直線加速を引き起こし、乗員は、傾斜する力を感じることはないが、たんに体が重くなったと感じる。しかし、遠心分離機が動き出したり遅くなりはじめたりすると、変動する角速度と変動する直線加速は、乗員の体の方向に依存して、傾斜の感覚や宙返りの感覚を引き起こす。グレゴリー、ワレス、キャンベル（一九五九）は、四人の観察者が暗い船内で残像を観察するという実験を行った。彼らは、減速時の「宙返り」

のときに、「残像は、観察者がその中に落ち込むかのように、……拡大する」と記した。この効果は、残像の投影面に観察者が近づくと残像が縮小するとしたエムメルトの法則[12]（第八章）をもとに説明することがむずかしい。しかし、個人変動が大きいので[13]、典型的な知覚的大きさの変化を決定するには四人の観察者では少なすぎる。もし遠心分離機において模擬された頭の傾斜が、じっさいに残像の知覚された拡張を引き起こすのならば、それは、自然な頭の傾きにともなって生じる知覚された大きさの縮減を説明することに役だたないだろう。

もっと予測可能な直線加速は、平行ブランコによってつくられる。頭を垂直にして、ブランコの上に観察者を座らせるとき、観察者は、x軸に沿って変化する直線加速を受けることとなる（図12-3）。ブランコの垂直運動による小さなz軸成分もあるが、それは無視できる。ブランコによる前方への直線加速は、頭を後方へ傾けたときに重力がするのとおなじように耳石を刺激するはずである[14]。

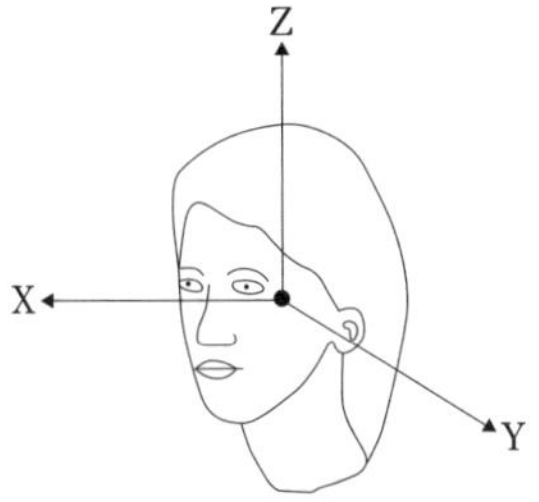

図12-2　正立した頭に関係する主軸.

グレゴリーとロス（一九六四a）は、アメリカ空軍にとって関心のある結果を出すことを意図として、はじめてこの直線加速法を用いて大きさの知覚を研究したと思う。彼らは、一九人の観察者を暗やみの中の平行ブランコに座らせ、観察者の頭を動かないようにした[15]。観察者は、ブランコの枠組みの直前に置かれたオシロスコープに提示された光円の知覚された大きさの変化を単眼で判断した。円は、ブランコが後ろに移動すると拡大し、前に移動すると縮小して、観察者の網膜像の変化を部分的に相殺した。変化量（速度）が実験者によって操作され、知覚された大きさの変化がなくなったときの速度が、大きさの恒常性の測度とみなされた。その結果、大きさの恒常性は、後方への運動よりも前方への運動において有意に大きくなった[16]。この結果は、前庭系が運動中の大きさの尺度化に寄与することを示唆するが、それが、静止した頭の同程度の傾斜に何の意味があるのかは明らかでない。

平行ブランコは、ファン・イール（一九七二）[17]によっても使われた。彼は、人工月の錯視に及ぼす前庭刺激の効果に関心があった。三人の観察者が、ブランコが静止し

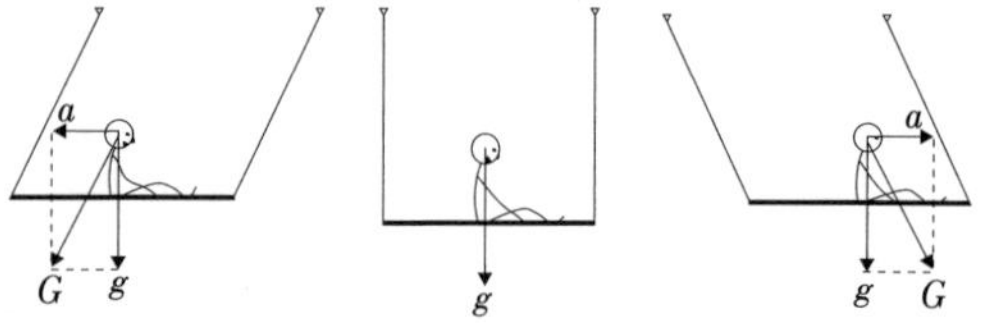

図 12-3　耳石を正弦波的に刺激するために用いられた平行ブランコ．Gは，与えられた加速度aと重力加速度gの合力である．ジョンキーズ（1975）より．

ているときと動いているときの両方において、暗やみに短く提示された光円を単眼視によって観察した。彼らは水平方向の円盤と、それと等距離にある上方の円盤との相対的大きさを比較した。その結果、円盤が高くなるほど円盤は常に小さく見えた。最大の錯視量は約八％であり、これは八〇度に提示されたときの目の仰角と頭の傾きを組み合わせた効果だった。静止時と揺動時とのあいだに差はなく、揺動時の最大加速のときとゼロ加速のときのあいだにも差は見られなかった。そのためファン・イールは、耳石からの寄与は取るに足らず、目の仰角と首の傾きがおもな要因であると結論づけた。しかし、ファン・イールは、平行ブランコによる前庭の効果を見落としていたかもしれない。なぜなら、並行ブランコに等価な頭の傾きは小さく（七・五度）、観察者が三人というのも前庭効果の欠如を供覧するためには少なすぎる[18]。

自動車もまた、知覚された大きさや距離に及ぼす、x軸に沿った直線加速の効果を研究するために用いられてきた。ゴールドシュタイン（一九五九）は、三三人の観察者を自動車に乗せて、一〇〜一一秒のあいだ時速〇〜六〇マイルで前方あるいは後方に加速（平均加速は〇・二五g）させ、それからもっとゆっくり減速させた。視覚刺激は、薄暗く照明された赤い輪が使われ、それを観察者は、周辺視を覆った暗箱の中に目から九一センチメートル離れて観察した。観察者は、頭を固定され、刺激の知覚された大きさや距離の変化を報告するよう求められた。その結果、大多数の観察者は、前方への加速時に光輪は近づき、後方への加速時に遠ざかって見えたと報告した。また、数は少ないが、知覚された距離の変化の代わりに知覚された大きさの変化を報告する者や、両方の変化を報告する者がいた。不幸にも、ゴールドシュタインは、大きさの変化の方向を報告せず、その効果の量化も試みなかった。それゆえ、大きさの変化が、グレゴリーたち（一九五九）の遠心分離機における「宙返り」時に報告されたものとおなじなのか、逆なのかがわからない。

スミス（一九八五）は、知覚された大きさに及ぼす直線加速の効果を説明しうる機構を示唆する実験をはじめて行ったようである。彼は八人の観察者にx軸に沿って直線加速を与えた。観察者は、暗やみの中で大きく上下に振動する台に仰向きに寝かされた。彼らの受けた振動は、〇・二〇〜〇・六七ヘルツの正弦波であり、ピーク時の加速は〇・一〇〜〇・二五gだった。目の位置の記録によると、観察者が上方に加速されるにしたがって目は輻輳しがちになり、下方に加速されるにしたがって目は平行の方向に戻りがちになることが示された。この変化は、正しい方向にあり、静的な視標を凝視しているときの頭の運動を補償する。この発見は、月の錯視に向けられたものではないが、前庭系の効果を説明するために役だつかもしれない。すなわち、視標に向かう直線加速は、輻輳を引き起こし、それに動眼性小視がともなうのである。

全体として、実験は、観察者が加速を受けているとき、前庭情報が大きさの知覚に影響することを示唆する。あいにく動的実験と静的実験によるデータの比較はたやすくない。問題は、加速のピーク時に知覚された大きさを「すぐに」測定し、同程度の静的な頭の傾きに対してえられた測度と比較することにある。だが、どのようにしてその問題が解決されるのか、それはまったく明らかでない。

（4）高所からの光景

航空機や宇宙船から何が見えるのかという疑問は興味ぶかいが、その解釈はむずかしい。なぜなら、その視覚的光景や加速力が尋常でないからである。ここではまず、視覚的光景から考え、それから加速の変化の効果にもどろうと思う。

天体錯視は、観察点を地球の地平線の上へと高めていくほど低減すると期待するかもしれない。対象の知覚された大きさは、観察者が水平方向を見たときと比べて、下方を見たときに縮減することはよく知られている。これは、距離の手がかりの縮減をともなう、「地上の受け皿」（第八章）、頭の中の目の俯角（第一一章）、虚空近視（第七章）に関係するかもしれない効果である[19]。

天体錯視は、高い観察点から見ると低減することを確証してきた著者がいる。シュミット（一九六四）によれば、航空機の飛行士が、高所から見たとき、地平線の近くにある月や星は拡大して現れ、航空機が降下すると、その錯視は増加したと報告した。シュミットや他の者たちは、また、九〇〇〇フィート（二・七キロメートル）の高さから月の出を観察した。そのとき月は、乱反射によって地面の景色を覆い隠している靄の層の上に、赤味を帯びたボールのように見えた。その月は、記憶の中にある頭上の月に比べて、わずかに大きく見えただけだったが、航空機が降下するとともに大きくなった。ハミルトン（一九六四、一九六六）は、また高度八〇〇〇〜三万七〇〇〇フィート（二・四〜一一・三キロメートル）にある飛行機から、地平線の月を見おろすと、その錯視が縮減することに気づいた。彼はまた、錯視が高さ（地面から三〇メートルまで）にともなって規則的に減少することを供覧するために、人工の月を使って一連の実験を行った。彼は、地表水準の大きな錯視は、目に見ることができる地勢の知覚された距離が増加することによって生じると考えた。しかし、彼は、真の距離の推定値が、観察点の高さと無相関であり、ときには高さとともに増加することさえあることに気づいた。大きさ－距離の不変性の説明を守るために、彼は、地勢によって、**推定**された距離ではなく**知覚**された距離が増加するのだろうと示唆した。この議論は、もちろん遠い－大きい－近い仮説（第九章）に似ている。

オッケルズ[20]は、高度三万九〇〇〇フィート（一一・一キロメートル）を飛行中に、暗いフィルターを通して沈む太陽を見たときの知覚された大きさと、仰角七〇度の方向に満月の四分の三ほどの月をフィルターなしで見たときに知覚された大きさとを比較した。二〇〇〇〇フィート（六・一キロメートル）よりも下に雲の層が散在し、地平線ははっきりと見えなかった。太陽は三時の位置をしめ、月は一〇時の位置をしめていた。太陽が地平線上一五度から二度に沈むとき、月と比較したときの相対的な拡大は、約二〇％から一〇〇％に増えた。その知覚された大きさは、単眼だけを用いたときには縮小したが、地平線上二度にある太陽を単眼で観察したときは、なお二〇％の拡大が認められた。いっぽうロス（一九八二）は、六〇〇〇フィート（一・八キロメートル）の飛行機から靄のかかった地平線の上にある太陽を両眼で見たとき、暗いフィルターを使っても使わなくても小さく見えた。この観察者のあいだの相違は、オッケルズは、雲のかかった地平線の上に、ほとんど水平方向に太陽を見たのに対して、ロスは、シュミットとハミルトンの観察のように、見おろしたという事実に由来するのだろう。

(5) 宇宙飛行士の見た光景

月面にいる宇宙飛行士は、天体錯視を体験するのだろうかと尋ねられるときがある。地球が出たり沈んだりするときに、地球は大きく見えるのだろうか。一九六九年に月面をはじめて歩いた宇宙飛行士ニール・アームストロングは、このことを尋ねられ、「月面歩行は、『昼』のあいだだけに行なった。仲間の乗組員は、月の軌道に入っているときは忙しすぎて、地球が上ってきたときに、その知覚された大きさにまで気が回らなかった」と述べている。(21) 一九七二年に月面を歩いたジョン・ヤングも同じことを尋ねられている。彼は、そのとき、月の赤道付近を歩いていて、地球が頭上に見えていたと答えている。しかし、一九六九年のアポロ一〇号の飛行時には、彼は月の軌道にいて、地球が地平線から現れるのを何度も見ていた。それによると、彼はそれほど大きな拡大には気づかなかったが、それは、彼がそれを探そうとしなかったからそうなったといえる。(22) また、彼が月の地平線の方を見おろし(これは錯視の効果を下げる)、地平線までの距離が月では地球よりも短い(よって見ることができる地勢の効果を下げる)のでそうなったともいえる。他の新聞にジョン・ヤングの別の記事がある。(23) 彼は、世評によれば、宇宙飛行士たちが月面から観察すると、水平方向の地球は、かなり大きく見えると語ったらしい。別の宇宙飛行士たちは、月から上った地球を見たと報告している。すなわち、NASAの記録映画では、ある姓名不詳のアポロ宇宙飛行士が「私たちは、そこから地球を見あげることができた。だいたいビー玉くらいの大きさだった」と言っている。(24) その報告から、月から観察された地球の知覚された大きさは小さく、地球から見られた天頂の月の推定値よりも小さいことが示唆される。これは驚きである。なぜなら、月から見たときの地球の視角は約一・九度(月の約四倍)だからである。たいていの宇宙飛行士が地球をそんなに小さく見たのかどうか、彼らの観察に個人差があったのかどうか、これがわかれば、とても興味ぶかいだろう。

この疑問を少し変えたものが、地球を周回する宇宙船から、地球の地平線の向こうに出たり沈んだりする太陽や月

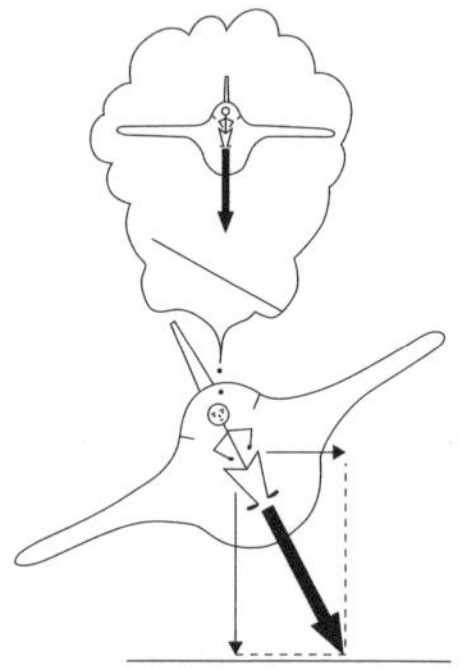

図 12-4　横傾斜と傾きの錯視．飛行機が横滑りを起こさないように旋回（調和旋回）しているとき，回転による加速と重力の加速の合力が，飛行機の横軸に直交する．このベクトルは，水平直線飛行するときのベクトルとおなじなので，操縦士は飛行機が水平かつ地面が傾いていると知覚する．ベンソン（1965）より．

を見たとき、それは大きく見えるのだろうかという問いである。この件については、初期の宇宙飛行士からは何の報告もないようである。しかし、スコット・カーペンターは、一九六二年の周回飛行のとき、地平線付近にある対象は、かなり大きく見えたと報告している。[25]もっと最近では、バイロン・リヒテンベルグが、一九八三年のスペース・ラボ一号の飛行から、月の上がるのがとても速かった（二分間で約三〇度）ので、大きさの判断ができなかったと報告している。しかし、一九八五年のD１スペース・ラボの飛行から、ウッボー・オッケルズは、月の出のときに月の錯視を観察したと報告している。[26]

（6）空中や宇宙を移動しているときの加速力

前節に述べた効果は、重力が正常、低減、あるいはゼロにかかわらず一定の重力条件のもとで観察された。知覚された大きさの変化は、急激な加速力の変化をともなう飛行機の機動飛行のときにも観察されてきた。シュミット（一九六四）とハミルトン（一九六四）は、水平方向の月は、宇宙飛行士が見おろしたとき、その知覚された大きさが縮減し、横傾斜六〇度ではさらに縮減すると記している。おなじように、オッケルズは、横傾斜三〇度で飛んでいるとき、月の錯視が約二〇％に低減することを観察した。[27]横傾斜のときに知覚された大きさが縮減するのは、視野の傾きに原因があるのか、前庭への刺激に原因があるのかは明らかでない。横傾斜のとき、観察者は、その重力慣性力合力によって自身を重く感じるが、まっすぐに立っていると感じる。すなわち、飛行機の傾きは知覚されないが、その代わり地面が傾いて感じられる（図12－4）。地面が上がってくる拡大パターンは、知覚された大きさの補償的な縮減を誘導するかもしれない。

これに反する観察が、ギャランター、ルース、フェスティンガーによってなされた(28)。月が約四五度の方向にあるときに、彼らは、軽飛行機に乗って水平旋回飛行をし、ある地点では遠心加速力と重力の合力が航空機から月への線に直交し、別の点では飛行機と月を結ぶ線とこの合力がおなじ方向になった。観察者は、月の知覚された大きさに変化がないと報告した。

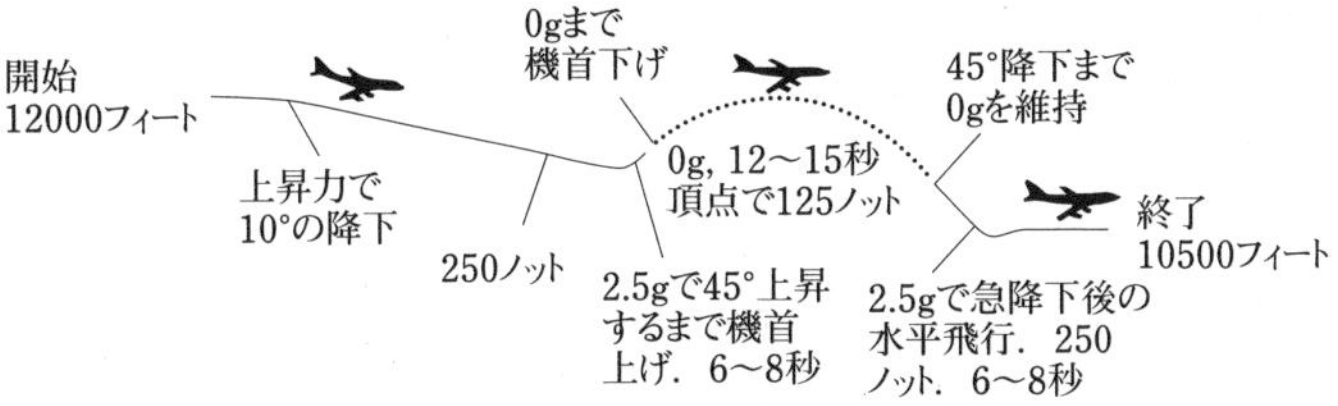

図 12-5　軽飛行機の典型的なパラボリック（放物線）飛行の跡．ハマー（1962）より．（訳注　機首上げは pull up，機首下げは push over，急降下後の水平飛行は pull out に相当）

もっと極端な加速の変化は、放物線《パラボリック》飛行中に生じる。放物線飛行は、高いｇで機首を上げる相、ゼロｇへと機首を下げる相、高いｇで降下後の水平飛行をする相を含む。タイミングとｇ水準は変わりうるが、軽飛行機の典型的な放物線飛跡を図12－5に示す。

ロス（Ross, 1982）は、ドイツのボンの上空約六〇〇〇フィート（一・八キロメートル）を飛行するドルニエ一二八機の搭乗員として観察した。飛行機は、約八秒間の無重力と、その前後の約三・五ｇの加速をともなった放物線飛行を行った。天気は晴れ、地平線には靄がかかっていた。彼女は、飛行中ずっと暗いフィルターを通して高い太陽を両眼で観察していた。しかし、ｇの高いときも低いときも、その大きさの明らかな変化を知覚することができなかった。彼女は、また、閃光銃《フラッシュガン》によって円形の残像をつくり、放物線飛行中に目を閉じて、その残像を観察した。すると、大きな見かけの運動が生じ、ｇが増すと残像は下に、ｇが減ると上に流れていった(29)。残像の知覚された大きさは、残像の位置が極端に上がったり下がったりしたときにわずかに縮んだが、大きな変化はなかった(30)。

知覚された大きさの変化は、加速の急激な変化のあいだにかぎって生じるようである。この効果は、おそらく、本来ならば身体的運動を示す感覚情報に起因し、その効果によって、観察者は、視標の角度的大きさの予期された変化を補償する。軌道飛行では無重力が持続し、そのときに頭の傾きを変えて、知覚された大きさに変化があると報告されることはなかった[31]。しかし、頭や体の方向が、宇宙飛行士の見る地球の光景にどのような効果があるのかはわからない。宇宙船は地球に対していろいろな体勢をとることができ、宇宙飛行士は、窓の位置に依存して、いろいろな姿勢をとって地球を見ることができるだろう。スペース・ラボ一号のバイロン・リヒテンベルグは、自分は地球を見あげるよりも見おろす方が好きだと報告した。周回軌道にいる宇宙飛行士が、月の錯視を知覚したと報告したように、無重力によって月の錯視が壊される証拠はない。

(7) 前庭系実験の失敗

この章で述べたおおくの実験は、がっかりさせる内容だったと思う。これは、実験の効果が見られないからではなく、効果が不明確だったり量化がなされていなかったりするからである。これらの実験は、一般に、頭や体を傾けることによって、知覚された距離が増加し、知覚された角度的大きさが減少することを示している。耳石刺激の効果と、首の傾きや目の仰角の効果とを区別する試みには、大きな成果が得られたことがなかった。直線加速を介した耳石刺激は、たぶん知覚された大きさに効果を及ぼすが、報告の中には、その効果の大きさはもちろん、その効果の方向を決定することが困難なものがある。おおくの実験者は、知覚的観察用の新奇で高価な装置を使うことにかけては先駆者だったが、あいにく彼らの検証手続きや分析レベルが、いつも機器の精巧さに適っていたわけでなかった。ごく少数の観察者のみが使われ、その著者たちは、たいてい何かの効果を量化するよりも、その効果の存在を供覧して満足していた。実験がじゅうぶんでないのは、実験の実施に経費がかさむからと言い訳されることもあった。月を観察するために必要な航空機の賃料をまかなうだけの研究費を得ることはたやすくないので、そのような実験は、ふつうは、機会に恵まれたときに行うくらいである。前庭や姿勢の研究分野を発展させるには経費がかさみ、多くの観察者と関連変数のすべてをじゅうぶんに測定することが求められよう。

これらの制約にもかかわらず、現存する報告は、さらに研究を進めていけば、それが有意義なものになることを示唆する。もし視標に向かう直線加速と、それと同程度の頭の傾きとが、知覚された角度的大きさに、おなじ収縮をもたらすことが示されるならば、一貫した説明が可能になるだろう。そのような収縮は、両条件によって両眼の輻輳が生起し、動眼性小視が誘導されるならば生じるだろう。もうひとつの説として、動眼性小視が、耳石刺激、首の受容器からの刺激、あるいは視標の上げ下げを示す何らかの自己受容感覚刺激に直接つながっていると考えてもよいだろう。

（8）視空間と触空間

本書では、われわれは、おもに大きさの視覚的判断に関心をよせてきた。なぜなら、月の錯視は、視覚の錯覚だからである。われわれは、触覚的大きさの判断についてはほとんど述べてこなかった。なぜなら、天体は、手の届く範囲を超えているからである。[32] しかし、近くにある対象では、視覚と触覚は相互に作用する。視覚的大きさの判断は、正確に対象を握らせるように手を導き、触覚的大きさの判断は、視覚が誤ったときに視覚を矯正することに役だつ。

おおくの著者は、触覚は視覚ほど過誤に陥らないものであり、触覚は視覚を教育すると信じていた。三世紀にプロティノスは「触覚は視対象の直接的な印象を伝える」と書いている。[33] 触覚と視覚との大きさが生まれつき繋がっているのかどうかという疑問は、一七世紀にモリヌークによって議論され、**モリヌーク問題**[34]として知られるようになった。かつて盲目だったが視覚を回復した人たちについて、おおくの研究が行われたが結論はでなかった。バークリは、触覚的経験によって、われわれは、視覚像の大きさを解釈し、真の直線的大きさを知覚することができるとし、それは触覚の範囲を超えた対象にさえあてはまると議論し主張し続けた。彼は、視覚的大きさ（像の大きさ）と触覚的大きさ（触覚的であっても視覚的であっても物理的な対象の大きさ）のどちらもが知覚されるが、とくに触覚的大きさが、実際にはいっそう重要であると論じた。すなわち、「よって、私たちが対象を見るときには、おもに、その触知できる形や広がりが注目される。視覚的な形や大きさには少しの関心しかない。それらは、ただちに知覚されるが、私たちの関心を引くことは少なく、身体的変更をつくりだすには適していない」（一七〇九、五九節）。水平方向の月の拡大

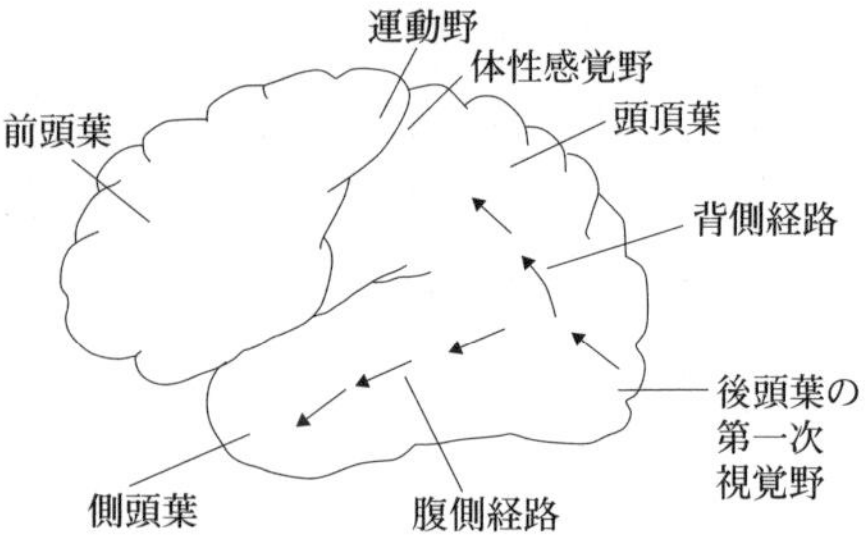

図12-6　ヒトの大脳の左半球の輪郭線の中に示された，腹側・背側部に流れる情報．

は、視覚像ではなく実際の触覚的対象の拡大のようなものだと彼は論じた。「それゆえ、水平方向の月が、天頂の月よりも大きく見えるといわれるとき、これは視覚的拡大ではなく、触覚的拡大あるいは実際の拡大だと理解されなければならない」（一七〇九、七四節）。バークリがこれによって何を言おうとしたのか正確にはわからない。

二〇世紀には、光学的ゆがみの知覚的効果におおくの興味が向けられた。実験的研究により、触覚の生得的優位性が誤りであることが立証され、その代わりに**視覚的捕捉**の現象が示された。すなわち、手は見た大きさのものを感じるのである。しかし、しばらくすると、視覚と触覚の両方が修正され、感覚間の新しい妥協に達する。[35] 感覚間の不一致は、順応過程を駆りたてるとよく言われる。しかし、順応は、観察者が意識的に不一致に気づかなくても生じ、これは、大きさの異なる値が、視覚系と触覚系の中の異なる意識水準において保持されることを示唆する。実際に、ゆがめられていない視覚を用いた別の実験は、視覚的大きさと触覚的大きさは、いつも同じといえないことを示している。[36] 他方、おおくの研究者は、視知覚を測定する方法として目に見えない触覚的調整を用いるが、これは、二つの系がおなじ大きさ値を共有することを信じていることを示唆する。

最近、脳には第一次視覚野から二つの視覚伝達路が出ていることが示された。腹側にある流れは知覚と認知を受けもち、背側にある流れは行為を受けもつ。[37] 大きさの知覚と対象の同一視は、ふつうは腹側の流れの領域に属すると考えられる。いっぽう視標の空間的定位と運動の誘導は、背側の流れに帰せられる（図12－6）。近距離では、腹側[38]と背側[39]の両方の流れが、ふつうは角度的大きさではなく直線的大きさに合わせて調整されている。

ふつうなら腹側と背側の流れはかなり矛盾なく大きさを計算するが、ずれが生じることもある。われわれは、すでに光学的拡大の例を述べた。純粋に視覚的起源をもつゆがみは、視覚と触覚に異なる効果をもつことも主張されてきた。たとえば、大きさの対比錯視は、視覚的に知覚された大きさに影響するが、手によって調整された把握的大きさには影響しない(40)。しかし、これに反論する著者もいる(41)。近年の論評(42)では、その効果は、測定の方法と課題の性質によって変わるとされている。第一次視覚野が、いつも正確な情報を背側の流れに供給し、誤った情報を腹側の流れに供給するとすれば、それはじつに奇妙なことだろう。たとえこれが正しいとしても、それは、知覚的に相反する大きさの値が、腹側の流れの中に保持されうることを証明するものではない。月の大きさは、われわれの把握を超えて存続する。

議論の的になっているもうひとつの問題は、知覚された異なる距離の値が、ふたつの流れの中に保持されるのかどうかである。これのひとつの側面は、視覚的に知覚された大きさが、触覚・身体運動感覚系によって知覚されたような距離にもとづいて計算されるのかどうかということである。すなわち、暗やみの中で観察された残像と、手の上に投影されたと想像される残像に関する相反する証拠(43)や、コンピュータ画面の中の判断された大きさに関する相反する証拠(44)などがある。視覚的距離と触覚的距離をもっとじかに比較したものが、モン・ウイリアムズとトレジリアン（一九九九）によって報告された。彼らが、両眼の輻輳を変えて、言語的報告を求めると、大きさの小視と距離の増加が生じたのに対して、おなじ知覚された距離にまで手を見ずに手を伸ばすように求めると「近接」反応が生じた（第九章）。彼らは、言語的報告は、知覚された大きさの変化にもとづいた認知的判断であるのに対して、手を伸ばす反応は、認知によって侵害されないと論じた。ふたつの視覚伝達路によってこのことを理解するためには、動眼系は正確な距離情報を背側の流れに送るが、角度的大きさに関する不正確な情報（とその結果としての距離）を腹側の流れに送ると言わなければならないはずである。しかし、月はとても遠いので、それは腹側の流れによってのみ知覚されるに違いない。そして、その腹側の流れの中に、相反する知覚的距離が存在しうるのかどうかはわからない(45)。

(9) まとめ

一九世紀になるまで、前庭系や他の自己受容感覚の機構に関する知識は、視覚に比べて遅れていた。頭と体の傾きを含む実験では、体を後ろに傾けると、知覚された距離を二七％まで拡大させることが示された。知覚された角度的大きさは、おそらく、もっと小さい量にまで低減される。さまざまな身体的定位を含む大きさの照合実験では、二二％までの低減を示唆するが、条件の相殺化が図られた実験がないので、この値は不確かである。この大きさの効果は、動眼性小視によって生じたのかもしれないし、地球の重力を基準にして凝視方向を示す何かの刺激に条件づけられているかもしれない。さまざまな移動形態の中で人工的に加速を与えて前庭を刺激した実験では、知覚された大きさに及ぼす効果が明白に示されなかった。航空機や宇宙船から行われた観察も結論が出ていない。これらの領域のすべての実験的方法は不十分だった。触・筋運動知覚の空間と視空間の関係は議論の的になるが、視空間において知覚されるにすぎない天体には関係がないだろう。

第一三章　結論と謎

わずかな失望の感覚、達成されたというある種の誇り、未来に対する少なからぬ期待の混じり合った感情とともに、われわれは月の錯視の歴史を回想してきた。失望は、一見して終わりのない理論の反復と事実にもとづいた知識の緩やかな成長から生じている。この物語は、ほんのわずかな孤独な学者によって始められ、彼らの書物は、ときには長すぎるくらいに引用されたが、二〇世紀までには、実験心理学者からなる本物の部隊に対面することになり、彼らについて語る余地がほとんどなくなってくる。さまざまな努力が払われたにもかかわらず、おおくの混乱が残っている。心理学者は、知覚された大きさに関する問題について、まだ合意の得られた用語をもたず、彼らは、疑わしい事実に関してあやふやな言語で議論を続けている。彼らは、距離の手がかりが知覚された大きさの決定に役だつのかどうか、またどのように役だつのか、あるいは、その役割が近距離でも遠距離でもおなじなのかどうかについて見解を一致させることができていない。われわれは、ＤＮＡ構造が解明できる生化学者や宇宙の年齢が計算できる天文学者を羨ましく思う。

これは希望のない光景かもしれない。物理科学は岩盤ほど堅固ではないし、人間の知覚研究は絶望的な計画ではない。キティ・ファーガソン（一九九九、二九七－二九八頁）は、宇宙の測定史に関する著書において、科学者たちは、ためらいながら今日の考えに向かって手探りで進んで来て、彼らがこれまで発見したものは、不確実な海の中の小さな孤島のような知識にすぎないと指摘する。彼女は、続けて、ヒトは「宇宙において、われわれが今まで発見したもっとも複雑な物である。ヒトの心は、まだほとんど説明されていない」という。なので、たぶん視知覚のかかえる問題は、それが天文学よりも困難な事業だというところにある。月の錯覚や大きさの知覚の進歩は遅いかもしれないが、他のおおくの視知覚の側面（立体視、色覚、運動知覚など）は、現在、神経生理学の水準においてよく理解されている。知覚的知識の進歩は、よい装置の開発、精神物理学的測定技術の使用、おおくの観察者の採用、統計的有意性検定の応用と、最終的には確立された知覚現象と神経生理学的機構との結合によってもたらされるだろう。月の錯視の場合には、逸話的観察を注意ぶかい測定に置き換えることによって、おおくの説明を棄却し洗練させることができた。ここではわれわれの結論を要約する。

（1）否定されるべき説明

本書の過程において、われわれは月の錯視についておおくの理論を論評し、おおくの観察と実験を記述してきた。単一の理論が浮かび上がって勝利をえることにはならなかったが、いくつかの説明は除外された。第三章では、われわれは、月の錯視の理論が三分類できると論じた。1．網膜像の大きさが、外的物理的理由によって変化する。2．網膜像の大きさが、生理光学に結びついた理由によって、目の内部において変化する。3．知覚的な大きさが、脳の中の尺度を構成する機構によって変化する。

最初の二群は、さほどの困難なく除外することができる。実際の距離（第二章）や大気の屈折（第五章）の変化のような物理的な原因によって、網膜像の大きさに変化があるという考えはたやすく捨てられる。天文学的知識は最初の群を排除し、物理学的知識は二番目の群を排除する。もし心に疑問が浮かぶのならば、月の写真を撮ってみるとよい。そこには、高度にともなって網膜像の大きさを区別するような変化は生じない。網膜像の大きさが、目の中の過程によって変わらないことを示すことはもっとむずかしい。なぜなら証拠に近づきがたいからである。しかし、目の中に何か大きな変化が生じ、その変化が水平方向の拡大に寄与するとは思われない（第七章）。そのようなひとつのものが、低照度下における瞳孔の大きさの拡大にもとづいた説であり、それによって不十分な焦点化とぼやけた像が生じる。すべての天体の輝度は、空高くあるときよりも地平線上において実際に低くなるが、太陽はつねに明るいので、いつも収縮した瞳孔で見ている。調節の不全にもとづいた他の理論も、とくに太陽の錯視と星座の錯視に適用された場合には説得力がない。これら理論のどれも残像錯視の説明ができない。なぜなら、残像は、目の光学の影響を受けないからである。地平線の近くにある月と太陽の輝度が減少すると、目の中の光滲が減るので、網膜像の大きさがわずかに減少するかもしれない（第六章）。しかし、この効果は、月の錯視の方向に反する。両眼像差をともなう理論は、ひじょうに遠くにある対象に関連しそうにないし（第六章と第一一章）、単眼視による錯視の説明ができない。まとめれば、目の中の網膜像の変化は、すべての天体錯視の部分的な説明すら提供していないと思える。

(2) 月の錯視に関連する要因

月の錯視に適用することができるいくつかの知覚的な要因と説明がある。それらは相互に排他的である必要はない。じっさい寄与要因を列挙するという長い伝統があり、それは古典時代にまでさかのぼる。二〇世紀の注意ぶかい測定によって、この伝統的要因には、月の錯視に影響することが示されたものもあれば、その確証を待っているものもある。月の錯視に関連する要因は、つぎの三群に分類される。1．相対的大きさと地勢の効果（第九章と第一〇章）、2．輻輳/開散命令、注視角、姿勢（第七、一一、一二章）、3．大気遠近と色（第六章）。

相対的な大きさと地勢の効果

地勢の尺度化の効果は、今日ではもっともよく確立された寄与要因である。人工月を用いた実験では、地勢が存在すると知覚された拡大が生じ、その量は二六％から六六％まで変化することが示された。地勢の増加と介在する対象の効果は、強力なのでじつに気づかれやすく、おおくの観察的報告の基礎を形成する。広い範囲の地勢が見えているとき、天体は、地平線の近くでは拡大するが、これは視覚的光景のその部分にある他の対象と同程度にまで天体が拡大されるからだろう。天体の大きさの拡大は、小さな角度的大きさをもつ対象とのあいだで生じる局所的な対比に完全に依存するわけでない。なぜなら、水平方向の月は、何もない水の広がりの向こうに大きく見え、上った月は、小さな星によって囲まれたときでも小さく見えるからである。大きさの尺度は、視覚的光景全体に広がる相対的大きさ、とくに前景の地勢によって決定されると思われる。小さい月の錯視なら、大きさの幾何学的錯視のようにして、絵画的表現によって示すことができる。しかし、画像を上下逆転させて提示すると知覚された大きさの差異が縮減することから、その絵画的効果は、純然たる幾何学的なものではない。実際の月の錯視も、観察者が自身の頭を逆転させると減少し、人工月の錯視であれば、現実の地勢の網膜像をプリズムによって逆転させると減少する。よって地勢の効果は、視覚的光景の中の高さあるいは光景のある種の認知的解釈によって影響されるのかもしれない。おおくの著者は、地勢が見えるときに知覚された大きさが増加するのは、地勢が知覚された距離を増加させるからだと主張しているが、これは見直すべき議論である。

輻輳/開散命令、注視角、姿勢

目の制御と体の姿勢とに結びついた要因は、天体錯視にわずかに寄与するかもしれない。おおぜいの観察者を使って巧みに計画された実験では、頭を動かさずに目を上あるいは下に向けることによって、人工月の知覚された大きさを約二～七％まで減少させることが示され、また水平方向の観察と比較すると、それはいっそう遠くに見えるということも示された（第一一章）。頭または体を傾けても類似の結果が得られたが、その効果の大きさは、厳密に測定されていない（第一二章）。これらの注視角の効果は、地勢の視覚とは異なり、とても小さく、ふつうの観察者には簡単に気づかれず、代わりに大規模実験から推定されなければならない。大きさの著しい減少は、両足のあいだから見るか、仰向けになって観察者が自身の頭を逆さまにする場合にかぎり生じる。この場合の効果は、たぶん網膜上の視覚的風景の逆転によって生じるのだろう。

確信をもって、目の水準と姿勢のもつ小さい効果を説明することはできない。知覚された大きさの変化は、測定可能な網膜像の大きさの変化によって生じるのでなく、おそらく目、頭、姿勢に条件づけられているか、または姿勢の変化にともなう動眼性の命令に条件づけられている。その目的は、大きさの恒常性を助けるために、頭上または足元にある対象の知覚された角度的大きさ（この対象は、ふつうは近くにあり、とりわけ大きい角度的大きさをもつ）を縮小させることにあるのかもしれない。この現象には、動眼性の要因が含まれているかもしれない。なぜなら輻輳/開散、調節、瞳孔の大きさは、反射的に変化するからである。つまり輻輳による「近」反応には、知覚された大きさの減少が随伴し、開散による「遠」反応では、これと反対のことが生じる。興味ぶかいことに、判断された距離が実際の輻輳/開散運動の方向に反しているという意味において、知覚された距離に及ぼす眼球運動の変化の効果は逆説的である。これは、相いれない二種類の距離の判断が異なる意識水準において生じるという考えを実験的に支持しているといえるだろう。

空気遠近と色

淡い靄《もや》と赤味を帯びた色を、太陽や月の巨大な見え姿に関連づけるおおくの逸話的証拠があるが、今のところ、各要因が天体錯視に寄与することを示す実験的証拠はない。濃霧によって、たしかに地上の非発光対象の直線的大きさが二〇％以上も大きく判断されることがあるが、おなじことは発光対象にあてはまらないだろう。太陽や月は、そのような状態では実際に小さく見える。なぜなら、輝度が低下し薄暗い対象ほど小さく見えるからである。しかし、晴れた条件と軽くかすんだ条件の両方において、おなじ地勢のもとで月の錯視量の比較ができる実験的測度が必要とされる。おなじようにして、赤色についてもっと研究してみなければならない。月の生成機を用いた実験では、赤色によって知覚された大きさが増加することは見出せなかったが、室内実験の中には、赤色によって知覚された大きさが、約三～六％まで増加することを示唆するものがある。模擬月の色を赤色にし、その月が白い月とおなじ明るさをもつようにしてから、大きさの判断を求める実験をする必要がある。色、明るさ、靄に関して一連の実験を完璧に行えば、大気の変動が、さまざまな事態における錯視の変動に寄与するかどうか、あるいは、これまで報告されてきた大気と錯視の関連性が偶然の一致なのかどうかがわかるだろう。

天体錯視の大きさは、観察条件と測定方法に応じて変化するので、弾力的な量である。水平方向と天頂方向の月の見かけの典型的な比率は、平均して約一・五すなわち五〇％の増加である。個々の観察者は、ときにはひじょうに高い値を与えるが、大きい集団から求めた平均比率は、通常なら二・〇すなわち一〇〇％を超えて増加しない。もちろん、寄与要因の大きさは、錯視自体と同じくらい弾力的である。すなわち、寄与要因は、天体錯視と変動因を共有し、その多くの影響を受けている。しかし、最大の寄与要因は、広びろとした地勢の光景だと思う。それは四〇％以上の拡大を引き起こしうる。よって、天体錯視のほとんどを説明するのにじゅうぶんである。さらに、動眼性の命令と目/頭/体の位置の寄与は、おそらく一〇％までだろう。淡い靄や赤色の影響については満足な測定がまだ得られていないが、逸話的報告では、その影響は一〇％以上になると思える。よって、全体的効果は六〇％以上となり、これは標準的な天体錯視をじつによく説明する。もし要因が掛け算的に結合すれば、その要因はもっと大きな錯視をつくるだろう。

(3) 知覚的説明

上に挙げた要因は、すべて知覚過程に依存するが、その説明については意見が分かれる。おおくの著者は、寄与要因が知覚された距離に影響し、つぎに知覚された距離が知覚された大きさに影響すると論じる。この主張は、介在する対象、扁平に見える空、空気遠近、姿勢の要因、眼球運動の効果に適用される。その理論は、これらの要因のひとつあるいは複数のものによって、天体が水平方向に遠く離れて見え、それゆえに大きく見えると主張する。この説明は、少なくとも大きさ－距離の不変性の古典的説明と結合すると窮地に陥る。天体錯視における扁平化した空の役割はおぼつかない。なぜなら、空は必ずしも平らに見えず、それに天体はドームの後ろあるいは前に浮かんで見えるからである。さらに、地平線上にある太陽や月の小さく推定された直線的大きさは、大きく知覚された距離とは幾何学的に両立しない（第三章と第一〇章）。しかし、知覚された距離にもとづいた理論が受け入れられないおもな理由は、たいていの人が、上ったり沈んだりしている天体が、近づいて見え、遠く離れて見えないと報告することにある。

　この最後の事実は、おおくの知覚現象にとってたいへん厄介なものであり、大きさ－距離の逆説として知られている。理論家たちは、この問題を回避する方法をさまざまに試みている。彼らは、二水準の処理（無意識的処理と意識的処理）、二種類の大きさ知覚（角度的大きさと直線的大きさ）、あるいは二種類の距離の知覚（記銘された距離と判断された距離）を提案し、それらをいろいろと組み合わせる。われわれは、二〇世紀になって発展した二種類の大きさの考え方（第三章と第四章）についてたびたび言及してきた。二種類の距離の考え方はもっと起源が古く、しばしばロックあるいはヘルムホルツにさかのぼるとされる無意識的推論の考えに依存すると思う（第九章）。われわれは、その逆説的な性質に注意を引きつけるために、それを「遠い－大きい－近い」理論とよんできた。この理論の提案者は、月のふたつの距離判断が、異なる水準の意識あるいは推論においてなされることを明言しているが、彼らは二種類の大きさ知覚の関与についてはは非明示的になりがちである。はじめの距離判断は、潜在意識的あるいは意識的なものとしてさまざまに記述されてきており、水平方向の月が、高く上った月よりも遠くに見えることであり、これによって、意識的に知覚された直線的大きさが増加する。二番目の距離判断は、意識的に行われ、水平方向の月の知覚された角度の大きさが拡大するので、水平方向の月が接近して見えることである。角度的大きさと直線的大きさを暗黙的に混同すると、古典的な大きさ－距離の不変性に問題が生じる。おおくの理論家は、また、ひとつの意識水準では水平方向の月を遠く離れたものとして「知覚」あるいは「記銘」し、別の意識水準では水平方向の月を近くにあるものとして「知覚」あるいは「判断」するという考えに反対している。実証的証拠がない状態では、（種類の異なる大きさあるいは距離が）競合する理論は、大きさ－距離の逆説の再記述のように見える。にもかかわらず、カウフマンとカウフマン（二〇〇〇）による最近の実験では、両眼立体視の機構は、人工的な水平方向の月を高い月よりも遠くにあるものとして処理するという証拠を提供しており（第九章）、これとおなじことが、実際の月の自然観察に当てはまると考えられる。さらに、視覚的錯覚の最新の研究では、異なる大きさの値および異なる距離の値が、脳内の腹側・背側経路において保持されうると示唆する。この研究は、月の錯視にじかに適用できないが、異なる空間の値を、異なる水準の意識において保持することができるという考えに信憑性を与える（第一二章）。

「遠い－大きい－近い」理論は、認知的理論の側面がある。なぜなら第二の距離判断は「意識的」推理に依存することを意味するからである。しかし、この意識的推理は、正確な幾何学的方法にしたがって作動しない。なぜなら、小さく推定された天体の直線的大きさは、その大きく推定された距離と相容れないからである。もうひとつの認知的理論では、天体が、地平線上の既知の大きさをもつ大きい対象と比較されると主張する（第一〇章）。しかし、ここでも、これらの大きさの推定値のあいだに論理的な関係はなく、そうとう大きな錯視が、このような既知の対象が存在しないときに生じる。認知的説明は、太陽や月が他の対象と取り違えられたとき（第一章）のように、巨大な錯視の偶発的報告によって支持されることがあるかもしれないが、この場合、認知的過誤による説明はまったく信じがたく、大きな錯視が認知的過誤を生じさせると考える方が、その逆の考えよりも、もっともらしい。

（4）月の錯視、角度的拡大、大きさの恒常性

おおくの著者は、月の錯視は、大きさの恒常性の一例であると論じてきたが、そのことは、大きさの恒常性の性質に関する問題を提起する。デムバーとウォーム（一九七九、二〇九頁）は「私たちは、月の錯視を理解するために取り組んできた物語を、大きさの恒常性という大きな問題の縮図として考えてよいのかもしれない」と書いている。大きさの恒常性が「距離を斟酌する」ことによって達成されると信じている著者たちは、ふつうは月の錯視にこれとおなじ説明を与える。大きさの恒常性が他の方法によって達成されると信じる人びとは、ふつうは月の錯視に別の説明を与える。ほとんどの研究者は、上った月と比較して水平方向の月が一・五～二・〇倍に拡大して見えることに合意するが、この拡大がおもに直線的大きさなのか角度的大きさなのか、あるいはそのような区別が存在するかどうかについて合意がない。

もし水平方向の拡大が角度的大きさとみなされるならば、その拡大は、遠く離れた地上の対象の知覚された角度的大きさに対して見出された四・〇倍以上の拡大（第三章と第四章）の半分に満たないことに気づくべきである。この不一致は、たぶん基準値が異なるために生じているのだろう。習慣にしたがえば、上った月の見え姿は、月の錯視を

測定するときの基準値とみなされるが、ふつうは上った月自体は、おなじ角度的大きさをもつ近くの視標よりも大きく判断される。調整可能な近くの視標の見え姿が、おおくの角度的大きさの実験の基準値とみなされ、その視標までの距離が、明らかに結果として得られる大きさの比率に影響する。水平方向の月の知覚された角度的拡大が、水平方向の他の対象のそれとおなじ方法で測定されるならば、水平方向の月の拡大は、その対象とほぼおなじになることが見出される。

われわれは、すでに、水平方向の月の知覚された拡大は、意識的に知覚された距離の増加によってのみ引き起こされる、直線的大きさの拡大としてもっぱら記述されるべきであるという考えを否定してきた。別の解釈では、拡大は確かに直線的大きさであるが、知覚された角度的大きさと知覚された距離の何らかの結合によって表されると考えられる。ミックレディ（一九八六）によれば、水平方向の月の距離は、天頂の月の半分に見え、その直線的大きさは一・五倍に拡大する。それは、水平方向の月の角度的大きさが三・〇倍に拡大したことを意味する。この倍率は、距離にともなう角度的大きさ判断の増加を示した実験について先に記した値に近いが（第三章）、後者のデータは、角度と距離の効果の結合ではなく、純粋な角度的大きさの拡大として取り扱われるときにかぎられる。純粋な角度的測度が不足しているので、月の錯視と他の大きさ−距離の実験の両方において、角度的大きさの拡大する範囲がはっきりしないままになっている。

おなじ測定方法が用いられたならば、水平方向の月と地平線の近くにある地上の対象の角度的大きさの拡大は酷似する。この発見は二つの意味をもつ。第一に、地上の大きさの恒常性は、月の錯視とおなじように、おもに知覚された角度的大きさの拡大からなるとみなすことができる。近距離では、この効果は強力なので、対象は、距離にともなってそれほど小さく見えることはないが、遠く離れたところでは対象は小さく見え、真の直線的大きさの判断は、対象の見え姿ではなく認知的計算にもとづかなければならない。第二に、月の錯視に寄与するのとほとんどおなじ要因が、遠く離れた対象の大きさの恒常性にも寄与する。たぶんその要因は同一でないかもしれないが、かなり重複する。寄与要因の違いによって、測定時の人為的結果によって説明できない大きさの拡大率の違いが説明されるだろう。

(5) 残された課題と問題

説明の分類的水準（訳注　説明に質的概念的説明と量的機構的説明があるとすれば、分類的水準は前者に相当し、用語の定義や概念の分析をおもに行う）に取り組んでいる知覚心理学者には、定義と測定の方法についてまだおおくの課題がある。空間知覚のための受け入れることができる用語、公式、測定手続を定義する権威のある委員会を設立することが望ましいだろう。もう一歩踏み込んで言えば、知覚された直線的大きさ、角度的大きさ、距離に及ぼすいろいろな要因の効果を測定するために、おおくの研究施設を説得して、協定をとり結んだ一連の実験に着手することだろう。そのような共同研究は、「ヒトゲノム解析計画」よりはるかに安価だろうし、その結果は、空間知覚に関するおおくの不確実性を取り除くことになるだろう。不幸にも、知覚研究が比較的安価なため、個人が無政府的に研究を続けることができる。「青空《ブルースカイ》」研究（訳注　明確な目標をもたず興味本位で行われる研究）は輝かしいものになりうるが、それでは月の錯視が解明されそうにない。

もっと洗練された定義と測定をもっとも必要とする概念は、「知覚された角度的大きさ」である。この用語は、古典的な大きさ－距離の不変性にしたがわない種類の知覚された大きさなら何でも含めるボロ入れ袋のようなものとしてしばしば使われる。知覚された大きさの研究者のほとんどは、直線的大きさを照合させる技法を用いて、角度的大きさ教示あるいは網膜像的大きさ教示とこの技法を結びつけている（第三章）。角度的大きさと網膜的大きさが、知覚的に等価と見なすことができるかどうかを検証するために、真に角度的大きさを測定する技法を用いた実験を行うべきである。これらの技法には、度数を用いた言語推定、分度器あるいは他の装置を用いて大きさを角度に一致させる方法、さまざまな距離において視野の知覚された割合を示すスケッチ描画が含まれている。指さし法も大きい角度の測定に用いられうるが、月の角度のような小さな角度には用いられない。げんざい実験的証拠が少なく理論的に明確でないので、月の錯視が、知覚された角度的大きさのひとつとして、あるいは網膜的大きさのひとつとして記述されるべきかどうかを決めることができないし、どちらでもないと決めることもできない。

おおぜいの被験者と適切な計画を用いた実験が、まだまだ必要である。実験には技術的に単純になりうるものもあるし、複雑な装置を必要とするものもある。初期に行われた月の錯視実験のおおくは繰り返されるべきであり、新しい実験が考案されるべきであるが、仮説的な型の知覚的大きさ（直線的大きさ、角度的大きさ、網膜的大きさ）と距離（記銘された距離、判断された距離）の測定は行われるべきである。さらに、実験室に限定されるのではなく、遠く離れたところで適切な実験が行われることも重要である。遠く離れた自然の対象の見え姿は、数値による推定によって測定することができる。[1] 最近、カウフマンとカウフマン（二〇〇〇）が開発した装置では、実体鏡を使って遠くの地平線上や空高くに人工月を投影させて、別の人工の月の距離を調整して、遠い月までの距離を二等分することによって月の記銘された距離を研究することができる（第九章）。自然の月までの記銘された距離と判断された距離の両方を測定するためには、付加的な方法を考案する必要がある。最新の装置を使えば野外において大きさの照合実験を行うことができ、近くの視標に加えて遠くの視標の調整が可能となり、変化刺激を過大に調整する傾向（「標準刺激誤差」——第三章と第四章参照）を統制することができる。よく計画された実験によって、いろいろな種類の判断が幾何学的な法則に対応しているのかどうかを明らかにすべきである。しかし、われわれは、その結果は否定的なものになるだろうと思っている。

(6) 幾何学の放棄

幾何学の応用は、科学の成功譚のひとつである。幾何学によって、初期の天文学者は、地球、太陽、月を測定することができた。それは遠近画の基礎を形成し、のちに科学者は、それによって目の光学を理解し、望遠鏡をつくることができた。幾何学が、大きさと距離の知覚のためのモデルとして採用されたのは驚くことではない。大きさ－距離の不変性の原理は、少なくともポセイドニオスの時代から現代まで、われわれの考えを規定してきた（第三章）。それに挑戦した数少ない一人がバークリであり、彼は、彼が「光学の作家」とよんだ幾何学的理論家を痛烈に非難した。しかし、幾何光学の統治は大きく、バークリの見解が、今日ではしばしば（彼の著書を読んでいない人びとによって）

彼が大きさ－距離の不変性を支持していたかのように引用されている。[2] 知覚された角度的大きさの概念をもたらした、ミックレディらによる最近の挑戦でさえ、いまだに大きさ－距離の不変性の形式をふまえている。われわれは、どのような形式の大きさ－距離の不変性が、視空間知覚の理解に有益な貢献をなすのかを考えなければならない。

大きさ－距離の不変性の形式はすべて、ある意識水準において、あるいはある時点において、角度的大きさと直線的大きさの両方が知覚されると仮定する。古典的形式と知覚的形式にある重要な違いは、前者では、角度的大きさが、ふつうは、正しく知覚されるとみなされるが、後者では過誤をこうむるとされる。しかし、おおくの人びとは、異なる大きさの二つの値、あるいはまったく異なる種類の二つの大きさが同時に知覚されるということを受けいれることはむずかしいことに気づいた。もし角度的大きさが網膜像の大きさに似ているならば、小さい直線的像（網膜像の近投影と等価）は、大きい直線的像（網膜像の遠投影と等価）として同時に知覚されるといわなければならないだろう。もし角度的大きさが視角に似ているならば、光景の何らかの角度的側面が、直線的大きさに加えて知覚されるといわなければならないだろう。これらの見解は理解しがたく、また、そのどちらかを支援する内観的あるいは実験的な証拠がほとんどない。

これらの問題に対するひとつの反応は、幾何学的説明をすべて拒絶し、視覚的大きさと視覚的距離は、互いに独立に計算されるとすることである。[3] おなじ要因が、ふつうは、大きさと距離の計算に用いられ、古典的な大きさ－距離の不変性に近似した相関を与える。しかし、状況によっては、異なる要因が大きさと距離の計算に用いられ、月の錯視のような大きさ－距離の逆説を生みだす。この考え方は、複数の種類の視覚的大きさあるいは視覚的距離を必要としないという長所をもつ。

知覚された大きさが一種類だけであったならば、われわれは、角度的大きさと直線的大きさという異なる判断がどのように得られるかを探求しなければならない。角度的大きさは原初的知覚であり、直線的大きさは二次的計算であるのか、あるいは、その反対なのか。あるいは何らかの非特定的な知覚された大きさが原初的知覚であり、角度的大きさと直線的大きさの両方が二次的計算なのだろうか。短い距離における最近の研究結果は矛盾しており、[4] 月の錯視のような遠い距離における問題の解決の助けにならない。遠くの距離において近距離実験と比較可能な実験を考案することは、やりがいのある研究になるだろう。

前章では、われわれは、まったく異なる二種類の大きさ、つまり視覚と触覚の大きさの関係について論じた。二つの異なる大きさの値が、この二感覚系において同時に保持されうるという証拠があり、それは、おなじことが視覚系内において起こりうるという考えに信憑性をあたえる。不運にも、触覚的証拠は、近い観察距離にのみ関係し、遠い距離知覚の解明には役だたない。たぶん独創的な研究者が、将来、触覚空間を遠くの距離に適用する方法を見出すことだろう。

(7) 月の錯視の将来

月の錯視は、天文学、光学、物理学、心理学、哲学といった科学の広大なスペクトルを跨ぐいくつかの知覚現象のひとつである。その説明は、科学的説明の歴史とくに知覚心理学の歴史を例証しているが、その歴史を詳細にたどっているわけでない。なぜなら、錯視は「素人」によって再発見あるいは再説明され続けてきたからである。こういう著者は、何世紀も流布してきた数少ない考えを最初からやり直す。彼らは、何のわけもなく、大きさの恒常性を再考案し、大気の屈折が(月の錯視の)原因であると示唆する。じっさい大衆新聞のコラムは、屈折説を報道しつづける。(5)しかし、大学の心理学コースの成長によって、知覚理論に関するある種の知識が一般文学に浸透するという効果が現れた。われわれは、身体姿勢の影響について述べたヘレン・ベビングトンによる月の錯視の詩をエピローグに一例としてとりあげる。ここでは身体的姿勢と視覚的環境の両方について語るケイト・アトキンソン(一九九七)による小説の抜粋をとりあげる。友だちが水平方向の巨大な月に気づき、その原因について議論している。

ユーニスは甲高い声で言った。「私たちは、月の錯視を経験している……それは、脳が現象世界をどんなふうに誤解するのかを示しているのよ」

「何だって」

「月の錯視が起こるのは」彼女は、ていねいに繰り返した。「君たちが、参照点のすべてをもってしまっているから」彼女はまるで狂った科学者のように腕を振り回して言った。「アンテナ、通風管、屋根、木々、それらの参照点のせいで、私たちは、大きさや割合を間違えるのよ。ごらんなさい」彼女はそう言って、振り返り、とつぜん縫いぐるみ人形のように前かがみになった。「足のあいだから月を見て」

「わかるでしょ」私たちが、とうとう彼女のばかげた命令にしたがったとき、ユーニスは、勝ち誇って「ちっとも大きくは見えないね」と言った。はい、と私たちは悲しげに同意した、それは大きく見えなかった。

「こういう参照点を失ったのね。見てのとおり」彼女は、もったいぶって続けた。

素人でもたやすく初期の理論を探求することができる。だれもが、鏡を操作したり、いろいろな体位で月を観察したり、空に残像を投影したり、天の丸天井の見かけの形を観察したりすることができる。装置の技術がいっそう専門的になったのは、やっと近年になってからである。実験計画と統計はいっそう複雑になってきた。また理論構成の水準は、並みの素人の範囲を越えている。ふつうの素人なら、順応水準理論、フーリエ解析、加速力の数学を理解しないし、前庭系の複雑性も理解しない。彼らは、遠心分離機や平行ブランコが使えず、第一二章で述べた実験を繰り返すことができない。とくに視覚研究は、科学的技術がひじょうに専門化したので、そのおおくは、人文学的背景をもった並みの心理学専攻生の理解を越えている。(6) 技術的に単純な実験を行う必要性はまだあるが、素人がそれを計画して実行できるとは思えない。

錯視は、知覚の哲学者に興味のある話題でありつづけた。最近まで哲学と心理学の文献のあいだには相互の交流がほとんどなかった。たとえば、ヒーラン（一九八三）が『空間知覚と科学哲学』を書き、その中で彼は、双曲的視空間に関する考えを月の錯視および他の屋外の自然現象に適用した。しかし、彼は実験的証拠をほとんど記述せず、数人の心理学者が大衆に向けて著した著作にほとんど頼っている。心理学者は、哲学者の研究を無視したことに対して等しく罪がある。ハーシェンソン（一九八九）の編書『月の錯視』の寄稿者のだれひとりとして、ヒーランの理論に言及した者がいないが、われわれは、そのことをオランダの古典学者レック・シェーンベック（一九九八）の研究によって気づかされた。心理学者は、哲学者から何も学ぶものはないと思う傾向があるが、シェーンベックのように、知覚の問題では、明瞭に定義された用語が重要になると指摘している人がいる。シュワルツ（一九九四）のような最近の哲学者は、心理学の文献に精通し、知覚理論に関して洞察に満ちた意見を述べている。インターネットの成長によって、さまざまな学問領域からの学者が、いまでは容易に互いの研究を知ることができるようになった。

大きさ知覚の将来の研究を楽観させる根拠がある。ハーシェンソンの編書は、さまざまな解釈を含み、ほとんどの著者は、月の錯視が、知覚された距離によって単純に説明されないことを受け入れている。知覚された角度的大きさによる説明が、いまでは教科書に載っている。[7] また、脳内の異なる視経路の中の相容れない空間判断に関する研究が大量にある。最近、恒常性に関する本が、ワルシュとクリコフスキー（一九九八）によって編集されたが、それは、神経による大きさの符号化について刺激的な新たな考え方を示す。今日の神経科学はひじょうに急展開しているので、われわれは、大きさと距離の知覚に含まれる脳の部位と、網膜像の表現が意識的知覚への経路に沿って再尺度化される神経学的機構について、やがてもっとわかるようになるはずである。われわれは、自分たちが完全には理解していない現象に対して「錯覚」ということばを使う傾向がある。よって、ひとたび神経学的機構が理解されると、天体錯視と他のおおくの大きさ錯視は錯視とよばれなくなるだろう。太陽は、月の錯視に関しては、沈むことになるだろう。

(8) まとめ

月の錯視の大きさを測定すると、水平方向の月の拡大は、上った月と比較して、典型的には約五〇％、ときにはそれ以上になる。それはいくつかの要因の総計として説明できる。その中でももっとも重要なものは、視覚的地勢あるいは全体的な視覚的光景に広がる相対的大きさの効果である。それは約四〇％の大きさの拡大を生じさせうる。動眼性の命令、注視角、姿勢には、おそらくさらに一〇％の寄与がある。淡い靄や赤色の影響は正確に測定されていないが、さらに一〇％以上の寄与がある。これらの要因は、上った月に比べて水平方向の月の知覚された大きさを増加させるのに役だち、月が近づいて見えることにも役だつ。この関係は、古典的な大きさ－距離の不変性に矛盾する。もし月の錯視が、**知覚された角度的大きさ**の変化を含むものとして記述されるのならば、知覚的な大きさ－距離の不変性は保持される。しかし、このことばの意味は不明瞭であり、またその測定はとらえがたい。角度的大きさと直線的大きさの両方が、視覚的に知覚されるかどうかが不確かなままである。空間知覚への幾何学的な考え方を放棄し、複数の意識水準において処理される独立した実体として大きさと距離を取り扱うことが必要かもしれない。最近では、相反する空間的表現が、異なる視経路にあるとする考えに支持を与える証拠がえられている。おなじようにして測定すれば、低い位置の月は、水平方向にある陸上の対象とおなじように知覚的に拡大することが見出される。したがって、いかなる分析が月の錯視に与えられても、おなじ分析が、ふつうの大きさ恒常性に適用されるべきである。さまざまな種類の知覚された距離と知覚された大きさに関していっそうよく統制された実験をする必要がある。また、さまざま方法を用いて、近距離と遠距離の両方において実験が行われるべきである。つぎの数年間に大きさの知覚の神経科学と精神物理学に大きな進歩が見られる気がする。

エピローグ

月の錯視は、一般社会の会話では人気のある話題のひとつである。大気の屈折によるとする誤った説が強固に定着しているが、注視角あるいは身体的姿勢の説が優勢になりつつある。ヘレン・ベビングトンの詩をつぎに引用する。

学者の月

月夜の空の下、わたしは、教授といっしょに歩いていた。
申し分なく、月は、明るく、高く、足元を照らしていた。
教授は、昼間のようにくっきりと、月に照らされていた。

逆さにすれば、月が、どんなに変になるのかを、
教授は、さいきん、本を読んで知っていた。
夜空に高く、月は、いつものように、まっすぐ上ってきた。

しかし、月をゆがめることができると思えたそのときに、

教授は、喜々として、仮説か真実かを確かめようとして、われわれ自身の遠近を、逆さにするようもちかけた。

すると、全体に、月は、白い輪郭の素敵な姿となり今では小さく、こざっぱりした球に見えると思われた。斜角から見たのでは、こうは言えないだろう。思い返すだけでも、あの出来事は、ほんとうに楽しい。

付録　月の錯視に関連する科学の発展史

有史前

紀元前三〇〇〇年から二〇〇〇年、後‐新石器時代の人たちは　英国のストーンヘンジのように石で輪を造った。これは、カレンダーとして用いられ、太陽や月の運動に系統的に関心があったことを示している。

古典的時代（紀元前七〇〇～紀元二〇〇年）

科学的伝統

前六〇〇～三〇〇年　科学的世界観がギリシャ時代に発達した。はじめて哲学者たちが、世界を超自然的ではなく自然的に説明しようとした。この黄金時代の頂点は、アリストテレスの著作によって示される（前三五〇年）。

前三〇〇～紀元二〇〇年　自然哲学の発展にもかかわらず、科学と魔術は、何世紀ものあいだ別々の知識の領域とはみなされなかった。これは、たとえば、プリニウス Pliny の三七巻『自然史』（七七年）に明らかである。

紀元〇～二〇〇年　ギリシャの科学的知識が中国に渡った。

太陽系

前七〇〇年　太陽、月、惑星の不規則な運動を記述するために、算術的方法が、バビロニア人によって、占星術的目的のために開発された。彼らによって用いられた時間と角度のシステムは、もっと古代のバビロニア・システムにもとづいていたが、基本的に現在のものと同じである。

前五五〇年　アナクシマンドロ Anaximander が、天のことを、固定された軸を中心に、地球の周りを回る球として描いた。

前五〇〇年　ピタゴラス Pythagoras は、地球は球であり、朝夕に見かける星は同じ惑星であり、月の軌道は地球の赤道平面と一致せず、太陽、月、惑星はすべて、それ自身の進路を動いていると説いた。彼は、太陽、月、惑星を移動させる天球を別々のものと考えた。この概念は一六世紀まで生き残った。

前四五〇年　アナクサゴラス Anaxagoras は、月と食の満ち欠けを説明した。

前三五〇年　ヘラクレイデス Heracleides は、日々の空の見かけの回転は、地軸の回転によって説明することはできるが、金星と火星は太陽の周りを回転すると提案した。この見解は、一五世紀のコペルニクスの時代まで一般に受け入れられなかった。

前二七〇年　アリスタルコス Aristarchus は、すべての惑星は、太陽の周りを回転すると説いたが、彼の理論は、ヘラクレイデスとおなじく、支持者がいなかった。彼は、また、月と太陽までの相対的距離を、初めて科学的に推定しようとした。

前二四〇年　エラトステネス Eratosthenes は、はじめて地球の大きさをじゅうぶん正確に科学的に推定した。

前一三〇年　ヒッパルカス Hipparchus は、従円と周転円を用いて惑星運動のモデルを開発し、一〇〇〇個の星の位置と明るさを含む星座表を編集し、はじめて月の視差（したがって、地球から月までの距離）の測定をかなり正確に行った。彼は、月までの距離は、月の軌道上のすべての点において同じではないことに気づいていた。

一四〇年　プトレミーの『アルマゲスト』が出版された。これは、一五世紀まで天文学の標準的な著作であった。

プトレミーは地球の回転と、太陽のまわりをすべての惑星が動いているという理論を否定した。結果として、これらの理論はつぎの一四世紀と一五世紀のあいだ、それぞれ一般に受け入れられなくなった。

光学、生理学、視覚

前四五〇年　アルクマイオン Alcmaeon が視神経を発見し、大脳が感覚と知覚の中枢的器官であると結論した。エンペドクレス Empedocles の視覚の法則では、目から放出された視光線が対象の上に落ち、目に還ってきて視覚像をつくるとする。この理論は古代を通して重要であった。

前四三〇～三三〇年　『ヒポクラテス集典』が多くの著者によって書かれ、経験医学と医学倫理が確立された。

前三二〇年　光学に関するユークリッドのテキストでは、知覚された大きさは視角に等しいと述べられている。

前三〇〇年　ヘロフィロス Hirophilus は、大脳と神経系を切開して、感覚神経と運動神経を区別した。

前一〇〇年　光の屈折が認められた。

一四〇～一七〇年　プトレミーは、水の中の光の屈折を研究して、知覚された距離をもとに網膜像の大きさの尺度化を含む多くの知覚的効果について考察した。

二〇〇年ころ　クレオメデス Cleomedes は、知覚された大きさは、距離をもとに尺度化された直線的大きさに等しいと考えた。

一五〇～二〇〇年　ギリシャの外科医ガレン Galen は、大脳と神経系を切開によって研究した。彼の眼の解剖に関する記述は、アラブの学者によって修正されるまで、数世紀のあいだ受け入れられていた。

アラブの科学（七五〇～一二〇〇年）

七五〇～八〇〇年　アラブの科学の起源

八一三～八三三年　カリフのアル＝マムーン Califal-Mamun の治世に、多くのギリシャの古典が、バグダッドでアラビア語に翻訳された。この中には、プトレミーの『アルマゲスト』（ユダヤ人サール・アル＝タバリ Sahl al-Tabari 訳）やプラトンやアリストテレスの著作が含まれる。フナイン・イブンイシャク Hunayn ibu Ishiq は、ガレンの医学書と『ヒポクラテス集典』を訳した。

八三〇年ころ　アル＝クワリズミ al-Khwarizmi が、代数学に関する本を編纂した。その中で、ゼロを含むインド（ヒンズー）数字をアラブ世界に導入した。これは、いまでは、ふつうは「アラビア数字」とよばれる。

八〇〇〜一〇五〇年　アラブの科学は、どのような他の文化の科学よりも優れていた。アラブの学術は、一一世紀の前半で最高潮に達した。

一〇四〇年　イブン・アル＝ハイサムは、中世のもっとも偉大な物理学者であり、虹を研究し、地球の大気の高さを推定し、目の解剖学の知見を深めた。古代の人と同じように、彼は、眼のレンズを感受性のある器官とみなした。彼は視光線理論を否定して、視覚が生じるのは、対象からの散乱光が目に入るからであるという考えに賛成していた。彼は、また、多くの知覚的効果について考察し、それには、知覚された距離をもとにした網膜像の大きさの尺度化が含まれていた。

中世ヨーロッパの科学（九〇〇〜一五〇〇年）

科学的伝統

九七六年　オーリヤックのジェルベール Gerbert of Aurillac（のちのローマ教皇シルウェステル二世）は、ヒンズー・アラブの数詞（ただしゼロを除いて）を、ランス Reims の教区学校に導入したが、ほとんどその効果はなかった。その後、アル＝クワリズミの代数学に関する本（たとえば、一一〇〇年ころ、チェスターのロバートによる）や新しい数字を用いた算術に関する本（一二〇二年、ピサのレオナルド・フィボナッチによる）がラテン語に翻訳されるようになると、それが、つぎの数世紀にわたって、ヨーロッパで徐々に採用されるようになり、そのことによって、算術がずっとやさしくなり、数学の刺激的な進歩が始まった。

一一〇〇〜一二〇〇年　多くの重要な古典的著作とアラビア語の著作が、はじめて、とくにトレド Toledo（スペイン中央部の都市）において、クレモナのジェラルド（Gerard of Cremona、一一一四 - 一一八七）たちによって、アラビア語からラテン語に翻訳された。これにはプトレミーの『アルマゲスト』やアリストテレス、ガレン、ヒポクラテス集典の著作が含まれていた。この世紀とつぎの世紀のあいだに、衰退するアラブの科学、ユダヤ人学者、勃興するキリスト教科学のあいだに多くの相互作用があった。これによって、科学的言語としてのラテン語の優位が三世紀のあいだ続き、西ヨーロッパの科学的優位へと繋がった。

一二〇〇〜一三〇〇年　ヨーロッパに大学が現れ、つぎの世紀へと続いた。

一三〇〇〜一四〇〇年　ギリシャ語からラテン語へ直接、古典を翻訳することが始まり、いっぽうアラビア語からの翻訳は少なくなった。

一四五〇年　活字を組みかえることができる印刷がヨーロッパに導入された。それはすぐに全ヨーロッパに広がり、文献を増加させ、科学的コミュニケーションを改善させた。（陶器と木からなる組み換え可能な活字印刷は一〇五〇年に畢昇 Pi Shêng によって中国で発明された。漢字の数がきわめて多いため、これは広く普及したわけではない）。

一四二〇〜一五二〇年　とくにポルトガル人によって行われた、探検的航海によって、地理学的知識とそれに関連する知識が急激に拡大した。

中世の光学

一二五〇〜一三五〇年　「光学」に高い関心が寄せられた時期。ここでいう光学とは、当時の目、錯覚、遠近、両眼視、陰、色、屈折、カメラ・オブスキュラ、虹、大気の高さの研究を含んでいた。この関心は、一一世紀のイブン・アル＝ハイサムの研究に由来していた。当時の指導的著者は、フライベルグのディトリッヒ Dietrich、パリのジョン John、カマール・アル＝ディーン Kamalal-Din、ロジャー・ベーコン Roger Bacon、ジョン・ペッカム John Pecham、ウィッテロ Witelo、レビ・ベン・ゲルション Levi ben Gerson だった。レビ・ベン・ゲルションは、カメラ・オブスキュラを使って、月と太陽の角度的直径の小さな変動を研究した。最初のメガネの記述は一二八九年であった。

近代の科学（一五〇〇〜二〇〇〇年）

科学的伝統

一六〇〇〜一七〇〇年　自然と人間を研究する新しい方法が、ヨーロッパで進展した。それは、自然と人体の機械観によって特徴づけられ、おもにガリレオの力学とデカルトの哲学によって触発された。後者は、答えられる問題と答えられない問題を区別するときに、とくに影響力をもった。これによって、感覚のはたらきについては、研究をすれば、なにがしかの成功に至るという見込みが立ち、知覚が、物理学、解剖学、生理学、心理学の諸側面を含んでいるという認識につながった。

フランシス・ベーコン Francis Bacon による、経験科学と帰納論理学の支援のおかげで、科学的方法が進展していった（彼はコペルニクスの理論を受け入れなかった）。科学的学会の設立が盛んになり始めた。ロンドン王立協会は一六六三年に創設された。イタリアでは、その数年前に実験のアカデミー（アカデミア・デル・チメント）ができていた。王立グリニッジ天文台が一六七五年に創設された。

科学の言語が、ラテン語からさまざまなヨーロッパ言語へと徐々に変化した。ニュートンの『プリンキピア』は、ラテン語で書かれた最後の重要な著作である。

一七〇〇〜二〇〇〇年　英語、仏語、独語、伊語、その他の自然言語が、科学者によって用いられた。このことは、それに先立つ世紀では、見られなかったコミュニケーションの問題を引き起こした。二〇世紀のあいだに英語がしだいに科学の中では、主要な言語になっていった。

太陽系

一五四三年　コペルニクスの『天球の回転について』では、地球ではなく、太陽が太陽系の中心であるという仮説を含んでいた。この考えは新しくはなかったが（上述のアリスタルコスを参照）、コペルニクスは、数学的に細部を詰めた理論を提示した。それは、水星や金星の限定された運動や、その外側にある惑星の逆行する運動をうまく説明した。その理論は、その当時、おもに、地球が太陽のまわりを猛烈な速度で運動しているという直感に反する意味を含んでいたために、一般に受け入れられなかった。この理論は、一六世紀のあいだは、学生たちに教えられなかった。コペルニクスは、古代人の円運動と周転円の複雑なシステムを固持していた。

一五七七～一五九七年　たいへん正確な惑星の観察が、デンマークの天文学者ティコ・ブラーエ Tycho Brahe によって長期間にわたって行われた。彼は、視差の観察から、一五七七年の彗星は、月よりも遠くにある（そして、それゆえに、アリストテレスが考えたような大気の現象ではない）と推測した。さらに、彗星の軌道は、円というよりも長円であることを見出し、この惑星体は、物質からできた存在ではないことを示した。

一五八一～一六一〇年　ガリレオが力学を確立した。彼の研究は、コペルニクスの理論に向けられたおもな批判、すなわち地球の急速な運動によって地球の物がはぎとられるという批判を取り除いた。

一六〇九～一六一一年　ガリレオは小型望遠鏡を使って天文学的観察を行った。木星の衛星や金星の位相の発見によって、コペルニクスのシステムは、一六一〇年から一六四〇年のあいだに、徐々に受け入れられていった。彼は、また、月のクレータ、肉眼では見えない多くの星、太陽の黒点、惑星の丸い姿を発見した。彼は新月が薄暗く見えるのを地球照によって説明した。

一六〇九～一六一九年　ケプラーは、惑星運動の三法則を発見して、太陽系の中心に太陽があることを確信した。彼は、天球と、円と周転円の複雑なシステムを排除した。彼の研究の重要性は、すぐに評価されなかった。英国の天文学者エレミア・ホロックス Jeremiah Horrocks が、ケプラーの法則をじゅうぶんに受け入れた最初の人だった。一九六〇年に、彼は、この法則を地球をまわる月の運動に適用した。

一六四三年　大気圧の測定が、エバンジェリスタ・トリチェリ Evangelista Torricelli によって始められた。

一六四七年　最初の月面図が、ヨハネス・ヘベリウス Johannes Hevelius によって描かれた。その中には、「海」や山脈の名前がつけられた。

一六五一年　ジョバンニ・リッチョーリ Giovanni Riccioli が、有名な天文学者の名前をとって月のクレータを名づけた。これは、これ以降、一般に採用されている習わしになっている。

一六五六〜一六五八年　クリスチャン・ホイエンスが、最初の正確な振り子時計を発展させて、天文学に正確な時間の計測を導入した。彼はまた、望遠鏡を用いて、小さい角度の正確な測定のためのマイクロメーターを発明した。

一六七一年　地球の直径が、フランスの天文学者ジャン・ピカール Jean Picard によって、はじめて正確に測定された。

一六七二年　ジョバンニ・カッシーニ Giovanni Cassini は、火星の視差の測定から、かなり正確に、はじめて太陽系の中のいろいろな距離を確立した。

一六七六年　光の速度が、はじめてオロース・レーマー Olaus Roemer によって、木星の衛星の掩蔽《えんぺい》から推定された。

一六八七年　アイザック・ニュートン卿の『プリンキピア』が、重力場の理論と高度な数学を導入することによって、理論天文学を一新させた。この研究によって、ケプラーの惑星の法則とその他の現象が説明され、多くの新しい現象が予測された。これは、すぐに重要な成果として認められた。

一七八一年　古代よりこのかた、はじめての新惑星である天王星が、ウィリアム・ハーシェル William Herschel によって発見された。

一八〇四年　ジャン・ビオ Jean Biot とジョセフ・ガイルザック Joseph Gay-Lussac が、はじめてさまざまな高度における大気の観察を気球から行った。

一八四三年　太陽の黒点が、一一年周期で増減することを、ドイツの天文学者ハインリッヒ・シュワーベ Heinrich Schwabe が発見した。

一八四六年　惑星の海王星が、天王星の軌道の摂動にもとづいて発見された。この発見に必要とされる計算は、フランスのユルバン・ル・ベリエ Urbain Le Verrier とイギリスのジョン・アダムズ John Adams によって独立に行われた。この発見は、ニュートンの業績の力をなおいっそう示すことになった。

一八五一年　月の最初の写真が、ウィリアム・ボンド William Bond とウォーレン・デ・ラ・ルー Warren de la Rue によって撮られた。日食は、イタリアの天文学者ピエトロ・セッキ Pietro Secchi によって写真におさめられた。彼はまた一八五一年から一八五九年までの月の全写真を完璧に撮影した。

　地球の自転は、一六世紀以降になると一般に受け入れられてきていたが、その最初の証拠は、一八五一年のジャン・フーコー Jean Foucault の振り子実験によってもたらされた。

一八六一〜一八六八年　スウェーデンの物理学者アンデルス・オングストローム Anders Angström は太陽光に対して、イタリアの天文学者ピエトロ・セッキ Pietro Secchi は星の光に対して、それぞれスペクトラム分析を始めて行った。

一九六〇年〜　宇宙船が太陽系を研究するために用いられ、その結果、天文学的知識の急激な増加と社会の認識が得られるようになった。

一九六九年　最初の人類月面着陸。

光学と視覚

一五五〇〜一五七五年　イタリアの数学者マウロリーコ Maurolico が、はじめて目のレンズが網膜の上に光を集める仕組み、遠視と近視の原因、凹凸メガネレンズの利点について説明した。しかし、彼の研究はその死後、ケプラーの研究の後に出版された。

一五八三年　外科医フェリクス・プラター Felix Plater は、網膜は視覚像の受容器であることを認めた。

一六〇四年　ヨハネス・ケプラーは、目の幾何光学的分析にもとづいて、角膜とレンズが網膜の上に逆さまの像を形成すると主張した。

一六二一年　オランダのスネル Snell が、光学的屈折の法則を発見した。これは、はじめてデカルトによって一六三八年に公刊された。

一六二八年　ウィリアム・ハーベイ William Harvey が血液の循環について記述した。つぎの数十年のあいだに、彼の業績は、ギリシャの医学を終わらせ、生理学の創設に役だった。

一六三七年　ルネ・デカルトは、目のレンズの調節と目の輻輳について記述し、輻輳は距離知覚の根拠をなすと提案した。

一六六八年　マリオット Mariotte が盲点を発見した。

一七〇九年　ジョージ・バークリ主教が、対象の角度的大きさと知覚された大きさを区別し、大きさと距離の知覚を学習された手がかりによって説明した。これには、身体的手がかりと大気遠近のような視覚的手がかりを含んでいた。彼は、大きさ－距離の不変性との縁を切った。

一七二九〜一七六〇年　ピエール・ブーゲ Pierre Bouguer が、大気ごしの可視性に関する量的光学理論を開発した。彼の一七二九年の随筆には、その主要な考えが述べられており、その完成された理論が、死後一七六〇年に現れた。（この理論は、しばしばランベルト（Lambert, 1774）によるとされる）。

一七八九年　天文学者マスクリン N. Maskelyne が、目の色収差を計算し、はじめて夜間近視について記述した。

一八四〇年　電気生理学がドイツの生理学者エミール・デュ・ボア・レーモン Emil Du Bois-Reymond によって創始された。彼は、はじめて神経と筋肉の中につくられる微弱な電流を検出した。

一八五〇〜一八七〇年　感覚生理学と生理光学の本格的な展開が、ヘルマン・フォン・ヘルムホルツ Hermann von Helmholtz によって報告された。

一八六〇年　感覚閾を測定する精神物理学的方法が、グスタフ・テオドル・フェヒナー Gustav T. Fechner によって開発された。

一八七九年　ウィルヘルム・ブント Wilhelm Wundt が、視知覚を含む心理学研究専用の研究室を初めて創始した。

一九一二年　マックス・ベルトハイマー Max Wertheimer が、知覚の研究に持続的に影響してきた一派であるゲシュタルト心理学を創始した。

一九一七年　「大きさの恒常性」ということばが、ゲシュタルト心理学者のあいだで使われるようになってきた。

一九五〇年　ジェームズ・ギブソン J. J. Gibson が視知覚に生態学的方法を導入し、知覚をまったく刺激によって駆動されるものとして記述した。

一九七〇年　第一次視覚野への視野の提示と、そこにおける神経の視覚的感度の特定化が、ヒューベル D. H. Hubel とウィーゼル T. N. Wiesel によって記述された。

一九八〇〜一九九〇年　ゼキ Zeki たちによる視覚の神経科学の研究にしたがって、視覚的分析の三つの体制化原理に関して広範な合意が得られた。1．分析は、視覚像のさまざまな特徴が、別べつに分析されるという意味においてモデュール的である。2．分析は、視覚像が段階的に処理されるという意味において広く階層的である。3．かなりの程度の並列処理が段階の中で生じているようである。

訳者あとがき

『月の錯視――なぜ大きく見えるのか』は、ヘレン・ロスとコーネリス・プラグ（著）“*The mystery of the moon illusion: Exploring size perception*”（オックスフォード大学出版局、二〇〇二年）を訳したものである。月の錯視とは、地平線の近くにある月が大きく見え、空高くのぼった月が小さく見える現象である。この現象は、アリストテレスを筆頭に二四〇〇年にわたって、おおくの哲学者、天文学者、数学者、物理学者、生理学者、心理学者を魅了し悩ませ続けた科学的な謎である。本書は、この錯視の解明をめざして、過去のデータをひとつひとつ検討し、丁寧な批判的考察をくわえ、著者たちのユニークな考え方を展開している。もっとも、はじめの数章は、諸地域の文化と月（太陽・星座）の関わりや、月に関する基本的な知識や研究の歴史的背景が述べられており、特別な知識がなくとも読みはじめられる。著者はいずれも心理学者であるが、イギリスでは、心理学だけでなく科学史や天文学の学界でも話題となり好感をもって迎えられている。

本書にはいくつかの特徴がある。まず、本書は、月の錯視を、特殊な知覚現象としてではなく、包括的な知覚の機構に沿って説明されるべき現象と位置づけ、そのような機構との関係に思料しながら、大きさの恒常性、距離の手がかり、大きさ‐距離の不変性なども論じられており、パースペクティブの深い論考になっている。これは、本書のもっとも強調されてしかるべき特長である。それから付加的になるが、月の錯視は、従来は錯覚関連の著作に部分的に取り上げられることはあっても正面から向き合われることが少なかった（和書では苧阪良二（著）『地平の月はなぜ大きいか』講談社、一九八五年）だけに、斯界の文献を博捜し整理している本書は、読者にとっては錯綜した森の案内人のような役割を果たすに違いない。また、月の錯視は、誰でも簡単に研究ができそうに見えるので、俗説（たとえば屈折説）が流布しやすく、学術の人でも、しばしばそれに流されていることがある。本書にはそういう風潮を是正する意義がある。

翻訳にあたっておおくの方々からご教示をいただいた。いうまでもないが、ふたりの原著者には訳者が疑問に思ったことをいくつか訊ねることができ、その回答をもとに訳注を記したところがある。それから原著者以上にこの訳業に貢献したのは、この書をテキストに用いて数年にわたって行われた訳者の授業に参加した、のべ約二〇人の院生諸君だったと思う。いちいち名前を挙げないが、お礼の言葉もないくらいに助けられたと感じている。人名の読み方や一九世紀以前の文献解釈などは、John Foley（カリフォルニア大学）、Henry Szechtman（マックマスター大学）、Heiko Hecht（マインツ大学）の諸氏から助言をえた。また、村上嵩至（立命館大学）氏には巻末に示した文献をタイプしてもらった。

当初、この訳業は遅々としてしか進まなかったが、二〇一三年から翌年にかけて立命館大学の在外研究制度を利用して、カリフォルニア大学サンタバーバラ校に滞在する機会をえて訳了にこぎつけた。その際、同大学の心理・脳科学部とフォリー教授からは、何かと便宜を受け愉快に過ごすことができた。また出版に際しては、勁草書房の永田悠一氏からは助言をえるとともに、立命館大学文学部からは人文学会出版助成金の支給を受けた。いずれも身に余る光栄であり、この場を借りてお礼を申し上げる。

著者略歴

ヘレン・ロス（Helen Ross）
スターリング大学心理学部名誉准教授（Honorary Reader）。

コーネリス・プラグ（Cornelis Plug）
南アフリカ大学心理学部名誉教授（Emeritus Professor）

訳者略歴

東山篤規（ひがしやま　あつき）
1951年生まれ。文学博士（大阪市立大学，1983年）。立命館大学文学部教授。著書に『体と手がつくる知覚世界』（勁草書房，2012）『両眼視空間と輻輳の機能』（日本心理学会，心理学モノグラフ，18，1987）『触覚と痛み』（共著，おうふう，2000），訳書に『触覚の世界』（共訳，新曜社，2003）『視覚ワールドの知覚』（共訳，新曜社，2011）がある。

月の錯視　なぜ大きく見えるのか

2014年8月20日　第1版第1刷発行

著者　H・ロス
　　　C・プラグ
訳者　東山篤規
発行者　井村寿人

発行所　株式会社　勁《けい》草《そう》書房
112-0005　東京都文京区水道2-1-1　振替　00150-2-175253
（編集）電話　03-3815-5277／FAX　03-3814-6968
（営業）電話　03-3814-6861／FAX　03-3814-6854
三秀舎・松岳社

ISBN978-4-326-25099-8　Printed in Japan

人名索引

あ　行

アームストロング，ニール（Armstrong, Neil） 247
アエティウス（Aetius） 136, *47, 48*
アクス（Aks, D. J.） 187, 188,
アグリオティ（Aglioti, S.） *72*
アシュリー（Ashley, M. L.） *57*
アダムズ，ジョン（Adams, J. S.） 281
アッシュ，フォン（Allesch, G. J. von） 168
アッシュアバニパル王（Assurbanipal, King） 5
アトキンソン（Atkinson, K.） ii, 235, 267
アナクサゴラス（Anaxagoras） 274
アナクシマンドロ（Anaximander） 274
アボット（Abbott, T. K.） 100
アラン（Allan, K.） *72*
アランダー（Allander, A.） 167, *62*
アリオッティ（Ariotti, P. E.） ii, *46, 54, 61, 66*
アリスタルコス（Aristarchus） 274, 279
アリストテレス（Aristotle） 5, 8, 9, 33, 71–73, 78–81, 92, 100, 210, 273, 274, 276, 277, *47, 48, 54*
アル＝クワリズミ（al-Kwarizmi） 276
アル＝ファルガーニ（al-Farghani） 78, 136, 137
アル＝マムーン，カリフ（al-Mamun, Caliph） 275
アル＝マリク・アル＝カーミル（al-Malik al-Kamil） 27
アル・ラーズィ（al-Razi） 119
アルクマイオン（アルケメノン）（Alcmaeon） 275
アルハッサン（Alhazen） → イブン・アル＝ハイサム
アルフラガヌス（Alfraganus） → アル＝ファルガーニ
アルベルティ，レオン・バティスタ（Alberti, L. B.） 61
アレキサンダー（Alexander, K. R.） *60*
アレキサンダー大王（Alexander the Great） 8
アンドリューズ（Andrews, D. P.） *66*
イアソン（Jason） 97
イアベチア（Iavecchia, H. P.） 56, 129, 130
イアベチア（Iavecchia, J. H.） 59, 129–131, 165
イェ（Ye, M.） *58*
イザヤ（Isaiah） *60*
イッテルソン（Ittelson, W. H.） *49*
イブン・アル＝ハイサム（Ibn al-Haytham） iii, 8–10, 24, 39, 41, 50, 76–79, 87, 92, 100, 101, 107, 133, 136, 137, 145, 153, 158, 159, 167, 276, 277, *45, 46, 49, 56, 57*
イングレス（Ingres, J. A. D.） 61
印東太郎（Indow, T.） 13, 147
ウィーゼル（Wiesel, T. N.） 283
ウィール（Weale, R. A.） *57*
ウィッテ（Witte, H.） 34, 122, 160, *47–49, 53*
ウィテロ（Witelo） 8, 133, 159, 277
ウィトキン（Witkin, H. A.） *70*
ウィトルウィウス・ポッリオ（Vitruvius Pollio） 61, 209, 232
ウイベ（Uibe, M.） 12, 14, 53, 141, *61, 62, 67*
ウィラッツ（Willats, J.） 60, 66, *54*
ウィルキンズ（Wilkins, J.） 33
ウィンターズ（Winters, J. J.） 171, 221, *68*
ウェイド（Wade, N. J.） iv, *53, 59, 69, 70*
ウェニング（Wenning, C. J.） 142, 189
ウェバー（Weber, E. H.） *46, 57, 63*
ウェルチ（Welch, L.） *72*
ウェルチ（Welch, R. B.） *72*
ウォーカー（Walker, B. H.） 71, 83, 146, *55*
ウォーカー（Walker, J.） 20, *58*

ウォーカー，イズキール（Walker, E.） 11, 121, *59*
ウォーム（Warm, J. S.） 262, *71*
ウォールバーシュト（Wolbarsht, M. L.） *60, 62, 71*
ウォリス（Wallis, J.） 77, 81, 166, *63*
ウォリス（Wallis, W. A.） 115
ウォルター，ベルンハルト（Walther, B.） 87
内川恵三（Uchikawa, K.） *73*
ウッド（Wood, R. J.） 235, 239, *69*
ウッドワース（Woodworth, R. S.） *65*
エーデルシュタイン（Edelstein, L.） *54*
エーベンホルツ（Ebenholtz, S.） 185
エームズ（Ames, A.） 108, 227
エギニティス（Eginitis, D.） 14, *57*
江草浩幸（Egusa, H.） *57*
エクスナー（Exner, F. M.） 145, *45, 61, 62*
エドガートン（Edgerton, S. Y.） *53*
エピクロス（Epicurus） 36, 37, *48*
エビングハウス（Ebbinghaus, H.） 172, 186, 187
エプシュタイン（Epstein, W.） *47–49, 61*
エムメルト（Emmert, E.） 142
エラーブロック（Ellerbrock, V. J.） 95, *55*
エラトステネス（Eratosthenes） 8, 274
エル・グレコ（El Greco） 64
エンジェル（Angell, F.） 13, 35, 140, 143, 148, 201, 218, 235, *45, 57, 61, 63*
エンズ（Enns, J. T.） *64*
エンペドクレス（Empedocles） 136, 275
エンライト（Enright, J. T.） 4, 122, 123, 125, 126, 230, *59, 66*
オイラー，レオナルド（Euler, L.） 5, 15, 24, 41, 104, 162, 163, *45, 46, 57, 62, 63*
オーウェン（Owen, D. H.） 192
オーウェンズ（Owens, D. A.） 241, *59*
オーシャ（O'Shea, R. P.） iv, *56*
大野僴（Ono, H.） *56, 60, 65*
オーバー（Over, R.） 115, *57*
オーバッハ（Orbach, J.） 12, 54, 83, 91, 196, *65, 66*
大山正（Oyama, T.） *58*
オーリヤックのジェルベール（Gerbert of Aurillac） 276
オールドファザー（Oldfather, C. H.） *45*
苧阪良二（Osaka, R.） 20, *53*
オッケルズ，ウッボー（Ockels, Wubbo） 246, 248
オッテロ（Otero, J. M.） 43
オッペル（Oppel, J. J.） 190
オニール（O'Neil, W. M.） *67*
オマル（Omar, S. B.） 29
オルスキャンプ（Olscamp, P. J.） *57*
オングストーム，アンデルス（Ångström, A.） 281

か　行

ガーガス（Girgus, J. S.） *53, 59, 64–66*
カーター（Carter, D. S.） 240
カーティス，マーガレット（Curtis, M.） 7
カーペンター，スコット（Carpenter, Scott） 248
カールソン（Carlson, V. R.） *47, 49*
ガイスト（Geist, C. C.） *65*
ガイルザック，ジョセフ（Gay-Lussac, J.） 280
ガウス，カール・フリードリッヒ（Gauss, K. F.） 213, 214, 236, *67*
カウフマン（Kaufman, J. H.） 177, 265, *62, 73*
カウフマン，ロイド（Kaufman, L.） iv, 56, 58, 59, 67, 111, 116, 164, 165, 175–177, 188, 190, 220, 226, 227, 265, *47, 49, 53, 54, 56, 58–60, 62, 63, 65, 68, 73*
カステリ，ベネデット（Castelli, B.） 79, 142, 163, 192, 193, *61*
ガスリー（Guthrie, W. K. C.） *46*
葛洪（Ko Hung） 26
ガッサンディ，ピエール（Gassendi, P.） 119–123, 126, *59*
カッシーニ，ジョバンニ（Cassini, G. S.） 280
カッティング（Cutting, J. E.） *53*
金子寛彦（Kaneko, H.） *73*
カマール・アル＝ディーン（Kamal al-Din） 277
カマン（Kammann, R.） 143, 158
カラバッジオ，ミケランジェロ（Caravaggio, Michael Angelo） 61
ガリレオ（Galileo） 27, 79, 193, 278, 279
ガレン（Galen） 95, 275–277
カンダ（Kanda, S.） *48*

キーゾウ（Kiesow, F.）*46*
ギガレンザー（Gigerenzer, G.）*63*
キシュト（Kishto, B. N.）*58*
キッド（Kidd, I. G.）*54*
ギブソン，ジェームズ（Gibson, J. J.）11, 185, 191, 283, *52, 65, 73*
ギャランター（Galanter, E.）249
キャンベル（Campbell, F. W.）242, *59, 70, 72*
キャンベル（Campbell, M. C. W.）*58*
キューゲル（Kügel, G. S.）157
キューネ（Kühne, W.）234
ギラム（Gillam, B.）*53, 66*
ギリーズ，ウィリアム（Gillies, W.）64, 65, 67
ギリンスキー（Gilinsky, A. S.）45–47, 170, 177–179, *45, 47, 50, 52*
ギル（Gill, R. T.）131, *60*
キング（King, S. R.）*70*
キング（King, W. L.）67, 142, 143, 157, 164, 219, 238
キンスラー（Kinsler, L. E.）*55*
クアンツ（Quantz, J. O.）115
クイラー＝カウチ（Quiller-Couch, A.）*58*
クセノパネス（Xenophanes）26
グッデール（Goodale, M. A.）*72*
グットマン（Guttmann, A.）218
グビッシュ（Gubisch, R. W.）*46, 59*
グラインズ（Grijns, G.）197, *62, 66*
クラウスユース（Clausius, R. J. E.）*64*
クラディック（Craddick, R. A.）*53*
クラパレード（Claparède, E.）173, 196, 201, 224, *45, 52, 54, 57, 62, 63, 65*
グランジャー（Granger, F.）*66*
グラント（Grant, E.）*48, 54, 60*
グリーブズ，ジョン（Greaves, J.）79
クリコフスキー（Kulikowski, J. J.）269
グリック（Gulick, W. L.）218
グリマルディ，父（Grimaldi, Father）81
グリューバ（Gruber, H. E.）142, 143, 164, 219, 238
グリンドリ（Grindley, G. C.）*65*
クルピンスキー（Krupinski, E. A.）14
グレイ（Gray, L. H.）*60*
クレオメデス（Cleomedes）10, 24, 39, 40, 50, 74–76, 79, 87, 92, 97, 160, 275, *46, 48, 49, 54, 56*
グレゴリー（Gregory, S. A.）*58*
グレゴリー，ジェームズ（Gregory, J.）87, *63*
グレゴリー，リチャード（Gregory, R. L.）i, iv, 197, 242–244, *45, 53, 65, 71, 72*
クレモナのジェラルド（Gerard of Cremona）277
クローン，ウィリアム（Croune, W.）80
荊其誠（Ching, C.）236, 237
ケイシー（Casey, A.）*48, 49, 61*
ケイリー（Carey, D. P.）*72*
ゲーテ（Goethe, J. W.）*58*
ケーブ（Cave, C. J. P.）215
ケプラー，ヨハネス（Kepler, J.）9, 120, 233, 279–281
ケムツ（Kämtz）140
ケムプ（Kemp, M.）*53*
孔子（Confucius）25
ゴェイェ（Goüye, T.）122, 161, 163, 190
コーエン（Cohen, L. A.）*64*
コーエン（Cohen, M. R.）*46, 63*
ゴーグル（Gogel, W. C.）176, *49, 65*
コーコラン（Corcoran, T. H.）*54*
ゴードン（Gordon, I. E.）*52, 65*
コーニッシュ（Cornish, V.）66, 67, 185, 202, *49*
コープ（Cope, P.）*46, 66*
コーブ（Kolb, R.）*60*
ゴールドシュタイン（Goldstein, A. G.）244
ゴールドシュタイン（Goldstein, B. R.）*47, 48, 62, 67*
ゴールドシュタイン（Goldstein, E. B.）*73*
ゴールドシュタイン（Goldstein, G.）164
コーレン（Coren, S.）48, 164, 187, 188, 235, *53, 59, 64–66*
コーンフォード（Cornford, F. N.）*57*
コフカ（Koffka, K.）86, 168, *63, 65*
コペルニクス（Copernicus, N.）274, 278, 279
コンディヤック，エチエンヌ・ドゥ（Condillac, E. de）174
近藤倫明（Kondo, M.）iv
コンラッド（Conrad, J.）109, *58*

さ　行

サール・アル＝タバリ（Sahl al-Tabari）276

ザウレス（Thouless, R. H.）　86, *55*
サクロボスコのジョン（ヨハネス・ド・サクロボスコ）（John of Sacrobosco）　79, 136, 137
サネット（Sundet, J. M.）　*58*
サブラ（Sabra, A. I.）　iii, *54, 56, 62, 67*
サムナー（Sumner, F. C.）　*58*
サンフォード（Sanford, E. C.）　235, *65*
シアーズ（Sears, F. W.）　*55*
シーゲル（Siegel, R. S.）　*48, 53, 56*
シーザー，ジュリアス（Caesar, Julius）　8
シーラー（Scheerer, E.）　*69*
シェーファー（Schaefer, B. R.）　*58*
ジェーマン（Zeeman, W. P. C.）　*65*
ジェームズ，ウィリアム（James, W.）　86, *57*
ジェーンナロット（Jeannerod, M.）　*72*
シェーンベック，レック（Schönbeck, G. L. J.）　iv, 269, *60, 62*
シェバール（Schaeberle, F. M.）　223
ジェンキン（Jenkins, B.）　199, *54*
ジェンティルーチ（Gentilucci, M.）　*72*
シシリアのエウゲニウス（Eugene of Sicily）　*49*
ジッヘラー，フォン（Sicherer, von）　140
シモネット（Simonet, P.）　*58*
シモネッリ（Simonelli, N. M.）　*60*
下野孝一（Shimono, K.）　*62, 73*
シャイナー，クリストフ（Scheiner, C.）　87, 89, 90
ジャイルズ（Giles, H. A.）　25
ジャクソン（Jackson, K. H.）　*60*
ジャド（Judd, C. H.）　*65*
ジャビール・イブン・アフラ（Jabir ibn Aflah）　78
シャロ（Shallo, J.）　*65*
シュール（Schur, E.）　170, 217, 220, *45, 63*
シュターネック，フォン（Sterneck, R. von.）　148-153, 177, 178, *48*
シュミット（Schmidt, I.）　245, 246, 248, *71*
シュミット（Schmidt, J. C. E.）　146, *62*
シュラム（Schramm, M.）　*45*
シュレジンガー（Schlesinger, F.）　*45*
シュロースバーグ（Schlosberg, H.）　*65*
シュワーベ，ハインリッヒ（Schwabe, H.）　280
シュワルツ（Schwartz, R.）　180, 202, 269, *52, 65, 73*
ジョインソン（Joynson, R. B.）　*49*
ジョーンズ（Johns, E. H.）　*58*
ジョンキーズ（Jonkees, L. B. W.）　244, *70*
ジョンストン（Johnstone, J. R.）　199, *54*
シリー，フォン（Szily, A. von）　198
シルウェステル２世，法王（オーリヤックのジェルベール参照）（Sylvester II, Pope,）　276
ジンクス（Zinkus, P. W.）　235, 239, 240, *69, 70*
ジンマーマン（Zimmerman, R. R.）　*65, 66*
鈴木光太郎（Suzuki, K.）　222, 223, 241
スチュアート（Stuart, G. W.）　200
ストーチ（Storch, E.）　*48*
ストラウス博士（Strous, Dr.）　*58*
ストラボ（Strabo）　73, *54*
ストルーバント，ポール（Stroobant, P.）　3, 12, 13, 15, 54, 121, 124, 214, 216, 217, 228
スネル（Snell, W.）　282
スノーデン（Snowden, H.）　*70*
スペンス，パトリック（Spens, P.）　109
スミーツ（Smeets, J. B. J.）　*72, 73*
スミス（Smith, A. M.）　iii, *49, 67*
スミス（Smith, N.）　*46, 47, 63*
スミス（Smith, O. W.）　*65*
スミス（Smith, P. C.）　*65, 66*
スミス（Smith, R.）　12, 13, 104, 105, 133, 134, 139, 140, 145, 146, 244
スミス（Smith, W. M.）　179, 218
スミス，ローズマリ（Smith, Rosemary）　184
スミス，ロバート（Smith, Robert）　*45, 62, 64*
スモールマン（Smallman, H. S.）　*49, 73*
スワーン（Zwaan, E. J.）　238, 239, 241, *63, 69*
ゼイリック（Zeilik, M.）　*58*
ゼキ（Zeki, S.）　283
セジュウィク（Sedgwick, H. A.）　191, *51*
セッキ，ピエトロ（Secchi, P.）　281
セネカ，ルキウス・アナエウス（Seneca, Lucius Annaeus）　73
ゼノ（Zeno, T.）　15, 142, *62*
セビリヤのイシドールス（Isidore of Seville）　33
セント・クレア＝スミス（St. Claire-Smith, R.）　165

ソー（Thor, D. H.） 171, 220, 221, 238, *68*
ソールカー（Solhkhah, N.） 12, 54, 83, 91, 196, *65, 66*
ソーンダイク（Thorndike, L.） *55*
束晳（Shu His） 25
ソローカス，ギスラーブス（Thorlocus, G.） 89

た 行

ダ・シルバ（Da Silva, J. A.） 171
ダ・ビンチ，レオナルド（da Vinci, Leonardo） 9, 27, 33, 95, 98, 107, 119, 120, 184, *46–48, 53, 56, 57, 59, 65*
ダーメ，ファン（Damme, W. J. M., van） *73*
ターンブル（Turnbull, C. M.） 169
太宗（Tai Tsung） 26
ダヴィズ・アプ・グリム（Dafydd ap Gwilym） 136
ダドウリアン（Dadourian, H. M.） 201, 224, *66*
ダプラッティ（Daprati, E.） *72*
タルビング（Tulving, E.） 127, *59*
タルボー（Talbot, P. A.） *48*
ダン，サミュエル（Dunn, S.） 5, 14, 81, 90, 114, 152, 157, *45*
チェスターのロバート（Robert of Chester） 276
チャーチ（Church, J.） *64*
チャーニング（Tscherning, M.） *60*
張衡（Chang Heng） 25
ツァン（Zhang, X.） *58*
ツェヘンダー，フォン（Zehender, W. von） *60–62*
ツォート（Zoth, O.） 143, 146, 158, 163, 173, 228, 229, 236, *60–62, 67*
デイ（Day, R. H.） 200, *59, 60, 70, 73*
ディーズ（Dees, J. W.） 175, *65*
ディオドラス，シクルス（Diodorus Siculus） 7, *45*
ディキンソン（Dickinson, R. G.） 200
ディクス（Dicks, D. R.） *46*
ティチェナー（Titchener, E. B.） 186, 187, *55*
デイビース（Davies, P.） *72*
デイビース（Davies, P. V.） *54*
ティボス（Thibos, L. N.） *58*
テイラー（Taylor, D. W.） *70*
テイラー（Taylor, F. V.） *72*
テイラー（Taylor, I. L.） *58*
テイラー（Taylor, R. E.） 220, 238, *68*
テオフィロス，主教（Theophilus, Bishop） 8
デカルト，ルネ（Descartes, R.） 9, 33, 41, 107, 193, 194, 278, 282, *57, 63*
テクスーニアン（Teghtsoonian, M.） *47, 62, 64*
テクスーニアン（Teghtsoonian, R.） *62*
デザグリエ（Desagu（i）liers, J. T.） 41, 133, 134, *46*
デムバー（Dember, H.） 12, 14, 53, 141, *61, 62, 67*
デムバー（Dember, W. N.） 262, *71*
デモクリトス（Democritus） 36
デュ・ボア・レーモン，エミール（Du Bois-Reymond, E.） 282
デュークス（Dukes, W. F.） 115
デュベルニ（Duverney） 233
デルシア（DeLucia, P. R.） *72*
テンプルトン（Templeton, W. B.） *71*
トゥーマー（Toomer, G. J.） *46*
ドゥベス，ルカ（Debes, L.） 89
ドーミエ，オノレ（Daumier, H.） 63
トッド（Todd, R. B.） *48, 49*
ドビンズ（Dobbins, A. C.） 202
トムプソン（Thompson, R. C.） *45*
トムリンソン（Tomlinson, C.） *56*
トライバー，ヨハネス（Treiber, J.） 138, 139, 144, 151, *60*
ドラブキン（Drabkin, I. E.） *46, 63*
トランスキー（Tolansky, S.） 63, 64, 66, *55*
トリチェリー，エバンジェリスタ（Torricelli, E.） 279
トレジリアン（Tresilian, J. R.） 176, 177, 253
トレハブ（Trehub, A.） 203, 204
トロッター（Trotter, A. P.） 142
トロニック（Tronick, E.） *65*
ドンダーズ（Donders, F. C.） 114

な 行

ナックミアス（Nachmias, J.） 127, *59*
ナッシュ，ポール（Nash, P.） 66
ニーダム（Needham, J.） *46*

ニュートン，アイザック（Newton, I.）278, 280
ネッカム，アレキサンダー（Neckam, A.）79
ノイゲバウアー（Neugebauer, O.）*46*
ノール（Knoll, H. A.）*59*

は　行

パーク（Park, J.）*48, 49, 61*
パークス（Parks, T. E.）*73*
バークリ（Berkeley, G.）24, 47, 50, 102–104, 161–163, 198, 201, 211–213, 228, 230–234, 251, 252, 265, 282, *57, 73*
ハーシェル，ウィリアム（Herschel, W.）280
ハーシェル，ジョン（Herschel, J. F. W.）201
ハーシェンソン（Hershenson, M.）29, 101, 170, 198, 269, *47, 65*
ハーシュバーグ（Hirschberg, J.）*55*
バーチ（Birch, T.）*54, 55, 59*
ハートマン（Hartman, T.）169, 170, *63, 64, 67*
バートン（Burton, H. E.）*48, 54*
バーネス＝ガッターリッジ（Barnes-Gutteridge, W.）iv
バーネット（Burnet, J.）98
ハービッチ，レオ（Hurvich, L. M.）*67*
ハーベイ（Harvey, L. O.）45, 46, *47, 50, 52*
ハーベイ，ウィリアム（Harvey, W. S.）282
パーマー，サミュエル（Palmer, S.）63
ハーマンズ（Hermans, T. G.）219, 231
バーロー（Barlow, H. B.）*59, 68*
パーンター（Pernter, J. M.）145, *45, 61, 62*
ハインマン（Heinemann, E. G.）127, *59, 65*
バウア（Bauer, H.）*45*
ハウランド（Howland, H. C.）*64*
ハスキンズ（Haskins, C. H.）*47*
パストア（Pastore, N.）*53*
ハッカー，ピーター（Hucker, P.）iv, 82
ハックスリー（Huxley, T. H.）187, *66*
バックハウス（Backhouse, T. W.）13
ハットフィールド（Hatfield, G. C.）*47*
ハットン（Hutton, C.）12, *47*
パネクック（Pannekoek, A.）*46, 55*
ハマー（Hammer, L. R.）249
ハミルトン（Hamilton, J. E.）59, 83, 111, 246, 248, *66, 71*
ハミルトン（Hamilton, W.）*56*
パリのジョン（John of Paris）277
ハル（Hull, J. C.）131, *60*
バルフォー，ロバート（Balfour, R.）40, *49*
ハワード（Howard, I. P.）*71*
ハンコック，ピーター（Hancock, P.）iv
ハンフリーズ（Humphreys, W. J.）145, *58, 64*
ピアジェ（Piaget, J.）*52*
ビッシュマイヤー（Wischmeyer, E.）221
ビーデマン（Wiedemann, E.）*47*
ビーバン（Bevan, W.）115
ヒーラン（Heelan, P. A.）152, 153, 268
ビオ，ジャン（Biot）162, 163, *62*
ピカール，ジャン（Picard, J.）280
東山篤規（Higashiyama, A）46, 205, *52, 62, 66, 73*
ピタゴラス（Pythagoras）274
ピックフォード（Pickford, R. W.）*56*
畢昇（Pi Shêng）277
ヒッパルカス（Hipparchus）23, 71, 274, *67*
ヒポクラテス（Hippocrates）275–277
ヒューベル（Hubel, D. H.）283
ピルズベリ（Pillsbury, W. B.）*58*
ビルダーバック（Bilderback, L. G.）220, 238, *68*
ビンガム（Bingham, G. P.）*66, 72*
ファーガソン，キティ（Ferguson, K.）255, *55*
ファーロング（Furlong, E. J.）*57, 58*
ファルネ（Farnè, M.）*57*
ファン・イール（Van Eyl, F. P.）239, 243, 244, *71*
ファン・ゴッホ（Van Gogh, V.）63
ファン・デ・ギーア（Van de Geer, J. P.）238, 239, 241, *63, 69*
フィボナッチ，レオナルド（Fibonacci, Leonardo）276
フィリップスズーン（Philipszoon, H. J.）*70*
フィレーネ（Filehne, W.）13, 35, 105, 145, 163, 196, 214, 215, *60, 61, 63*
ブーゲ，ピエール（Bouguer, P.）94, 282
フーコー，ジャン（Foucault, J. S.）281
ブールドロ，ハーベイ・ピエール・ミッション（Bourdelot, A. P. M.）120

フェスティンガー（Festinger, L.） 249
フェヒナー，グスタフ・テオドル（Fechner, G. T.） 150, 282
フェルメール（Vermeer, J.） 61
フォークス，マーティン（Folkes, M.） 141, *61*
フック，ロバート（Hooke, R.） 120
プトレマイオス，クラウディオス（プトレミー）（Ptolemaeus, Claudius（Ptolemy）） iii, 2, 5, 8-11, 22, 23, 26, 39, 40, 41, 50, 72, 74-79, 92, 95, 98, 106, 137, 156, 158, 166, 209-211, 232, 234, 274, 275, 277, *46, 48, 49, 54, 56, 57, 66, 67*
プトレミー，将軍（Ptolemy, General） 8
フナイン・イブン・イシャク（Hunayn ibn Ishaq） 276
ブラーエ，ティコ（Brahe, T.） 110, 279
フライ（Fry, G. A.） 95, 179, *55, 60*
フライベルグのディトリッヒ（Dietrich of Freiburg） 277
ブラウン（Brown, A. C.） 234
プラグ（Plug, C.） iv, 12, 82, 84, 88, *45, 48, 62, 66*
プラター，フェリクス（Plater, F.） 281
ブラックバーン（Blackburn, S. G.） *56*
ブラッドリー（Bradley, A.） *58*
プラトー（Plateau, J.） 107, 148, *57*
プラトン（Plato） 36, 106, 276, *57*
フランクス（Franks, A.） *73*
フランケル（Frankel, H. R.） *47*
フランツ（Franz, V.） *63, 72*
ブランディース（Brandes） 163
ブリジズ（Bridges, J. H.） *63*
ブリッジマン（Bridgman, C. S.） 95, *55*
プリニウス（Pliny） 273
ブリュスター，デービッド（Brewster, D.） 225, *57*
ブリュワー（Brewer, Rev. Dr.） 81, 100
ブリュワー（Brüwer, M.） 221
フリント（Flint, R.） 79
ブルーメンタール（Blumenthal, H. J.） *48*
フルド（Fuld, K.） 180
ブルドン（Bourdon, B.） 13, 34, 145, 147, 217, 224, *72*
ブルンズウィク（Brunswik, E.） *62*
フレーベス（Fröbes, J. S. J.） 86
フレッチャー（Fletcher, B.） *57*
フレデリック２世（Frederik II） 27
ブレンターノ（Brentano, F.） *65*
ブレンナー（Brenner, E.） *72, 73*
ブロイエル（Breuer, J.） 234
フローレンス（Flourens, M. J. P.） 234
ブロス（Bross, M.） *73*
プロティノス（Plotinus） 37, 38, 96, 158, 251, *56, 72*
ブロンデル（Blondel, M.） *64*
ブント，ウィルヘルム（Wundt, W.） 233, 283, *57*
フンボルト，アレキサンダー・フォン（Humboldt, A. von） 11, 14
ベアード（Baird, J. C.） 141, 179, 180, 189, 218, *47, 49, 52, 66, 71*
ベイカー（Baker, G. A.） *70*
ヘイズ（Hayes, M. C.） 67, 157, *45*
ヘイバー（Haber, R. N.） *73*
ベイリー（Bailey, C.） *48, 62*
ペイン（Payne, M. C.） *58*
ベーコン（Bacon, F. S.） 288
ベーコン（Bacon, R.） 8, 133, 159, 160, 277, *54, 63*
ページ（Page, B. S.） *48, 56, 72*
ベケシー，フォン（Békésy, G. von） *63, 71, 72*
ペッカム（Pecham, J.） 8, 133, 159, 160, 210, 277, *54*
ベックウィズ（Beckwith, J. B.） *64*
ベッセル，フリードリッヒ（Bessel, F.） 213
ベッティーニ（Bettini, M.） *54*
ヘニング（Henning, H.） 35, 89, 90, 113, 124, 152, *58, 63*
ヘネシ（Hennessy, R. T.） *59*
ベネル（Benel, R. A.） *60, 63, 65*
ヘネル（Haenel, H.） 12, 83, 114, 196, 224, *54, 58*
ベビングトン，ヘレン（Bevington, H.） ii, 267, 271
ヘベリウス，ヨハネス（Hevelius, J.） 280
ヘラクレイデス（Heracleides） 274
ヘラクレイトス（Heraclitus） 33, *47*
ベラスケス・デ・シルバ（Velasquez, D. R. de

Silva） 61
ヘリング，エバルト（Hering, E.） 185, 228, *61*
ヘルソン（Helson, H.） 177, 189, 248
ベルトハイマー，マックス（Wertheimer, M.） 283
ヘルムホルツ，フォン（Helmholtz, H. von） 10, 99, 107, 146, 171, 172, 174, 185, 214, 215, 233, 261, 282, *56, 57, 59, 62, 64*
ヘロドトス（Herodotus） *48*
ヘロフィロス（Hirophilus） 275
ヘンショウ，トーマス（Henshaw, T.） 80, 89
ベンソン（Benson, A. J.） iv, *65, 71*
ホィートストン（Wheatstone, C.） 174, 176, *47, 65*
ホイエル（Heuer, H.） 221, 230, 231, 241
ホイエンス，クリストファー（Huyghens, C.） 9, 12–14, 31, 167, 280
方芸秋（Fang, Y.） 236, 237
彭瑞祥（Peng, J.） 236, 237
ホー（Ho Peng Yoke） *46*
ボーウェン（Bowen, A. C.） *48*
ポーターフィールド（Porterfield, W.） 33, 119, 121, 122, 163, *57, 59*
ホーツ（Hoats, D. L.） 171, 221, *68*
ボーネンベルガー，フォン（Bohnenberger, J. G. F., von） *62*
ボーリング（Boring, E. G.） 45, 54, 109, 110, 157, 178, 198, 215, 220, 227–229, 231, 235–238, *45, 48–51, 56, 61, 65, 67, 69, 70, 73*
ホールウェイ（Holway, A. H.） 45, 54, 109, 110, 178, 198, 215, 220, 227–229, 236–238, *45, 50, 51*
ポールトン（Poulton, E. C.） *47, 53*
ポズデナ（Pozdena, R. F.） 53, 122, *46*
ポセイドニオス（Posidonius） 73, 74, 97, 113, 265
ホッブズ（Hobbes, T.） 33, 80, 139, *55, 62*
ボフ（Boff, K. R.） *59*
ホフシュテン，フォン（Hofsten, C. von） *72*
ホランド（Holland, G.） 230
ポルタ，デラ（Porta, G. B. della） *63, 67*
ホロックス，エレミア（Horrocks, J.） 279
ホワイトサイド（Whiteside, T. C. D.） *70*
ポンゾ（Ponzo, M.） 172, 189
ボンド，ウィリアム（Bond, W.） 281

ま　行

マークス（Marks, L. E.） *72*
マーシャック（Marshack, A.） 62
マーツ（Mertz, D） 176, *65*
マールブランシュ（Malebranche, N.） 12, 24, 31, 161, 163, *46, 47, 63*
マイヤー（Mayr, R.） 34, 122, 163, 196, 224, *52, 59–61, 65–67*
マイヤーズ（Myers, C. S.） 100, 175
マイルズ（Miles, P. W.） *65*
マウロリーコ（Maurolico） 281
マウントジョイ（Mountjoy, P. T.） 235, 239, 240, *69, 70*
マクドナルド（MacDonald Ross, G.） → ロス，G. M.
マクロビウス（Macrobius） 78, *54*
マスクリン（Maskelyne, N.） 125, 282
マッケンナ（MacKenna, S.） *48, 56, 72*
マッハ（Mach, E.） 234
マリー（Murray, D. J.） *63, 73*
マリオット（Mariotte） 282
ミーハン（Meehan, J. W.） *59, 60, 73*
ミッキー（McKee, S. P.） *49, 72, 73*
ミックダーモット（McDermott, E.） *49*
ミックナルティ（McNulty, J. A.） 165
ミックニール，ロバート（McNeil, R.） 7
ミックレディ（McCready, D.） 42, 44, 50, 204, 205, 231, 263, *47, 60, 65, 66, 68*
ミッケンナ（McKenna, V. V.） *49*
ミットソン（Mitson, L.） *60*
ミドルトン（Middleton, W. E. K.） *55*
ミュラー（Müller, A.） 14, 150, 196, *48, 58, 60*
ミュラー＝リア（Müller-Lyer） 172
ミラー（Miller, A.） 140
ミルナー（Milner, A. D.） *72*
ミンナート（Minnaert, M.） 145, 151, 196, *45, 58, 61, 62*
ムッター（Muter, P.） *60*
メイアリング（Meyering, T. C.） *45*
メイリ（Meili, R.） 235, *63*
メレリオ（Mellerio, J.） *59*
モーガン（Morgan, M. J.） *65, 72*

盛永四郎（Morinaga, S.） 219
モリヌーク，ウィリアム（Molyneux, W.） 12, 24, 31, 33, 80, 81, 120, 123, 156, 157, 161, 163, 193, 194, 196, 251
モロン（Mollon, J. D.） *45, 55, 59, 65, 68*
モン＝ウィリアム（Mon-Williams, M.） 176, 177, 253, *73*

や 行

ヤコブソン（Jakobson, L. S.） *72*
山村哲雄（Yamamura, T） *58*
ヤング，ジョン（Young, John） 247
ヤング，トーマス（Young, Thomas） iv, 133, 134, *59*
ユークリッド（Euclid） 39, 61, 72, 191, 275, *53*
ユング（Jung, R.） *69*
ヨハンセン（Johannsen, D. E.） 47

ら 行

ライアル，ロジャー（Lyall, R.） 82
ライシュ（Reisch, G.） 2
ライマン，オイゲン（Reimann, E.） 51, 52, 55, 140, 163, 173, 217, 236, *46, 49, 59–65, 67*
ラッキーシュ（Luckiesh, M.） 83, *55, 58*
ラッグルズ（Ruggles, C.） 6, 157, 183, *45*
ラミング（Laming, D. J.） *46*
ラムプ（Rump, E. E.） *66*
ラムベルト（Lambert, J. H.） 282
ランベルシェ（Lambercier, M.） *52*
リー（Lee, H. D. P.） *54*
リージス（Regis, P. S.） *47*
リード（Reed, C. F.） 14, 168, 200, 210, *66*
リード（Reid, T.） 98
リーボウィツ（Leibowitz, H. W.） 45, 46, 169, 170, *47, 50, 52, 59, 63, 64, 67*
リケトゥス，フォルトゥニス（Licetus, F.） 120
リスト（Rist, J. M.） *48*
リスナー（Risner, F.） *60*
リチャード（Richards, W.） *66*
リッチョーリ，ジョバンニ（Riccioli, G. B.） 81, 161, 163, 280
リッツォ，パトリック（Rizzo, P.） 189
リッドパス（Ridpath, I.） *58*
リバーズ，ウィリアム（Rivers, W. H.） 127
リヒテン（Lichten, W.） *49*
リヒテンベルグ，バイロン（Lichtenberg, Byron） 248, 250
リビングストン（Livingston, W.） *45, 55, 58*
リューマー（Römer, T.） 221
リュール（Lühr, K.） 188, 189
リュンケウス（Lynceus） 97
リンカーン（Lincoln, J. E.） *59*
リンク（Link, S.） 164, 219
リンチ（Lynch, D. K.） *45, 55, 58*
林仲賢（Lin, C.） 237
リンドバーグ（Lindberg, D. C.） *45, 46, 53, 59*
ル・キャット（Le Cat, C. N.） 98, 161, 163
ル・コント（Le Conte, J.） 34, 195
ル・ベリエ（Le Verrier, U.） 281
ルイス（Lewis, R. T.） 15, 142, 144, 225, *57*
ルー，ウォーレン・デ・ラ（Rue, W. de la） 281
ルース（Luce, R. D.） 249
ルーリー（Lurie, S.） *49*
ルクレティウス（Lucretius） 36, 37, 155, 156, 234, *48*
ルジューン（Lejeune, A.） *66, 67*
ルソー（Rousseau, H.） 63
レイリ（Leiri, F.） 124, *58, 59*
レーマー，オロース（Roemer, O.） 280
レーロフス（Roelofs, C. O.） *65*
レオナルド（Leonardo da Vinci） → ダ・ビンチ
列子（Lieh Tzu） 24
レッスル（Restle, F.） 189, 190, *65*
レビ・ベン・ゲルション（Levi ben Gerson） 24, 277
レビーン（Levene, J. R.） *59*
レビット（Levitt, J. M.） *66*
レビン（Levin, C. A.） *73*
レンチュラー（Rentschler, I.） *66*
ロイセル（Loiselle, A.） 86
ロイド（Lloyd, G. E. R.） *47*
ローガン（Logan, J.） 12, 31, 34, 187, 194
ローマン（Lohmann, W.） 164, *54, 63, 66*
ロス（Ross, J.） 199, *54*
ロス，ヘレン（Ross, H. E.） iv, 13, 101, 102,

110, 151, 169, 186, 196, 239, 243, 246, 249, *45, 46, 48, 49, 52, 55, 56, 58, 62-64, 66-68, 70, 71, 73*
ロス，マクドナルド（Ross, G. M.）　iv, *46, 54, 63, 67*
ロスコー（Roscoe, S. N.）　59, 129, 130 131, 177, *60, 66*
ロッキード（Lockhead, G. R.）　*60, 62, 71*
ロック（Locke, J.）　174, 261
ロック，アービン（Rock, I.）　56, 58, 59, 67, 111, 116, 164, 165, 175, 185, 188, 190, 220, *47, 49, 53, 54, 58, 60, 63-65, 68*
ロッツェ（Lotze, R. H.）　233
ロハルト（Rohault, J.）　*63*
ロビンズ（Robins, B.）　121, *54, 55, 60, 61, 63*
ロビンソン（Robinson, E. J.）　108
ロビンソン（Robinson, J. O.）　*53, 64-66*
ロビンソン（Robinson, T. M.）　*47*
ロフタス（Loftus, G. R.）　*66*
ロムバルドー（Lombardo, T. J.）　*52*
ロンキ（Ronchi, V.）　86
ロンクビスト（Ronnqvist, L.）　*72*

わ　行

ワード（Ward, L. M.）　*64*
ワーナー（Warner, B.）　*60*
ワグナー（Wagner, M.）　141, 180
ワラッハ（Wallach, H.）　*49, 65*
ワルシュ（Walsh, V.）　269
ワレス（Wallace, J. G.）　242, *72*
ワレン（Warren, R.）　192
ワレン（Warren, W. H.）　*72*
ワン（Whang, S.）　*72*

事項索引

あ　行

赤い太陽（red sun）　113, 124, 197
明るさ（brightness）　93, 106-112
明るさの恒常性（brightness constancy）　93, 105, 106, 185, *65*
頭の傾き（head tilt）　219, 231, 235-241, 258, 259
アポジオ（apogeo）　20
アラビア数字（Arabic numerals）　276
アラブの科学（Arabic science）　275, 276
アレキサンドリアの図書館（library of Alexandria）　8
暗焦点（dark focus）　125, 126
意識水準（level of consciousness）　174
色収差（chromatic aberration）　114, 115, 124, 282　→　レンズの色収差
色対比（colour contrast）　94, 114, 115, 162
色の恒常性（colour constancy）　93
色立体視（colour stereoscopy）　114, 115
インド（ヒンズー）数字（Hindu numerals）　276
宇宙飛行（space flight）　242, 247-250, 281
宇宙飛行士（astronauts）　247, 248, 250
エームズ研究センター（Ames Research Centre）　*60*
エビングハウス錯視（Ebbinghous illusion）　172, 186, 187
エムメルトの法則（Emmert's law）　142, 158, 242, 243, *61*, *70*
エレベータ錯視（elevator illusion）　*71*
遠隔実体鏡（telestereoscope）　219
遠近法（perspective）　60-66
遠心分離機（centrifuge）　242
大きさ（size）
　__の記憶（memory for size）　14
　__の尺度化（size scaling）　38, 172, 196-198, 206, 275, 276
　__の対比（size contrast）　130, 183-192, 202, 253
　__の知覚の歴史（history of size perception）　35-38
　__の同化（assimilation of size, size assimilation）　184, 192-198
大きさ－距離の逆説（size-distance paradox）　175, 176, 181, 229, 235, 261
大きさ－距離の不変性（size-distance invariance）　39-49, 84, 98-100, 108, 114, 127, 156, 165, 173-175, 180, 181, 184, 185, 193, 198, 199, 204, 205, 211, 219, 229, 246, 261, 265, 289, *52*, *55*, *64*, *67*
大きさの恒常性（size constancy）　38-42, 155, 169, 171, 180, 199-204, 206, 229, 232, 234, 237, 238, 243, 259, 262, 263, *49*, *52*, *57*, *61*, *64*, *73*
大きさの恒常性の失敗（failure of size constancy）　199, 200, 234
大きさの恒常性の発達（development of size constancy）　171
大熊座（Big Dipper）　192
おもちゃ錯視（toy illusion）　171, 172, *71*

か　行

海王星（Neptune）　281
絵画（drawings, pictures）　66-68
外向伝達理論（extramission theories）　36
介在する対象（intervening objects）　145, 158-166, 190, 194, 201, 211, 220, 224, 257, 258, *63*, *67*
開散（divergence）　228-230, 241, 258, 259, *53*
外斜位（exophoria）　228
外旋捻転（excyclotorsion）　227
顔マスク（facemask）　84, 86
科学的伝統（scientific tradition）　273, 276, 277
鏡実験（mirror experiments）　164, 213-216

拡張（光学的）（optical magnification）84-86, 199, 253, *55*
拡張（錯視的）（illusory magnification）3, 4
角度的大きさ（angular size）
　__と大きさ－距離の不変性（and size-distance invariance）39, 265-267
　__と大きさの恒常性（and size constancy）39, 205, 262, 263
　__の定義（defined）18
　__の対比（contrast）184-189
　太陽の__（of sun）22
　月の__（of moon）19
　星の__（of stars）27
火星（Mars）280
仮説検証（hypothesis testing）160-165
加速（acceleration）234, 242-246, 249, 250
傾きの錯視（tilt illusion）248, 249
カノープス（恒星）（Canopus）27, 28
カメラ・オブスキュラ（Camera obscura）24, 61, 277, 278
体の大きさ（body size）172
体の傾き（body tilt）235-241
カラニシュ（Callanish）7, *45*
加齢変化（age changes）170-172
環境的経験（environmental experience）168, 169
眼重力錯視（oculoagravic illusion）*71*
幾何学的錯視（geometrical illusion）91, 168-170, 173-175, 187, 188, 197, 231, 258
幾何学的方法（geometrical approach）39-43, 103, 104, 215, 216, *52*
木々のあいだから観察された月（moon seen through trees）187, 190, 195
既知の大きさ（known size）192-196
輝度（luminance）93, 94, 104, 105, 108-112, 114, 185, 196, 257
輝度対比（luminance contrast）94, 104-108, 112, 115, 162, *55*, *56*
ギブソンの直接知覚（Gibson's direct perception）*52*
記銘された距離（registered distance）101, 148, 175, 179, 261, 265
逆変換モデル（inverse transformation theory）180, 181
休止状態の調節（resting accommodation）126
球面収差（spherical aberration）27, 124, 125
巨視（macropsia）231
霧の中の視覚（vision in fog）100-102, *56*
近見三徴（near triad）127
近視（myopia）91, 93
金星（Venus）274, 279, *57*, *58*
近代の科学（science in modern times）278-283
空間周波数（spatial frequency）200
空気遠近（法）（aerial perspective）66, 85, 93-106, 112, 197, 199, 206, 213, 214, 256, 257, 259, 282, *57*
空気の光（air light）94, 106
空中移動（air travel）242, 245-250
屈折（refraction）74-81, 86-91, 97, 144, 183, 210, 275, 277
グリニッジ天文台（Greenwich Observatory）186, 278
経験（experience）→ 知覚学習
経験論者の理論（empiricist theories）49, 185
芸術における太陽と月（sun and moon in art）59-66
ゲシュタルト心理学（Gestalt psychology）283, *52*, *65*
月面着陸（moon landing）281
現象的大きさ（phenomenal size）30, 86, 239
原子論者（atomist）36
ケンブリッジ文化人類学探検隊（Cambridge Anthropological Expedition）4, *45*
光学（optics）275, 277, 281-283
光学的拡張（optical magnification）84-86, 199, 253, *55*
恒常性（明るさ）（brightness constancy）93, 106, 185, *65*
恒常性（色）（colour constancy）93
恒常性（大きさ）（size constancy）→ 大きさの恒常性
高所からの光景（view from high）245, 246
光滲（irradiation）108, 257, *57*
高度の定義（altitude defined）18
虚空近視（empty field myopia）245, *71*
古典科学（classic science）273, 274

さ　行

彩度（hue）93
錯視の将来（future of illusion）267-269
錯視の否定（denial of illusion）15
錯視の変動（variability of illusion）14, 15, 20, 103, 260, *46*
残像と自己受容感覚（afterimages and proprioception）242, 243
残像と空（afterimages in the sky）141-144, 148, 158, 238, *61*, *62*
残像と注視角（afterimages and angle of regard）218
視覚的捕捉（visual capture）252
視覚の歴史（history of vision）275, 281
視覚範囲（visual range）94
色彩立体視（chromostereopsis）114, 115
視経路（visual pathways）252, 253
視光線（visual rays）36, 39, 72, 81, 107, 210, 211, 275, 276, *57*
視差（parallax）274, 279, 280
視錐（visual cone）39, *53*
姿勢の実験（postural experiments）214, 235-241
耳石（器）（otolithic organ）233, 234, 242, 243
実験のアカデミー（アカデミア・デル・チメント，Academia del Cimento）278
実際の大きさ（real size）17, 18, 29
視方向（visual direction）44
写真からの立証（photographic proof）83, 256, *55*
写真に撮られた風景（photograph of scenes）65
斜投影（oblique projection）60
視野のきめ（texture of visual field）130, 151, 197, 206
視野の粒子（grain of visual field）130
収穫月（harvest moon）20
周辺視（peripheral vision）224, *67*
重力が眼球を平らにする（gravity flattens eyeballs）223
主観的大きさ（subjective size）29, 30
縮減観察（reduction viewing ）196, 197
狩猟月（hunter's month）20
順応水準理論（adaptation level theory）177-179, 189, 190
照合された大きさ（matched size）30, 237
焦点距離（focusing distance）126-131
照度（illuminance, illumination）93, 119, 125, 177
初期の大きさ知覚の考え（early ideas on size perception）35-38
初期の芸術（early art）62
初期の実験（early experiments）51-55
食（eclipse）22, 105, 247, 281
触覚的大きさ（tactile size）251, 252, 267
白さ（lightness）93
神経学的理論（neurological theories）202-204
人工月（artificial moon）56-59, 111, 112, 116, 121, 128-130, 157, 158, 164, 188, 216-223, 257, 265, *63*, *68*
人工的加速（applied acceleration）242-245
人工瞳孔（artificial pupil）123
進出・後退色（advancing and retreating colours）114
新石器時代（Neolithic）273
身体運動感覚（kinaesthesis）*69*
身体運動感覚の理論（proprioceptive theories）233, 234
水上で観察された月（moon seen over water）185, 186, 196
水星（Mercury）274, 279
水中視（vision under water）77, 84-86, *55*, *70*
水中での拡張（underwater magnification）83-85
垂直水平錯視（horizontal-vertical illusion）169, *55*
垂直方向の観察（vertical viewing）165-168
推定された大きさ（太陽と月の）（estimated size of sun and moon）33
推定された大きさの定義（estimated size defined）30
水面による反射（reflections in water）214, 215
ズーム・レンズ（zoom lens）→ 接迫－膨張
ストア派の哲学者（Stoic philosophers）36, 37
ストーンヘンジ（Stonehenge）*273*, *45*
星座（constellation）3, 4, 13, 14, 105, 120, 121,

125, 126, 196, 215, 257
静的な大きさの尺度化（static size scaling）198
正投影（orthographic projection）60
生得論者の理論（nativist theories）49, 185
生理学（physiology）275
絶対輝度（absolute luminance）104, 105, 111, 112
接迫－膨張（loom-zoom）101
説明（受け入れられたもの）（accepted explanation）257-260
説明（拒否されたもの）（rejected explanation）144, 256, 257
説明の分類（classified explanation）48, 257
線遠近（法）（linear perspective）61, 175, 206
前庭系（vestibular system）234, 236
前庭系実験（vestibular experiments）238-245, 250, 251
前庭系の理論（vestibular theories）234, 235, 238, 239
双眼鏡を通した視覚（vision through binocular）86
想起された大きさ（remembered size）14, 178
双曲的空間（hyperbolic space）152, 153
像差（両眼の）（binocular disparity）115, 176, 225-229, *68*
増大（天文学の）（augmentation）21
相対的大きさ（relative size）38, 98, 183, 184, 188, 189, 193, 194, 204
測光学用語の定義（photometric terms defined）93
空（sky）
　__の形（form of sky）133-141
　__の錯視（sky illusion）135-141, 144-146, 155
　__の高さ（height of sky）138, 147, 148
　__の広がり（expanse of sky）188, 189

た　行

大気（atomishperic）
　__遠近（法）（perspective）→ 空気遠近（法）
　__減光（extinction）109
　__の屈折（refraction）74-81, 86-91, 119, 144, 210, 256
　__の蒸気（vapours）72-74, 78-81, 100, 101, 159
対比（contrast）
　明るさ__（brightness contrast）108
　色__（colour contrast）94, 114, 115, 162 → 色対比
　大きさ__（size contrast）130, 131, 184-192, 202, 253 → 大きさの対比
　輝度__（luminance contrast）94, 95, 104-108, 112, 114, 115, 162, *55*, *56* → 輝度対比
太陽系（solar system）278-281
太陽の黒点（sunspots）87, 279, 280
太陽の錯視（sun illusion）3, 66, 72, 73, 105, 114, 115, 196
太陽のゆがみ（distortion of sun）87-91
黄昏（twilight）19, 27
単眼視（monocular vision）111, 143, 217, 219-222, 238-241, 243, 246, *56*, *69*, *70*
小さい角度（small angle）→ 大きさの恒常性の失敗
知覚学習（perceptual learning）145, 146, 165-169, 199-201, 210-213, *66*, *70*
知覚された（perceived）
　__大きさの定義と測定（size defined and measured）29-32, 173
　__角度的大きさ（angular size）29-31, 43-47, 108, 114, 115, 122, 129, 204, 205, 209, 241, 259, 262-265, *68*
　__距離（空まで）（distance of sky）147, 148
　__距離（天体まで）（distance of celestial bodies）97, 146, 147, 156-158, 260, 261
知覚的な大きさ－距離の不変性（perceptual size-distance invariance）42, 43, 204, 205, *66*
力（forces）242-245, 248-250
地球の錯視（earth illusion）247
地上移動説（terrestrial passage theory）168, 200, 201
地上の受け皿（terrestrial saucer）151, 245
地上の観察（terrestrial viewing）196, 197
地勢（terrain）123, 129, 130, 160-165, 184,

な 行

は 行

輻輳力（convergence effort） 126, 228–230, 241
腹側の流れ（ventral stream） 252, 253
不十分な焦点調節（inadequate focusing） 122–131, 145
物理的大きさ（physical size） 17, 18, 29
プトレミーの説明（Ptolemy's accounts）
　大きさ－距離の不変性（size, distance invariance） 39, 40, 156, 211
　屈折（refraction） 74
　上方視（looking upwards） 209, 210
ブルンスヴィクの確率論的機能主義（Brunswik's probabilistic functionalism） *52*
ブルンズウィク指数（Brunswik ratio） *51*
分割された空間（divided space） 190, 191, *66*
文献学的伝統（literary tradition） 8
平行ブランコ（parallel swing） 242–245, *71*
ペリジオ（perigeo） 20
扁平なドーム（flattened dome） → 空の錯視
望遠鏡的拡張（telescopic magnification） 86
放物線飛行（parabolic flight） → パラボリック飛行
ぼやけた円（blur circle） 108, 122
ボッチ錯視（Botti illusion） 191
ボトムアップ処理（bottom-up processing） 49, 197
ポンゾ錯視（Ponzo illusion） 189

ま　行

マイクロメーター（micrometer） 24, 205
マグニチュード推定（magnitude estimation） 30
見かけの大きさ（apparent size） 18, 30, 170, 179, *47*, *56*
三日月（sickle moon） 1, 6, 110
未経験（inexperience） → 知覚学習
ミュラー＝リヤ錯視（Müller-Lyer illusion） 169
無意識的推論（unconscious inference） 10, 11, 173, 174, 261
メガネ（spectacles） 278
目の仰角仮説（eye elevation hypothesis） 218–222, 236, 238, 239
網膜照度（retinal illumination） 228
網膜像の大きさ（retinal size） 32, 197, 266, *52*
木星（Jupiter） 279, 280

や　行

夜間近視（night myopia） 124, 126, 282
有史前の絵画（prehistoric art） 62
有史前の環状列石（prehistoric stone circles ） 6, 7, 273
有史前の時代（prehistoric period） 273

ら・わ行

卵形の太陽（oval sun） 86–91
卵形の暈（oval halos） 4, *45*
立体視（stereoscopic vision） 225–228
流出する光（outgoing rays） 36, 39, 40
流入する光（incoming rays） 26, 30
両眼像差（binocular disparity） 115, 176, 225–228, *68*
理論の分類（classification of theories, theories classified） 47, 48, 163, 256, 257
歴史的展望（historical perspective） 4
レティノイド・モデル（retinoid model） 203
レンズ型実体鏡（lenticular stereoscope） 225
レンズの色収差（chromatic aberration of lens） 114, 115, 124, 282
レンズの球面収差（spherical aberration of lens） 27, 124, 125
ロンドン王立協会（Royal Society of London） 5, 41, 80, 89, 120, 278, *61*
惑星（planets） 27, 211, 274–279, *67*
湾曲錯視（curvature illusion） 91, *55*

引用文献

Abbott, T. K. (1864). *Sight and touch.* London: Longman, Green, Longman, Roberts and Green.

Aglioti, S., Goodale, M. A., and DeSouza, J. F. X. (1995). Size-contrast illusions deceive the eye but not the hand. *Current Biology*, **5**, 679–685.

Alexander, K. R. (1975). On the nature of accommodative micropsia. *American Journal of Optometry and Physiological Optics*, **52**, 79–84.

Allander, A. (1901). La grandeur apparente du soleil et de la lune. *Bulletin de la Société astronomique de France*, March, 139–141.

Allen, C. W. (1973). *Astrophysical quantities* (3rd edn). London: Athlone Press.

Allesch, G. J. von (1931). Zur nichteuklidischen Struktur des phänomenalen Raumes (Versuche an Lemur mongoz mongoz L.). Jena: Gustav Fischer.

Ames, A. (1946). Some demonstrations concerned with the origin and nature of our sensations. A laboratory manual. Dartmouth, NH: Dartmouth Eye Institute.

Andrews, D. P. (1964). Error-correcting perceptual mechanisms. *Quarterly Journal of Experimental Psychology*, **16**, 102–115.

Angell, F. (1924). Notes on the horizon illusion: I. *American Journal of Psychology*, **35**, 98–102.

Angell, F. (1932). Notes on the horizon illusion: II. *Journal of General Psychology*, **6**, 133–156.

Ariotti, P. E. (1973a). On the apparent size of projected after-images: Emmert's or Castelli's law? A case of 242 years anticipation. *Journal of the History of the Behavioral Sciences*, **9**, 18–28.

Ariotti, P. E. (1973b). A little known early 17th century treatise on vision: Benedetto Castelli's Discorso sopra la vista (1639, 1669). *Annals of Science*, **30**, 1–30.

Ariotti, P. E. (1973c). Benedetto Castelli and George Berkeley as anticipators of recent findings on the moon illusion. *Journal of the History of the Behavioral Sciences*, **9**, 328–332.

Aristotle (384–322 BC). *The works of Aristotle translated into English* (ed. J. A. Smith and W. D. Ross), Vol. 3: *Meteorologica* (trans. E. W. Webster); *De sensu and De somniis* form part of the *Parva naturalia* (trans. J. I. Beare). Oxford: Clarendon Press, 1908–1952.

Aristotle (384–322 BC). *Meteorologica* (trans. H. D. P. Lee) Loeb Classical Library, London: Heinemann, 1962.

Ashley, M. L. (1898). Concerning the significance of intensity of light in visual estimates of distance. *Psychological Review*, **5**, 595–615.

Atkinson, K. (1997). *Human croquet*. London: Doubleday.

Backhouse, T. W. (1891). Apparent size of objects near the horizon. *Nature*, **45**, 7-8.

Bacon, R. (c. 1263). *Perspectiva*. In J. H. Bridges (ed.), *The 'Opus majus' of Roger Bacon*, Vol. 2. Oxford: Clarendon Press, 1897-1900.

Bailey, C. (ed.) (1926). *Epicurus. The extant remains*. Oxford: Clarendon Press.

Bailey, C. (ed.) (1947). *Lucretius: De rerum natura*, 3 vols. Oxford: Clarendon Press.

Baird, J. C. (1970). *Psychophysical analysis of visual space*. Oxford: Pergamon Press.

Baird, J. C. (1982). The moon illusion: II. A reference theory. *Journal of Experimental Psychology*, **111**, 304-315.

Baird, J. C. and Wagner, M. (1982). The moon illusion: I. How high is the sky? *Journal of Experimental Psychology*, **111**, 296-303.

Baird, J. C., Gulick, W. L., and Smith, W. M. (1962). The effects of angle of regard on the size of afterimages. *Psychological Record*, **12**, 263-271.

Baird, J. C., Wagner, M., and Fuld, K. (1990). A simple but powerful theory of the moon illusion. *Journal of Experimental Psychology: Human Perception and Performance*, **16**, 675-677.

Baker, G. A. (1965). *Visual capabilities in the space environment*. London: Pergamon.

Balfour, R. (1605). *Cleomedis meteora Graece et Latine*. Bordeaux: S. Milangius.

Barlow, H. B. and Mollon, J. D. (ed.) (1982). *The senses*. Cambridge: Cambridge University Press.

Bauer, H. (1911). *Die Psychologie Alhazens auf Grund von Alhazens Optik* (Beiträge zur Geschichte der Philosophie des Mittelalters, Band 10, Heft 5). Münster: Aschendorff.

Békésy, G. von (1949). The moon illusion and similar auditory phenomena. *American Journal of Psychology*, **62**, 540-552.

Benel, R. A. (1979). *Visual accommodation, the Mandelbaum effect, and apparent size*. Technical Report BEL-79-1/AFOSR-79-5, Las Cruces, New Mexico: New Mexico State Universlty, Behavioral Engineerlng Laboratory.

Benson, A. J. (1965). Spatial disorientation in flight. In J. A. Gillies (ed.), *A textbook of aviation physiology*, pp. 1086-1129. Oxford: Pergamon.

Berkeley, G. (1709). *An essay towards a new theory of vision*. In A. A. Luce and T. E. Jessop (ed.), *The works of George Berkeley bishop of Cloyne*, Vol. 1, pp. 143-239. London: T. Nelson and Sons, 1948. (下條信輔・植村恒一郎・一ノ瀬正樹 (訳)『視覚新論』勁草書房)

Bettini, M. (1642). *Apiaria universae philosophiae mathematicae*. Bononiae: I. B. Ferronij.

Bevan, W. and Dukes, W. F. (1953). Color as a variable in the judgement of size. *American Journal of Psychology*, **66**, 283-288.

Bilderback, L. G., Taylor, R. E., and Thor, D. H. (1964). Distance perception in darkness. *Science*, **145**, 294-295.

Bingham, G. P. (1993). Perceiving the size of trees: biological form and the horizon ratio. *Perception and Psychophysics*, **54**, 485-495.

Bingham, G. P., Zaal, F., Robin, D., and Shull, J. A. (2000). Distortions in definite distance and shape perception as measured by reaching without and with haptic feedback. *Jour-*

nal of Experimental Psychology: Human Perception and Performance, **26**, 1436–1460.

Biot, J. B. (1810). *Traité élémentaire d'astronomie physique, etc* (2nd edn). Paris: Klooster-man.

Birch, T. (1756–1757). *The history of the Royal Society of London for improving of natural knowledge, from its first rise*. London: A. Millar. Facsimile published as no. 44 in the *Sources of Science* series; New York: Johnson Reprint Corporation, 1968, Vol. 3, pp. 502–503.

Blondel, M. (1888). L'agrandissement des astres à l'horizon. *Revue Philosophique de la France et de l'etranger*, **27**, 197–199.

Blumenthal, H. J. (1971). *Plotinus' psychology: his doctrines of the embodied soul*. The Hague: Martinus Nijhoff.

Boff, K. R. and Lincoln, J. E. (1988). *Engineering data compendium: human perception and performance*. Ohio: AAMRL, Wright-Patterson Air Force Base.

Boring, E. G. (1940). Size constancy and Emmert's law. *American Journal of Psychology*, **53**, 293–295.

Boring, E. G. (1942). *Sensation and perception in the history of experimental psychology*. New York: Appleton-Century-Crofts.

Boring, E. G. (1943). The moon illusion. *American Journal of Physics*, **11**, 55–60.

Boring, E. G. (1948). The nature of psychology. In E. G. Boring, H. S. Langfeld, and H. P. Weld (ed.), *Foundations of psychology*, pp. 1–18. New York: Wiley.

Boring, E. G. (1962). [On the moon illusion]. *Science*, **137**, 902–906.

Boring, E. G. and Holway, A. H. (1940). Perceived size of the moon as a function of angle of regard. *Science*, **91**, 479–480.

Bourdon, B. (1897). Les résultats des travaux récents sur la perception visuelle de la profondeur. *Année Psychologique*, **4**, 390–431.

Bourdon, B. (1898). [Grandeur apparente de la lune]. *L'Intermédiaire des Biologistes*, **1**, 392–394.

Bourdon, B. (1899). Les objets paraissent-ils se rapetisser en s'élevant au-dessus de l'horizon? *Année Psychologique*, **5**, 55–64.

Bourdon, B. (1902). *La perception visuelle de l'espace*. Paris: Schleicher Fréres.

Bowen, A. C. and Goldstein, B. R. (1996). Geminus and the concept of mean motion in Greco-Latin astronomy. *Archive for History of Exact Sciences*, **50**, 157–185.

Bowen, A. C. and Todd, R. B. (in press). *Physics and astronomy in later Stoic philosophy: Cleomedes' Meteora ('The Heavens')*. Berkeley: University of California Press.

Brenner, E. and Smeets, J. B. J. (1996). Size illusion influences how we lift but not how we grasp an object. *Experimental Brain Research*, **111**, 473–476.

Brenner, E., van Damme, W. J. M., and Smeets, J. B. J. (1997). Holding an object one is looking at: kinaesthetic information on the object's distance does not improve visual judgments of its size. *Perception and Psychophysics*, **59**, 1153–1159.

Brentano, F. (1892). Ueber ein optisches Paradoxen. *Zeitschrift für Psychologie*, **3**, 349–358.

Brewer, Rev. Dr (1863). *A guide to the scientific knowledge of things familiar* (18th edn).

London: Jarrold and Sons.

Brewster, D. (1849). Account of a new stereoscope. In N. J. Wade (ed.), *Brewster and Wheatstone on vision*, pp. 135–137. London: Academic Press, 1983.

Bross, M. (2000). Emmert's law in the dark: active and passive proprioceptive effects on positive visual afterimages. *Perception*, **29**, 1385–1391.

Brunswik, E. (1944). Distal focussing of perception: size constancy in a representative sample of situations. *Psychological Monographs*, **254** (whole number).

Brunswik, E. (1956). *Perception and the representative design of psychological experiments*. Berkeley: University of California Press.

Burnet, J. (1773). *Of the origin and progress of language*, Vol. 1. Edinburgh: Kincaid and Creech, p. 31. Reprinted Menston: Scolar Press, 1967.

Burton, H. E. (1945). The Optics of Euclid. *Journal of the Optical Society of America*, **35**, 357–372.

Cambridge Anthropological Expedition to the Torres Straits (1901). *Reports*, Vol. 2, Part 1. Cambridge: Cambridge University Press.

Campbell, F. W. (1954). The minimum quantity of light required to elicit the accommodation reflex. *Journal of Physiology*, **123**, 357–366.

Carey, D. P. and Allan, K. (1996). A motor signal and 'visual' size perception. *Experimental Brain Research*, **110**, 482–486.

Carlson, V. R. (1977). Instructions and perceptual constancy judgements. In W. Epstein (ed.), *Stability and constancy in visual perception: mechanisms and processes*, pp. 217–254. New York: Wiley.

Carter, D. S. (1977). The moon illusion: a test of the vestibular hypothesis under monocular viewing conditions. *Perceptual and Motor Skills*, **45**, 1127–1130.

Castelli, B. (1639). *Discorso sopra la vista*. In *Alcuni opuscoli filosofici del Padre D. Benedetto Castelli*. Bologna: G. Monti, 1669. Translated in Ariotti (1973b).

Cave, C. J. P. (1938). Apparent enlargement of the sun at the time of rising and setting. *Nature*, **141**, 290.

Chins, C., Pens, J., and Fang, Y. (1963a). The effect of distance and posture of observer on the perception of size. *Acta Psychologica Sinica*, **22**, 20–30.

Chins, C., Pens, J., Fang, Y., and Lin, C. (1963b). Size judgements of an object in elevation and in descent. *Acta Psychologica Sinica*, **24**, 175–85.

Church, J. (1960). Perceptual constancy. *Science*, **131**, 338.

Claparède, E. (1906a). L'agrandissement et la proximité apparente de la lune à l'horizon. *Archives de Psychologie*, **5**, 121–148.

Claparède, E. (1906b). A propos de la grandeur de la lune à l'horizon. *Archives de Psychologie*, **5**, 254–257.

Clausius, R. J. E. (1850). Uebersichtliche Darstellung der in das Gebiet der meteorologischen Optik gehörenden Erscheinungen. In J. A. Grunert (ed.), *Beiträge zur meteorologischen Optik und zuverwandten Wissenschaften, etc.*, Vol. 4, p. 369. Leipzig: E. B. Schwickert.

Cleomedes (c. AD third century). *Meteora or De motu circulari corporum caelestium*. See

Goulet (1980) and Todd (1990).
Cohen, L. A. (1960). The moon illusion. *Science*, **131**, 694.
Cohen, M. R. and Drabkin, I. E. (1948). *A source book in Greek science*. New York: McGraw- Hill.
Conrad, J. (2000). Getting the right exposure when photographing the moon. http://www.calphoto.com/moon.htm. Downloaded 18 February 2001.
Cope, P. (1975). The moon illusion. *Journal of the British Astronomical Association*, **86**, 44-46.
Coren, S. (1989). The many moon illusions: an integration through analysis. In M. Hershenson (ed.), *The moon illusion*, pp. 351-370. Hillsdale, NJ: Erlbaum.
Coren, S. (1992). The moon illusion: a different view through the legs. *Perceptual and Motor Skills*, **75**, 827-831.
Coren, S. and Aks, D. J. (1990). Moon illusion in pictures: a multimechanism approach. *Journal of Experimental Psychology: Human Perception and Performance*, **16**, 365-380.
Coren, S. and Girgus, J. S. (1978). *Seeing is deceiving: the psychology of visual illusions*. Hillsdale, NJ: Erlbaum.
Coren, S., Ward, L. M., and Enns, J. T. (1994). *Sensation and perception* (4th edn). Fort Worth: Harcourt Brace College Publishers.
Cornish, V. (1935). *Scenery and the sense of sight*. Cambridge: Cambridge University Press.
Cornish, V. (1937). Apparent enlargement of the sun at the time of rising and setting. *Nature*, **140**, 1082-1083.
Craddick, R. A. (1963). Height of Christmas tree drawings as a function of time. *Perceptual and Motor Skills*, **17**, 335-339.
Cutting, J. E. (1986). *Perception with an eye for motion*. Cambridge, MA: MIT Press.
Dadourian, H. M. (1946). The moon illusion. *American Journal of Physics*, **14**, 65-66.
Daprati, E. and Gentilucci, M. (1997). Grasping an illusion. *Neuropsychologia*, **35**, 1577-1582.
Da Silva, J. A. (1989). Gogel's laws and the simulated moon illusion in a large open field. In M. Hershenson (ed.), *The moon illusion*, pp. 319-341. Hillsdale, NJ: Erlbaum.
da Vinci, Leonardo (1452-1519). *The literary works of Leonardo da Vinci* (2nd edn; compiled and ed. J. P. Richter). Oxford: Oxford University Press, 1939.
da Vinci, Leonardo (1452-1519). *The literary works of Leonardo da Vinci: commentary, by C. Pedretti*. Oxford: Phaidon Press, 1977.
da Vinci, Leonardo (1452-1519). *The notebooks of Leonardo da Vinci* (trans. Edward MacCurdy). London: Jonathan Cape, 1956.
Davies, P. (1973). Effects of movements upon the appearance and duration of a prolonged visual afterimage: 2. Changes arising from movement of the observer in relation to the previously afterimaged scene. *Perception*, **2**, 155-160.
Day, R. H. and Parks, T. E. (1989). To exorcise a ghost from the perceptual machine. In M. Hershenson (ed.), *The moon illusion*, pp. 343-350. Hillsdale, NJ: Erlbaum.
Day, R. H., Stuart, G. W., and Dickinson, R. G. (1980). Size constancy does not fail below half a degree. *Perception and Psychophysics*, **28**, 263-265.

Dees, J. W. (1966a). Accuracy of absolute visual distance and size estimation in a space as a function of stereopsis and motion parallax. *Journal of Experimental Psychology*, **72**, 466–476.

Dees, J. W. (1966b). Moon illusion and size-distance invariance: an explanation based upon an experimental artifact. *Perceptual and Motor Skills*, **23**, 629–630.

DeLucia, P. R., Tresilian, J. R., and Meyer, L. E. (2000). Geometrical illusions can affect time-to-Contact estimation and mimed prehension. *Journal of Experimental Psychology: Human Perception and Performance*, **26**, 552–567.

Dember, H. and Uibe, M. (1918). Ueber die scheinbare Gestalt des Himmelsgewölbes. *Annalen der Physik*, 4th series, **55**, 387–396.

Dember, H. and Uibe, M. (1920). Versuch einer physikalischen Lösung des Problems der sichtbaren Grössenänderung von Sonne und Mond in verschiedenen Höhen über dem Horizont. *Annalen der Physik*, 4th series, **61**, 353–378.

Dember, W. N. and Warm, J. S. (1979). *Psychology of perception* (2nd edn). New York: Holt, Rinehart and Winston.

Desaguiliers, J. T. (1736a). An attempt to explain the phaenomenon of the horizontal moon appearing bigger than when elevated many degrees above the horizon: supported by an experiment. Communicated Jan. 30, 1734–1735. *Philosophical Transactions of the Royal Society of London*, **39**, 390–392.

Desaguiliers, J. T. (1736b). An explication of the experiment made in May 1735, as a farther confirmation of what was said in a paper given in January 30, 1734–1735. to account for the appearance of the horizontal moon seeming larger than when higher. *Philosophical Transactions of the Royal Society of London*, **39**, 392–394.

Descartes, R. (1637a). Dioptrics. In E. Anscombe and P. T. Geach (ed.), *Descartes: philosophical writings*. London: Nelson's University Paperbacks/Open University, 1970.

Descartes, R. (1637b). *Discourse on method, optics, geometry, and meteorology* (trans. P. J. Olscamp). Indianapolis: Bobbs-Merrill, 1965.

Dicks, D. R. (1970). *Early Greek astronomy to Aristotle*. Ithaca, NY: Cornell University Press.

Dobbins, A. C., Jeo, R. M., Fiser, J., and Allman, J. M. (1998). Distance modulation of neural activity in the visual cortex. *Science*, **281**, 552–555.

Dunn, S. (1762). An attempt to assign the cause, why the sun and moon appear to the naked eye larger when they are near the horizon. *Philosophical Transactions of the Royal Society of London*, **52**, 462–473.

Duverney, G. J. (1683) *Traité de l'organe de l'ouie*. Paris: Estienne Michallet.

Edelstein, L. and Kidd, I. G. (ed.) (1972). *Posidonius. I. The fragments*. Cambridge: Cambridge University Press.

Edgerton, S. Y. (1975). *The Renaissance rediscovery of linear perspective*. New York: Basic Books.

Eginitis, D. (1898). Sur l'agrandissement des disques du soleil et de la lunel à l'horizon. *Bulletin de la Société Astronomique de France*, October, 430–432.

Egusa, H. (1983). Effects of brightness, hue and saturation on perceived depth between adjacent regions in the visual field. *Perception*, **12**, 167–175.

Emmert, E. (1881). Grössenverhältnisse der Nachbilder. *Klinische Monatsblätter für Augenheilkunde und für augenärztliche Fortbildung*, **19**, 443–450.

Enright, J. T. (1975). The moon illusion examined from a new point of view. *Proceedings of the American Philosophical Society*, **119**, 87–117.

Enright, J. T. (1989a). The eye, the brain, and the size of the moon: toward a unified oculomotor hypothesis for the moon illusion. In M. Hershenson (ed.), *The moon illusion*, pp. 59–122. Hillsdale, NJ: Erlbaum.

Enright, J. T. (1989b). Manipulating stereopsis and vergence in an outdoor setting: moon, sky and horizon. *Vision Research*, **29**, 1815–1824.

Epicurus (341–270 BC). Letter to Pythocles. In C. Bailey, *Epicurus: the extant remains*, pp. 56–81. Oxford: Clarendon Press, 1926.

Epstein, W (1977). Historical introduction to the constancies. In W Epstein (ed.), *Stability and constancy in visual perception*, pp. 1–22. New York: Wiley.

Epstein, W., Park, J., and Casey, A. (1961). The current status of the size-distance hypotheses. *Psychological Bulletin*, **58**, 491–514.

Euler, L. (1762). *Letters of Euler to a German princess, on different subjects in physics and philosophy*, Vol. 2: *Letters of April 20 to May 4, 1762* (trans. Henry Hunter). London: H. Murray, 1795.

Explanatory supplement to the astronomical ephemeris and the American ephemeris and nautical almanac (1961). London: Her Majesty's Stationery Office.

Farnè, M. (1977). Brightness as an indicator to distance: relative brightness per se or contrast with the background? *Perception*, **6**, 287–293.

Fechner, G. T. (1860). *Elemente der Psychophysik*. Leipzig: Breitkopf and Hartel.

Ferguson, K. (1999). *Measuring the universe: the historical quest to quantify space*. London: Headline.

Filehne, W. (1894). Die Form des Himmelsgewölbes. (*Pflügers*) *Archiv für Physiologie*, **59**, 279–308.

Filehne, W. (1910a). Ueber die Rolle des Erfahrungsmotive beim einaugigen perspektivischen Fernsehen. *Archiv für Anatomie und Physiologie, Physiologische abteilung*, 392–400.

Filehne, W. (1910b). Ueber die Betrachtung des Gestirne mittels Rauchgläser und über die verkleinerende Wirkung der Blickerhebung. *Archiv für Anatomie und Physiologie, Physiologische abteilung*, 523–530.

Filehne, W. (1912). Ueber die scheinbare Form des Himmelsgewölbes und die scheinbare Grösse der gestirne und Sternbilder. *Deutsche Revue*, November/December. *Abstract in Zeitschrift für Psychologie* (1920), **85**, 346–347.

Filehne, W. (1917). Der absolute Grösseneindruck beim sehen der irdischen Gegenstände und der Gestirne. *Archiv für Anatomie und Physiologie, Physiologische abteilung*, **41**, 197–221.

Filehne, W. (1923). Ueber die scheinbare Gestalt des Himmelsgewölbes. *Zeitschrift für Sinnesphysiologie*, **54**, 1–8.

Fletcher, B. (1963). *A history of architecture on the comparative method*. London: Athlone Press.

Forrest, D. W. (1973). Experiments on the moon illusion. *Astronomy and Space*, **3**, 271–274.

Frankel, H. R. (1978). The importance of Galileo's nontelescopic observations concerning the size of the fixed stars. *Isis*, **69**, 77–82.

Franks, A. (1994). Ever wonder why? *Stirling News*, 28 July, p. 4.

Franz, V. (1919). [Untitled contribution.] *Prometheus*, **30**, 142–143.

Franz, V., Fahle, M., Gegenfurtner, K. R., and Bülthoff, H. H. (1998). Size-contrast illusions deceive grasping as well as perception. *Perception*, **27** (supplement), 140.

Fröbes, J. S. J. (1916). *Lehrbuch der experimentellen Psychologie*. Revised edn Freiburg im Bresgau: Herder, 1923.

Fry, G. A. (1952). Gilinsky's equations for perceived size and distance. *Psychological Review*, **59**, 244–245.

Fry, G. A. (1983). Basic concepts underlying graphical analysis. In C. M. Schor and K. J. Ciuffreda (ed.), *Vergence eye movements: basic and clinical aspects*, pp. 403–464. London: Butterworths.

Fry, G. A., Bridgman, C. S., and Ellerbrock, V. J. (1949). The effects of atmospheric scattering on binocular depth perception. *American Journal of Optometry*, **26**, 9–15.

Furlong, E. J. (1972). The varying visual sizes of the moon. *Astronomy and Space*, **2**, 215–217.

Gassendi, P. (1636–1642). Epistolae quatuor de apparente magnetudine solis humilis et sublimis. In P. Gassendi, *Opera omnia*. Stuttgart: Friedrich Fromman, 1964.

Gauss, K. F. (1880). *Briefwechsel zwischen Gauss und Bessel*. Leipzig: W. Engelmann.

Gibson, J. J. (1950). *The perception of the visual world*. Boston: Houghton Mifflin.

Gibson, J. J. (1966). *The senses considered as perceptual systems*. Boston: Houghton Mifflin.

Gibson, J. J. (1979). *The ecological approach to visual perception*. Boston: Houghton Mifflin.

Gigerenzer, G. and Murray, D. J. (1987). *Cognition as intuitive statistics*. Hillsdale, NJ: Erlbaum.

Giles, H. A. (1923). *A history of Chinese literature*. New York: Appleton.

Gillam, B. (1998). Illusions at century's end. In J. Hochberg (ed.) *Handbook of perception and cognition* (2nd edn), pp. 95–136. London: Academic Press.

Gilinsky, A. S. (1951). Perceived size and distance in visual space. *Psychological Review*, **58**, 460–482.

Gilinsky, A. S. (1955). The effect of attitude upon the perception of size. *American Journal of Psychology*, **68**, 173–192.

Gilinsky, A. S. (1971). Comment: Adaptation level, contrast, and the moon illusion. In M. H. Appley (ed.), *Adaptation level theory*, pp. 71–79. New York: Academic Press.

Gilinsky, A. S. (1980). The paradoxical moon illusions. *Perceptual and Motor Skills*, **50**, 271–283.

Gilinsky, A. S. (1989). The moon illusion in a unified theory of visual space. In M. Hershenson (ed.), *The moon illusion*, pp. 167–192. Hillsdale, NJ: Erlbaum.

Goethe, J. W. (1810). *Zur farbenlehre*. In J. W. Goethe, *Gedenkausgabe der Werke, Briefe und Gespraeche*, Vol. 16 (2nd edn). Zurich: Artemis-Verlag, 1964.

Gogel, W. C. (1974). Cognitive factors in spatial response. *Psychologia*, **17**, 213–225.

Gogel, W. C. (1977). The metric of visual space. In W. Epstein (ed.), *Stability and constancy in visual perception*, pp. 129–181. New York: Wiley.

Gogel, W. C. and Mertz, D. L. (1989). The contribution of heuristic processes to the moon illusion. In M. Hershenson (ed.), *The moon illusion*, pp. 235–258. Hillsdale, NJ: Erlbaum.

Goldstein, A. G. (1959). Linear acceleration and apparent distance. *Perceptual and Motor Skills*, **9**, 267–269.

Goldstein, B. R. (1967). The Arabic version of Ptolemy's 'Planetary Hypotheses'. *Transactions of the American Philosophical Society*, new series, **57**, Part 4, 3–12.

Goldstein, E. B. (1999). *Sensation and perception* (5th edn). Pacific Grove: Brooks/Cole.

Goldstein, G. (1962). Moon illusion: an observation. *Science*, **138**, 1340–1341.

Gordon, I. E. (1997). *Theories of visual perception* (2nd edn). New York: Wiley.

Goüye, T. (1700). *Diverses observations de physique générale*. I. *Histoire de l'Académie Royale des Sciences*, 8–10.

Granger, F. (ed. and trans.) (1970). *Vitruvius: On architecture*, 2 vols. Cambridge, MA: Harvard University Press.

Grant, E. (ed.) (1974). *A source book in medieval science*. Cambridge, MA: Harvard University Press.

Gray, L. H. (ed.) (1964). *The mythology of all races*, 12 vols. New York: Cooper Square.

Gregory, J. (1668). *Geometriae pars universalis*. Padua.

Gregory, R. L. (1963). Distortion of visual space as inappropriate constancy scaling. *Nature*, **203**, 1407.

Gregory, R. L. (1970). *The intelligent eye*. London: Weidenfeld and Nicolson.

Gregory, R. L. (1981). *Mind in science: a history of explanations in psychology and physics*. London: Weidenfeld and Nicolson.

Gregory, R. L. (1998). *Eye and brain* (5th edn). Oxford: Oxford University Press.

Gregory, R. L. and Ross, H. E. (1964a). Visual constancy during movement: 1. Effect of S's forward or backward movement on size constancy. *Perceptual and Motor Skills*, **18**, 3–8.

Gregory, R. L. and Ross, H. E. (1964b). Visual constancy during movement: 2. Size constancy using one or both eyes or proprioceptive information. *Perceptual and Motor Skills*, **18**, 23–26.

Gregory, R. L., Wallace, J. G., and Campbell, F. W. (1959). Changes in the size and shape of visual after-images observed in complete darkness during changes of position in space. *Quarterly Journal of Experimental Psychology*, **11**, 54–55.

Grijns, G. (1906). L'agrandissement apparent de la lune à l'horizon. *Archives de Psychologie*, **5**, 319–325.

Gruber, H. E., King, W. L., and Link, S. (1963). Moon illusion: an event in imaginary space.

Science, **139**, 750-752.

Gubisch, R. W. (1966). Over-constancy and visual acuity. *Quarterly Journal of Experimental Psychology*, **18**, 366-368.

Guébhard, A. (1898). Grandeur apparente de la lune. *L'Intermédiaire des Biologistes*, **1**, 351-352.

Guthrie, W. K. C. (1962). *A history of Greek philosophy*, Vol. 1. Cambridge: Cambridge University Press.

Guttmann, A. (1903). Blickrichtung und Grössenschätzung. *Zeischrift für Psychologie*, **32**, 333-345.

Haber, R. N. and Levin, C. A. (1989). The lunacy of moon watching: some preconditions on explanations of the moon illusion. In M. Hershenson (ed.), *The moon illusion*, pp. 299-317. Hillsdale, NJ: Erlbaum.

Haber, R. N. and Levin, C. A. (2001). The independence of size perception and distance perception. *Perception and Psychophysics*, **63**, 1140-1152.

Haenel, H. (1909). Die Gestalt des Himmels und Vergrösserung der Gestirne am Horizonte. *Zeitschrift für Psychologie*, **51**, 161-199.

Hamilton, J. E. (1964). Factors affecting the moon illusion. *American Journal of Optometry and Archives of American Academy of Optometry*, **41**, 490-493.

Hamilton, J. E. (1965). Effect of observer elevation on the moon illusion. *Journal of Engineering Psychology*, **4**, 57-67.

Hamilton, J. E. (1966). Luminance and the moon illusion. *American Journal of Optometry and Archives of American Academy of Optometry*, **43**, 593-604.

Hamilton, W. (1849). *The works of Thomas Reid* (2nd edn). Edinburgh: Maclachlan, Stewart, and Co.

Hammer, L. R. (1962). *Perception of the visual vertical under reduced gravity* (AMRL-TDR-62-55). Ohio: Wright-Patterson Air Force Base.

Haskins, C. H. (1960). *Studies in the history of mediaeval science*. New York: Frederick Ungar.

Hatfield, G. C. and Epstein, W. (1979). The sensory core and the medieval foundations of early modern perceptual theory. *Isis*, **70**, 363-384.

Heelan, P. A. (1983). *Space-perception and the philosophy of science*. Berkeley: University of California Press.

Heinemann, E. G., Tulving, E., and Nachmias, J. (1959). The effect of oculomotor adjustments on apparent size. *American Journal of Psychology*, **72**, 32-45.

Helmholtz, H. von (1856-1866). *Treatise on physiological optics* (ed. J. P. C. Southall; trans. of the 3rd German edn, 1909-1911). New York: Dover, 1962.

Helson, H. (1964). *Adaptation level theory: an experimental and systematic approach to behavior*. New York: Harper.

Henning, H. (1919). Die besondere Funktionen der roten Strahlen bei der scheinbaren Grösse von Sonne und Mond am Horizont. *Zeitschrift für Sinnesphysiologie*, **50**, 275-310.

Hermans, T. G. (1954). The relationship of convergence and elevation changes to judge-

ments of size. *Journal of Experimental Psychology*, **48**, 204–208.

Herschel, J. F. W. (1833). *A treatise on astronomy* (new edn). London: Longman, 1851.

Hershenson, M. (1982). Moon illusion and spiral aftereffect: illusions due to the loom-zoom system? *Journal of Psychology: General*, **111**, 423–440.

Hershenson, M. (1989a). Moon illusion as anomaly. In M. Hershenson (ed.), *The moon illusion*, pp. 123–146. Hillsdale, NJ: Erlbaum.

Hershenson, M. (1989b). The puzzle remains. In M. Hershenson (ed.), *The moon illusion*, pp. 377–384. Hillsdale, NJ: Erlbaum.

Heuer, H. and Ovens, D. A. (1989). Vertical gaze direction and the resting posture of the eyes. *Perception*, **18**, 363–377.

Heuer, H., Wischmeyer, E., Brüwer, M., and Römer, T. (1991). Apparent size as a function of vertical gaze direction: new tests of an old hypothesis. *Journal of Experimental Psychology: Human Perception and Performance*, **17**, 232–245.

Higashiyama, A. (1992). Anisotropic perception of visual angle: implications for the horizontal-vertical illusion, over constancy of size, and the moon illusion. *Perception and Psychophysics*, **51**, 218–230.

Higashiyama, A. and Shimono, K. (1994). How accurate is size and distance perception for very far terrestrial objects? Function and causality. *Perception and Psychophysics*, **55**, 429–442.

Hirschberg, J. (1898). Die Optik der alten Griechen. *Zeitschrift für Psychologie*, **16**, 321–351.

Hobbes, T. (1658). *Physics or the phenomena of nature*. In T. Hobbes, *English Works*, Vol. 1 (trans. W. Molesworth). London: John Bohn, 1839.

Hofsten, C. von and Ronnqvist, L. (1988). Preparation for grasping an object: a developmental study. *Journal of Experimental Psychology: Human Performance and Perception*, **14**, 610–621.

Holland, G. (1958). Untersuchung über den Einfluss der Fixationsentfernung und Blickrichtung auf die horizontale Heterophorie (Exo- und Eso-Phorie). *Albrecht von Graefes Archiv für Ophthalmologie*, **160**, 144–160.

Holway, A. H. and Boring, E. G. (1940a). The moon illusion and the angle of regard. *American Journal of Psychology*, **53**, 109–116.

Holway, A. H. and Boring, E. G. (1940b). The apparent size of the moon as a function of the angle of regard: further experiments. *American Journal of Psychology*, **53**, 537–553.

Holway, A. H. and Boring, E. G. (1940c). The dependence of apparent visual size upon illumination. *American Journal of Psychology*, **53**, 587–589.

Holway, A. H. and Boring, E. G. (1941). Determinants of apparent visual size with distance variant. *American Journal of Psychology*, **54**, 21–37.

Ho Pens Yoke (1966). *The astronomical chapters of the Chin Shu*. Paris: Mouton.

Howard, I. P. (1982). *Human visual orientation*. New York: Wiley.

Howard, I. P. and Templeton, W. B. (1966). *Human Spatial orientation*. London: Wiley.

Howland, H. C. (1959). Moon illusion and age. *Science*, **130**, 1364–1365.

Hull, J. C., Gill, R. T., and Roscoe, S. N. (1982). Locus of the stimulus to visual accommoda-

tion: where in the world, or where in the eye? *Human Factors*, **24**, 311-319.

Humboldt, A. von. (1850). *Views of nature*. (trans. E. C. Otté and H. G. Bohn). London: Henry, G. Bohn.

Humphreys, W. J. (1964). *Physics of the air*. New York: Dover.

Hutton, C. (1796). *Mathematical and philosophical dictionary*. London.

Huxley, T. H. (1885). *Lessons in elementary physiology* (revised edn). London: Macmillan.

Iavecchia, J. H., Iavecchia, H. P., and Roscoe, S. N. (1983). The moon illusion revisited. *Aviation, Space, and Environmental Medicine*, **54**, 39-46.

Ibn, al-Haytham (c. 1040). *Optics*. See Sabra (1989).

Indow, T. (1968). Multidimensional mapping of visual space with real and simulated stars. *Perception and Psychophysics*, **3**, 45-53.

Ittelson, W. H. (1951). Size as a cue to distance: static localization. *American Journal of Psychology*, **64**, 54-67.

Jackson, K. H. (1971). *A Celtic miscellany: translations from the Celtic literatures*. Harmondsworth: Penguin.

Jakobson, L. S. and Goodale, M. A. (1991). Factors affecting higher-order movement planning: a kinematic analysis of human prehension. *Experimental Brain Research*, **86**, 199-208.

James, W. (1890). *The principles of psychology*. New York: Dover, 1950.

Jeannerod, M. (1981). Intersegmental coordination during reaching at natural objects. In J. Long and A. Baddeley (ed.), *Attention and performance*, Vol. IX, pp. 153-168. Hillsdale, NJ: Erlbaum.

Johannsen, D. E. (1971). Early history of perceptual illusions. *Journal of the History of the Behavioral Sciences*, **7**, 127-140.

John of Sacrobosco (d. 1250). De sphaera. In L. Thorndike, *The sphere of Sacrobosco and its commentators*. Chicago: University of Chicago Press, 1949.

Johns, E. H. and Sumner, F. C. (1948). Relation of the brightness difference of colors to their apparent distances. *Journal of Psychology*, **26**, 25-29.

Jonkees, L. B. W. and Philipszoon, H. J. (1962). Nystagmus provoked by linear acceleration. *Acta Physiologica et Pharmacologia Neerlandica*, **10**, 239.

Joynson, R. B. (1949). The problem of size and distance. *Quarterly Journal of Experimental Psychology*, **1**, 119-135.

Judd, C. H. (1897). Some facts of binocular vision. *Psychological Review*, **4**, 374-389.

Jung, R. (1961). Neuronal integration in the visual cortex and its significance for visual information. In W. A. Rosenblith (ed.), *Sensory communication*, pp. 627-674. New York: Wiley.

Kammann, R. (1967). The overestimation of vertical distance and slope and its role in the moon illusion. *Perception and Psychophysics*, **2**, 585-589.

Kanda, S. (1933). Ancient records of sunspots and auroras in the Far East and the variation of the period of solar activity. *Proceedings of the Imperial Academy of Japan*, **9**, 293-296.

Kaneko, H. and Uchikawa, K. (1997). Perceived angular and linear size: the role of binocular disparity and visual surround. *Perception*, **26**, 17–27.

Kaufman, L. (1960). An investigation of the moon illusion. Ph. D. dissertation, New School for Social Research, New York.

Kaufman, L. (1974). *Sight and mind: an introduction to visual perception*. New York: Oxford University Press.

Kaufman, L. (1979). *Perception: the world transformed*. New York: Oxford University Press.

Kaufman, L. and Kaufman, J. H. (2000). Explaining the moon illusion. *Proceedings of the National Academy of Sciences*, **97**, 500–505.

Kaufman, L. and Rock, I. (1962a). The moon illusion, I. *Science*, **136**, 953–961.

Kaufman, L. and Rock, I. (1962b). The moon illusion. *Scientific American*, **207** (1), 120–130.

Kaufman, L. and Rock, I. (1989). The moon illusion thirty years later. In M. Hershenson (ed.), *The moon illusion*, pp. 193–234. Hillsdale, NJ: Erlbaum.

Kemp, M. (1990). *The science of art. Optical themes in Western art from Brunelleschi to Seurat*. New Haven, CT: Yale University Press.

Kiesow, F. (1925/6). Ueber die Vergleichung linearer Strecken und ihre Bezeihung zum Weberschen Gesetze. *Archiv für die gesamte Psychologie* (1925), **52**, 61–90; (1925), **53**, 443–446; (1926), **56**, 421–451.

King, W. L. and Gruber, H. E. (1962). Moon illusion and Emmert's law. *Science*, **135**, 1125–1126.

King, W. L. and Hayes, M. C. (1966). The sun illusion: individual differences in remembered size and distance judgements. *Psychonomic Science*, **5**, 65–66.

Kinsler, L. E. (1945). Imaging of underwater objects. *American Journal of Physics*, **13**, 255–257.

Kishto, B. N. (1965). The colour stereoscopic effect. *Vision Research*, **5**, 313–329.

Knoll, H. A. (1952). A brief history of 'nocturnal myopia' and related phenomena. *American Journal of Optometry and Physiological Optics*, **29**, 69–81.

Koffka, K. (1936). *The principles of gestalt psychology*. New York: Harcourt Brace.

Kolb, R. (1999). *Blind watchers of the sky: the people and ideas that shaped our view of the universe*. Oxford: Oxford University Press.

Lambercier, M. (1946). La constance des grandeurs en comparaisons serials. *Archives de Psychologie, Genève*, **31**, 79–282.

Laming, D. J. (1986). *Sensory analysis*. London: Academic Press.

Le Cat, C. N. (1744). *Traitè des sens* (new edition). Rouen.

Le Conte, J. (1881). *Sight: an exposition of the principles of monocular and binocular vision*. International Scientific Series, Vol. 33. London: Kegan Paul.

Leibowitz, H. and Hartman, T. (1959a). Magnitude of the moon illusion as a function of the age of the observer. *Science*, **130**, 569–570.

Leibowitz, H. and Hartman, T. (1959b). Reply to Howland. *Science*, **130**, 1365–1366.

Leibowitz, H. and Hartman, T. (1960a). Reply to Church. *Science*, **131**, 239.

Leibowitz, H. and Hartman, T. (1960b). Reply to Cohen. *Science*, **131**, 694.

Leibowitz, H. W. and Harvey, L. O. (1967). Size matching as a function of instructions in a naturalistic environment. *Journal of Experimental Psychology*, **74**, 378–382.

Leibowitz, H. W. and Harvey, L. O. (1969). Effect of instructions, environment, and type of test object on matched size. *Journal of Experimental Psychology*, **81**, 36–43.

Leibowitz, H. W. and Owens, D. A. (1975). Anomalous myopias and the intermediate dark focus of accommodation. *Science*, **189**, 646–648.

Leibowitz, H. W. and Owens, D. A. (1989). Multiple mechanisms of the moon illusion and size perception. In M. Hershenson (ed.), *The moon illusion*, pp. 281–286. Hillsdale, NJ: Erlbaum.

Leibowitz, H. W., Hennessy, R. T., and Owens, D. A. (1975). The intermediate resting position of accommodation and some implications for space perception. *Psychologia*, **18**, 162–170.

Leiri, F. (1931). Ueber die Bedeutung der roten Strahlen bei der scheinbaren Vergrösserung von Sonne und Mond am Horizont. *Zeitschrift für Sinnesphysiologie*, **61**, 325–334.

Lejeune, A. (ed. and trans.) (1989). *L'Optique de Claude Ptolémée* (2nd edn). Leiden: E. J. Brill.

Levene, J. R. (1965). Nevil Maskelyne, FRS, and the discovery of night myopia. *Royal Society of London, Notes and Records*, **20**, 100–108.

Levitt, I. M. (1952). Moon illusion. *Sky and Telescope*, **11**, 135–136.

Lewis, R. T. (1862). On the changes in the apparent size of the moon. *Philosophical Magazine*, **23**, 380–382.

Lewis, R. T. (1898). Grandeur apparente de la lune. *L'Intermédiaire des Biologistes*, **1**, 391–392.

Lichten, W. and Lurie, S. (1950). A new technique for the study of perceived size. *American Journal of Psychology*, **63**, 280–282.

Lindberg, D. C. (1967). Alhazen's theory of vision and its reception in the West. *Isis*, **58**, 321–341.

Lindberg, D. C. (1970). The theory of pinhole images in the 14th century. *Archive for History of Exact Sciences*, **6**, 299–325.

Lindberg, D. C. (1976). *Theories of vision from Al-Kindi to Kepler*. Chicago: University of Chicago Press.

Lloyd, G. E. R. (1982). Observational error in later Greek science. In J. Barnes, J. Brunschwig, M. Burnyeat, and M. Schofield (ed.), *Science and speculation: studies in Hellenistic theory and practice*, pp. 128–164. Cambridge: Cambridge University Press.

Lockhead, G. R. and Wolbarsht, M. L. (1989). The moon and other toys. In M. Hershenson (ed.), *The moon illusion*, pp. 259–266. Hillsdale, NJ: Erlbaum.

Lockhead, G. R. and Wolbarsht, M. L. (1991). Toying with the moon illusion. *Applied Optics*, **30**, 3504–3507.

Loftus, G. R. (1985). Size illusion, distance illusion, and terrestrial passage: comment on Reed. *Journal of Experimental Psychology: General*, **114**, 119–121.

Logan, J. (1736). Some thoughts concerning the sun and moon, when near the horizon, appearing larger than when near the zenith. *Philosophical Transactions of the Royal Society of London*, **39**, 404-405.

Lohmann, W. (1908). Ueber dem Fragen die Grössererscheinungen von Monde und Sternen am Horizont und die scheinbaren Form des Himmelsgewölbes. *Zeitschrift für Psychologie*, **51**, 154.

Lohmann, W. (1920). Ueber dem Fragen nach dem Grössererscheinen von Sonne, Mond und Sternen am Horizont und der scheinbaren Form des Himmelsgewölbes. *Zeitschrift für Sinnesphysiologie*, **51**, 96-120.

Loiselle, A. (1898). (Grandeur apparente de la lune). *L'Intermédiaire des Biologistes*, **1**, 352.

Lombardo, T. J. (1987). *The reciprocity of perceiver and environment: the evolution of James J. Gibson's ecological psychology*. Hillsdale, NJ: Erlbaum.

Luckiesh, M. (1918). On 'retiring' and 'advancing' colors. *American Journal of Psychology*, **29**, 182-186.

Luckiesh, M. (1921). The apparent form of the sky-vault. *Journal of the Franklin Institute*, **191**, 259-263.

Luckiesh, M. (1922). *Visual illusions - their causes, characteristics and applications*. Reprinted New York: Dover, 1965.

Lucretius (c. 95-55 BC). *De rerum natura*, 3 vols. (ed. with prolegomena, critical apparatus, translation and commentary C. Bailey). Oxford: Clarendon Press, 1947.

Lühr, K. (1898). Die scheinbare Vergrösserung der Gestirne in der Nähe des Horizontes. *Mitteilungen der Vereinigung von Freunden der Astronomie*, **8**, 31-35.

Lynch, D. K. and Livingston, W. (1995). *Color and light in nature*. Cambridge: Cambridge University Press.

MacKenna, S. and Page, B. S. see Plotinus.

Macrobius (early 5th century). *The Saturnalia* (trans. P. V. Davies). New York: Columbia University Press, 1969.

Malebranche, N. (1675). *The search after truth* (trans. T. M. Lennon and P. J. Olscamp). Columbus, Ohio: Ohio State University Press, 1980.

Malebranche, N. (1693). Réponse du P. Malebranche à M. Regis. In N. Malebranche, *Oeuvres complètes*, Vol. 17-1. Paris: J. Vrin, 1960.

Malebranche, N. (1694). Piéces diverses concernant la polémique Malebranche-Regis. In N. Malebranche, *Oeuvres complètes*, Vol. 17-1. Paris: J. Vrin, 1960.

Marks, L. E. (1978). *The unity of the senses: interrelations among the modalities*. New York: Academic Press.

Marshack, A. (1975). Exploring the mind of Ice Age Man. *National Geographic Magazine*, **147** (1), 64-89.

Maskelyne, N. (1789). An attempt to explain a difficulty in the theory of vision, depending on the different refrangibility of light. *Philosophical Transactions of the Royal Society of London*, **79**, 256-264.

Mayr, R. (1904). Die scheinbare Vergrösserung von Sonne, Mond und Sternbildern am

Horizont. (*Pflügers*) *Archiv für Physiologie*, **101**, 349–422.

McCready, D. (1965). Size-distance perception and accommodation-convergence micropsia - a critique. *Vision Research*, **5**, 189–206.

McCready, D. (1985). On size, distance, and visual angle perception. *Perception and Psychophysics*, **37**, 323–334.

McCready, D. (1986). Moon illusions redescribed. *Perception and Psychophysics*, **39**, 64–72.

McCready, D. (1999). The moon illusion explained. Article placed on website http://facstaff.uww.edu/mccreadd/ on 18 May1999.

McKee, S. P. and Smallman, H. S. (1998). Size and speed constancy. In V. Walsh and J. J. Kulikowski (ed.), *Visual constancies: why things look as they do*, pp. 373–408. Cambridge: Cambridge University Press.

McKee, S. P. and Welch, L. (1992). The precision of size constancy. *Vision Research*, **32**, 1447–1460.

McNeil, R. (2001). A little moonshine over Callanish relieves the stresses of the guys and gulls. *The Scotsman* (Edinburgh), 12 May 2001.

McNulty, J. A. and St Claire-Smith, R. (1964). Terrain effects upon perceived distance. *Canadian Journal of Psychology*, **18**, 175–182.

Meehan, J. W. and Day, R. H. (1995). Visual accommodation as a cue for size. *Ergonomics*, **38**, 1239–1249.

Meili, R. (1960). Ueberlegungen zur Mondtäuschung. *Psychologische Beiträge*, **5**, 154–166.

Mellerio, J. (1966). Ocular refraction at low illuminations. *Vision Research*, **6**, 217–237.

Meyering, T. C. (1989). *Historical roots of cognitive science: the rise of a cognitive theory of perception from antiquity*. Dordrecht: Kluwer.

Middleton, W. E. K. (1958). *Vision through the atmosphere*. Toronto: University of Toronto Press.

Middleton, W. E. K. (1960). Bouguer, Lambert, and the theory of horizontal visibility. *Isis*, **51**, 145–149.

Miles, P. W. (1951). The relation of perceived size of half-images at the fusion level to projection on the horopter. *American Journal of Ophthalmology*, **34**, 1543–1561.

Miller, A. (1943). Investigation of the apparent shape of the sky. B. Sc. thesis, Pennsylvania State College, University Park, PA 16802.

Milner, A. D. (1997). Vision without knowledge. *Philosophical Transactions of the Royal Society of London B*, **352**, 1249–1256.

Minnaert, M. (1954). *The nature of light and colour in the open air* (trans. H. M. Kremmer-Priest, revised by K. E. Brian Jay). New York: Dover Publications.

Mollon, J. D. (1997). 'On the basis of velocity cues alone': some perceptual themes 1946–1996. *Quarterly Journal of Experimental Psychology*, 50A, 859–878.

Mollon, J. D. and Ross, H. E. (1975). Gregory on the sun illusion. *Perception*, **4**, 115–118.

Molyneux, W. (1687). Concerning the apparent magnitude of the sun and moon, or the apparent distance of two stars, when nigh the horizon and when higher elevated. *Philosophical Transactions of the Royal Society of London*, **16**, 314–323.

Mon-Williams, M. and Tresilian, J. R. (1999). The size-distance paradox is a cognitive phenomenon. *Experimental Brain Research*, **126**, 578–582.

Mon-Williams, M., Tresilian, J. R., Plooy, A., Wann, J. P., and Broerse, J. (1997). Looking at the task in hand: vergence eye movements and perceived size. *Experimental Brain Research*, **117**, 501–506.

Morgan, M. J. (1977). *Molyneux's question: vision, touch and the philosophy of perception*. Cambridge: Cambridge University Press.

Morgan, M. J. (1992). On the scaling of size judgments by orientational cues. *Vision Research*, **32**, 1433–1445.

Morinaga, S. (1935). Ueber die Blickrichtung und die Mondtäuschung (in Japanese). *Japanese Journal of Psychology*, **10**, 1–25. Johnson Reprint Corporation, 1966. English abstract in *Psychological Abstracts* (1935), **9**, No. 4940.

Müller, A. (1906). Le problème du grossissement apparent des astres à l'horizon considéré au point de vue méthodologique. *Archives de Psychologie*, **5**, 305–318.

Müller, A. (1907). Die referenzflächentheorie der Täuschung am Himmelsgewölbe und an den Gestirnen. *Zeitschrift für Psychologie*, **44**, 186–200.

Müller, A. (1918). *Die referenzflächen des Himmels und der Gestirne*. Braunschweig: Friedrich Vieweg und Sohn.

Müller, A. (1921). Beiträge zum Problem der Referenzflächen des Himmels und der Gestirne. *Archiv für die gesamte Psychologie*, **41**, 47–89.

Murray, D. J. (1988). *A history of Western Psychology* (2nd edn). Englewood Cliffs: Prentice Hall.

Myers, C. S. (1911). *A textbook of experimental psychology* (2nd edn), Part 1 - Text-book. Cambridge: Cambridge University Press.

Needham, J. (1959). *Science and civilisation in China*, Vol. 3: *Mathematics and the sciences of the heavens and the earth*. Cambridge: Cambridge University Press. (東畑精一・薮内清（監修）『中国の科学と文明 第5巻 天の科学』思索社)

Neugebauer, O. (1975). *A history of ancient mathematical astronomy*. New York: Springer-Verlag.

Oldfather, C. H. (trans.) (1967). *Diodorus of Sicily*, Vol. 2. Loeb Classical Library, London: Heinemann.

Omar, S. B. (1977). *Ibn al-Haytham's optics: a study of the origins of experimental science*. Minneapolis: Bibliotheca Islamica.

O'Neil, W. M. (1957). *An introduction to method in psychology*. Melbourne: Melbourne University Press.

O'Neil, W. M. (1969). *Fact and theory: an aspect of the philosophy of science*. Sydney: Sydney University Press.

Ono, H., Muter, P., and Mitson, L. (1974). Size-distance paradox with accommodative micropsia. *Perception and Psychophysics*, **15**, 301–307.

Oppel, J. J. (1855). Ueber geometrisch-optische Täuschungen. *Jahresberichte der physikalische verein, Frankfurt*, 37–47.

Orbach, J. and Solhkhah, N. (1968). Size judgements of discs presented against the zenith sky. *Perceptual and Motor Skills*, **26**, 371–374.

Osaka, R. (1962). Celestial illusion - an overview of the history and theories. *Psychologia*, **5**, 24–31.

O'shea, R. P., Blackburn, S. G., and Ono, H. (1994). Contrast as a depth cue. *Vision Research*, **34**, 1595–1604.

Otero, J. M. (1951). Influence of the state of accommodation on the visual performance of the human eye. *Journal of the Optical Society of America*, **41**, 942–948.

Over, R. (1962a). Stimulus wavelength variation and size and distance judgements. *British Journal of Psychology*, **53**, 141–147.

Over, R. (1962b). Brightness judgements and stimulus size and distance. *British Journal of Psychology*, **53**, 431–438.

Owens, D. A. (1979). The Mandelbaum effect: evidence for an accommodative bias toward intermediate viewing distances. *Journal of the Optical Society of America*, **69**, 646–652.

Oyama, T. and Yamamura, T. (1960). The effect of hue and brightness on the depth perception in normal and color-blind subjects. *Psychologia*, **3**, 191–194.

Pannekoek, A. (1961). *A history of astronomy*. New York: Interscience Publishers.

Parks, T. E. (1989). A brief comment. In M. Hershenson (ed.), *The moon illusion*, pp. 371–374. Hillsdale, NJ: Erlbaum.

Pastore, N. (1971). *Selective history of theories of visual perception: 1650–1950*. New York: Oxford University Press.

Payne, M. C. (1964). Color as an independent variable in perceptual research. *Psychological Bulletin*, **61**, 199–208.

Pecham, John (C. 1274). Perspectiva communis. In D. C. Lindberg, *John Pecham and the science of optics*. Madison: University of Wisconsin Press, 1970.

Pernter, J. M. and Exner, F. M. (1922). *Meteorologische Optik* (2nd edn). Vienna: W. Braumüller.

Piaget, J. and Lambercier, M. (1943). Recherches sur le développement des perceptions: III. Le problème de la comparaison visuelle en profondeur (constance de la grandeur) et l'erreur systématique de l'étalon. *Archives de Psychologie, Genève*, **29**, 255–308.

Pickford, R. W. (1943). Some effects of veiling glare in binocular vision. *British Journal of Psychology*, **33**, 150–161.

Pillsbury, W. B. and Schaefer, B. R. (1937). A note on 'advancing and retreating' colors. *American Journal of Psychology*, **49**, 126–130.

Plateau, J. (1839a). Note sur l'irradiation. *Bulletin de l'Académie Royale des Sciences, des Lettres et des Beaux-Arts de Belgique*, **6**, Part 1, 501–505.

Plateau, J. (1839b). Deuxième note sur l'irradiation. *Bulletin de l'Académie Royale des Sciences, des Lettres et des Beaux-Arts de Belgique*, **6**, Part 2, 102–106.

Plateau, J. (1880). Une application des images accidentelles. *Bulletin de l'Académie Royale de Belgique*, 2nd series, **49**, 316–319.

Plato (427–347 BC). *Timaeus* (trans. F. M. Cornford). Indianapolis: Bobbs-Merrill, 1959.

Plotinus (205-270). The six Enneads (trans. S. MacKenna and B. S. Page). In *Encyclopaedia Britannica great books of the western world*, Vol. 17. Chicago: William Benton, 1952.

Plug, C. (1989a). The registered distance of the celestial sphere: some historical cross-cultural data. *Perceptual and Motor Skills*, **68**, 211-217.

Plug, C. (1989b). Annotated bibliography. In M. Hershenson (ed.), *The moon illusion*, pp. 385-407. Hillsdale, NJ: Erlbaum.

Plug, C. and Ross, H. E. (1989). Historical review. In M. Hershenson (ed.), *The moon illusion*, pp. 5-27. Hillsdale, NJ: Erlbaum.

Plug, C. and Ross, H. E. (1994). The natural moon illusion: a multi-factor angular account. *Perception*, **23**, 321-333.

Ponzo, M. (1913). Rapports entre quelques illusions visuelles de contraste angulaire et l'appréciation de grandeur des astres à l'horizon. *Archives Italiennes de Biologie*, **58**, 327-329.

Porta, G. B. della (1593). *De refractione optices parte*. Naples. I Carlinum and Pacum.

Porterfield, W. (1759). *A treatise on the eye, the manner and phaenomena of vision*. Edinburgh: A. Miller.

Poulton, E. C. (1989). *Bias in quantifying judgments*. Hove: Erlbaum.

Pozdena, R. F. (1909). Eine Methode zur experimentellen und konstruktiven Bestimmung der Form des Firmamentes. *Zeitschrift für Psychologie*, **51**, 200-246.

Ptolemaeus, Claudius (C. 142). The Almagest (trans. R. C. Taliaferro). In *Encyclopaedia Britannica great books of the Western world*, Vol. 16. Chicago: William Benton, 1952.

Ptolemaeus, Claudius (C. 170). *L'optique de Claude Ptolémée* (ed. Albert Lejeune). Publications Universitaires de Louvain, 1956; 2nd edn Leiden: E. J. Brill, 1989.

Ptolemaeus, Claudius (C. 170). *Ptolemy's theory of visual perception: an English translation of the Optics* (trans. A. Mark Smith). *Transactions of the American Philosophical Society* (1996), **86**, Part 2.

Quantz, J. O. (1895). The influence of the color of surfaces on our estimation of their magnitude. *American Journal of Psychology*, **7**, 26-41.

Quiller-Couch, A. (ed.) (1955). *The Oxford book of ballads*, p. 329. Oxford: Clarendon Press.

Reed, C. F. (1984). Terrestrial passage theory of the moon illusion. *Journal of Experimental Psychology: General*, **113**, 489-500.

Reed, C. F. (1985). More things in heaven and earth: a reply to Loftus. *Journal of Experimental Psychology: General*, **114**, 122-124.

Reed, C. F. (1989). Terrestrial and celestial passage. In M. Hershenson (ed.), *The moon illusion*, pp. 267-278. Hillsdale, NJ: Erlbaum.

Reed, C. F. (1996). The immediacy of the moon illusion. *Perception*, **25**, 1295-1300.

Reed, C. F. and Krupinski, E. A. (1992). The target in the celestial (moon) illusion. *Journal of Experimental Psychology: Human Perception and Performance*, **18**, 247-256.

Regis, P. S. (1694). Première replique de M. Regis à la réponse du R. P. Malebranche … Summary in N. Malebranche, *Oeuvres complètes*, Vol. 17-1. Paris: J. Vrin, 1960.

Reimann, E. (1902a). Die scheinbare Vergrösserung der Sonne und des Mondes am Horiz-

ont, I. Geschichte des Problems. *Zeitschrift für Psychologie*, **30**, 1–38.

Reimann, E. (1902b). Die scheinbare Vergrösserung der Sonne und des Mondes am Horizont, II. Beobachtungen und Theorie. *Zeitschrift für Psychologie*, **30**, 161–195.

Reimann, E. (1904). Die scheinbare Vergrösserung der Sonne und des Mondes am Horizont. *Zeitschrift für Psychologie*, **37**, 250–261.

Rentschler, I., Hilz, R., Sütterlin, C., and Noguchi, K. (1981). Illusions of filled lateral and angular extent. *Experimental Brain Research*, **44**, 154–158.

Restle, F. (1970a). Moon illusion explained on the basis of relative size. *Science*, **167**, 1092–1096.

Restle, F. (1970b). Insightful amateur astronomer. *Science*, **168**, 1287.

Riccioli, G. B. (1651). *Almagestum novum, astronomiam veterem novamque complectens, etc.* Bonaniae: Haeredis V. Benatii.

Richards, W. (1977). Lessons in constancy from neurophysiology. In W. Epstein (ed.), *Stability and constancy in visual perception*, pp. 421–436. New York: Wiley.

Ridpath, I. (ed.) (1998). *Norton's star atlas and reference handbook* (*Epoch 2000.0*) (19th ed). Harlow: Addison Wesley Longman.

Rist, J. M. (1972). *Epicurus: an introduction*. Cambridge: Cambridge University Press.

Rivers, W. H. (1896). On the apparent size of objects. *Mind*, new series, **5**, 71–80.

Robins, B. (1761). *Mathematical tracts of the late Benjamin Robins*; published by James Wilson. London: J. Nourse.

Robinson, E. J. (1954). The influence of photometric brightness on judgments of size. *American Journal of Psychology*, **67**, 464–474.

Robinson, J. O. (1972). *The psychology of visual illusion*. London: Hutchinson University Library.

Robinson, T. M. (1987). *Heraclitus. Fragments. A text and translation with a commentary*. Toronto: University of Toronto Press.

Rock, I. (1966). *The nature of perceptual adaptation*. New York: Basic Books.

Rock, I. (1975). *An introduction to perception*. New York: Macmillan.

Rock, I. (1977). In defense of unconscious inference. In W. Epstein (ed.), *Stability and constancy in visual perception*, pp. 321–373. New York: Wiley.

Rock, I. and Ebenholtz, S. (1959). The relational determination of perceived size. *Psychological Review*, **66**, 387–401.

Rock, I. and Kaufman, L. (1962). The moon illusion, II. *Science*, **136**, 1023–1031.

Rock, I. and McDermott, E. (1964). The perception of visual angle. *Acta Psychologica*, **22**, 119–114.

Roelofs, C. O. and Zeeman, W. P. C. (1957). Apparent size and apparent distance in binocular and monocular vision. *Ophthalmologica*, **133**, 188–204.

Rohault, J. (1671). *A system of natural philosophy*, 2 vols. (revised edn of 1723, ed. and trans. J. and S. Clarke). New York: Johnson Reprint Corporation, 1969.

Ronchi, V. (1957). *Optics: the science of vision* (trans. E. Rosen). New York: New York University Press.

Roscoe, S. N. (1977). *How big the moon, how fat the eye?* (Tech. Rep. ARL-77-2/AFOSR-77-2). Savoy: University of Illinois at Urbana-Champaign, Aviation Research Laboratory.

Roscoe, S. N. (1979). When day is done and shadows fall, we miss the airport most of all. *Human Factors*, **21**, 721-731.

Roscoe, S. N. (1982). Landing airplanes, detecting traffic, and the dark focus. *Aviation, Space, and Environmental Medicine*, **53**, 970-976.

Roscoe, S. N. (1985). Bigness is in the eye of the beholder. *Human Factors*, **27**, 615-636.

Roscoe, S. N. (1989). The zoom-lens hypothesis. In M. Hershenson (ed.), *The moon illusion*, pp. 31-57. Hillsdale, NJ: Erlbaum.

Ross, H. E. (1965). The size-constancy of underwater swimmers. *Quarterly Journal of Experimental Psychology*, **17**, 329-337.

Ross, H. E. (1967). Water, fog and the size-distance invariance hypothesis. *British Journal of Psychology*, **58**, 301-313.

Ross, H. E. (1970). Adaptation of divers to curvature distortion under water. *Ergonomics*, **13**, 489-499.

Ross, H. E. (1971). Spatial perception under water. In J. D. Woods and J. N. Lythgoe (ed.), *Underwater science*, pp. 69-101. London: Oxford University Press.

Ross, H. E. (1974). *Behaviour and perception in strange environments*. London: Allen and Unwin.

Ross, H. E. (1975). Mist, murk and visual perception. *New Scientist*, 17 June, 658-660.

Ross, H. E. (1982). *Visual-vestibular interaction in size perception*. Report to the Visual Research Trust, Department of Psychology, University of Stirling.

Ross, H. E. (1993). Do judgements of distance and greyness follow the physics of aerial perspective? In A. Garriga-Trillo, P. R. Minon, C. Garcia-Gallego, P. Lubin, J. M. Merino, and A. Vallarino (ed.), *Fechner Day '93*, pp. 233-238. Palma de Majorca, Spain: International Society for Psychophysics.

Ross, H. E. (1994a). Scaling the heights. *The Scottish Mountaineering Club Journal*, XXXV, No. 185, 402-410.

Ross, H. E. (1994b). Active and passive head and body movements. *Behavioral and Brain Sciences*, **17**, 329-330.

Ross, H. E. (1997). On the possible relations between discriminability and apparent magnitude. *British Journal of Mathematical and Statistical Psychology*, **50**, 187-203.

Ross, H. E. (2000). Cleomedes (C. lst century AD) on the celestial illusion, atmospheric enlargement and size-distance invariance. *Perception*, **29**, 853-861.

Ross, H. E. (2002). Levels of processing in the size-distance paradox. In L. R. Harris and M. Jenkin (ed.) *Levels of perception*, pp. 143-162. New York: Springer Verlag.

Ross, H. E. and Plug, C. (1998). The history of size constancy and size illusions. In V. Walsh and J. J. Kulikowski (ed.), *Perceptual constancy: why things look as they do*, pp. 499-528. Cambridge: Cambridge University Press.

Ross, H. E. and Ross, G. M. (1976). Did Ptolemy understand the moon illusion? *Perception*,

5, 377–385.

Ross, H. E., King, S. R., and Snowden, H. (1970). Size and distance judgements in the vertical plane under water. *Psychologische Forschung*, **33**, 155–164.

Ross, J., Jenkins, B., and Johnstone, J. R. (1980). Size constancy fails below half a degree. *Nature*, **283**, 473–474.

Ruggles, C. (1999). *Astronomy in prehistoric Britain and Ireland*. New Haven: Yale University Press.

Rump, E. E. (1961). The relationship between perceived size and perceived distance. *British Journal of Psychology*, **52**, 111–124.

Sabra, A. I. (1987). Psychology versus mathematics: Ptolemy and Alhazen on the moon illusion. In E. Grant and J. E. Murdoch (ed.), *Mathematics and its applications to science and natural philosophy in the Middle Ages*, pp. 217–247. Cambridge: Cambridge University Press.

Sabra, A. I. (1989). Vol. I: *The Optics of Ibn Al-Haytham: Books I-III On direct vision*. Vol. II: *Introduction and commentary*. Studies of the Warburg Institute (ed. J. B. Trapp), Vol. 40, i. London: University of London.

Sabra, A. I. (1996). On seeing the stars, II: Ibn al Haytham's 'answers' to the 'doubts' raised by Ibn Ma'Dan. *Zeitschrift für Geschichte der Arabisch-Islamischen Wissenschaften*, Sonderdruck, Band 10. Frankfurt am Main: Institut für Geschichte der Arabisch-Islamischen Wissenschaften.

Sanford, E. C. (1898). *A course in experimental psychology. Part 1: Sensation and perception*. London: Heath.

Schaeberle, E. M. (1899). A simple physical explanation of the seeming enlargement of celestial areas near the horizon. *Astronomische Nachrichten*, **148**, 375.

Scheerer, E. (1984). Motor theories of cognitive structure: a historical review. In W. Prinz and A. F. Sanders (ed.), *Astronomische NachrichtenCognition and motor processes*, pp. 77–98. Berlin: Springer.

Scheerer, E. (1987). Muscle sense and innervation feelings: a chapter in the history of perception and action. In H. Heuer and A. F. Sanders (ed.), *Perspectives on perception and action*, pp. 171–194. Hillsdale, NJ: Erlbaum.

Schlesinger, F. (1913). Elliptical lunar halos. *Nature*, **91**, 110–111.

Schmidt, I. (1964). Is there a moon illusion in space? *Aerospace Medicine*, **35**, 572–575.

Schönbeck, G. L. J. (1998). *Sunbowl or symbol: models for the interpretation of Heraclitus' sun notion*. Amsterdam: Elixir Press.

Schramm, M. (1959). Zur Entwicklung der physiologischen Optik in der arabischen Litteratur. *Sudhoffs Archiv für Geschichte der Medizin und der Naturwissenschaften*, **43**, 289–316.

Schur, E. (1925). Mondtäuschung und Sehgrossenkonstanz. *Psychologische Forschung*, **7**, 44–80.

Schwartz, E. L. (1980). Computational anatomy and functional architecture of striate cortex: a spatial mapping approach to perceptual coding. *Vision Research*, **20**, 645–669.

Schwartz, R. (1994). *Vision: variations on some Berkeleian themes.* Oxford: Blackwell.

Sears, F. W. (1958). *Optics* (3rd edn). Reading, MA: Addison-Wesley.

Sedgwick, H. A. (1973). The visible horizon. *Dissertation Abstracts International 1973-74*, **34**, 1301-1302B (University Microfilms 73-22, 530).

Sedgwick, H. A. (1986). Space perception. In K. R. Boff, L Kaufman, and J. P. Thomas (ed), *Handbook of perception and human performance*, Vol. 1: *Sensory processes and perception*, pp. 21. 1-21. 57. New York: Wiley.

Seneca, Lucius Annaeus (C. 3 BC-AD 65). *Naturales quaestiones*, Vol. I (trans. T. H. Corcoran). London: Loeb, 1971.

Shallo, J. and Rock, I. (1988). Size constancy in children: a new interpretation. *Perception*, **17**, 803-813.

Siegel, R. S. (1970). *Galen on sense perception.* Basel: Karger.

Simonelli, N. M. and Roscoe, S. N. (1979). *Apparent Size and visual accommodation under day and night conditions.* Technical report Eng Psy-79-3/AFOSR-79-3. Champaigne, Illinois: Department of Psychology, Universlty OHllinois at Urbana-Champaigne.

Simonet, P. and Campbell, M. C. W. (1990). Effect of illuminance on the directions of chromostereopsis and transverse chromatic aberration observed with natural pupils. *Ophthalmic and Physiologica1 Optics*, **10**, 271-279.

Smith, A. M. (1982). Ptolemy's search for a law of refraction: A case-study in the classical methodology of "saving the appearances" and its limitations. *Archive for History of Exact Sciences*, **26**, 221-240.

Smith, A. M. (1996). *Ptolemy's theory of the perception: an English translation of the Optics with introduction and commentary. Transactions of the American Philosophical Society*, **86**, Part 2. Philadelphia: American Philosophical Society.

Smith, N. (1905). Malebranche's theory of the perception of distance and magnitude. *British Journal of Psychology*, **1**, 191-204.

Smith, O. W., Smith, P. C., Geist, C. C., and Zimmerman, R. R. (1978). Apparent size contrasts of retinal images and size constancy as determinants of the moon illusion. *Perceptual and Motor Skills*, **46**, 803-808.

Smith, R. (1985). Vergence eye movement responses to whole-body linear acceleration stimuli in man. *Ophthalmological and Physiologica1 Optics*, **5**, 303-311.

Smith, Robert. (1738). *A compleat system of opticks.* Cambridge.

Smith, W. M. (1952). Gilinsky's theory of visual size and distance. *Psychological Review*, **59**, 239-243.

Solhkhah, N. and Orbach, J. (1969). Determinants of the magnitude of the moon illusion. *Perceptual and Motor Skills*, **29**, 87-98.

Sterneck, R. von. (1907). *Der Sehraum auf Grund der Erfahrung.* Leipzig: J. A. Barth.

Sterneck, R. von. (1908). Die Referenzflächentheorie der scheinbaren Grösse der Gestirne. *Zeitschrift für Psychologie*, **46**, 1-22.

Storch, E. (1903). Der Wille und das räumliche moment in Wahrnehmung und Vorstellung. *(Pflügers) Archiv für Physiologie*, **95**, 305-345.

Strabo (C. 63 BC–AD 25). *The geography* (trans. H. D. P. Lee). Loeb Classical Library, London: Heinemann, 1962.

Stroobant, P. (1884). Sur l'agrandissement apparent des constellations, du soleil et de la lune à l'horizon. *Bulletin de l'Académie Royale de Belgique*, 3rd series, **8**, 719–731.

Stroobant, P. (1928). Sur l'agrandissement apparent des constellations, du soleil et de la lune à l'horizon (troisième note). *Bulletin de l'Académie Royale de Belgique*, Classe des Sciences, 5th series, **14**, 91–108.

Strous, Dr (1999). *Special full moon*. http://louis.lmsal.com/PR/specialmoon.html. Down loaded 15 February 2001.

Sundet, J. M. (1972). The effect of pupil size variations on the color stereoscopic phenomenon. *Vision Research*, **12**, 1027–1032.

Sundet, J. M. (1978). Effects of colour on perceived depth. Review of experiments and evaluation of theories. *Scandinavian Journal of Psychology*, **19**, 133–143.

Suzuki, K. (1991). Moon illusion simulated in complete darkness: planetarium experiment reexamined. *Perception and Psychophysics*, **49**, 349–354.

Suzuki, K. (1998). The role of binocular viewing in a spacing illusion arising in a darkened surround. *Perception*, **27**, 355–361.

Szily, A. von (1905). Bewegungsnachbild und Bewegungskontrast. *Zeitschrift für Psychologie und Physiologie der Sinnesorgane*, **38**, 81–154.

Talbot, P. A. (1969). *The peoples of southern Nigeria*, 4 vols. (new impression). London: Frank Cass (originally published 1926).

Taylor, D. W. and Boring, E. G. (1942). The moon illusion as a function of binocular regard. *American Journal of Psychology*, **55**, 189–201.

Taylor, F. V. (1941). Change in size of the after-image induced in total darkness. *Journal of Experimental Psychology*, **29**, 75–80.

Taylor, I. L. and Sumner, F. C. (1945). Actual brightness and distance of individual colors when their apparent distance is held constant. *Journal of Psychology*, **19**, 79–85.

Teghtsoonian, M. (1965). The judgment of size. *American Journal of Psychology*, **78**, 392–402.

Teghtsoonian, M. and Beckwith, J. B. (1976). Children's size judgments when size and distance vary: is there a developmental trend to overconstancy? *Journal of Experimental Child Psychology*, **22**, 23–39.

Teghtsoonian, M. and Teghtsoonian, R. (1970). Scaling apparent distance in a natural outdoor setting. *Psychonomic Science*, **21**, 215–216.

Thompson, R. C. (1900). *The reports of the magicians and astrologers of Nineveh and Babylon*. London: Luzac and Co.

Thor, D. H., Winters, J. J., and Hoats, D. L. (1969). Vertical eye movement and space perception: a developmental study. *Journal of Experimental Psychology*, **82**, 163–167.

Thor, D. H., Winters, J. J., and Hoats, D. L. (1970). Eye elevation and visual space in monocular regard. *Journal of Experimental Psychology*, **86**, 246–249.

Thorndike, L. (1923–1958). *A history of magic and experimental science*, 8 vols. New York:

Columbia University Press.

Thouless, R. H. (1968). Apparent size and distance in vision through a magnifying system. *British Journal of Psychology*, **59**, 111–118.

Titchener, E. B. (1901). *Experimental psychology: a manual of laboratory practice*, Vol. 1: *Qualitative experiments; Part 1. Student's manual*. London: Macmillan.

Todd, R. (ed.) (1990). *Cleomedis caelestia (meteora)*. Leipzig: Teubner.

Tolansky, S. (1964). *Optical illusions*. London: Pergamon Press.

Tomlinson, C. (C. 1862). *The dew-drop and the mist*. London: Society for Promoting Christian Knowledge.

Toomer, G. J. (1974). Hipparchus on the distances of the sun and moon. *Archive for History of Exact Sciences*, **14**, 126–142.

Trehub, A. (1991). *The cognitive brain*. Cambridge, MA: MIT Press.

Tronick, E. and Hershenson, M. (1979). Size-distance perception in pre-school children. *Journal of Experimental Child Psychology*, **27**, 166–184.

Trotter, A. P. (1938). The apparent size of the sun. *Nature*, **141**, 123.

Tscherning, M. (1904). *Physiologic optics* (2nd edn; trans. C. Weiland). Philadelphia: The Keystone (The Organ of the Jewelry and Optical Trades).

Turnbull, C. M. (1961). Some observations regarding the experiences and behavior of the BaMbuti Pygmies. *American Journal of Psychology*, **74**, 304–308.

Van de Geer, J. P. and Zwaan, E. J. (1964). Size constancy as dependent upon angle of regard and spatial direction of stimulus-object. *American Journal of Psychology*, **77**, 563–575.

Van Eyl, F. P. (1968). Vestibular hypothesis for the moon illusion. In *Proceedings of the 76th Annual Convention of the American Psychological Association*, **3**, 87–88. Washington, D. C.: APA.

Van Eyl, F. P. (1972). Induced vestibular stimulation and the moon illusion. *Journal of Experimental Psychology*, **94**, 326–328.

Vitruvius Pollio (1st century BC). *De architectura* (trans. F. Granger). New York: G. P. Putnam's Sons, 1931.

Vitruvius Pollio (1st century BC). *On architecture*, 2 vols. (ed. and trans. F. Granger). Cambridge, MA: Harvard University Press, 1970.

Wade, N. J. (1998a). Light and sight since antiquity. *Perception*, **27**, 637–670.

Wade, N. J. (1998b). *A natural history of vision*. Cambridge, MA: MIT Press.

Wade, N. J. and Day, R. H. (1967). Tilt and centrifugation in changing the direction of body-force. *American Journal of Psychology*, **80**, 637–639.

Wagner, M., Baird, J. C., and Fuld, K. (1989). Transformation model of the moon illusion. In M. Hershenson (ed.), *The moon illusion*, pp. 147–165. Hillsdale, NJ: Erlbaum.

Walker, B. H. (1978a). The moon illusion: a review - part 1. *Optical Spectra*, **12** (1), 68–69.

Walker, B. H. (1978b). The moon illusion: a review - part 2. *Optical Spectra*, **12** (2), 64–65.

Walker, E. (1804). On the apparent size of the horizontal moon. *Journal of Natural Philosophy, Chemistry and the Arts*, **9**, 164–166.

Walker, E. (1805). On the apparent size of the horizontal moon. *Journal of Natural Philosophy, Chemistry and the Arts*, **10**, 105–111.

Walker, E. (1806). Abridgment of certain papers written on the apparent magnitude of the horizontal moon. *Philosophical Magazine*, **24**, 240–244.

Walker, E. (1807). On the phenomena of the horizontal moon. *Philosophical Magazine*, **29**, 65–68.

Walker, J. (1997). Inconstant moon: the moon at perigee and apogee. http://www.fourmilab.ch/earthview/moon_ap_per.html. Downloaded 15 February 2001 .

Wallach, H. (1948). Brightness constancy and the nature of achromatic colors. *Journal of Experimental Psychology*, **38**, 310–324.

Wallach, H. (1962). On the moon illusion (letters to the editor). *Science*, **137**, 900–902.

Wallach, H. and Berson, E. (1989). Measurements of the illusion. In M. Hershenson (ed.), *The moon illusion*, pp. 287–297. Hillsdale, NJ: Erlbaum.

Wallach, H. and McKenna, V. V. (1960). On size-Perception in the absence of cues for distance. *American Journal of Psychology*, **73**, 458–460.

Wallis, J. (1687). [Comments on Molyneux]. *Philosophical Transactions of the Royal Society of London*, **16**, 323–329.

Wallis, W. A. (1935). The influence of color on apparent size. *Journal of General Psychology*, **13**, 193–199.

Walsh, V. and Kulikowski, J. J. (ed.) (1998). *Perceptual constancy: why things look as they do*. Cambridge: Cambridge University Press.

Warner, B. (1996). Traditional astronomical knowledge in Africa. In C. Walker (ed.), *Astronomy before the telescope*, pp. 304–317. London: British Museum Press.

Warren, R. and Owen, D. H. (1980). The horizon, ecological optics, and the moon illusion. *Bulletin of the Psychonomic Society*, **10**, 167.

Warren, W. H. and Whang, S. (1987). Visual guidance of walking through apertures: body-scaled information for affordances. *Journal of Experimental Psychology: Human Perception and Performance*, **13**, 371–383.

Weale, R. A. (1975). Apparent size and contrast. *Vision Research*, **15**, 949–955.

Weber, E. H. (1834). De pulsu, resorptione, auditu et tactu. Annotationes anatomicae et physiologicae. Leipzig: Koehler. Trans. in H. E. Ross and D. J. Murray (1996). *E. H. Weber on the tactile senses* (2nd edn). Hove: Erlbaum (UK)/Taylor and Francis.

Weber, E. H. (1846). Der Tastsinn und das Gemeingefühl. Trans. in H. E. Ross and D. J. Murray (1996). *E. H. Weber on the tactile senses* (2nd edn). Hove: Erlbaum (UK)/Taylor and Francis.

Welch, R. B. (1978). *Perceptual modification: adapting to altered sensory environments*. New York: Academic Press.

Welch, R. B. (1986). Adaptation of space perception. In K. R. Boff, L. Kaufman, and J. P. Thomas (ed.), *Handbook of perception and human performance*, Vol. I: *Sensory processes and perception*, Chapter 24, pp. 1–45. New York: Wiley.

Wenning, C. J. (1985). New thoughts on understanding the moon illusion. Planetarian, 14

(December), No. 4. Retrieved 28 January 1999 from the World Wide Web: http://www.GriffithObs.org/IPSMoonIllus.html

Wheatstone, C. (1852). Contributions to the physiology of vision - part the second. On some remarkable, and hitherto unobserved, phenomena of binocular vision. *Philosophical Transactions of the Royal Society*, **142**, 1-17.

Whiteside, T. C. D. and Campbell, F. W. (1959). Size constancy effect during angular and radial acceleration. *Quarterly Journal of Experimental Psychology*, **11**, 249.

Wiedemann, E. (1914). Fragen aus den Gebiet der Naturwissenschaften, gestellt von Friedrich II. *Archiv für Kulturgeschichte*, **11**, 483-485.

Wilkins, J. (1638). *The discovery of a world in the moone*. London: Sparke and Forrest. Scholars' Facsimiles and Reprints, New York: Delmar, 1973.

Willats, J. (1997). *Art and representation: new principles in the analysis of pictures*. Princeton, NJ: Princeton University Press.

Witkin, H. A. (1964). Uses of the centrifuge in studies of the orientation of space. *American Journal of Psychology*, **77**, 499-502.

Witte, H. (1918). Ueber den Sehraum. Vorläufige Mitteilung über eine gemeinsam mit Herrn E. Laqueur unternommene Arbeit. *Physikalische Zeitschrift*, **19**, 142-151.

Witte, H. (1919a). Ueber den Sehraum. Zweite Mitteilung: Zur Frage nach der scheinbaren Vergrösserung des Mondes usw. am Horizont. *Physikalische Zeitschrift*, **20**, 61-64.

Witte, H. (1919b). Ueber den Sehraum. Dritte Mitteilung: Zur scheinbaren Grösse des Mondes. *Physikalische Zeitschrift*, **20**, 114-120.

Witte, H. (1919c). Ueber den Sehraum. Vierte Mitteilung: Scheinbare Grösse und scheinbare Vergrösserung des Mondes. *Physikalische Zeitschrift*, **20**, 126-127.

Wolbarsht, M. L. and Lockhead, G. R. (1985). Moon illusion: a new perspective. *Applied Optics (USA)*, **24**, 1844-1847.

Wood, R. J., Zinkus, P. W., and Mountjoy, P. T. (1968). The vestibular hypothesis of the moon illusion. *Psychonomic Science*, **11**, 356.

Woodworth, R. S. and Schlosberg, H. (1954). *Experimental psychology*. New York: Holt.

Wundt, W. (1873). *Grundzüge der physiologischen Psychologie*. Leipzig: W. Engelmann (6th edn 1908-11).

Ye, M., Bradley, A., Thibos, L. N., and Zhang, X. (1991). Interocular differences in transverse chromatic aberration determine chromostereopsis for small pupils. *Vision Research*, **31**, 1787-1796.

Young, T. (1807a). *A course of lectures on natural philosophy and the mechanical arts* (new edn). London: Taylor and Walton, 1845.

Young, T. (1807b). *A course of lectures On natural philosophy and the mechanical arts*, Vol. 1: Lecture XXXVIII, On vision. London: Johnson. Reprinted in *The sources of science*, No. 82. New York: Johnson Reprint Corporation, 1971.

Zehender, W. von (1899). Die Form des Himmelsgewölbes und das Grösser-Erscheinen der Gestirne am Horizont. *Zeitschrift für Psychologie*, **20**, 353-357.

Zehender, W. von (1900). Die Form des Himmelsgewölbes und das Grösser-Erscheinen

der Gestirne am Horizont. *Zeitschrift für Psychologie*, **24**, 218–284.

Zeilik, M. and Gregory, S. A. (1998). *Introductory astronomy and astrophysics* (4th edn). Fort Worth: Saunders College Publishing.

Zeno, T. (1862). On the changes in the apparent size of the moon. *Philosophical Magazine*, **24**, 390–392.

Zinkus, P. W. and Mountjoy, P. T. (1969). The effect of head position on size discrimination. *Psychonomic Science*, **14**, 80.

Zinkus, P. W. and Mountjoy, P. T. (1978). The effects of information and training on the discrimination of size in different planes of space. *Psychological Record*, **28**, 383–390.

Zoth, O. (1899). Ueber den Einfluss der Blickrichtung auf die scheinbare Grösse der Gestirne und die scheinbare Form des Himmelsgewölbes. (*Pflüges*) *Archiv für Physiologie*, **78**, 363–401.

Zoth, O. (1902). Bemerkungen zu einer alten 'Erklärung' und zwei neuen Arbeiten, Betreffend die scheinbare Grösse der Gestirne und Form des Himmelsgewölbes. (*Pflüges*) *Archiv für Physiologie*, **88**, 201–224.

注

第1章

1. この語は，ドイツ語ではSchur（1925）によって，英語ではHolway & Boring（1940a）によって導入された.
2. たとえばAngell（1924, 1932）.
3. たとえばKing & Hayes（1966）やMollon & Ross（1975）.
4. 日本の研究者の苧阪良二（1962）によって提案された.
5. Claparède（1906a）は，この錯視が子どもにあることを見出した.
6. Cambridge Anthropological Expedition（1901）, vol. 2, pp. 131-132.
7. 卵型の暈に関する初期の観察は，Smith（1738, p. 67）によって記述され，この話題はのちにPernter & Exner（1922, 第1章）によって論評された.
8. たとえばSchlesinger（1913）; Minnaert（1954）, p. 204; Lynch & Livingston（1995）, p. 177.
9. たとえばSmith（1738）, p. 66.
10. この錯視の注釈つきの文献目録はPlug（1989a）に，この錯視の初期の歴史の要約はPlug & Ross（1989）に見出される.
11. Euler（1762）, p. 480.
12. Dunn（1762）, p. 462.
13. この石板は，R. Campbell Thompson（1900）によって研究され翻訳された. 引用した句はvol. 2, p. xxxviii.
14. この例はGregory（1981）, p. 102によって，心理学と物理学における広範な説明の歴史の中で述べられた.
15. Ruggles（1999）, p. 154.
16. その寺院は，カラニシュを指すとする者もいれば，南イングランドの環状列石を指すとする者もいる.
17. ディオドラス・シクルス（Diodorus Siculus）の『歴史叢書』著作2, 47.1-5. C. H. Oldfather（1967）, vol. 2, pp. 37-41に翻訳.
18. 光学と視覚に関するイブン・アル＝ハイサムの著作は，Bauer（1911）, Schramm（1959）, Lindberg（1967）, Omar（1977）などによって研究されてきた.
19. Meyering（1989）によれば，第2段階は17世紀にはじまり，第3段階は19

世紀にはじまった．しかし，プトレミーとイブン・アル＝ハイサムの著作に関する最近の研究では，第2，第3段階はもっと早くはじまり，さらに原初的な考えと重なる．

20. Ariotti（1973b）の中に．
21. たとえばCope（1975）．
22. この過誤の歴史はRoss & Ross（1976）によって記述されている．
23. Reimann（1902a), p. 10による引用．
24. Smith（1905), p. 195による引用．
25. Reimann（1902a), p. 10による引用．
26. Pozdena（1909, p. 242）は，この拡大は，広く変化する条件においてかなり安定していると考えたが，ほとんどの著者はこの変動を事実として受け入れている．
27. Euler（1762), vol. 2, p. 483.

第2章

1. Explanatory Supplement（1961）．
2. Weber（1834/1996), p. 125.
3. Kiesow（1925/1926), Laming（1986), p. 285による引用．
4. Desaguiliers（1736a), p. 392. Desaguliersとしても知られる．
5. Explanatory Supplement（1961）．
6. Ptolemy『アルマゲスト』著作5，第13–14章．Dicks（1976), p. 171.
7. Toomer（1974）．
8. Ptolemy『アルマゲスト』著作5，第13–14章．
9. Ptolemy『アルマゲスト』著作1，第3章．
10. Cleomedes. *De motu circulari corporum caelestium*，著作2，第1章．Ross（2000）による訳．別の訳文がCohen and Drabkin（1948), p. 238の中にある．
11. Neugebauer（1975), vol. 1, p. 103.
12. Lindberg（1970), p. 304.
13. Leonald da Vinci,『作品』段落913.
14. Malebranche（1675), 著作1，第9章．
15. Euler（1762), vol. 2, p. 481.
16. Needham（1959), pp. 225–226に引用．
17. Needham（1959), pp. 226–227.
18. Guthrie（1962), p. 393.
19. Ho Peng Yoke（1966), p. 57.
20. Pannekoek（1961), p. 92.
21. Gubisch（1966）．
22. Goldstein（1967), p. 8.

23. Leonald da Vinci,『作品』段落 879.
24. Frankel（1978）.
25. Haskins（1969）.
26. Wiedemann（1914）.
27. Lloyd（1982）.
28. Haskins（1960）, p. 130.

第3章

1. たとえば Hutton（1796, vol. 2, p. 73）は,「見かけの大きさは, 光学的角度あるいは視角によって測定される大きさである」という定義を与えた. Wheatstone（1852）は, この語の曖昧性に気づいて,「私は見かけの大きさという語を使わない, なぜなら通常の受容されていることにしたがえば, この語は網膜的大きさとよんでいるものを意味することもあれば, 私が知覚された大きさと名づけているものを意味することもあるからである」と書いている.
2. おおくの測定法とそれに結びついたバイアスの論評について Baird（1970）と Poulton（1989）を参照.
3. 教示の効果は, Gilinsky（1955）, Teghtsoonian（1965）, Leibowitz & Harvey（1969）, Baird（1970）, Rock（1977）, Carlson（1977）などおおくの著者によって研究された.
4. Smith（1905）, p. 195.
5. これは Teghtsoonian（1965）の研究にも示されている.
6. 知覚された大きさに関して互いの定義を認め合うことがなかったために, マールブランシュと物理学者ピエール・リージス（Malebranche, 1675, 1693, 1694; Regis, 1694）のあいだに長く辛辣な論争が生じた. 月の知覚された大きさの性質は, バークリ（1709, 74 節）によっても考察され, 彼は, 変化するのは**視覚的**大きさではなく**触覚的**大きさであるという見解をとったが, 彼の定義は, 直線的大きさと角度的大きさの定義に明瞭に繋がっているわけでない. Witte（1918）は, 月の錯視の測定に関して, 定義の選択がもつ重要な結末を示し, Kaufman（1967）は, ふたたびこの問題に注目した. この問題に対する理論的な枠組みは, Rock（1975）, Hatfield & Epstein（1979）, McCready（1986）, Hershenson（1989a, 1989b）によって論評された.
7. Witte（1919b）.
8. アリストテレス『霊魂論』460b.
9. Robinson（1987）の断片 3. ヘラクレイトスの著作は, 後世の著者によって引用された断片の中にしか残されていない. しかし, この引用の源である, 哲学者アエティウスは, ずっと後世（たぶん 1 世紀）に活躍しており, ヘラクレイトスが言ったとしてアエティウスが書き留めたものは, アリストテレス（前 384–

322）の推定によって影響されていたかもしれない（Robinson, 1987, pp. 77–78）. 太陽の大きさに言及した古典的な文献の解釈はシェーンベック（Schönbeck, 1998）によって詳しく研究されてきた.

10. Plug（1989b）.
11. Kanda（1933）, pp. 293–294.
12. Grant（1974）, p. 14.
13. Leonardo da Vinci,『作品』vol. 2, p. 120.
14. Talbot（1969）, vol. 3, p. 956.
15. 直線的大きさの推定値から得られた，知覚された距離の計算が，視空間のフォン・シュターネックの標準水準理論の基本を形成する（第 8, 9 章参照. von Sterneck, 1907, 1908; Müller, 1907, 1918, 1921）.
16. たとえば Storch（1903）や Witte（1918, 1919c）は，じつにおおくの著者が，なぜわれわれがふつう月には大きさがあると思うのかということをまず考えないで，月の水平方向の拡大を研究してきたことを異例と考えた.
17. エピクロスのことばは，Baily（1926, pp. 61, 125, 287, 391 n15），Siegel（1970），Rist（1972）によって考察された．シーゲルは，エピクロスとルクレティウスは異なる考えをもち，エピクロスは，粒子よりも入り込んでくる流れを信じていたと論じた．エピクロスはヘロドトスに宛てた手紙の中で，「外側からやってくるものが目の中に入ってくることによって見たり認めたりする，……色と形についても同様であり，視覚器官と心に入っていくために適切に整えられた大きさについてもそうである」と記している（Siegel, 1970, p. 20）．この叙述は，像が網膜に到着したとき，像が遠近法的に縮小し，像が瞳孔に適合するように尺度化，すなわち大きさの調整が行われることを示唆する．この像がどのようにして再尺度化されて真の大きさを与えるようになるのかという疑問については考察がなかった.
18. C. Bailey（1947）による訳．pp. 188–189.
19. クレオメデスの生没年は，議論のおおいところであるが，Bowen & Goldstein（1996, 171 n27）は，彼がプトレミーの前にはほとんど知られていなかった概念である均時差（訳注：平均太陽時による時刻と，真太陽時による時刻との差）に言及しているので，彼はプトレミーの死後も生存していたと論じた．クレオメデスの著書『天国』の訳と注については，Bowen & Todd（印刷中）も参照.
20. Blumenthal（1971）.
21. 歴史的な回顧は，Boring（1942）と Ross & Plug（1998）を参照.
22. MacKennna & Page（1952）, p. 65 による訳.
23. Epstein, Park, & Casey（1961）の評論を参照.
24. Burton（1945）, p. 358 による訳.
25. Smith（1982）を参照．もうひとつの節（定理 57）には，等しい大きさの対象

の知覚された大きさは，その距離に逆比例しないという注が付加され，ゆえに，この注の著者は，視角と知覚された大きさの区別に気づいていた（Boring, 1942）．しかし，この一節の信憑性は低いので，この区別が，そんな昔にまでさかのぼられるのかどうかは確信がもてない（Lindberg, 1976）．

26. プトレミーの『光学』は，ギリシャに起源をもつアラビア語訳から中世ラテン語へとシシリアのエウゲニウス（訳注：12 世紀後半シシリア王の将軍）によって訳された 12 世紀の訳書のみが存在する．しかし，そのほとんどは，プトレミー自身の研究であり，のちにアラブ人が付け加えたものでない（Sabra, 1987; Smith, 1996）．
27. 『光学』II，53–63 および他の節．
28. 著者たちによる訳．
29. Ross（2000）．
30. Todd（1990），p. 46 のギリシャ語版からの著者たちによる訳．
31. バルフォーは，セント・アンドリュース出身のローマ・カトリックのスコットランド人であり，のちにボルドーのギュイエンヌ大学の哲学・数学の主任を務め，そこで，クレオメデスのギリシャ語とラテン語の翻訳版を制作した．
32. イブン・アル＝ハイサムは，この一節をプトレミーの『光学』から得たとしている．この素材は，12 世紀に付加されたものではない（Sabra, 1987）．
33. Reimann（1902a, p. 2）の中のラテン語から訳した．
34. 初期の恒常性に関する文献の論評は Epstein（1977）を参照．
35. たとえば Joynson（1949），Ittelson（1951），Rock & McDermott（1964）．
36. Cornish（1937）のスケッチは，この方法の例である（第 4 章）．
37. これらの技法には先例がない．東山（1992）はこの両方の技法を使って，たがいに矛盾のない結果を見出している．
38. 大きさの恒常性の文献を評論したものに，Epstein, Park, & Casey（1961），Gogel（1977），Carlson（1977），MaKee & Smallman（1998）がある．大きさの恒常性の性質に関する詳細な考察は，Kaufman（1974）や Rock（1975）の教科書を見るとよい．Baird（1977）は，おおくの実験を精神物理学的に分析した．
39. たとえば Witte（1918）や Epstein（1977）．
40. この問題は，Joynson（1949）や後世の著者によって指摘された．
41. たとえば Rock & McDermott（1964）は，手がかりが縮減された条件では，観察者は等距離であるという仮説をまったくもたずに，視角あるいは網膜的大きさが，知覚された大きさをじかに喚起すると主張した．
42. たとえば，Lichten & Lurie（1950）や Rock & McDermott（1964）．Baird（1970）は，角度的大きさが，手がかりが縮減された条件において提示された指標に対して正しく照合される諸実験を論評した．Wallach & McKenna（1960）は，観察者の大多数が，上昇系列と下降系列において異なった照合を与えること

を根拠にして，角度的大きさは正しく照合されないと論じた．しかし，彼らは，グループの平均と標準偏差を公表せず，角度的照合が，ある種の手続きでは，不正確になることを示したに過ぎない．

43. Holway & Boring（1941）は，直線的大きさは変化するが角度的大きさが一定（1°）の標準刺激を100フィート（30 m）までの距離に提示して，標準刺激に直交して観察される10フィートの距離にある変化刺激に，標準刺激の「知覚された大きさ」を一致させるように求めた．彼らは，得られた結果をグラフに表し，距離の関数として直線的照合値を示した．その結果，視角にもとづいた照合関数は勾配が0になり，直線的大きさの照合関数は勾配が1となった．もっとも低い勾配（0.22）は「縮減された手がかり」条件において見出され，勾配は，おおくの手がかりが有効になるのにともなって増加した．このような方法によって結果を提示することは，距離にともなう角度的拡大の程度を評価することがむずかしくなる．観察距離が10，50，100フィートのとき，その平均照合値は2.2，3.9，6.4インチとなり，これは1.05，1.86，3.05°に等価である．1°の角度的照合に必要とされる直線的大きさの照合はいつも2.09インチである．このような小さい角度には，直線的大きさの比率は，角度的大きさの比率に等価である．

44. 2人の観察者とはA. H. ホールウェイとA. C. S. ボーリングである．Gilinsky（1955, p. 179）によれば，ボーリングは，網膜像的照合をするよう観察者に指示したと私信の中で確信していた．

45. Gilinsky（1955）は，野外の100〜4000フィート（30〜1,220 m）の距離に，高さ42〜78インチ（1.07〜1.98 m）の4つの三角形を提示し標準視標とした．32〜36人の観察者は，標準視標の右36°，観察距離100フィートにある調整可能な変化視標を使って「網膜像の」大きさがおなじになるように照合した［ごく最近，Gilinsky（1989）は，彼女の1955年のデータは，「画像的」照合を表し視角的照合ではないとし，後者ならば照合値がもっと小さくなるだろうと述べた］．ギリンスキーは，実験結果を2つの方法によってグラフに表した．ひとつは，距離の関数として真の直線的大きさに対する照合された直線的大きさの割合（%）を表し，もうひとつはHolway & Boring（1941）のグラフと比較するために，視角を一定にする様式に変換して表した．これらの様式のどちらも，角度的大きさの過大推定量を正しく示していない．われわれは，ギリンスキーの表1のデータから，各距離における平均標準視標60インチに対して照合された，直線的大きさの平均を計算した（表1）．

46. ここで示す結果は，網膜像的照合教示を与えたLeibowitz & Harvey（1969）の実験1から得た平均データとLeibowitz & Harvey（1967）による類似の実験から得た平均データである．（これらの結果は，1969年の論文の図1にいっしょに示されている）．23人の観察者が1967年の実験に貢献し，20人が1969年の実験に貢献した．観察者は，大学構内の340〜1,680フィートにおいて観察される6

表 1: 平均の直線的大きさ

標準刺激の距離（フィート）	100	200	400	800	1600	4000
照合された大きさ（インチ）	58.5	45.8	38.1	20.5	12.5	6.1
照合された視標の角度（°）	2.79	2.19	1.63	0.98	0.60	0.29
標準視標の角度（°）	2.86	1.43	0.72	0.36	0.18	0.07
角度の比	0.98	1.53	2.26	2.72	3.33	4.14

表 2: 知覚された大きさ

距離（フィート）	51	340	680	1020	1360	1680
ブルンズウィク指数		0.33	0.30	0.25	0.24	0.20
標準視標の角度（°）		1.01	0.51	0.34	0.25	0.20
s（フィート）		0.90	0.45	0.30	0.22	0.18
S′（フィート）		2.58	2.12	1.77	1.63	1.36
角度の比	(1.0)	2.87	4.71	5.90	7.41	7.56

フィートの標準視標（板のみ，並置された板と人，あるいは人のみ）の知覚された大きさに一致するように，51 フィートの距離にある調整可能な比較棒に知覚された大きさを照合させせた．比較棒は，標準視標の左 90° に位置した．著者たちは，そのデータをブルンズウィクの恒常度指数の形を用いて提示した．ブルンズウィクの恒常度指数は，大きさの照合から得られた結果を提示するときにはとくに誤解を招きやすい方法である．なぜなら，この指数は，標準刺激と変化刺激の値を交換すると劇的に変わるからである（Sedgwick, 1986）．この指数は，(S′−s)/(S−s) であり，すべての値が直線的大きさである．すなわち，S は標準視標，S′ は照合された変化視標，s は標準視標に対して正しく角度的照合が行われたときの直線的大きさである．角度的大きさを計算するためには，われわれは，公表されたグラフからブルンズウィクの恒常度指数を読み取り，既知の変数の値を代入し，失われた値を計算しなければならなかった．計算された値を表 2 に示すが，51 フィートの距離には名義的な値 1.0 を付加した．

47. いくつかの実験における原因のひとつは「標準刺激の過誤」かもしれない．すなわち，標準刺激と比較刺激がおなじ距離に提示されたときでも，標準刺激を過度に大きく判断すること，あるいはおなじことであるが，変化刺激を過度に大きく照合することをさす．これらの実験では，遠くにある視標が，いつも標準刺激であった．しかし，もし誤差の大きさが一定ならば，それは距離にともなう増大を説明することができない．Holway & Boring（1941）は，これを「場所の過誤」と記述し，われわれがここで示したデータの約 5% の効果に過ぎないことを

見出した．この過誤については，Piaget & Lambercier（1943）と Lambercier（1946）も考察している．Baird（1970, p. 82）は，この過誤が，角度的大きさの照合実験において，ふつうに見出されるのかどうかを疑っている．事実，この過誤は，Gilinsky（1955）のデータには存在しない．Leibowitz & Harvey（1967, 1969）は，おなじ観察距離において変化刺激と標準刺激を照合させなかった．

48. 東山（1992）は，実験結果をこのような形で報告しなかった．代わりに，彼は，真の角度的大きさと判断された角度的大きさの間には 3 次関数が成り立ち，小さい角度は大きい角度よりもいっそう過大に推定されることに気づいた．彼は，後者の事実を大きさの恒常性の説明として与えた（第 10 章）．われわれの計算によれば，10° の視標（垂直方向と水平方向に置かれた視標をいっしょにして）のデータでは，3，10，30 m の距離にある指標が 1.2，1.7，1.9 倍と過大に推定された．

49. 何年間も著者の一人（ロス）は，心理学クラスの学生に，遠くに見える丘が，写真の中よりも実生活において，どれくらい大きく見えるのか推定させて，推定値の中央値が 3〜4 倍に，その範囲が 2〜8 倍の値になる結果をえた．写真の中の大きさの解釈は第 4 章で考察する．

50. リーボウィッツとハーベイは，彼らが知覚された網膜像の大きさを測定していると信じ，網膜像の大きさが過大推定されるのは，なじみのない対象の直線的大きさを過大に推定するからだろうと考えた．よって，彼らは，角度的大きさが誤って知覚されるという，ある種の知覚的な大きさ－距離の不変性に賛同した．

51. 古典的および知覚的な大きさ－距離の不変性のもつ基本的な問題は，それらが幾何学的モデルであり，このモデルでは，「直線的大きさ」は，地面に直交している対象の高さをさし，「距離」は地面に沿った長さあるいは大きさをさす．実際には，観察者の目は地面の上にあり，地面も対象も傾いている．地面の大きさも対象の大きさも，観察者の目のところで角度を張り，すべての直線的測度と角度的測度が結びついている．任意の 2 つの測度が枢要であって，それが第 3 の測度を決定すると考える理由はどこにもないし，傾いた対象までの距離として何を取りあげるべきなのかは明らかでない（Schwartz, 1994）．第 9 章では，傾きを含むもっと複雑な幾何学的モデルを記述する．

52. 大きさと距離の知覚に対する他の 20 世紀の考え方には，ゲシュタルト理論，ブルンズウィクの「確率論的機能主義」，J. J. ギブソンの「直接知覚」がある．これらの理論と神経生理学的な考え方に関して読みごたえのある読み物をゴードン（Gordon, 1997）が著している．Lombardo（1987）と Schwartz（1994）は，バークリやギブソンと彼らの背景について詳細な評価を与えている．

53. Mayr（1904）と Claparède（1906a）は，12 種類の理論について考察している．新しい理論の創造（あるいは少し形を変えた古い理論の再生）はまだ衰えていない．苧阪（1962）は 18 種類の理論を区別し，各理論のおもな提唱者とその批判

者を紹介した.

54. 幾何学的錯視の広範な論評は，Robinson（1972）やCoren & Girgus（1978）にある．Gillam（1998）は，いくつかの幾何学的錯視の最近の研究を論評した．Gregory（1963）は，おおくの大きさ錯視は，不適切な大きさの恒常性の結果であるという観点を維持した．彼はまた（1998, pp. 246-252）さまざまな種類の錯視を広範に考えて「曖昧，ゆがみ，パラドックス，虚構」として分類した．これらの錯視のそれぞれにはいくつかの原因がある.
55. たとえばデカルトは，空間知覚における「自然幾何学」の適用は生得的なものと考え，少なくとも両眼の輻輳角から生じた距離の知覚にとってはそうだと論じた．しかし，大きさ－距離の不変性については，もっと認知過程に依存した叙述を行っていると思う．自然幾何学の思想史は，Pastore（1971）やCutting（1986）によって述べられている.

第4章

1. Witte（1919a）は，この方法論的問題に注釈を与えた.
2. カナリア諸島のひとつ．北緯約28°にある.
3. Kaufman & Rock（1962a, 1962b）; Rock & Kaufman（1962）.
4. Poulton（1989）.
5. 芸術における大きさの意味について，たいへん興味ぶかい考察がGregory（1998）にある.
6. Craddick（1963）.
7. たとえばEdgerton（1975），Lindberg（1976），Kemp（1990），Wade（1998）.
8. ユークリッドは，平行線は実際に遠くにある消失点に収束するということをいちども明言しなかった．たぶんこれは目から外に向かって開散する「視錐」の概念と矛盾すると思えたからだろう．遠近法的錐と視錐は互いに逆向きみえるが，これは15世紀にレオナルド・ダ・ビンチを悩ませた点である.

> 遠近は，2つの反対向きのピラミッド（すなわち錐）を採用する．ひとつはその頂点を目に，その底をはるか遠くの水平線にもつ．もうひとつはその底を目のところにもち，その頂点を水平線にもつ．前者は，目の前を通り過ぎるすべてのものを包み込み，後者は，とくに風景とつながりがあり，風景が目から遠くに退くのにしたがって比例してどんどん小さくなるように表す（Siegel, 1970, p. 102による簡易版）.

この点は今日の学生たちを悩ませるものとして知られてきた．しかし，この問題は，ユークリッドが目のところに張る視角によって空間を記述し，遠近法家が視角を絵画平面の長さに移し変えるときのようすを示していたことに気づけば解

決されうる.

9. Burton（1945）による訳.
10. Willats（1997）, pp. 59–61.
11. Claparède（1906a）, Kaufman & Rock（1962a）, Ross, Jenkins, & Johnstone（1980）.
12. Willats（1997）, p. 168.

第5章

1. たとえば Haenel（1909）と Lohmann（1920）.
2. アリストテレス『気象論』著作3, 第4章, 373b, 12–13. Lee（1962）による訳.
3. アリストテレス『感覚論』第2章.
4. Edelstein & Kidd（1972）.
5. ストラボ『地理学』著作3, 第1章. 著者たちによる訳.
6. ストラボ『自然研究』（I, 6）. Corcoran（1971）による訳.
7. プトレミー『アルマゲスト』著作1, 第3章. Ross & Ross（1976）による訳, p. 378.
8. クレオメデス『メテオラ』著作2, 第1章. Ross（2000）による訳.
9. プトレミー『光学』V, 77. Smith（1996）による訳, p. 257.
10. Sabra（1987, 1996）.
11. Ross & Ross（1976）; Sabra（1987, 1996）.
12. Sabra（1989）, vol. II, p. xxxv.
13. Sabra（1996）.
14. Sabra（1996）, p. 38.
15. Sabra（1989）訳. Vol. 1, pp. 340–341.
16. マクロビウス『サトゥルナリア』著作7, 第12.2章, Davies（1969）による訳.
17. Robins（1761）, vol. 1
18. Grant（1974）, pp. 380–383.
19. Grant（1974）, p. 444.
20. たとえば Roger Bacon（1263）, John Pecham（1274）, Mario Bettini（1642）.
21. Birch（1757）, vol. 4, p. 240.
22. Ariotti（1973b）, p. 15.
23. Birch（1756）, vol. 1, p. 491.
24. Birch（1757）, vol. 4, p. 530.
25. Birch（1757）, vol. 3, p. 503.
26. Hobbes（1658）, vol. 1, p. 462.

27. Kinsler (1945).
28. Sears (1958); Ross (1970).
29. Ross (1967) は，水中の直線的大きさは，空気中の推定値に比べて，平均1.18倍まで過大に推定され，光学的距離は1.25倍まで過大に推定されることを見出した．他の実験は，Ross & Plug (1998) に要約されている．水中における光学的拡張は，知覚された角度的大きさあるいは直線的大きさを直接的に説明するとは思えない．
30. Ross (1967).
31. Thouless (1968) は，大きさ－距離の不変性は成り立たないと結論したが，これは奇妙である．なぜなら彼は知覚された直線的大きさよりも知覚された角度的大きさを測定したと思えるからである．
32. Explanatory Supplement (1961).
33. Pannekoek (1961).
34. Thorndike (1923-1958), vol. 5.
35. Hirschberg (1898).
36. 扁平な太陽の写真は，天体錯視と関連づけて，Mollon & Ross (1975) や Walker (1978a) によって公表された．扁平な月の写真はLynch & Livingston (1995, p. 56) の中に認められうる．
37. Ferguson (1999).
38. Birch (1757), vol. 3, p. 183.
39. Mollon & Ross (1975).
40. Birch (1757), vol. 3, pp. 98, 306-308.
41. Birch (1757), vol. 3, p. 183.
42. 右あるいは左の肩の方向に頭を90°回転させると，そのことにもっと気づきやすくなる．これは，たぶん垂直水平錯視（網膜像の中の垂直線の知覚された伸長）のゆえだろう．
43. Robins (1761), p. 242.
44. 蜃気楼の写真はLynch & Livingston (1995, pp. 52-58) の中に認められうる．
45. この湾曲錯視は，Titchener (1901), Luckiesh (1922/1965, p. 3), Tolansky (1964, pp. 1-54) によって記述された．

第6章

1. Middleton (1960).
2. Middleton (1960).
3. Fry, Bridgman, & Ellerblock (1949) は，低い輝度対比は，立体視における距離測定実験において知覚された距離を増加させることを示し，対比は両眼立体機構に特別な効果を及ぼすと主張した．しかし，Ross (1971, 1993) は，単眼視実

験を行い，濁水を通して観察された対象までの距離を数量的に推定した値とその輝度対比とのあいだに規則的な関係があることを見出した．O'Shea, Blackburn, & Ono（1994）も，低い対比をもつ視標を絵画的に提示すると，それはいっそう遠くに見え，この効果は両眼よりも単眼を用いたときに大きいことを見出した．

4. プトレミー『光学』II，124．Smith（1996, p. 120）による訳．
5. Boring（1942）．
6. Siegel（1970）, p. 86.
7. Siegel（1970）, p. 86.
8. プロティノス『第二エネアデス』VIII，MacKenna & B. S. Page による訳．pp. 64–65.
9. クレオメデス『メテオラ』著作 2，第 1 章，Ross（2000）による訳．
10. プトレミー『光学』II, 126．Smith（1996）による訳．p. 121.
11. レオナルド・ダ・ビンチ『手稿』vol. 1, pp. 262–263.
12. 著者たちによる訳
13. Hamilton（1849）, p. 191
14. Tomlinson（1862）, pp. 309–310.
15. Helmholtz（1856–1866/1962）, vol. 3, p. 238.
16. イブン・アル＝ハイサム『光学』III. 7，194 段落．Sabra（1989）による訳，vol. 1, pp. 340–341.
17. 霧の中では視覚的光景は貧しいものになるが，この状況におかれた歩行者は，自分の動きをじゅうぶんに補償することができず，その結果として，歩行者は，近くにある岩が自分の方に向かってきたり自分から離れていったりするのを知覚する．これは，岩が歩き回っている人に見えるという錯覚を生じさせる（Ross, 1994b）．
18. Kaufman（1979, pp. 220–226）は，移動中に生じる近くの対象の網膜像の変化と，その対象の真の距離を判断するためにこの手がかりを用いることについて，読みごたえのある分析を行っている．
19. 非公式な実験であるが，Pickford（1943）は，両眼を用いて 2 つの小孔から観察された，箱の中の 2 つの白い円盤の知覚された大きさと距離の及ぼす「膜状眩輝 veiling glare」（訳注：風景の中にある明るい対象が，視野の中のあらゆる場所の対比を低下させる傾向）の効果を検証した．2 円盤はランプから受け取る眩輝の量は異なるが，それらの距離あるいは角度的大きさが等しく見えるように，円盤までの距離の調整が行われた．9〜11 人の観察者の結果には一貫性がなかった．ピックフォードは，完全な（直線的）大きさの恒常性が普通の観察条件では成り立つが，「霧の中では，見かけの大きさと距離は個別の要因になる」と結論した．どのようにして彼がこの結論に到達したのかは不明である．なぜなら膜状眩輝は真の霧を再現していないし，それに角度的大きさを照合させる方法では，

知覚された直線的大きさは測定されないからである.

20. 空 気 遠 近 は, Porterfield（1759）, Weber（1846）, Helmholtz（1856-1866）, Wundt（1873）, James（1890）によって錯視に貢献する要因とされている. もっと最近では Furlong（1972）がそう述べている.
21. Euler（1762）, vol. 2, 書簡 113 と 114.
22. たとえば, Eginitis（1898）や Claparède（1906b）. Brewster（1849/1983）も, 実体鏡によって奥行き方向に観察された円は, 明るさが変化しても, その知覚された大きさは変わらないと主張し, これは月の錯視に関するバークリの説明に反すると論じた.
23. Berkeley（1709）, 72 節.
24. この観察は, Lewis（1898）と Angell（1924）によって支持された. 彼らは, この観察を用いて, 空気遠近は太陽の錯視を説明しえないと主張し, この観察が昼間あるいは黄昏に生じたときにのみ月の錯視を説明することができると主張した.
25. プラトンは『ティマイオス』（67d-e）の中でつぎのように記した.「他の対象からやってくる粒子があって, それが視光線に出会ってその中に入り込むと, その粒子は, 視光線自体の粒子よりも, 小さいときもあれば大きいときもある. よって, その名前は, つぎのように指定されるべきだろう. 視光線を拡張するものを『白』とよび, 視光線を縮めるものを『黒』とよぶ」Cornford（1959, p. 80）による訳.
26. プトレミー『光学』II, 24. Smith（1966）による訳, p. 81.
27. イブン・アル＝ハイサム『光学』III. 7, 250-253 段落. Sabra（1989）による訳. vol. 1, p. 357.
28. レオナルド・ダ・ビンチ『作品』vol. 1, p. 214.
29. Fletcher（1963）.
30. デカルト『屈折光学』第 6 講話（1637a, p. 255）.
31. Descartes（1637b）, Olscamp（1965）による訳, pp. 111-112.
32. Descartes（1637a）, p. 255.
33. Helmholtz（1856-1866）, vol. 2, pp. 186-193. 光滲を評論しているが, これはすでに Plateau（1839a, 1839b）によって広範に研究されている.
34. Farnè（1977）と Weale（1975）を参照.
35. Over（1962b）.
36. たとえば, Ashley（1989）, 江草（1983）, Farnè（1977）.
37. 天文学者は, 天体の明るさを, 星の等級尺度によって測定する. この尺度の起源は, 前 2 世紀のヒッパルカスにさかのぼる. この尺度は対数尺度であり, 裸眼で見えるもっとも弱い星の等級を 6 とし, 明るい星に対しては低い値あるいは負の値を与える. 満月は夜に地球から見えるもっとも明るい天体である. 星の等級

尺度では，月は約 −12.7，つぎに明るい天体は惑星の金星であり，これは最大 −4.4 に達する．さえぎられていない太陽は −26.8 であり，じかに観察すれば目に害を与えるほど明るい（Ridpath, 1998, pp. 132–133; Zeilik & Gregory, 1998, pp. 226–227）.

38. 天候を予想すると考えられるのは，ふつうは三日月の角の部分である．おおくの文化では，角が上を向いたときに悪天候が予想されるが，角が水平を向いたときは快晴が予想される（Wallis, 1999, p. 301）．月の見え姿によってさまざまな事象を予測することは，第 1 章で引用した初期アッシリアの粘土板からも知られている．
39. Quiller-Couch（1955）, p. 329.
40. Strous（1999）と Conrad（2000）.
41. 星の等級を使えば，月は，満月のときの約 −12.7 から，ほとんど新月のときには約 −5.2 に下がる．
42. Conrad（2000）.
43. Lynch & Livingstone（1955）, p. 202.
44. 月の明るさに影響する二次的変数は，太陽からの月までの距離と，地球から月までの距離である．月に降りそそぐ光は，太陽から月までの距離が変わってもあまり変化しないが，地上のわれわれに照り返してくる光は，月が地球にもっとも接近したときには，もっとも遠ざかったときに比べて 30% ほど増加する（Walker, 1997）．これによって，月の明るさが月の全円盤にわたって加重されたとすれば，月までの距離が平均的なときに比べて，月がもっとも地球に接近したとき（これによって月は，第 2 章で述べたように，その角度的大きさが 5.5% ほど拡大する）には，その明るさは 25% ほど増加しうる．明るさは，また季節とともに変わる．平均的な冬至の夜中の満月は，平均的な夏至の夜中の満月よりも 10% ほど明るい．
45. Goethe（1810）, pp. 20–30.
46. Minnaert（1954）, pp. 104–105.
47. Humphreys（1964）, pp. 557–562.
48. たとえば，Müller（1906）, Haenel（1909）, Leiri（1931）, Furlong（1972）.
49. Henning（1919）, p. 277．著者たちによる訳.
50. Taylor & Sumner（1945）, Johns & Sumner（1948）, Payne（1964）.
51. Luckiesh（1918）, Pillsbury & Schaefer（1937）.
52. Ross（1975）.
53. Simonet & Campbell（1990）．この説明は，Sundet（1972, 1978）や Ye, Bradley, Thibos, & Zhang（1991）によって論評されている．
54. Oyama & Yamamura（1960）, Kishto（1965）, Sundet（1972）.
55. Kaufman & Rock（1989）, pp. 212–213.

56. Kaufman（1960）, pp. 152–153.

第 7 章

1. Gassendi（1636–1642）, pp. 421–422.
2. Lindberg（1976）, p. 42.
3. Porterfield（1759）, vol. 2, pp. 92–94.
4. レオナルド・ダ・ビンチ（1452–1519）『作品』31 段落．また 32 段落と 38 段落を参照．『手稿』pp. 211–238.『注釈』vol. 1, p. 117.
5. Lindberg（1976）と Wade（1998a）を参照．
6. Gassendi（1636–1642）, pp. 422–448.
7. Birch（1756–1757）, vol. 3, pp. 502–503.
8. Enright（1975）.
9. Portfield（1759）, vol. 2, p. 381.
10. Walker（1804, 1805, 1806, 1807）.
11. Mayr（1904）.
12. レオナルド・ダ・ビンチ（1452–1519）『手稿』pp. 238–239.
13. たとえば，Young（1807）, Reimann（1902a）, Mayr（1904）.
14. Portfield（1759）, vol. 2, p. 181.
15. Barlow & Mollon（1982）, p. 56.
16. Gubisch（1966）.
17. Barlow & Mollon（1982）, p. 58.
18. 色収差に関するデータは，1867 年のヘルムホルツの権威ある論評から，Leiri（1931）によって引用された．
19. たとえば Knoll（1952）, Coren & Girgus（1978）.
20. Barlow & Mollon（1982）, p. 59.
21. Knoll（1952）, Levene（1965）.
22. Otero（1951）, Campbell（1954）, Owens（1979）, Leibowitz & Owens（1975）.
23. Mellerio（1966）.
24. Mellerio（1966）, Leibowitz, Hennessy, & Owens（1975）.
25. Boff & Lincoln（1988）, vol. 1, p. 114.
26. Meehan & Day（1995）.
27. Heinemann, Tulving, & Nachmias（1959）は，目の結節点のところで 1° の視角を張る標準刺激の光円盤を 25～300 cm の距離に提示した．観察者は 400 cm のところにある比較刺激が，標準刺激よりも大きいか小さいかを判断し，あるいは標準刺激よりも遠いか近いかを判断した．大きさの判断については主観的等価点（PSE）が計算された．PSE の平均値は，観察距離 300 cm では約 70 mm，観察距離 25 cm では約 57 mm と低下し，約 20% の変化を示した．このおなじ結果

が，正常な目の調節をもった12人の観察者と，ホマトロピンによって調節が麻痺させられ0.05 mmの人工瞳孔によって瞳孔の大きさが統制された4人の観察者からえられた．よって，輻輳が知覚された大きさの変化のおもな要因であると思える．しかし，この効果の大きさをことばで報告させると，あまりにも大きすぎ，おそらく，標準刺激と変化刺激の距離のバランスがとられていなかったので，「標準刺激の過誤」が生じたのだろう．

28. 動眼性小視に関する最近の考察は，Ono, Muter, & Mitson（1974）, Alexander（1975）, McCready（1985, 1999）, Meehan & Day（1995）に与えられている．
29. Fry（1983）.
30. この実験がSimonelli & Roscoe（1979）によって繰り返されたとき，類似の結果が昼間でも夜間でも見出された．アメリカ航空宇宙局（NASA）のエームズ研究センターの初期の研究も，知覚された大きさの判断と焦点距離のあいだに強い関係があることを示してきた（Hull, Gill, & Roscoe, 1982）.
31. Wolbarsht & Lockhead（1985）.
32. Kaufman & Rock（1989）, Lockhead & Wolbarsht（1989）.
33. Benel（1979）, Roscoe（1982, 1985）.

第8章

1. たとえば，Tscherning（1904）, p. 315.
2. Reimann（1902a）, pp. 2-3は，Risnerの1572年版の『アル＝ハイサム光学講義』7巻，35節に与えられたラテン語の翻訳の一部を引用している．
3. Gray（1964）, vol. 8, p. 308.
4. Kolb（1999）, p. 274.
5. Gray（1964）, vol. 2, p. 335.
6. 旧約聖書，イザヤ書40.
7. Gray（1964）, vol. 12, pp. 34-35.
8. Gray（1964）, vol. 8, pp. 333-337.
9. Gray（1964）, vol. 8, p. 221.
10. Jackson（1971）, p. 80.
11. Warner（1996）.
12. Schönbeck（1998）による訳，p. 34.
13. Grant（1974）, p. 444.
14. 空の形と色に関するTreiberのラテン語論文は，Zehender（1900）によって論評された．
15. Robins（1761）, vol. 2, pp. 240-241.
16. Filehne（1894）.
17. たとえば，Zoth（1902）, Mayr（1904）, Reimann（1904）, Haenel（1909）, Mül-

ler（1921），Pernter & Exner（1922），Filehne（1923）.

18. Angell（1932），p. 135.
19. Zehender（1900）.
20. Zehender（1900）.
21. たとえば，Robins（1761），Dember & Uibe（1918, 1920），Pernter & Exner（1922）.
22. Martin Folkes（1690–1754）は，英国の古物研究家でありロンドン王立協会の会員だった.
23. Reimann（1902a）.
24. Zehender（1900）.
25. Minnaert（1954），p. 164.
26. Ariotti（1973a, 1974c）．Castelli 自身は残像の知覚された大きさを，知覚された距離にもとづいて説明しなかった．代わりに，彼は，大きさの恒常性や天体錯視に対して行ったように，相対的な大きさにもとづいて説明した（第 10 章）．このようなわけで，残像が遠くに見えるのは，その角度的大きさが，隣にある対象の角度的大きさに比べて増大したからである.
27. Boring（1942）は，エムメルトの法則の歴史のあらましを述べたときに，いくつかの用語を区別しないで用いたが，彼は，この法則は真の大きさや距離に関するものではなく，知覚された大きさや距離をさしていると解釈したことは明白である．なぜなら彼は，この法則は大きさの恒常性あるいは大きさ－距離の不変性の特殊事例と信じていたからである（Boring, 1942）．エムメルト自身は，知覚された大きさと物理的大きさを区別することができると思っていなかったようである（Epstein, Park, & Casey, 1961）.
28. 実験の結果は，残像の大きさの測定法にきわめて大きく依存する．他の対象との間接的な比較をすると，知覚された距離に依存した結果が生じがちになり，マーカーを使った直接的な方法を用いると物理的な大きさにしたがう（Epstein *et al.* 1961）.
29. Filehne（1894）は，太陽の残像は，目を天頂の方向に上げたときに小さく見えることを確認し，この発見を Ewald Hering の功績とした．Zoth（1899）は，太陽と電弧（訳注：電極間に電位差があると，電極間にある気体に持続的に放電が生じる．これにより電極間に高温と閃光が発生する）を用いて，さまざまな角度的大きさと色の残像をつくりだすために，さまざまな色つきフィルターを通してそれらを観察した．残像のすべては，頭上よりも水平方向において大きく見えたが，Zoth は，それが遠くに見えるとも近くに見えるとも言わなかった．Reimann（1902b）と Mayr（1904）は類似の結果を報告し，Mayr は，ときどき，太陽の残像が，地平線の前に浮かんでいるのではなく，その上に見えることがあり，そのとき太陽はじつに大きく見えることを付け加えた．Pernter は，少し異

なった手続きを用いて似た効果を示した．すなわち，彼は，空高くに上った太陽の残像をつくり，それを下に降ろしてきて水平方向の空に投影したところ，その残像は大きくなった（Pernter & Exner, 1918, 1920）.

30. たとえば，Hobbes（1658），Zeno（1862），天文学者 Biot と Bohnenberger, Reimann（1902b, 1904），Dember & Uibe（1918, 1920）.
31. Pernter & Exner（1922），p. 6.
32. Smith（1738），162 節，p. 63.
33. J. C. E. Schmidt（1834），『分析光学入門 *Lehrbuch der analytischen Optik*』Reimann（1902a）によって引用.
34. Helmholtz（1856-1866），pp. 290-292.
35. Euler（1762），Zeno（1862），Reimann（1902b），Dember & Uibe（1920）.
36. Plug（1989a）.
37. Minnaert（1954），pp. 165-166; Schönbeck（1998）.
38. 距離の推定値が物理的距離とともに減少することは，Ross（1967）や Teghtsoonian & Teghtsoonian（1970）によって見出された．しかし，この事実は，検証方法によって変わるようであり，東山と下野（1994）は，距離の推定がかなり正確であることを見出した.
39. Minnaert（1954）は，山をふもとから見上げたときに山の勾配が過大に推定され，山頂から見下ろしたときにその勾配が過小に推定されるということを，von Sterneck の理論によって，どのように説明できるのかを述べている.
40. Ross（1974）; Lockhead & Wolbarsht（1989）.
41. Kaufman & Kaufman（1989），pp. 226-227 は，初期の研究の結果から計算して，曇天の日に得られた半弧角（訳注　第 8 章の Smith, 1738 の方法）の平均測定値が，晴天の日の 89.5% になることを示し，曇天の日の空はいっそう平らになることを示した．月の錯視に関する彼ら自身の測定でも，晴天条件に比べて曇天条件では，錯視がおなじように増加することがわかった．彼らは，おなじ要因が両方の効果にはたらいているのだろうと示唆した.

第 9 章

1. Bailey（1947），vol. 1, pp. 382-383.
2. Goldstein（1967）による訳.
3. この節のもっと長い訳ともっと詳しい考察は，Sabra（1987）を参照.
4. Zehender（1900），p. 256 によって報告された.
5. Zoth（1899, pp. 389-392）は，彼自身，月が地平線上にあるときは近くに見えると述べ，彼が質した人びとは，その月が大きくて近くにあり，空のドームの前に浮かんで見えると断言したと述べている．Claparède（1906a, pp. 121-138）は，これに類似した結果をえた．Allander（1901）と Grijins（1906）は，上った月

が水平方向の月よりも小さく遠く離れて見えると述べた．Haenel（1909）も，ほとんどの人が水平方向の月を近くに見ることを見出した．Angell（1932）にしたがえば，計120人の被験者（1894年にFilehneによって，あるいは1906年にClaparèdeによって訊ねられた者）のうち116人は，月は地平線上で大きく見えると考えた．その知覚された距離はひじょうに近いと記述されることがおおく，Lohmann（1908）は，水平方向の月は手の届く範囲にあるとの報告すらしている．Henning（1919, p. 297）は，彼が質した誰もが，水平方向の月を天頂方向の月よりも近くに知覚することに気づいた．「なぜか」と訊ねられると，彼の被験者たちは，Claparède（1906a）の被験者たちとおなじように，「月が大きく見えるから」と答えた．

6. Kaufman & Rock（1962a）もまた，月の生成機を用いて，天頂の人工月の真の角度的大きさが大きくなったとき，水平方向の月に比べて，天頂の月が近くに見えることを見出した．彼らは，この結果を，距離の手がかりが一定であるときですら，大きく見える月ならどちらでも近くに判断されることを意味するとみなした．
7. Reimann（1902a）, pp. 2–3の中のラテン語から，著者たちによる訳．
8. Reimann（1902a）, pp. 5の中のラテン語から，著者たちによる訳．
9. R. Bacon『オプス・マユス』J. H. Bridges（1897）編 , vol. II, p. 116.
10. 著者たちによる訳．
11. Robins（1761, p. 239）は，介在対象説は13世紀以降に一般に受け入れられていたと述べ，彼自身の時代までの文献的考察にもとづいてこの主張を支持した．16世紀には，Porta（1593）はベーコンにしたがったが，彼は，ベーコンはプトレミーにしたがっているという（誤った）主張をした（Ross & Ross, 1976）．この理論は，17世紀になるとDescartes（1637a）, Gregory（1668）, Rohault（1671）, Malebranche（1675）, Wallis（1687）によって支持された．
12. Cohen & Drabkin（1948）, p. 283の中に．Ross（2000）も参照．
13. Reimann（1902a）, p. 14から，著者たちによる訳．
14. Smith（1905）, p. 195の中の訳．
15. Reimann（1902a）, p. 19の中のフランス語から，著者たちによる訳．
16. Euler（1762）, vol. 2, pp. 487–488.
17. Reimann（1902a）, pp. 11–12の中のフランス語から，著者たちによる訳．
18. Gigerenzer & Murray（1987）.
19. 垂直方向の経験不足を説明として与えた著者にWeber（1846/1996）, p. 142; Filehne（1910a, 1012）; Franz（1919）; Schur（1925）; Koffka（1936）; Békésy（1949）; Leibowitz & Hartman（1959a, 1959b）; Meili（1960）; von de Geer & Zwaan（1964）がいる．
20. Reimann（1902a）, pp. 2–3のラテン語から，著者たちによる訳．

21. Reimann（1902a), pp. 10-11 のラテン語から，著者たちによる訳.
22. 垂直方向経験説は，Robert Smith（1738), Clausius（1850), Blondel（1888), Helmholtz（1856-1866/1962, p. 291），Humphrey（1964), Ross（1974）によって支持された.
23. Robinson（1972）や Coren & Girgus（1978）の評論を参照.
24. この種の研究の困難さと混乱ぶりは，そののちの意見交換によく表れている. Howland（1959）は，自己受容感覚的手がかりのみが有効なとき，暗くした劇場では経験がどのように関与しうるのだろうかと質した．これに対して Leibowitz & Hartman（1959b）は，いささか光があったので，視覚的手がかりがはたらいたが，姿勢系と前庭系の手がかりが，たぶん役だったのだろうと答えた．ハウランドはまた，子どもが大人よりも天頂方向の距離を短く見て，通常の大きさの訂正を適用しているのか，大人とおなじようにして距離を見て，異なった大きさの訂正を適用しているのかどうかを発見するために，知覚された距離を測定することが必要であると指摘した．もし後者であり，しかも，もしその大きさの訂正が遠距離における拡大として記述されるのならば，子どもたちはじゅうぶんに訂正しなかったことになるが，もしその大きさの訂正が近距離における縮小として記述されるのならば，子どもたちは過剰に訂正をしたことになる．リーボウィッツとハートマンは，子どもに知覚された距離の測定を求めることはむずかしすぎるが，大人も子どもも，近距離ではよい大きさの恒常性を示し，遠距離では子どもは大きさの恒常性に達しないことが示されるので，大きさの恒常性を遠距離における拡大として記述するほうがよいだろうと答えた．Church（1960）は，垂直方向と水平方向の両方において大きさと距離の実験を行い，大きさの恒常性が，垂直方向に観察された対象には年齢とともに増加し，水平方向に観察された対象には年齢とともに減少するのかどうか，あるいはその両方が起こるのかどうかを検討することを示唆した．Leibowitz & Hartman（1960a）は，（水平方向の観察をして直線的大きさの照合を行ったとき）大きさの恒常性が年齢とともに改善されると繰り返し述べた．Cohen（1960）は，古典的な大きさ－距離の不変性の説明を繰り返し述べ，地面の手がかりによって，水平方向の観察は，垂直方向の観察よりも，対象が遠くに見えると主張した．Leibowitz & Hartman（1960b）は，水平方向の対象は，垂直方向の対象と比べて，遠くではなく近くに見え，さらに，戸外実験に用いられた建物は，垂直方向のよい距離の手がかりを与えるという，ありきたりの再答弁を返した.
25. Rock（1966), p. 149.
26. Coren, Ward, & Enns（1994).
27. たとえば，Teghtsoonian & Beckwith（1976）は，15 m までの距離に置かれた視標の大きさにマグニチュード推定を与える能力を研究して，8 歳と 18 歳のあいだに変化がないことを見出した．すなわち，彼らは，何らかの発達的傾向が，

もっと年少の子どもや大きな観察距離において生じるに違いないと結論づけた. Tronick & Hershenson (1979) は, 3〜6歳の子どもに「おなじ大きさに見えるように」照合を求めると, 観察距離が9フィート (2.7 m) までのとき, ほとんど完全な直線的大きさの照合が行われることを見出した. Shallo & Rock (1988) は, 遠い距離において年齢傾向がある条件とそうでない条件があると報告した. すなわち, 年齢による効果の違いのある条件では, 年長者の方が, 遠い距離において直線的大きさの推定をよくすることができた.

28. Robinson (1972) や Coren & Girgus (1978) の評論を参照.
29. Morgan (1977), p. 77.
30. たとえば, Wheatstone (1852), Judd (1897), Miles (1951), Roelofs & Zeeman (1957), Dees (1966a), Heinemann *et al.* (1956), Ono *et al.* (1974).
31. たとえば, Brentano (1892).
32. Hershenson (1989) が編集した, 18章よりなる本の中の4論文のみが, 明らかに「遠い－大きい－近い」仮説の何らかの形に依拠していた (Da Silva; Gogel & Mertz; Kaufman & Rock; Wallach & Benson).

第10章

1. レオナルド・ダ・ビンチ『手稿』pp. 238–239.
2. Boring (1942), p. 292.
3. ギブソンは, ゲシュタルト心理学者クルト・コフカによる影響を受けた. ギブソンは, アメリカ空軍において行った飛行機の研究から空間知覚についておおくの着想を展開した. ギブソンは, 英国飛行職員委員会においておなじような職務に就いていたG. C. グリンドリから, いくぶんかの着想を得ていたかもしれない (Mollon, 1997). ギブソンの理論的立場の解説は, Schwartz (1994) や Gordon (1997) にある.
4. 彼らは, 明るさの恒常性について Wallach (1948) の説明にしたがった.
5. Woodworth & Schlosberg (1954), Robinson (1972), Coren & Girgus (1978) による評論を参照.
6. Gregory (1963) と McCready (1985) を参照. 彼らの議論にはいくつか類似性がある. グレゴリーは「一次的」恒常性尺度の例として幾何学的錯視を記述したが, ミックレディは, それを知覚された角度的大きさの変化として記述した.
7. たとえば, Solhkhah & Orbach (1969), Restle (1970a), Smith, Smith, Geist, & Zimmerman (1978).
8. この逸話にもとづいた主張は, Reimann (1902a), Mayr (1904), Claparède (1906b), Haenel (1909) によって行われた.
9. Sanford (1898, p. 211) は, 絵を逆さまにしたときの効果について若干の説明を行っている. 彼は, 逆さまにした絵に奥行きが欠乏するのは, 絵が正立してい

るときに水平線の下の大地の水準において遠近法的手がかりを経験することが圧倒的におおいからだと考えた．もうひとつの説明として，彼は，大きさは視野の上と下の部分において異なって尺度化されるかもしれないと示唆した．このときの決定変数が（眼球運動があるにもかかわらず維持される）視覚的光景の高さなのか，網膜上の位置なのかは不明である．網膜的位置に関してやや矛盾した事実を Ross（1997）が論評している．

10. Robinson（1972）.
11. Rentschler とその仲間（1981）は，分割された空間の効果が，遠くの対象の大きさの恒常性に寄与すると論じた．
12. Ross（1974）, p. 73.
13. Ross（1994a）.
14. たとえば，Bingham（1993）.
15. Ariotti（1973b）, pp. 15–16 による訳．
16. Ariotti（1973b）, p. 7 による訳．
17. 既知の大きさをもった対象との比較は，Huxley（1885）, Mayr（1904）, Grijns（1906）, Lohmann（1920）, Dadourian（1946）, Orbach & Solhkah（1968）, Solhkah & Orbach（1968）, Cope（1975）, Smith *et al.*（1978）によって支持された．この考えは，Hamilton（1965），Baird（1982）によって部分的説明として与えられた．Levitt（1952）は，この説明を誤ってプトレミーに帰属させた．
18. Reed の理論は，Loftus（1985）によって批判された．そのおもな根拠は，その理論が，知覚された距離の疑わしい変化を説明するが，知覚された大きさのよく証明された変化を説明しないからである．この批判を Reed（1985）は受け入れなかった．
19. Robinson（1972），Coren & Girgus（1978）, Gillam（1998）による論評を参照．
20. Andrews（1964）は，大きさの較正に関する知覚学習を提案し，Richards（1977）は，大きさの恒常性の神経的基盤に必要とされる特性について考察した．
21. 知覚的な大きさ－距離の不変性を採用した著者に，Rump（1961）, McCready（1989）, Enright（1989a）, Plug & Ross（1989）, Reed（1989）, Roscoe（1989），鈴木（1991），東山（1992）がいる．
22. 東山の定義は，両端間の角度的方向の差としたミックレディの定義に似ている．

第 11 章

1. Granger（1970）, vol. 1, p. 191 の訳（訳注：原著において引用されたラテン語の英訳文に理解しがたいところがあったので，原著者のひとりであるロスの勧め（私信）にしたがって，代わりに Project Gutenberg EBook［http://www.gutenberg.org/files/20239/20239-h/29239-h.htm］の英訳文を和訳した）．
2. ラテン語のテキストとフランス語の訳は，Lejeune（1989）, pp. 115–116 にある．

ここで与えられた訳はRoss & Ross（1976）による．もうひとつの英訳とその原文へのいっそうの考察は，Smith（1996），p. 151が役だつ．

3. Zoth（1902）は，プトレミーのこの一節を解釈するのはむずかしいと指摘した．彼は，これは，Reimann（1902a）が論じたように，一義的に注視角説と断定できないと示唆した．これは，大きさ－距離の不変性あるいは周辺視の使用に言及しているともいえるだろう．ツォートは，「正常な条件のもとでの観察」によって，プトレミーは直接視あるいは中心視を意味し，「異常な条件と行動の困難」によって，間接視あるいは周辺視を意味していた可能性があることを示唆した．本章の後半で周辺視による説明を考察する．
4. たとえば，Lejeune（1989），p. 116.
5. 『惑星仮説』著作1，2部，7節．この一節はGoldstein（1967）とSabra（1987）によって訳された．彼らは，その曖昧性について考察している．
6. プトレミーが，月の錯視の原因を介在する対象に求めたのは，たぶんDella Porta（1593）の『屈折』に由来する．これら後世に行われた説の帰属に関する歴史は，Ross & Ross（1976）に記されている．
7. O'Neil（1957, 1969）は，プトレミーのおもな関心は，（太陽と月を含む）惑星の運行を説明することだったと論じた．プトレミーは，ヒッパルカスにしたがって，惑星は，一様な速度で円軌道をとるが，その円の中心が地球の位置からずれていると信じた．くわえて，惑星は，周転円epicycleといわれる小さな円に沿って動き，周転円の中心は従円deferentの円周に沿って動くと考えた．円の中心のずれ，周転円，従円を適切に組み合わせることによって，幾何学的な用語によって，地球から観察されたときの惑星の不規則な軌道と速度を説明することができた．月の軌道に関するプトレミーの理論では，毎月の月の角度的大きさが大きく変動することになるが，これは地平－天頂の錯視とは異なる変動である．プトレミーは，後者の錯視を処理することが気になっていたのかもしれない．なぜなら錯視は自分の惑星理論に混乱をもたらすからである．そこで彼は，その効果を確実に片づけるために，複数の説明を考えたのかもしれない．オニールは，プトレミーが錯視のある種の心理学的な説明をしたという結論をえた．すなわちオニールは，Boring（1943）の誤った仮説にしたがって，プトレミーは大きさ－距離の不変性と介在する対象とを組み合わせて用いたと考えた．
8. Gauss（1880），pp. 498–499. 著者たちによる訳.
9. 否定的な結果は，Zoth（1899, 1902），Mayr（1904），Dember & Uibe（1920）によって見出された.
10. 3番目の観察者は，明るさと色の感覚研究で有名なレオ・M・ハービッチである．
11. 本文に述べられた実験に加えて，肯定的な結果は，Zoth（1899），Leibowitz & Hartman（1959a）によって見出された.

12. Bilderback, Taylor, & Thor（1964）は，照明された直径 2.8 cm の開口部によって人工月をつくり，それを観察者の目から 2.7 m の距離に提示した．照合された平均の大きさは，水平方向の月は 23.2 cm，天頂方向が 21.9 cm だった．この著者たちは，照合された円盤の距離を記していないが，得られた大きさの値が大きいことから，その距離は，人工月の提示距離よりもずっと遠かったと考えられる．水平方向と天頂方向の人工月までの平均推定距離は 2.5 m（8.21 インチ）と 3.2 m（10.33 インチ）だった
13. Thor, Winters, & Hoats（1970）は，子どもたちに，照明された円盤の標準刺激と変化刺激を比較させた．これらの刺激は，暗室の中で平行化レンズを通して観察された．レンズと目の距離は 1.52 m．視標の直径は 0.09〜3.35 mm と変化した．子どもたちは，変化刺激の大きさを調節して，2 視標の大きさあるいは距離が等しく見えるように求められた．低い刺激を標準刺激として用いたとき，上の視標は小さく遠くに見えた．しかし，上の視標を標準刺激として用いたときには，錯視は生じなかった．下の大きさに対する上の大きさの比（仰角 10° と 90° の比）は，標準刺激が上にあるときは 0.95，標準刺激が下にあるときは 1.19 だった．彼らは，「標準刺激の過誤」によって，過去の実験においてえられた目の仰角の効果の約半分が説明されるだろうと結論した．標準刺激の 2 つの位置を合わせると，大きさの錯視は約 7% になる．
14. 「標準刺激の過誤」は，ふつうは変化刺激が標準刺激よりも大きく調整されるというかたちをとる．よって測定された錯視は，標準刺激が水平方向にあるときよりも天頂にあるときに，小さくなるはずである．位置の効果が相殺された実験計画でないとき，確信して，これが，鈴木の実験における過誤の方向だということができない．目の仰角の実験において，標準刺激の過誤に関する優れた考察が Kaufman & Rock（1989）にある．
15. Barlow & Mollon（1982）, p. 63.
16. Ross（1997）の論評を参照．
17. 両眼像差は，ふつうは，知覚された大きさの変化と知覚された距離の変化のあいだに正の相関を与える．しかし，動眼性小視は，知覚された大きさの縮減を生みだすが，それと対応して知覚された距離が縮減するわけでない．すなわち，それゆえに，動眼性小視は，おもに知覚された角度的大きさの縮減とみなしてよい．
18. McCready（1986）は，動眼性小視の目的は，頭の回転の中心が，目の回転の中心の後方 10〜15 cm にあるという事実を補償することにあると考えた．もし正されなかったならば，頭の定位と目の定位のあいだにずれが生じるはずである．よって，近くにある対象の知覚された視角を収縮させることは，頭と目の運動のあいだの適切な連結を生みだすときの助けになる．

第12章

1. Scheerer（1984, 1987）による論評を参照.
2. 感覚運動系の感覚的側面は，運動の感覚が強調されるときには身体運動感覚 kinaesthesis とよばれ，静的な体の位置の情報が含まれるときは自己受容感覚 proprioception とよばれる.
3. Wade（1998b）.
4. Boring（1942）.
5. Wood, Zinkus, & Mountjoy（1968）は，Jung（1961）によって記述されたとして，前庭系と視覚皮質の感覚線維のあいだの神経協調の最近の発見について述べた．そのような神経結合の存在が，大きさの知覚に及ぼす前庭系の効果の説明として考察されなければならないことは奇妙である．ユングが記述した結合は，反射的眼球運動に及ぼす角加速度の効果に関するものだった．ここで示されなければならないことは，耳石入力と大きさを分析する視覚系の部分のあいだに神経結合が存在することである.
6. van de Geer & Zwaan（1964）の最初の実験では，26 人の観察者が，正立あるいは仰向きの姿勢をとり，水平方向あるいは垂直方向（頭を後ろにのけぞらして，目を最大にまで上げる）にある光円を凝視して観察した．視標までの観察距離は 3〜45 m のあいだで変化し，垂直方向の視標の直線的大きさは，それがいつも視角 0.5° を張るように距離とともに変化した．観察者は水平方向の視標の大きさを変えて，垂直方向の視標の大きさに照合させるように求められた（著者たちは，これらの測定を直線的大きさの照合と報告したが，大きさと距離が共変し実験が暗室で行われているので，たぶんその照合は角度的だったと思う）．仰向きの姿勢では，観察者は，すべての大きさと観察距離において正確な照合を行った．正立の姿勢では，水平方向の視標は，垂直方向の視標よりも小さく調整され，水平方向の視標の知覚された大きさが，相対的に拡大されることを示した.
7. 観察者は，距離 5〜40 m にある変化円盤の大きさを調整して，それが 3 m の距離に置かれた直径 10 cm の円盤に等しく見えるようにした．変化円盤が遠ざかるほど，その照合された大きさは，角度的照合に必要とされる角度よりもいつも小さかった．これは観察距離とともに，知覚された大きさが拡大することを示す.
8. 4 人の観察者が，目を上方 60° に上げて観察された円盤の大きさを調整して，水平方向に観察された 45 cm の円盤の大きさに等しく見えるようにした．観察距離は 40m．両眼視正立姿勢のとき，見上げた円盤は 56 cm に調整され，これは 24%（(56−45)/45）の縮小効果が得られたことになる．たほう単眼視では，53.25 cm に調整され，18%（(53.25−45)/45）の縮小効果が得られた．仰向き姿勢上方視では，両眼視と単眼視のどちらにおいても縮小効果がなかった．おもし

ろいことに，6時間の単眼視の後では，垂直方向の縮小効果は，正立姿勢で26%，仰向き姿勢で18%となった．これは，何らかの知覚学習が生じたことを示唆するが，長時間の単眼視による観察は，錯視を小さくするとしたTaylor & Boring（1942）の事実に矛盾する．

9. Ross（1965）は「トロンボーン」装置を用いた．この装置では，観察点から33 cmの距離に直径12.7 cmの固定された白色円盤と，直径14 cmの可動円盤が提示された．観察者は大きい方の円盤の距離を調整して，2つの円盤の角度的大きさが等しく見えるようにした．最大の距離の調整（すなわち最大の角度的大きさの拡大）から最小の距離の調整は，つぎの組み合わせ順に生じた．すなわち，装置水平/垂直姿勢，装置水平/仰向き姿勢，装置垂直/垂直姿勢，装置水平/仰向き姿勢．しかし，この測定法は，知覚された角度的大きさと知覚された距離が交絡しているし，それに，特定の方向の中で得られた測度から，異なる方向のあいだで知覚された大きさを比較することはできない．

10. Ross（1965）は，また，おなじ実験計画のもと，水中で5人の潜水者の検査を行った．これに相当する陸上での実験とは異なって，視標と潜水者の方向のどのような組み合わせ状況においても違いがなかった．もっともありそうな原因は，水中における低い可視性であり，これによってさまざまな視標の方向に対する視覚的背景の違いが取り除かれていた．すなわち，澄んだ水の中では，水面を見上げたときの知覚された大きさは小さくなるのである（Ross, King, & Snowden, 1970）．

11. Zinkus & Mountjoy（1969）は，また，自分たちの発見が，Baker（1965）によって論評され，視力，明るさの弁別，錯視に及ぼす前庭効果を示した初期の航空宇宙研究と軌を一にすると主張した．しかし，注意ぶかく読んでみると，じゅうぶんに確立されてきた前庭効果は，運動錯視に関係したものに限られることがわかる．

12. Whiteside & Campbell（1969）は，遠心分離機の中にいる観察者は，頭の反射的補償性後方運動を受けたかもしれないと考え，それによって，知覚された大きさの増加が，エムメルトの法則にしたがって説明されるかもしれないと示唆した．

13. 遠心分離機によってつくられた傾いた位相が，物理的に何度の自然な頭の傾きを表しているのかも不明であるし，その計算された効果が，生理学的効果（Wade & Day, 1967）や知覚的効果（Witkin, 1964）に等価なのかどうかも明らかでない．

14. 反射的眼球運動からの証拠は，その刺激作用が成功したことを示唆する（Jonkees & Philipszoon, 1962）．

15. このブランコは，1/2振幅が38 cm，揺れている期間が3秒であり，その結果，ピーク時の加速度が0.17 gとなり，これは頭を9.7°に傾けた状態に等価である

（訳注　180/3.1416×arctan 0.17）.

16. 12人の観察者を用いた別の実験では，Gregory & Ross（1964b）は，両眼観察を用いて，これと類似の方向的違いを見出した．彼らは，前方への経験が重なると，その方向への前庭情報がいっそう効率よく解釈されることを示唆した．
17. van Eyl（1972）は，ピーク時の加速度0.13 gをもつ平行ブランコを用いた．これは頭を7.4°に傾けた状態に等価である（訳注　180/3.1416×arctan 0.13）.
18. もうひとつの問題は，比較刺激の提示時間がひじょうに短い（200ミリ秒）ことである．これは，観察者が視標を中心視で凝視するのにじゅうぶんな長さとはいえない．まして大きさの比較判断をするさいにはなおさらである．
19. Wolbarsht & Lockhead（1985）とLockhead & Wolbarsht（1989, 1991）は，知覚された大きさのこの縮小を「おもちゃ錯視」とよび，それを虚空近視に関係づけた．
20. Ross（1982）に報告された私信．
21. Dember & Warm（1979）.
22. 『ハンストビル・タイムズ Hunstville Times』1981年1月28日．
23. 『ダーラム・サン Durham Sun』1982年6月29日，pp. 7-8. Lockhead & Wolbarsht（1989）によって引用．
24. BBC1テレビ番組『全人類のために』1989年7月20日放送．
25. Hamilton（1964）; Schmidt（1964）.
26. リヒテンベルグとオッケルズの報告は，私信による．
27. Ross（1982）に報告．
28. Baird（1982）に報告．
29. この見かけの運動は，「眼重力錯覚」あるいは「エレベータ錯視」として知られている．Benson（1965）やHoward & Templeton（1966），pp. 425-426を参照．
30. Ross（1982）も放物線飛行中に，ある視覚的背景上に残像を両眼で観察しようとした．これは，反射的眼球運動と絶え間なく変化する光景のためにむずかしかった．残像は，明るい空を背景にすると，無重力の位相ではほとんど見えなかった．高g位相では，残像は，地面の上に舞い降りてくる傾向があり，前景近くに降りてきたときには小さく見えがちになる．残像の知覚された大きさは，エムメルトの法則にしたがって，視覚的背景に関係づけられるようである．しかし，前庭系の寄与を排除することはできない．もしかすると，（太陽のような）対象を凝視しようとすることによって，眼球運動が妨げられ視覚的背景の変化が除去されるので，浮遊する像にともなって生じる効果が破壊されるかもしれない．
31. 定常的無重力のもとでは，半器官は正常に作動するが，耳石は頭を傾けても刺激されない．それゆえ頭の運動は，信号の異常な結合をつくりだし，吐き気と錯視的運動感覚を引き起こす．
32. Békésy（1949）は，月の錯視の「身体運動感覚もどき」の存在を報告した．

目隠しをした観察者が2本の針金に触れてその間隔を判断するとき，針金を頭の上や下に動かすとその間隔が減少するように感じられると報告した．これは，観察者が仰向きになって寝たときも成り立つので，重力ではなく腕の位置に関係づけられる事実である．これについてベケシーは説明を与えていないが，彼は，月の錯視は視覚的大きさの恒常性と知覚学習に起因するとし，聴覚あるいは触覚もどきとは関連しないと考えた．

33. プロティノス『第二エネアデス』VIII. MacKennna & Page（1952）訳，pp. 64-65.
34. 哲学的・心理学的背景について広範囲に考察したMorgan（1977）を参照.
35. Welch（1978, 1986）による論評を参照.
36. 感覚の統合に関するMarks（1978）の百科事典的書物の中の論評を参照.
37. Milner（1997）による論評を参照.
38. 背側の流れの活動の例につぎのようなものがある．赤ん坊が，手の届く範囲で対象をつかもうとして，人差し指と親指の間隔を正しい大きさに設定することができる（von Hofsten & Ronnqvist, 1988），大人も対象に接触する前に指の間隔を設定する（Jakobson & Goodale, 1991; Jeannerod, 1981），大人はどれくらいの隙間が，歩いて通り抜けられるだけの大きさなのかを判断することができる（Warren & Whang, 1987）.
39. McKee & Welch（1992）は，近距離における大きさの弁別は，角度的大きさよりも直線的大きさの方が優れていることを示し，直線的大きさが一次的知覚であると論じた.
40. たとえば，Aglioti *et al.*（1995）; Brenner & Smeets（1996）.
41. たとえば，Daprati & Gentilucci（1997）; Franz *et al.*（1998）.
42. Bingham *et al.*（2000）; DeLucia *et al.*（2000）.
43. 観察と実験の結果は，いろいろなものが混じり合っている．Bourdon（1902）やTaylor（1942）などは，暗やみで観察された残像の知覚された大きさは，想像された投影距離の違いに応じて変化するか，あるいは観察者が残像の知覚された位置の方に頭を動かしたときに変化すると論じた．テイラーは，両眼も輻輳してはじめてそれが生じると論じた．Gregory, Wallace, & Campbell（1959）は，手の上に投影された残像は，その手を体に近づけたときには拡大して見えることもあると述べたが，これはエムメルトの法則に反する事実である．Davies（1973）は，8人の観察者に，暗やみの中であとずさりしながら廊下の残像を観察させた．その結果，4人の観察者は，廊下の端の壁が彼らの動きにともなって後方に退き，その大きさは「拡大する廊下に沿って歩いているように」増大して見えると報告し，2人の観察者は，その端の壁の大きさは変わらないが退いて見えたといい，2人は何の変化もないと報告した．Carey & Allan（1996）は，手の残像は，その手の距離とともに増大して見えることを見出し，その広がりは，

能動的に動かしても受動的に動かしても変わらなかった．Mon-Williams *et al.*（1997）は，目の輻輳／開散運動が生じることが，残像の知覚された大きさの変化を引き起こすために必要かつ十分な条件であることを見出した．Bross（2000）は，手に保持した対象の正の残像はエムメルトの法則にしたがうが，手自体の残像は，近距離ではじゅうぶん縮まないことを見出した．このように，この話題には議論がおおく，さまざまな効果が報告されている．

44. Brenner, van Damme, & Smeets（1997）は，対象の距離に関する身体運動感覚の情報は，対象の大きさの視覚的判断を改善しないと論じた．
45. Kaufman & Kaufman（2000）の両眼立体視実験は，そのような証拠を構成するかもしれない．この実験については第9章でそのあらましを述べた．

第13章

1. このことは，4.8 km までの距離にある島や他の陸標を利用した東山と下野（1994）によって試みられてきた．
2. Boring（1942, pp. 223, 298）でさえも自身の歴史的著作の中で過誤に陥った．
3. 最近の著者の中には，この考え方をとる者がいる（たとえばDay & Parks, 1989; Haber & Levin, 1989, 2001; Meehan & Day, 1995）．この問題に関するバークリとギブソンのあいだの類似性と差異性はSchwartz（1994）によって考察され，それによって「バークリよりもギブソンの方が手ごわい」ことに彼は気づいた．なぜならギブソンは立場を変えたので，彼の支持者たちによる解釈が矛盾したようになっているからである．Ross（2002）も参照．
4. ある大きさの恒常性の実験からえられた証拠は，短い観察距離では，直線的大きさが支配的な知覚内容であることを示唆する（McKee & Smallman, 1994）．別の結論が，金子と内川（1997）によって得られた．彼らは，角度的大きさと直線的大きさの判断は，異なる手がかりによって影響され，それゆえに独立して処理されると論じた．
5. たとえばFranks（1994）．
6. Murray（1988）, p. 435.
7. Goldstein（1999, pp. 256–257）の編集による最新の知覚の教科書では，角度的大きさと複数の要素による月の錯視の説明が含まれている．